D1735061

Ludwig Schmidt
Gesammelte Aufsätze zum Pentateuch

Beihefte zur Zeitschrift für die alttestamentliche Wissenschaft

Herausgegeben von
Otto Kaiser

Band 263

Walter de Gruyter · Berlin · New York
1998

Ludwig Schmidt

Gesammelte Aufsätze zum Pentateuch

Walter de Gruyter · Berlin · New York
1998

♾ Gedruckt auf säurefreiem Papier,
das die US-ANSI-Norm über Haltbarkeit erfüllt.

Die Deutsche Bibliothek — *CIP-Einheitsaufnahme*

[Zeitschrift für die alttestamentliche Wissenschaft / Beihefte]
Beihefte zur Zeitschrift für die alttestamentliche Wissenschaft. —
Berlin ; New York : de Gruyter.
  Früher Schriftenreihe
  Reihe Beihefte zu: Zeitschrift für die alttestamentliche Wissenschaft
  Bd. 263. Schmidt, Ludwig: Gesammelte Aufsätze zum Pentateuch. —
  1998
Schmidt, Ludwig:
Gesammelte Aufsätze zum Pentateuch / Ludwig Schmidt. — Berlin ;
New York : de Gruyter, 1998
  (Beihefte zur Zeitschrift für die alttestamentliche Wissenschaft ;
  Bd. 263)
  ISBN 3-11-016123-0

ISSN 0934-2575

© Copyright 1998 by Walter de Gruyter & Co., D-10785 Berlin

Printed in Germany
Druck: Werner Hildebrand, Berlin
Buchbinderische Verarbeitung: Lüderitz & Bauer-GmbH, Berlin

Vorwort

Dieser Sammelband enthält in chronologischer Anordnung meine Aufsätze zum Pentateuch, die an verschiedenen Stellen erschienen sind. Die drei letzten Arbeiten aus den Jahren 1996 und 1997 werden erstmals hier veröffentlicht. Nicht aufgenommen wurde der kritische Literaturbericht "Zur Entstehung des Pentateuch" aus VF 40/1 (1995) 3-28. Die Aufsätze zeigen, daß ich in einigen Einzelheiten meine Auffassung im Laufe der Zeit modifiziert habe. In den wesentlichen Punkten halte ich aber an der Position fest, die ich bereits in den älteren Arbeiten vertreten habe.

Meiner langjährigen Sekretärin Frau Isolde Weinicke und ihrer Nachfolgerin Frau Silvia Schwab danke ich für die Erstellung der neuen Manuskripte. Sie wurden von meinem Assistenten Dr. Friedrich Fechter, der das Stellenregister angefertigt hat, für den Druck vorbereitet. Dafür danke ich ihm. Ferner gilt mein Dank Herrn Professor D. Dr. Otto Kaiser, der die Sammlung angeregt hat, und dem Verlag Walter de Gruyter für die Aufnahme der Arbeiten in die Reihe "Beihefte zur Zeitschrift für die alttestamentliche Wissenschaft".

Erlangen, im Juli 1997   Ludwig Schmidt

Inhaltsverzeichnis

ISRAEL EIN SEGEN FÜR DIE VÖLKER?
(Das Ziel des jahwistischen Werkes —
eine Auseinandersetzung mit H. W. Wolff) (1)

Es gehört zu den Problemen, denen sich eine christliche Theologie zu stellen hat, daß im AT ein Volk und sein Heil im Mittelpunkt steht. Während das NT vom Heil für alle Menschen redet und insofern universalistisch ausgerichtet ist, ist das AT mit seinem überwiegenden Interesse an Israel partikularistisch orientiert. Deshalb wird in der Forschung jenen Stellen des AT, die ihrerseits die gesamte Menschheit im Blick haben, besondere Aufmerksamkeit zuteil, soll doch z. B. nach H. W. Wolff gelten: „Aber das Alte Testament bringt an hervorragenden Stellen zum Ausdruck, daß gerade Gottes besonderer Geschichtsweg mit Israel sein Ziel in der Völkerwelt hat, ja, von vornherein den ganzen Weltkreis meint" (2).

Wir können hier nicht den Problemkreis Partikularismus und Universalismus im einzelnen aufgreifen, sondern müssen uns auf das jahwistische Werk beschränken, dem Wolff in diesem Zusammenhang besondere Bedeutung beimißt. In seinem Aufsatz „Das Kerygma des Jahwisten" (3) hat er die Funktion, die Israel für den göttlichen Heilsplan in jener ältesten Quellenschrift des Pentateuch, die mit Gen 2,4b beginnt und deren Spuren sich nach Noth bis Num 32 nachweisen lassen (4), näher beschrieben.

Nach Wolff will der Jahwist mit seinem Werk dem salomonischen Israel seiner Tage eine Aufgabe einschärfen, deren Erfüllung Jahwe von ihm erwartet. Israel dürfe sich nicht selbstgenügsam auf seine politische Machtentfaltung im Großreich beschränken, sondern habe als Segen für die anderen Völker zu wirken. „Die in Salomos Tagen beginnenden Krisen zeigen das Fortwähren der Spannungen in den unterworfenen Völkern. Nun stellt sich vom Leitwort (sc. Segen) des Jahwisten her die Frage: Hat Abrahams Volk für sie bisher schon zum Segen gewirkt? Haben die Völker in Israel Segen gefunden? Entspricht also das ‚große Volk' mit seinem ‚großen Namen' dem verkündeten Willen Jahwes? " (5) Besonders prägnant arbeitet Wolff seine Deutung in einer Zusammenfassung zu den Vätererzählungen heraus: „Der Jahwist legt sein Kerygma in der Vätererzählung aus:

‚Alle Sippen der Erde' führt er beispielhaft in Moabitern und Ammonitern, Philistern und Aramäern vor. Wie sollen sie *in Israel* Segen finden? Durch dessen Fürsprache bei Jahwe nach dem Vorbild Abrahams, durch Bereitschaft zur friedlichen Verständigung nach dem Muster Isaaks, durch Wirtschaftshilfe nach dem Modell Jakobs. Jahwe schuf die Voraussetzung durch Erfüllung der Zusage der Mehrung und Ausdehnung. Inwiefern wird dadurch *Segen* gefunden? Er bringt Aufhebung von Schuld und Strafe, Zusammenleben ohne Bosheiten, kräftige materielle Hilfe zum Leben" (6). Mit diesen Formulierungen spielt Wolff deutlich auf Probleme unserer Zeit an; sie lassen erkennen, daß Wolff dem von ihm herausgearbeiteten Kerygma des Jahwisten eine recht unmittelbare Bedeutung für die heutige Kirche und ihre Aufgaben beimißt. So stellt er denn auch am Schluß seines Aufsatzes die Frage: „Aber wird dann nicht auch der Jahwist mit der Fülle seiner erzählenden Interpretationen unsere Einsicht fördern können, warum, wie und wozu in dem Abrahamssohn Jesus der Segen des Gottes Israels als *die* Lebenshilfe zu allen Sippen der Erde kommt und wie die Kirche als das neue Israel in der Vorläufigkeit der Geschichte ihm dienen kann? " (7)

Die Deutung des jahwistischen Werkes durch Wolff ist auf den ersten Blick gewiß eindrucksvoll, und man kann verstehen, daß sie in den letzten Jahren immer wieder − zumindest als ein wesentlicher Teilaspekt von J − aufgegriffen wurde (8). Allerdings sind bisher die von Wolff herangezogenen Stellen noch nicht eingehend daraufhin überprüft worden, ob sie wirklich das hergeben, was er aus ihnen entnimmt. Das ist angesichts der historischen und theologischen Bedeutung der These Wolffs erstaunlich und soll deshalb hier wenigstens für die zentralen Stellen nachgeholt werden.

Für die Ermittlung der Absicht des Jahwisten kann das Gespräch zwischen Abraham und Jahwe in Gen 18,23 ff., dem Wolff große Bedeutung beimißt (9), nicht berücksichtigt werden, da es sich bei diesem Abschnitt entgegen der Auffassung, die von den meisten neueren Auslegern vertreten wird, um einen späten Zusatz handelt (10). Daß aber auch abgesehen von diesem Stück die Deutung Wolffs nicht unproblematisch ist, wird schon an den Schwierigkeiten deutlich, die er mit den vom Jahwisten in Num 24,3−9.15−19 aufgenommenen Bileamsprüchen hat. In dem zweiten Spruch, in dem in V. 17f. Moab, alle Söhne Seths, Edom und Seir − also Nachbarn Israels − erwähnt werden, kommen diese Völker nur als die von dem künftigen Herrscher Israels unterworfenen Völker in den Blick. Auch in den Versen 3−9 wird lediglich die überragende Stellung Israels geschildert: Sein Land wird unermeßlich fruchtbar sein und seine politische Machtstellung wird von niemanden angetastet werden können. Wenn es am Ende von V. 9 heißt: „Von denen, die dich segnen, gilt: Gesegnet! und von denen, die dich verfluchen, gilt: Verflucht!", so wird damit die überragende Rolle

Israels unterstrichen. An dem Verhalten der anderen zu Israel entscheidet sich ihr eigenes Geschick. Erkennen sie die besondere Stellung Israels an, werden sie gesegnet, lehnen sie sich gegen seine Vormacht auf, so stellen sie sich selbst unter den Fluch. Daß dem gesegneten Israel als Aufgabe zufällt, mit seinem Wirken den Segen an andere weiterzugeben, deuten diese Sprüche nirgends an. Das räumt auch Wolff ein, er erklärt es aber damit, daß J hier an seine Überlieferungen gebunden sei, und an diesen Stellen nur wiedergebe, „was die Davidszeit zunächst mit sich gebracht hat... Zur Segnung Moabs kommt es noch nicht" (11). Konnte aber der Jahwist, wenn die Weitergabe des Segens durch Israel sein zentrales Thema wäre, wirklich völlig darauf verzichten, seine Sicht, die ja von der Tradition erheblich abweichen würde, wenigstens andeutungsweise zur Geltung zu bringen? (12)

Dieser Frage kommt dadurch besonderes Gewicht zu, weil J in dem von ihm selbst formulierten Abschnitt Gen 12,1–3 in V. 3a die Aussagen von Num 24,9 aufnimmt und abwandelt: „Ich will segnen, die dich segnen und den, der dich schmäht, verfluche ich." Hier weist nichts auf eine Aufgabe hin, die Abraham mit seinem Tun wahrzunehmen hätte. Wenn J statt der ihm überlieferten unpersönlichen Formulierungen die erste Person Jahwes setzt, so zeigt er damit, daß für ihn Segen und Fluch allein von Jahwe ausgehen. Die Rolle Abrahams bleibt völlig passiv. An dem Verhalten der Menschen zu Abraham/Israel wird sich nach Jahwes Willen entscheiden, ob sie von Jahwe gesegnet oder verflucht werden. Abraham vermittelt nicht selbst den Segen, sondern Jahwe bindet seinen Segen und seinen Fluch an das Verhalten der Menschen zu Abraham/Israel.

Das entspricht weitgehend Num 24,9 und Gen 27,29, ja, J hat die Auffassung seiner Überlieferungen sogar noch wesentlich zugespitzt. Bisher wurde nur verflucht, wer gegen Israel einen Fluch aussprach (13). Statt der Wurzel 'rr gebraucht J aber das pi. von qll, das die geringschätzige Behandlung und die schmähende Herabsetzung ausdrückt (14). Damit werden bei ihm die anderen Menschen von Jahwe schon dann verflucht, wenn sie Israel schmähen oder geringschätzig behandeln. Es ist nicht mehr notwendig, daß sie ein Fluchwort aussprechen, sondern jegliche Nichtachtung Israels zieht die Verfluchung durch Jahwe nach sich (15). Damit hat J die Bedeutung, die dem richtigen Verhalten zu Abraham/Israel zukommt, bis an die letztmögliche Grenze hin ausgeweitet. Wenn die Menschen vermeiden wollen, unter dem Fluch zu stehen, bleibt ihnen nichts anderes übrig als Abraham/Israel zu segnen.

Wie sehr J mit 3a die Sonderstellung Israels noch über seine Überlieferung hinaus unterstreichen wollte, zeigt eine weitere Abwandlung, die er hier vorgenommen hat. Num 24,9 und Gen 27,29 sind streng parallel gebaut, die Möglichkeit, daß Israel von den anderen gesegnet oder verflucht wird, ist eine wirkliche Alternative. Demgegenüber steht in Gen 12,3 zwar für das Segnen Abrahams noch der Plural, von dem negativen Verhalten zu ihm ist aber lediglich im Singular die Rede: „den, der dich geringschätzig behandelt, verfluche ich." Der Jahwist betrachtet es also als den Regelfall, daß die anderen Menschen Abraham/Israel segnen und dadurch in seiner besonderen Stellung anerkennen; es bleibt eine Ausnahme, wenn sich jemand gegen sie auflehnt.

Diese Anschauung ist J wohl durch die Verhältnisse im salomonischen Großreich nahegelegt worden, in dem Frieden herrschte und es nur in seltenen Ausnahmefällen zu einer Rebellion der unterworfenen Völker kam. Vielleicht haben sie sich sogar erst ereignet, als das jahwistische Werk schon abgeschlossen war (16). Jedenfalls war Israel von seinen unmittelbaren Nachbarn anerkannt, und sein König Salomo unterhielt darüber hinaus weitgespannte politische und wirtschaftliche Beziehungen. Innerhalb von Gen 12,1−3 ist diese Aussage nun von V. 2 her zu verstehen. Jahwe wird Abraham/Israel in einer Weise segnen, daß die anderen Menschen davon in aller Regel überwältigt werden und ihrerseits dieses Israel segnen. Nur eine Minderheit wird dem, was Jahwe hier schaffen wird, seine Anerkennung versagen und sich damit Jahwes Fluch zuziehen. Aus V. 3a geht somit eindeutig hervor, daß J die Bedeutung Abraham/Israels ausgeweitet hat, daß er sie aber nicht darin sieht, daß Israel den empfangenen Segen an andere weitergeben soll.

Eine solche Aussage kann dann jedoch auch nicht mit V. 3b beabsichtigt sein, da dieser Halbvers durch w[e]nibr[e]ku mit einem explizierenden Perfekt eingeleitet wird und somit lediglich V. 3a erläutern will (17). Schon aus diesem Grunde darf das nif. von brk nicht passivisch mit „gesegnet werden" übersetzt werden (18). Da in V. 3a Jahwe seinen Segen von dem Verhalten der Menschen zu Abraham/Israel abhängig macht, ist es vielmehr medial wiederzugeben (19), so daß V. 3b übersetzt werden muß: „und so können in dir (= in dem sie dich segnen) (20), alle Sippen der Erde für sich Segen erwerben." Auch mit V. 3b unterstreicht der Jahwist somit die einzigartige Stellung, die Jahwe Abraham/Israel verleihen wird. Er macht hier zugleich deutlich, daß der Erfüllung der Verheißung von V. 2 eine universale Bedeutung zukommt. Mit ihr eröffnet Jahwe allen Menschen (21) die Möglichkeit, für sich Segen zu erwerben. Sie, die alle unter den Auswirkungen der unheilvollen Urgeschichte leiden und fern vom Segen leben müssen, werden gesegnet werden, wenn sie die Besonderheit Abraham/Israels anerkennen. Auch in V. 3b ist somit nicht Israel ein Segen für die Völker, es geht nicht um eine Aufgabe, die Abraham/Israel mit seinem Tun auszuführen hätte, sondern um die Bedeutung, die das Handeln Jahwes an Abraham für die gesamte Menschheit bekommen soll.

Die hier vorgetragene Deutung von V. 3 wird dadurch gestützt, daß damit der Gedankengang in den Versen 1–3 einfach und durchsichtig wird: Nachdem Jahwe Abraham befohlen hat, in ein Land auszuziehen, das er ihm zeigen wird, sagt er ihm in V. 2 zu, was er alles an ihm tun will: Er wird ihn zu einem großen goj machen, ihn segnen und seinen Namen großmachen, so daß Abraham zu einer Verkörperung des Segens werden wird. Mit V. 3 unterstreicht J die Einzigartigkeit, die diesem Gotteshandeln dadurch zukommt, daß seine Bedeutung sich nicht auf Abraham und seine Nachkommen beschränken soll, sondern vor allem im Guten, aber auch im Bösen Auswirkungen auf alle Menschen haben wird, je nachdem wie sie sich zu diesem Geschehen stellen.

Wolff will freilich V. 2b anders verstanden wissen. Er übersetzt diesen Halbvers: „so daß du als Segen wirkst" und sieht hier Abraham als aktiven Vermittler des Segens angesprochen (22). Der Aufbau der Verse 1–3 zeigt aber, daß es in V. 2 ausschließlich darum geht, was Jahwe aus Abraham machen wird. V. 2b faßt die bisherigen Aussagen des Verses zusammen und führt aus, daß durch die zuvor genannten Taten Jahwes, Abraham zu einer Verkörperung des Segens in der Welt werden wird (23). Auf die einzelnen Aussagen von V. 2 werden wir noch zurückkommen, vorläufig bleibt festzuhalten, daß sich Gen 12,1–3 mit der These Wolffs nicht vereinbaren läßt. J beleuchtet mit diesem Stück weder das salomonische Großreich kritisch, noch weist er Abraham/Israel hier die Aufgabe zu, den empfangenen Segen an andere weiterzugeben. Es geht ausschließlich um das Handeln Jahwes an Abraham und seine Bedeutung für die Menschheit.

Auch die anderen Stellen der Vätererzählungen, auf die sich Wolff beruft, können seine Interpretation des Jahwisten nicht stützen. Ein besonders markantes Beispiel ist dafür Gen 39,2–5. Nachdem in den Versen 2–4 ausgeführt worden ist, wie Joseph Gunst in den Augen seines Herrn fand und zum Verwalter seines gesamten Besitzes wurde, heißt es in V. 5: „Und seitdem er ihn über sein Haus gesetzt hatte und über alles, was er hatte, segnete Jahwe das Haus des Ägypters *um Josephs willen*, und der Segen Jahwes ruhte auf allem, was ihm gehörte im Haus und auf dem Feld." Diese Aussagen wirken auf den ersten Blick überraschend. Nachdem etwa in V. 3 gesagt worden ist, daß Jahwe alles, was Joseph tat, wohlgeraten ließ, würde man erwarten, daß der Segen, den der Ägypter erhält, auf das Wirken Josephs zurückgeführt wird. So deutet diese Stelle auch Wolff, wenn er schreibt: „Die ganze Szene liest sich wie ein Vorentwurf der kommenden Tätigkeit des Großwesirs Joseph und seiner Segenswirkung auf ganz Ägypten..." (24). Dem widerspricht jedoch eindeutig der Wortlaut von V. 5, wird doch hier ausdrücklich festgestellt, daß Jahwe den Ägypter nicht durch, sondern wegen (biglal) Joseph segnet. Diese nach 2–4 auffällige

Formulierung läßt sich nur so erklären, daß J hier bewußt den Eindruck abwehren will, daß Joseph durch seine Tätigkeit den Segen geschaffen hätte. Deshalb betont er in 5b mit „Segen Jahwes" nochmals, daß allein Jahwe der Geber jenes Segens ist, den der Ägypter erhält. Zwar kommt Joseph bei dem Geschehen eine wichtige Rolle zu, sie ist jedoch wie in Gen 12,3 nicht aktiv, sondern passiv. Der Ägypter hat Joseph über seinen Besitz gesetzt, weil er merkte, daß Jahwe zu Joseph in einem besonderen Verhältnis steht. Er hat damit die dem Joseph von Jahwe zugewiesene Sonderstellung anerkannt und wird deshalb um Josephs willen gesegnet. Joseph selbst kann weder segnen noch den Segen weitergeben (25), seine Bedeutung beschränkt sich darauf, daß Jahwe sein segnendes Handeln von dem richtigen Verhalten zu dem Nachkommen des Verheißungsempfängers, durch den Jahwe die Verwirklichung seiner Zusage vorantreiben will, abhängig macht (26).

Da Wolff sich für seine Interpretation des Jahwisten auch auf die Isaaküberlieferung von Gen 26 berufen hat und in ihr „ein besonders sprechendes Beispiel" (27) sieht, soll hier wenigstens noch Gen 26,1—11 ausführlich besprochen werden. Nach Wolff zeigt die Erzählung von der Gefährdung Rebekkas: „Isaak-Israel versäumt seinen Auftrag unter den Völkern, wo es aus Angst Schuld über sie bringt (V. 10)!" (28) Damit wird jedoch in diesen Vers zuviel hineingelesen, heißt es doch lediglich, daß durch das Verhalten Isaaks eine Verschuldung *hätte* entstehen können; eingetreten ist sie nicht.

Wesentlicher ist aber, daß J hier eine ihm überlieferte Erzählung (29) durch die Worte: Da erschien ihm Jahwe und sprach: „Bleibe als Fremdling in diesem Land, und ich will mit dir sein und dich segnen" (V. 2aˣ. 3a) interpretiert hat (30). Deshalb muß aus ihnen entnommen werden, wie J diese Geschichte verstanden wissen will. Sie verherrlichte ursprünglich – was hier nicht im einzelnen begründet werden kann – die List Isaaks. Dem Ahnherrn gelang es zunächst durch eine Lüge, mit seiner Frau unbehelligt zu bleiben. Als Abimelech die Wahrheit entdeckt, ist es zu spät: Da Isaak schon als ger akzeptiert ist und damit in einem besonderen Schutzverhältnis steht, dürfen er und seine Frau nach den Rechtsnormen ·nicht mehr angetastet werden. Abimelech muß ihn und seine Frau durch Androhung der Todesstrafe vor jedem Übergriff schützen.

Diesen Sinn der alten Geschichte hat nun J durch seinen Einschub geradezu in sein Gegenteil verkehrt. Die Ereignisse müssen schon dadurch in einem neuen Licht erscheinen, daß Isaak bei J nur in Gerar bleibt, weil Jahwe ihn angewiesen hat, sich in diesem Land aufzuhalten. Er ist zwar nach V. 1 aus eigenem Entschluß nach Gerar gezogen, daß er aber den Ort nicht wieder verläßt, beruht auf Jahwes Befehl. Die Zusage „Ich will mit dir sein und dich segnen" stellt überdies die folgenden Ereignisse unter einen neuen

Leitgedanken. Die Erzählung wird durch sie zu einer Schilderung, wie Jahwe sein Isaak gegebenes Versprechen einlöst. Isaak wird nur gerettet, weil ihm Jahwe seinen Beistand zugesagt hat. Dabei ist Abimelech — ohne daß er es weiß — ein Werkzeug Jahwes, das Jahwe benutzt, um seinen Willen durchzusetzen. Isaak selbst hat zu seiner Bewahrung nicht das Geringste beitragen können, sein Anteil an dem Geschehen erschöpft sich in der Furcht, die ihn beherrscht, obwohl ihm Jahwe seinen Schutz zugesagt hat. Der Jahwist will hier also zeigen, daß Isaak ausschließlich von Jahwes Wirken abhängig ist. Aus dem Ahnherrn, der durch seine List Bewunderung erregte und den Beifall der Nachfahren erntete, ist bei ihm ein hilfloser Mann geworden, der sein Leben nicht selbst schützen kann und nur vor dem Untergang bewahrt wird, weil Jahwe seine Zusage einlöst. Damit hat J hier die eigenen Möglichkeiten und Fähigkeiten des Ahnherrn radikal abgewertet. Gewiß hat Isaak auch bei ihm eine besondere Stellung. Sie kommt ihm aber nicht zu, weil er herausragende Taten vollbrachte, sondern weil Jahwe durch ihn die Verheißung an Abraham ihrer Realisierung näherbringen will. Der Gesichtspunkt, unter dem der Jahwist hier seine Überlieferung interpretiert, ist also wesentlich anders, als Wolff annimmt (31).

Da J aber an dieser Stelle in eine ihm überkommene Erzählung eingegriffen hat, liegt die Vermutung nahe, daß wir hier auf eine zentrale Aussage des jahwistischen Werkes gestoßen sind. In der Tat läßt sich durchgehend zeigen, daß es der Jahwist konsequent vermeidet, den Ahnherrn oder Israel irgendeinen positiven Beitrag für die Verwirklichung der Verheißung zuzubilligen (32). Ich darf hier an einige Abraham- und Moseerzählungen erinnern, bei denen das längst erkannt wurde.

In Gen 12 folgt auf die Verheißung von 1—3 in 4a.6—9 eine Darstellung der Wanderungen Abrahams, in deren Verlauf ihm dieses Land für seine Nachkommen zugesagt wird (V. 7). Daran schließt sich in 12,10—13,1 die Erzählung von der Gefährdung Saras in Ägypten an, eine Variante zu 26,1—11. Durch den Vergleich mit c. 26 fällt zunächst auf, daß J hier seiner Überlieferung kein deutendes Jahwewort hinzugefügt hat. Das ist jedoch nicht erforderlich, weil der Kontext zeigt, wie J diese Geschichte verstanden wissen wollte. Obwohl Abraham für seine Nachkommen das Land zugesagt wurde, gibt er es sofort preis, als eine schwere Hungersnot kommt. Ja, ihm ist sogar gleichgültig, ob er ohne Nachkommen sterben muß, wenn er nur sein eigenes Leben durch den Zug nach Ägypten retten kann. Wenn sich dort Sara als seine Schwester ausgeben soll, damit es ihm gut geht (V. 13), so scheint Abraham von vornherein die Möglichkeit einzuplanen, daß Sara in einem ägyptischen Harem verschwindet und er in der Rolle des verantwortlichen Bruders den Brautpreis erhält. Da Sara die einzige Frau Abrahams ist, ist die Realisierung der Verheißung ausgeschlossen, nachdem Sara dem

Pharao übergeben worden ist. Nur das Eingreifen Jahwes gibt Abraham seine
Frau zurück (V. 17). Zugleich wird er, der sich in Ägypten häuslich
einrichten wollte, dadurch gezwungen, in jenes Land zurückzukehren, das er
eigenmächtig preisgegeben hatte (V. 20). Wie in c. 26 Abimelech ist hier
Pharao, ohne es zu wissen, ein Werkzeug Jahwes. Damit zeigt die
Geschichte, wie sich Jahwe gegen den Empfänger der Verheißung durchsetzen muß. Auch für Abraham gilt jene Feststellung aus der Urgeschichte,
daß das Gebilde des menschlichen Herzens von seiner Jugend an böse ist
(8,21 vgl. 6,5).

In Gen 16 versuchen Sara und Abraham sich den ausgebliebenen Sohn
dadurch zu verschaffen, daß Abraham zu Hagar, der Magd Saras, eingeht. Sie
scheitern freilich, weil Hagar vor Sara flieht und der Sohn, den sie gebiert,
mit seiner Mutter in der Wüste lebt. Auch hier muß sich Jahwe mit seinem
Willen, Abraham einen Erben durch Sara zu geben, gegen die Eigenmächtigkeit der beiden durchsetzen. Wie diese beiden Beispiele zeigen, vermeidet
der Jahwist in den Abrahamerzählungen jegliche Glorifizierung Abrahams.
Was er ist, ist er *nur* als Empfänger der Verheißung, von einem bewunders-
werten und großartigen Menschen kann nicht die Rede sein.

In anderer Weise hat der Jahwist diesem Gedanken in den Moseerzählungen Ausdruck gegeben (33). Im Unterschied zu E erhält bei J Mose bei
seiner Berufung nicht den Auftrag, das Volk aus Ägypten zu führen (34).
„Ich habe das Elend meines Volkes in Ägypten gesehen und ihr Schreien vor
ihren Treibern gehört, ja, ich kenne seine Schmerzen, und ich bin
herabgefahren, um es aus der Hand Ägyptens herauszureißen und aus diesem
Land in ein gutes und weites Land hinaufzuführen . . .“ (Ex 3,7 f.). Jahwe
selbst errettet und führt also sein Volk, Mose hat lediglich die Aufgabe,
mitzuteilen und anzukündigen, was Jahwe tun wird. Das ist auch seine
Aufgabe in den Plagenerzählungen (35). Mose kündigt Pharao jeweils die
Plage an, an ihrer Ausführung ist er nicht mehr beteiligt. Auch das Ende
einer Plage wird nicht von Mose bewirkt, er bittet vielmehr Jahwe, und
Jahwe erhört sein Gebet (vgl. z. B. Ex 7,26—29; 8,4—11).

Sehr charakteristisch ist auch die Art, wie Mose in der jahwistischen
Fassung der Erzählung von der Errettung Israels am Meer dargestellt
wird (36). Hier hat Mose lediglich dem hilflosen Volk, das sich vor den
heranrückenden Ägyptern fürchtet, die Hilfe Jahwes anzukündigen:
„Fürchtet euch nicht! Stellt euch hin und seht euch die Hilfe Jahwes an, die
er euch heute tun wird. Denn wie ihr die Ägypter heute gesehen haben
werdet, werdet ihr sie in alle Zukunft nicht wieder sehen. Jahwe selbst wird
für euch kämpfen, ihr aber werdet euch still verhalten“ (37). Jahwe führt
selbst das Meer durch einen Ostwind hinweg und schüttelt schließlich die
Ägypter in das zurückkehrende Meer. So kann bei J auch Mose nicht als

menschlicher Führer um seiner Taten willen gepriesen werden, vielmehr gebührt der Ruhm allein Jahwe, der die Erfüllung seiner Verheißung von Gen 12,1–3 gegen den Widerstand der Ägypter durchsetzen will und kann.

Wenn der Jahwist aber an zahlreichen Stellen seines Werkes bewußt jede Möglichkeit ausschließt, daß Menschen glorifiziert werden, dann muß diese Aussage für ihn von wesentlicher Bedeutung gewesen sein. Ihm geht es also nicht darum, seinen Zeitgenossen eine Aufgabe einzuschärfen, vielmehr will er mit seinem Werk verhindern, daß Menschen gerühmt werden. Für ihn kommen Ehre und Ruhm allein Jahwe zu. Schon Henry hat in ihrer Arbeit „Jahwist und Priesterschrift" diese Aussage des Jahwisten mit Recht betont.

Freilich gilt es zu beachten, daß sie bei J in einem bestimmten Zusammenhang steht und nicht einfach als eine allgemeine anthropologische Aussage gemeint ist (38). Sie ist vielmehr mit jener grundlegenden Verheißung zu verbinden, die Jahwe in Gen 12,1–3 dem Abraham gibt. Deshalb müssen wir jetzt nochmals auf diesen Abschnitt zurückkommen und vor allem den Wortlaut von V. 2a, den wir bisher nicht behandelt haben, näher beleuchten. Es ist bekannt, daß die Formulierung „und ich will deinen Namen großmachen" auf das davidische Großreich zielt, heißt es doch in 2. Sam 7,9, daß Jahwe David einen großen Namen gemacht hat (39). Durch die mit dem Großreich errungene hervorragende Stellung hat der Name Israels in der Völkerwelt eine große Bedeutung bekommen. Meist wurde bisher aber übersehen, daß nicht nur der Schluß von V. 2a sondern der ganze Halbvers das Großreich als Erfüllung jener Zusagen im Blick hat. Wie ich in meiner Habilitationsschrift gezeigt habe, ist für J Israel erst mit der Staatenbildung zu einem goj geworden. „Ich will dich zu einem großen Volk machen" bezieht sich also nicht, wie ähnliche Aussagen an anderen Stellen des AT (40), auf die Mehrung der Jakobsöhne in Ägypten, sondern auf die Entstehung des Großreiches, durch das Israel zu einem bedeutenden Volk geworden ist. Das Folgende „und ich will dich segnen" hat von da aus einen doppelten Aspekt. Es drückt einmal aus, daß Jahwe Israels Land eine überwältigende Fruchtbarkeit schenken wird. Zum anderen hat der Segen Jahwes die überragende politische Stellung des Großreichs zur Folge, auf die dann mit „und ich will deinen Namen großmachen" nochmals hingewiesen wird. In seiner politischen Machtentfaltung und durch die reiche Fruchtbarkeit seines Landes ist Israel die Verkörperung des Segens, wie V. 2b feststellt.

Damit zeigt Gen 12,1–3, daß der Jahwist dem Großreich nicht kritisch, sondern uneingeschränkt positiv gegenübersteht. Mit ihm hat Jahwe seine Verheißung an Abraham eingelöst. Der Jahwist bejaht somit die Vorstellungen, die seine Zeitgenossen von diesem Großreich haben. Das kommt auch darin zum Ausdruck, daß J in V. 2 nicht völlig frei formuliert hat, sondern

Anschauungen seiner Zeit aufgreift. Wolff hat großes Gewicht darauf gelegt, daß die Landverheißung in Gen 12,2 nicht erwähnt wird, und daraus den Schluß gezogen, daß sie für J „zu einem erzählerischen Nebenzug geschrumpft" sei (41). Das ist jedoch nur bedingt richtig. Seybold hat jüngst darauf hingewiesen, daß in dem zweiten Bileamspruch (Num 24,15–19) Landnahme und Großreich in der Weise miteinander verbunden werden, daß die Entstehung des Großreichs erst als Abschluß der Landnahme gilt (42). Schon vor J hat man somit in der Unterwerfung der Nachbarvölker durch David die Krönung der Landnahme gesehen. Da J diese Auffassung teilt, kann für ihn die Landnahme kein eigenständiges Thema mehr sein, sie ist vielmehr in der Verheißung des großen goj enthalten, da zu diesem goj das eigene Territorium gehört. Auch die Anschauung, daß Israel ein außergewöhnlich fruchtbares Land bewohnt, ist J vorgegeben, wie aus dem ersten Bileamspruch (Num 24, 3b–9) deutlich wird. Hier sind außerdem bereits Fruchtbarkeit des Landes und politische Machtentfaltung miteinander verbunden (43). Der Jahwist greift also in Gen 12,2 f. weithin ihm überlieferte Vorstellungen auf.

Freilich führt er dabei zwei neue Gesichtspunkte ein, die – soweit wir erkennen können – sein Eigentum sind. Einmal begründet er das Großreich in einer Verheißung, die bereits Abraham zuteil wurde. Damit wird die Gegenwart zum Ergebnis eines zielgerichteten und schon Abraham von Jahwe zugesagten göttlichen Wirkens. Die gesamte bisherige Geschichte Israels ist nun ausschließlich der Weg, auf dem jenes alte Versprechen seiner Einlösung entgegengeführt wird. Der Bogen von Verheißung zu ihrer Erfüllung reicht bei J von Abraham bis zu David, eine Ausdehnung, die von keinem anderen Entwurf mehr überboten werden konnte.

Neu ist bei dem Jahwisten auch, daß dem Großreich eine überragende Bedeutung für die gesamte Menschheit beigemessen wird. Sehr prägnant hat das Perlitt formuliert: „Also in den Staub mit allen Feinden der Gesegneten, Teilhabe an ihrer Wohlfahrt aber für alle Völker, denen – nicht das Tun Davids, sondern – das Walten Jahwes in die Knochen fährt" (44). Mit der Urgeschichte, die erstmals wohl von J der Heilsgeschichte vorangestellt wurde, hat der Jahwist diesen Gedanken unterstrichen. Aus ihr geht ja hervor, daß es für die Menschheit, abgesehen von jener Geschichte, die Jahwe mit Abraham begonnen hat, keinen göttlichen Segen gibt. Jahwe beschränkt sich hier auf ein bewahrendes Handeln, das freilich um der Schuld der Menschen willen eine Bewahrung mit zahlreichen Lebensminderungen ist (45). Deshalb spricht J in der Verheißung an Abraham erstmals von einem segnenden Wirken Jahwes. Mit ihrer Erfüllung hat Israel den ganzen Reichtum des göttlichen Segens. Will jemand, der nicht zu diesem Volk gehört, von Jahwe gesegnet werden, dann hat er zunächst einmal das anzuerkennen, was Gott in Israel geschaffen hat. Damit hat der Jahwist dem Großreich eine Bedeutung zugewiesen, die nicht mehr überboten werden kann. Die Anschauungen seiner Zeitgenossen, die wahrlich vom Großreich nicht gering dachten, sind bei ihm bis zu dem letztmöglichen Punkt hin gesteigert. Glühender kann man von dem Großreich nicht mehr reden, größere Bedeutung kann ihm nicht beigemessen werden. Der Jahwist hat das Großreich zum Zentrum der gesamten Welt gemacht, vor dem sich vernünftigerweise und um des eigenen Vorteils willen alle Menschen zu verbeugen haben.

Freilich ist dieses Großreich nun eben die Erfüllung einer göttlichen Zusage und nicht das Produkt menschlicher Wirksamkeit. Es verdankt seine Existenz nicht hervorragenden Menschen, sondern ausschließlich Jahwe. Er hatte seine Verheißung zu einer Zeit gegeben, als es undenkbar erscheinen mußte, daß die Nachkommen Abrahams jemals politische Macht entfalten würden. Wer konnte schon in dem mit Lot herumziehenden Abraham den Ahnherrn Davids erkennen?

Weil der Jahwist das Großreich ausschließlich als erfüllte Verheißung betrachtet, leugnet er jeden Beitrag der Väter und des Volkes an seiner Entstehung. Wurden noch in seinen Überlieferungen die Ahnherren wenigstens zum Teil als Helden glorifiziert, so nimmt er ihnen konsequent diese Rolle. Ihre Bedeutung erschöpft sich bei J darin, daß sie Stationen auf jenem Weg sind, den Jahwe von seiner Zusage bis zu ihrer Realisierung durchschritten hat. Wird den Ahnherren von J wirklich einmal ein Beitrag an dem Geschehen zugestanden, so erschöpft er sich darin, daß sie mit ihrem Tun die Erfüllung der Verheißung gefährdet haben. Für das, was Jahwe im Großreich geschaffen hat, gebührt keinem Menschen, sondern ausschließlich Gott die Ehre.

In diesem Beieinander von Hochschätzung des Großreichs und Leugnung jedes positiven menschlichen Beitrags zu seiner Entstehung wird man das Ziel des jahwistischen Werkes sehen müssen. Dem Jahwisten geht es nicht darum, Israel dazu anzuspornen, den empfangenen Segen an andere weiterzugeben, sondern er will zeigen, wie das Großreich theologisch sachgemäß verstanden werden muß. Sein Werk ist eine Art Doxologie, die seine Zeitgenossen dazu auffordert, in sein Gotteslob einzustimmen. Um nochmals Perlitt das Wort zu geben: „Nicht das Großreich und sein König werden gefeiert, sondern der so üppig segnende Gott" (46).

Wenn der Jahwist aber so die alte Verheißung in seiner Zeit erfüllt sieht, ist es zumindest fraglich, ob er ein neues Gotteshandeln erwartet hat, das das Bisherige weiterführt und überbietet. Man meint zwar heute meist, daß für J die endgültige Erfüllung von Gen 12,1−3 noch aussteht (47). Aber was sollte eigentlich die Zukunft für ihn noch an Neuem bringen? Jahwe hat

Israel bereits zu einer Verkörperung des Segens gemacht, und dadurch haben schon jetzt alle Menschen die Möglichkeit, durch Anerkenntnis dieser Tatsache von Jahwe gesegnet zu werden. Die Völker, die das Großreich akzeptieren und zu ihm in wirtschaftliche Beziehung treten, werden schon in seinen Tagen von Jahwe gesegnet. Eine Rückkehr aber zu jener Urzeit, die durch menschliche Schuld verlorengegangen ist, erwartet der Jahwist nicht. Die Feindschaft zwischen dem Menschen und der Schlange (Gen 3,14 f.) ist auch in dem Großreich, das den Segen verkörpert, nicht aufgehoben. Die Frau gebiert weiter unter Schmerzen und ist dem Mann untergeordnet (Gen 3,16), die Menschen sprechen auch jetzt verschiedene Sprachen (Gen 11,1–9), und die Vormachtstellung Israels entspricht ebenfalls nicht den ursprünglichen Verhältnissen. Nicht zuletzt aber bleibt das Gebilde des menschlichen Herzens weiterhin böse von Jugend an (48). So bringt das Heil, das Jahwe mit seinem Segen gibt, die Urzeit nicht zurück. Aber in der gefallenen Welt schenkt Jahwe reiches und dadurch auch erfülltes Leben. Weil der Jahwist sich in der erfüllten Zeit weiß, blickt er in seinem Werk nicht in die Zukunft, sondern in die Vergangenheit, um zu zeigen, daß die herrliche Gegenwart ausschließlich Gottes Werk ist. Für ihn kann die Zukunft nur eine unendliche Verlängerung dieser Gegenwart sein, ohne Abschluß und ohne einen neuen Höhepunkt. Daß die Tage des Großreichs bereits gezählt sind, hat der Jahwist nicht geahnt, er konnte sich so etwas überhaupt nicht vorstellen. Denn für ihn kann ja auch menschlicher Ungehorsam gegen Gott das Großreich nicht gefährden. Jahwe hatte sich in der Vergangenheit gegen einen eigenmächtigen Abraham und gegen ein ängstliches und murrendes Volk durchgesetzt, wie sollte er denn jetzt noch sein Werk preisgeben?

Anmerkungen

1 Überarbeitete Fassung der Probevorlesung, die im Rahmen des Habilitationsverfahrens am 13. 7. 1973 vor dem Kollegium der Kirchlichen Hochschule Berlin gehalten wurde.

2 Wolff, H. W., Zur Hermeneutik des Alten Testaments, in: Westermann, C. (Hg), Probleme alttestamentlicher Hermeneutik, 1960, S. 140—180, S. 153.

3 Wiederabgedruckt in Wolff, H. W., Gesammelte Studien zum Alten Testament, 1964, S. 345—373; hiernach wird im folgenden zitiert.

4 Noth, M., Überlieferungsgeschichte des Pentateuch, 1948, S. 5 f. Freilich wird immer wieder die Frage gestellt, ob nicht doch Teile von Jos und Ri 1 J zuzuweisen sind, vgl. z. B. Fohrer, G., Einleitung in das Alte Testament, 1969 (11), S. 214 ff.; Kaiser, O., Einleitung in das Alte Testament, 1969, S. 73 f. Dieses Problem kann hier nicht näher behandelt werden. Wie die folgenden Ausführungen zeigen werden, ist es für unseren Zusammenhang auch nicht entscheidend. Die These, daß der J-Bestand auf zwei Quellenschriften zu verteilen sei, die in neuerer Zeit vor allem Eißfeldt und Fohrer vertreten haben, hat sich m. E. zu Recht bisher nicht durchsetzen können.

5 Wolff, Kerygma, S. 357.

6 Wolff, Kerygma, S. 365.

7 Wolff, Kerygma, S. 373.

8 Vgl. z. B. Werner, H., Abraham, 1965, S. 58 ff; Wehmeier, G., Der Segen im Alten Testament, Diss. Basel 1970, S. 199 ff. Mittlerweile spielt die Interpretation des Jahwisten durch Wolff auch in der theologischen Friedensforschung eine Rolle, wie der Aufsatz von G. Liedke, Israel als Segen für die Völker, in: Liedke, G. (Hg), Frieden-Bibel-Kirche, Studien zur Friedensforschung 9 (1972), S. 65—74 zeigt.

9 Wolff, Kerygma, S. 362 f.

10 Vgl. dazu meine bisher unveröffentlichte Habilitationsschrift von 1973: „De Deo" — Studien zur Literarkritik und Theologie des Buches Jona, des Gesprächs zwischen Abraham und Jahwe in Gen 18,23 ff. und von Hi 1, S. 191—202.

11 Wolff, Kerygma, S. 369.

12 In Gen 27,29 wo sich die Aussage von Num 24,9 in umgekehrter Reihenfolge findet, dient sie ebenfalls nur dazu, die künftige Macht Jakobs zu unterstreichen. Auch hier deutet J durch nichts an, daß er sie im Rahmen seines Werkes anders verstanden wissen will.

13 Zu dieser Bedeutung von 'rr vgl. Schottroff, W., Der altisraelitische Fluchspruch, 1969, S. 35.

14 Schottroff, a. a. O., S. 29 f.

15 Wolff sieht in dieser Änderung freilich eine Abschwächung. Nicht schon der, der ein Fluchwort gegen Israel ausspreche, falle Jahwes Fluch anheim, „sondern erst der, der Israel als Gottesvolk klein und verächtlich macht" (Kerygma, S. 358). Diese Deutung scheitert aber daran, daß die Wurzel 'rr der stärkste Ausdruck für die schlechte Rede ist, über den das Hebräische verfügt (so Schottroff, a. a. O., S. 30). Sie ist damit für den Betroffenen folgenschwerer als das Verhalten, das

durch das pi. von qll ausgedrückt wird.

16 1. Kön 11,14 ff; nach Gen 27,40b wird Edom seine politische Selbständigkeit wiedergewinnen, es ist aber nicht sicher, ob dieser Halbvers nicht doch ein Zusatz ist (so z. B. Gunkel, H., Genesis, 1966 (7), S. 314). Freilich ist die Ansetzung von J in der Zeit Salomos immer wieder bestritten worden, so z. B. von Fohrer, Einleitung, S. 165; 179; Hölscher, G., Geschichtsschreibung in Israel, Lund 1952, S. 98 ff.; Schulte, H., Die Entstehung der Geschichtsschreibung im alten Israel, BZAW 128, 1972. Gegen eine Datierung des Werkes nach der Reichsteilung sprechen aber nicht nur eine Reihe von Einzelbeobachtungen (vgl. z. B. Müller, H. P., Ursprünge und Strukturen alttestamentlicher Eschatologie, BZAW 109 (1969), S. 52, Anm. 102), sondern auch die Leitgedanken des Jahwisten, wie im folgenden gezeigt werden wird.

17 Ähnlich verstehen die Konstruktion z. B. auch Gunkel, Genesis, z. St. und Wehmeier, a. a. O., S. 179.

18 So z. B. v. Rad, G., Das erste Buch Mose, 1972 (9) z. St.

19 So auch Schreiner, J., Segen für die Völker in der Verheißung an die Väter, BZ NF 6 (1962), S. 1–31, S. 7 und Wehmeier, a. a. O., S. 177–179.

20 Ähnlich Scharbert, J., Art. brk, ThWAT I Sp. 808–841, Sp. 829: „unter deinem Namen/unter Berufung auf dich". Das beka in V. 3b ist allerdings sehr verschieden gedeutet worden. Nach v. Rad, Das erste Buch Mose, S. 122 wird damit Abraham zum Vermittler des Segens für alle Geschlechter des Erdbodens. Procksch, O., Die Genesis, 1924 (2.3), S. 97 findet darin „eine objektiv in Abraham vorhandene Segenskraft . . . , die an anderen wirksam wird" ausgedrückt. Wehmeier tritt dagegen für eine „instrumentale Bedeutung" des Ausdrucks ein: „ ‚Durch Abraham', d. h. durch die Geschichte, die Gott mit ihm beginnt, nimmt Jahwe sich der ‚unglücklichen Völkerwelt' an und lässt sie teilhaben an dem Segen, den er schenkt" (a. a. O., S. 179). Nun legt aber gerade die Untersuchung von Wehmeier eine andere Deutung nahe. Nach ihm heißt brk b im pi. entweder „jemanden Gutes wünschen unter Hinweis auf das Glück eines anderen" oder „unter Anrufung Gottes segnen" (a. a. O., S. 171). Die gleiche Bedeutung habe b in der Verbindung mit dem hitp. von brk (a. a. O., S. 184). Dann ist nicht einzusehen, warum b nach dem nif. nicht den gleichen Sinn haben sollte. J sagt somit in Gen 12, 3b, daß die Sippen des Erdbodens dadurch für sich Segen erwerben können, daß sie auf das Glück Abrahams verweisen und so Abraham als Gesegneten bezeichnen. Insofern ist in der Deutung, daß der Name Abrahams beim Segensspruch erwähnt werden wird, wie sie z. B. von Gunkel, Genesis, S. 165 vertreten wurde, etwas Richtiges gesehen, man muß nur gegen Gunkel beachten, daß das nif. von brk im Unterschied zum hitp. nicht reflexiv ist.

21 Zu dieser umfassenden Bedeutung des Ausdrucks „alle Sippen des Erdbodens" vgl. Steck, O. H., Genesis 12,1–3 und die Urgeschichte des Jahwisten, in: Wolff, H. W. (Hg.), Probleme biblischer Theologie (Festschrift v. Rad), 1971, S. 525–554, S. 541, Anm. 47.

22 Wolff, Kerygma, S. 352 und 354.

23 So auch Schreiner, a. a. O., S. 4 f. V. 2b ist viel diskutiert worden. Die
   älteren Ausleger übersetzen häufig unter Änderung der Punktation „daß
   er (dein Name) ein Segenswort werden soll" (vgl. z. B. Gunkel, Genesis,
   S. 164), ähnlich unter Beibehaltung des MT jetzt auch Wehmeier,
   a. a. O., S. 88. Das läßt sich aber mit dem Aufbau des Abschnitts nicht
   vereinbaren, zumal zwischen V. 2b und 3 schon durch den erneuten
   Personenwechsel eine Zäsur besteht.
24 Wolff, Kerygma, S. 366.
25 Wie sorgfältig der Jahwist zwischen dem Gelingen, das Jahwe einem
   Menschen schenkt, und dem Segen, den allein Jahwe geben kann,
   unterscheidet, zeigt der Abschnitt Gen 39, 21–23, der in seinen
   Aussagen weitgehend Gen 39, 2–4 entspricht. Trotzdem fehlt hier das
   Wort Segen. Für J sind dann aber Segen und Erfolg nicht einfach
   identisch.
26 Ähnlich wie Gen 39,5 sind auch die im einzelnen nicht ganz klaren
   Stellen Gen 30,27.30 zu deuten (vgl. dazu die Kommentare). Wenn
   Wolff, Kerygma, S. 365 zu V. 27 ausführt: „mit seiner Hirtenkunst
   wirkt Jakob als Segen unter den Aramäern", so ist demgegenüber darauf
   hinzuweisen, daß Laban feststellt, daß ihn *Jahwe* um Jakobs willen
   (biglal) gesegnet hat. Nicht die Hirtenkunst Jakobs, sondern Jahwes
   eigenes Wirken hat Laban Segen gebracht, und Jahwe hat so gehandelt,
   weil Laban Jakob bei sich aufgenommen hat. Das sagt dann auch Jakob
   in V. 30.
   Einen Sonderfall stellt Ex 12,32 dar, da hier der Pharao die Israeliten
   auffordert, bei ihrem Fest für Jahwe auch ihm Segen zu verschaffen.
   Man wird diese Stelle aber im Zusammenhang der jahwistischen
   Plagenerzählungen (vgl. dazu Noth, M., Das zweite Buch Mose, 1959, S.
   50 ff.) verstehen müssen. Pharao hat dem Befehl Jahwes, daß ihm Israel
   in der Wüste dienen soll, hartnäckig Widerstand geleistet und dadurch
   immer neue Machttaten Jahwes herausgefordert. Nach der letzten Plage
   hat er jedoch erkannt, daß er sich gegen Jahwe nicht durchsetzen kann,
   und bemüht sich deshalb dem Willen Jahwes zu entsprechen. Davon
   erhofft er sich zugleich, daß Jahwe die schweren Schäden, die er und
   seine Bevölkerung an ihrem Besitz erlitten haben, durch seinen Segen
   heilt. Dazu bedarf es freilich der Fürbitte der Israeliten, so wie es zuvor
   des Gebetes Mose bedurfte, damit eine Plage aufhörte, weil Jahwe in
   einem besonderen Verhältnis zu Israel steht. Mit Ex 12,32 will J also
   lediglich zeigen, daß Pharao nun die Macht Jahwes und die Sonderstellung, die Israel bei ihm hat, anerkennt. Wenn Wolff dem Vers die
   Aussage entnimmt: „Trotz allen Leidens, das Israel von der Weltmacht
   erfahren hat, ist es bestellt, auch sie in den Segen zu rücken" (Kerygma,
   S. 367), so übersieht er, daß J nichts davon berichtet, daß Israel dieser
   Aufforderung nachgekommen ist. Da der Pharao seinen Sinn wandelt
   und das Volk verfolgt (Ex 14ˣ), hat er sich von der Fürbitte der
   Israeliten ausgeschlossen und wird von Jahwe vernichtet. Auch mit Ex
   12,32 will somit J nicht seinen Zeitgenossen eine Aufgabe einschärfen.
27 Wolff, Kerygma, S. 363.
28 Wolff, Kerygma, S. 364.

29   Vgl. zu ihrem Umfang Kilian, R., Die vorpriesterlichen Abrahamsüberlieferungen, 1966, S. 202 ff. und Schulz, H., Das Todesrecht im Alten
Testament, BZAW 114 (1969), S. 95 ff.

30   Der Rest von V. 2 und 3b–5 sind sekundär, so z. B. auch Gunkel,
Genesis, S. 300 f.; anders Kilian, a. a. O., S. 203 f. Auf eine Begründung
dieser Zuteilung muß hier verzichtet werden.

31   Das gilt, worauf wenigstens anmerkungsweise hingewiesen werden soll,
auch für Gen 26, 26–31. Nach Wolff, Kerygma, S. 364 schafft hier
Isaak den Philistern Segen. Er wirke sich darin aus, daß in dem
Versprechen, einander keine Bosheiten zuzufügen, šalom gestiftet
werde. Gegen diese Interpretation spricht aber schon der breite Raum,
den hier die Worte der Philister einnehmen. Nicht das Tun Isaaks,
sondern das Verhalten der Philister steht deshalb im Zentrum: Sogar die
Philister, die Isaak vertrieben haben (V. 16), müssen nun seine
besondere Stellung anerkennen. Dabei ist es schwerlich ein Zufall, daß
in ihren Worten von V. 28 f. mit „daß Jahwe mit dir ist" und „du
Gesegneter Jahwes" die beiden Zusagen aufgenommen werden, die
Jahwe in V. 3a Isaak gemacht hat. Was ihm Jahwe versprochen hat, hat
er so offenkundig erfüllt, daß sogar die Feinde Isaaks ihren Widerstand
aufgeben müssen.

32   Vgl. zum Folgenden Henry, M.-L., Jahwist und Priesterschrift, 1960,
vor allem S. 17 f.

33   Vgl. dazu v. Rad, G., Theologie des Alten Testaments I, 1966 (5), S.
304 f.

34   J: Ex 3,7 f.; E: Ex 3,9–12.

35   Zum jahwistischen Anteil vgl. Noth, Ü. P., S. 32 und Noth, Das zweite
Buch Mose, S. 52 ff.

36   Zum Anteil des Jahwisten vgl. Noth, Ü. P., S. 32.

37   Ex 14,13 f.; Übersetzung nach Noth, Das zweite Buch Mose.

38   Das kommt m. E. bei Henry nicht genügend zum Ausdruck. Auch in
den Arbeiten von J. Stendebach werden die anthropologischen Aussagen zu einseitig betont (Theologische Anthropologie des Jahwisten,
Diss. Bonn 1970 und Der Mensch. . . wie ihn Israel vor 3000 Jahren sah,
1972).

39   vgl. z. B. Wolff, Kerygma, S. 356.

40   vgl. z. B. Gen 46,3 (E); Dtn 26,5.

41   Wolff, Kerygma, S. 355.

42   Seybold, K., Das Herrscherbild des Bileamorakels Num. 24, 15–19,
ThZ 29 (1973), S. 1–19.

43   Aus Num 24,3–9 geht m. E. eindeutig hervor, daß Israel zur Zeit des
Großreiches sein Land als außergewöhnlich fruchtbar empfand. Deshalb
wird man für J in der Verheißung des Landes, das von Milch und Honig
fließt (Ex 3,8), auch nicht mit H. P. Müller „so etwas wie einen
Ausblick auf die Zukunft", deren Eintreffen nach den geschehenen
Heilstaten Jahwes gewiß ist, sehen dürfen (Ursprünge und Strukturen, S.
56). Für J und seine Zeitgenossen waren diese Zusagen erfüllt, obwohl
in unseren Augen Palästina ein eher kärgliches Land ist.

44   Perlitt, L., Israel und die Völker, in: Liedke, G., Frieden-Bibel-Kirche,
S. 17–64, S. 32.

45	vgl. dazu den schon erwähnten Aufsatz von O. H. Steck.
46	Perlitt, a. a. O., S. 32.
47	vgl. z. B. Rad, G. v., Das formgeschichtliche Problem des Hexateuch, in: Rad, G. v., Gesammelte Studien zum Alten Testament, 1958, S. 9–86, S. 73; Stendebach, Theologische Anthropologie, S. 331; Steck, a. a. O., S. 549 ff., besonders Anm. 66.
48	Wenn Steck, a. a. O., S. 550, Anm. 66 schreibt: „Hinsichtlich der Urgeschichte hat J in seiner Erwartung gewiß eine Überwindung der dort entstandenen Lebensminderungen im Auge; wieweit dabei für Israel und die Menschheit geradezu eine restitutio in integrum erwartet wird (Tierfriede, schmerzfreie Geburt, müheloser Ackerbau, Einheit von Sprache und Wohngebiet der Menschheit, gar Wiederkehr des Paradieses im Lande Israels...), ist dem erhaltenen Bestand des jahwistischen Werkes nicht mehr zu entnehmen", so wird eine solche Fragestellung m. E. durch den Wortlaut von Gen 12,1–3 ausgeschlossen, da sich hier – wie auch in den sonstigen jahwistischen Stücken – keinerlei Hinweise darauf finden, daß die Verhältnisse der Urzeit wiederkehren sollen. Gerade die Betonung der Vormachtstellung Israels zeigt im Gegenteil, daß J zwischen der Urzeit und der Heilszeit unterschieden hat.

Überlegungen zum Jahwisten

*I

In der alttestamentlichen Forschung gewinnen Probleme des jahwistischen Werkes zunehmend an Bedeutung. Nachdem mehrere Untersuchungen zur Theologie des Jahwisten zu keinem übereinstimmenden Ergebnis geführt haben[1], wird jetzt von verschiedenen Seiten die in diesen Arbeiten vorausgesetzte Datierung auf die Epoche Salomos - oder wenigstens die Zeit bald nach der Reichsteilung[2] - in Frage gestellt. So hat F. Stolz vor allem aufgrund von Ex 3f für die jahwistischen Erzählungen von den Ereignissen in Ägypten eine Entstehung zwischen Jesaia und dem Deuteronomium angenommen[3]. Noch einen Schritt weiter geht J. van Seters, der mit traditionsgeschichtlichen Überlegungen zu den Patriarchen Jahwist und Elohist in exilisch-nachexilischer Zeit ansetzt[4]. Schließlich hat R. Rendtorff die Urkundenhypothese und damit überhaupt die

---

*   Die folgenden Ausführungen beruhen auf einem Arbeitspapier und einem Referat für die Tagung der Fachgruppe Altes Testament der Wissenschaftlichen Gesellschaft für Theologie am 2./3.5.1975 in Marburg.

1   M.-L. Henry, Jahwist und Priesterschrift (AzTh Reihe 1, Heft 3), 1960; H. W. Wolff, Das Kerygma des Jahwisten, in: ders., Gesammelte Studien zum Alten Testament (ThB 22), 1964, 345-373; L. Ruppert, Der Jahwist - Künder der Heilsgeschichte, in: J. Schreiner (Hg.), Wort und Botschaft, 1967, 88-107; F. J. Stendebach, Theologische Anthropologie des Jahwisten, Diss. kath. theol. Bonn, 1970.

2   Vgl. z.B. O. Kaiser, Einleitung in das Alte Testament, 3. erw. Aufl. 1975, 85; H. P. Müller, Ursprünge und Strukturen alttestamentlicher Eschatologie, BZAW 109, 1969, 52, Anm. 102.

3   F. Stolz, Zeichen und Wunder, ZThK 69, 1972, 125-144, 138f.

4   J. van Seters, Confessional Reformulation in the exilic Period, VT 22, 1972, 448-459; vgl. auch J. Hoftijzer, Die Verheißungen an die drei Erzväter, Leiden 1956, der ebenfalls alle Verheißungen spät datiert.

Existenz eines jahwistischen Werkes bestritten[5].

Nun dürfte die gegenwärtige Diskussion wenigstens zum Teil durch den Wandel bedingt sein, der sich in den vergangenen Jahrzehnten in den literarischen Zuweisungen vollzogen hat. Noch H. Gunkel rechnete im Anschluß an J. Wellhausen und dessen Schule in der Genesis mit zahlreichen späteren Erweiterungen. Gerade seine Erkenntnis, daß den Erzählungen vielfach ältere Sagen zugrundeliegen, wurde aber in der Folgezeit häufig dazu benutzt, Texte trotz deutlicher Spannungen und Widersprüche dem Jahwisten zuzuweisen, weil man meinte, diese Unebenheiten auf das mündliche Stadium oder auf eine vom Jahwisten vorgenommene Interpretation älteren Materials zu- | rückführen zu können[6]. Eine solche Betrachtungsweise ist aber ebenso einseitig wie ausschließlich literarkritisch orientierte Erklärungsversuche[7]. Sie führt dazu, daß dem Jahwisten Stücke zugewiesen werden, bei denen es sich eindeutig um spätere Zusätze handelt, so daß man sowohl bei seiner Datierung als auch bei der Bestimmung seiner Theologie in Schwierigkeiten geraten muß.

So sind z.B. in die Vätererzählungen des Jahwisten nachträglich weitere Verheißungen eingefügt worden. Der erste Einschub dieser Art liegt in Gen 13,14-17 vor. In V. 14 wird Abraham das ganze Land zugesagt, das er von Bethel aus sehen kann. Da nach V. 10 Lot von Bethel aus den wasserreichen Jordangau gesehen hat, würde Abraham damit auch das Gebiet Lots verheißen. Wenn er das zugesagte Land in seiner Länge und Breite durchziehen soll (V. 17), müßte er auch in die Gegend kommen, die sich Lot erwählt hat. Beides widerspricht der Erzählung, wie sich Lot von Abraham getrennt hat. Sie will ja gerade die Verschiedenheit der Wohngebiete begründen. Im übrigen handelt es sich bei V. 14-17 um eine Nachbildung und Abwandlung von Gen 28,13f. Daraus

---

5   R. Rendtorff, Der "Jahwist" als Theologe? Zum Dilemma der Pentateuchkritik, VT.S 28, 1975, 158-166. Noch weiter gehen B. Diebner und H. Schult. Nach ihnen sind die Erzvätererzählungen der Genesis fast ausnahmslos erst in exilisch-nachexilischer Zeit entstanden, vgl. ihre verschiedenen Aufsätze in DBAT 7-10.

6   Lehrreich ist dafür ein Vergleich zwischen H. Gunkel, Genesis, 1966[7] und M. Noth, Überlieferungsgeschichte des Pentateuch, 1948 einerseits und G. v. Rad, Das erste Buch Mose. Genesis, 1972[9] und R. Kilian, Die vorpriesterlichen Abrahamsüberlieferungen (BBB 24), 1966 andererseits.

7   Die Aufteilung des in der Regel J zugewiesenen Bestandes auf zwei Quellen, wie sie in neuerer Zeit vor allem von O. Eißfeldt (Hexateuch-Synopse, 1962[2]; ders., Einleitung in das Alte Testament, 3. neubearb. Aufl. 1964) und G. Fohrer (Einleitung in das Alte Testament, 11. erw. Aufl. 1969; ders., Überlieferung und Geschichte des Exodus, BZAW 91, 1964) vertreten wird, hat sich m.E. nicht bewährt.

geht der sekundäre Charakter dieses Stückes klar hervor. "Das ganze Land, das du siehst" (V. 15) entspricht "das Land, auf dem du liegst" in 28,13 und die in beiden Fällen gleiche Fortsetzung zeigt, daß die Formulierungen nicht unabhängig voneinander entstanden sind. Mit 13,16 wird dann 28,14 frei aufgenommen. Nur an diesen beiden Stellen wird in einer Mehrungsverheißung die Nachkommenschaft mit dem Staub der Erde verglichen. Beachtenswert ist, daß in 13,15 im Unterschied zu den jahwistischen Landverheißungen in 12,7 und 28,13 das Land ausdrücklich *'ad 'ôlam* zugesagt wird. Damit soll anscheinend die Frage beantwortet werden, ob das Land den Nachkommen Abrahams wirklich auf Dauer gegeben ist. Da sie beim Jahwisten nirgends eine Rolle spielt, stammt der Abschnitt vermutlich aus einer Zeit, in der der Landbesitz wieder gefährdet war. Jedenfalls zeigen diese Formulierung, der Widerspruch zum Kontext und die Verwandtschaft mit 28,13f, daß 13,14-17 nicht zum jahwistischen Werk gerechnet werden darf.

Das gilt auch für Gen 15. Mit Recht sind vor allem L. Perlitt und E. Kutsch dafür eingetreten, daß dieses Kapitel durchgehend jünger | ist als der Jahwist[8]. Schon die Auffassung, daß es sich bei der Landzusage um eine *berît* handelt, widerspricht dem Verständnis, das der Jahwist von dieser Verheißung hat. Während sie bei ihm in Gen 12,7 und 28,13 gewiß ist, weil Jahwe sie ausgesprochen hat, wird in Gen 15 ihre Verläßlichkeit erst durch das Wort *berît* und durch die szenische Darstellung einer göttlichen Selbstverpflichtung hergestellt. Auch viele Einzelheiten zeigen, daß es sich bei Gen 15,7ff um ein relativ junges Stück handelt. So wird in V. 9f ein Mischritual geschildert. Der aus Jer 34,18f bekannte Ritus beim Schneiden einer *berît* wird hier dadurch zum Opfer umgestaltet, daß alle beim Brandopfer zugelassenen Tiere dargebracht werden. Dem gleichen Zweck dient die Einleitung des göttlichen Befehls in V. 9: "Nimm für mich". Daß Abraham genau weiß, was er mit den Tieren zu tun hat, obwohl er dafür keine Anweisung Jahwes erhielt, zeigt, daß es sich um eine theologische Konstruktion und nicht um ein praktiziertes Ritual handelt. Außerdem wird in V. 12 - wie aus Ijob 4,12-14 hervorgeht[9] - von Abraham ein prophetischer Offenbarungsempfang berichtet. Abraham wird aber beim Jahwisten nie als Prophet dargestellt.

Die jahwistische Isaküberlieferung in Gen 26 enthielt ursprünglich weder eine Land-, noch eine Mehrungsverheißung. Schon der Plural *^arasot* (V. 3b),

---

8   L. Perlitt, Bundestheologie im Alten Testament (WMANT 36), 1969, 68-77; E. Kutsch, Verheißung und Gesetz, BZAW 131, 1972, 66-70.

9   Vgl. zu Ijob 4,12-14 G. Fohrer, Das Buch Hiob, 1963, 142f.

der in keiner anderen Landverheißung der Genesis steht, und die Begründung der Zusage mit dem Gehorsam Abrahams (V. 5) zeigen, daß es sich bei V. 3b-5 um einen Nachtrag handelt[10]. Recht unterschiedlich wird in der Forschung die Zusage des göttlichen Beistandes und der Mehrung in V. 24 beurteilt[11]. Aber wie schon aus ihrer Einleitung "da erschien ihm Jahwe in jener Nacht" hervorgeht, handelt es sich auch hier um einen späteren Einschub. In 26,2a, wo der Jahwist ohne Anhalt an einer Überlieferung selbständig formuliert, heißt es einfach: "Da erschien ihm Jahwe". Er spricht auch sonst nur dann ausdrücklich von einer Gotteserscheinung in der Nacht, wenn sie ihm - wie z.B. in der Bethelerzählung (Gen 28,11aα.13ff) und beim Kampf am Jabbok (Gen 32,23ff) - in seiner Überlieferung vorgegeben ist, aber nicht in von ihm selbst gebildeten Abschnitten[12]. |

Damit ergibt sich für die Verheißungen beim Jahwisten ein differenziertes Bild. Außer Gen 12,1-3 enthielt sein Werk für Abraham nur eine Land- und eine Sohnesverheißung (Gen 12,7; 18,10ff), während Isaak lediglich der göttliche Beistand und Segen zugesagt wurde (Gen 26,2aα.3a). Erst in einer späteren Zeit kam es zu einer Häufung der Verheißungen, wobei teilweise der Gehorsam Abrahams zur Grundlage für die göttlichen Zusagen wurde[13].

---

10 J hat hier seine Tradition lediglich mit "da erschien ihm Jahwe und sprach: Weile als Fremdling in diesem Land und ich will mit dir sein und dich segnen" (V. 2aα. 3a) interpretiert, vgl. z.B. Gunkel, Genesis, 300f; Perlitt, 66f. Zwar sieht Kilian, 203f in V. 2-5 einen einheitlichen Zusatz, aber dagegen spricht, daß in V. 12 und 28f auf 3a Bezug genommen wird.

11 Mit V. 24 hängt 25aα unlösbar zusammen. Für die Zugehörigkeit dieser Verse zu J treten z.B. ein: O. Procksch, Genesis, 1924[2.3], 160f; v. Rad, Genesis, 218; H. Mölle, Das "Erscheinen" Gottes im Pentateuch (EHS. T 18), 1973, 45ff; als Zusatz betrachten sie u.a. Gunkel, Genesis, 303; Noth, Ü. Pent., 30.

12 Diese Schwierigkeit versuchen Procksch und Mölle dadurch zu lösen, daß sie "in jener Nacht" als Zusatz ansehen. Aber wie soll *dieser* Zusatz erklärt werden? Im übrigen zeigt auch die Begründung der Zusage in V. 24 "um Abraham, meines Knechtes willen", daß es sich um ein spätes Stück handelt. Abraham ist hier wie in 22,15ff und 26,5 der exemplarische Fromme, dessen Frömmigkeit zum Grund für die Verheißung wird. Das läßt sich mit dem jahwistischen Abraham- und Menschenbild nicht vereinbaren, vgl. dazu auch unten III.

13 Rendtorff, 165 sieht in den Verheißungsreden "ein Element der planmäßigen theologischen Bearbeitung der Vätergeschichte". Das könnte in der Tat die Absicht der Endredaktion sein. Es ist aber zu beachten, daß sie damit ein vorgegebenes Überlieferungselement aufnimmt und ausbaut. Auf sonstige Erweiterungen des jahwistischen Werkes in der Genesis kann hier nicht eingegangen werden. Hingewiesen sei lediglich noch auf Gen 18,22b-33a. Dieses Gespräch Abrahams mit Jahwe, das häufig zur

Ein ähnlicher Prozeß der literarischen Weiterbildung läßt sich auch in den Moseüberlieferungen beobachten. Ein besonders instruktives Beispiel ist dafür Ex 3f. Über den jahwistischen Anteil in 3,1-17 besteht weitgehend Übereinstimmung, es handelt sich um V. 1a.bα.2-4a.5.7f.16f[14], wobei freilich "zu dem Land, das von Milch und Honig fließt" und die Aufzählung der Völkerschaften, denen dieses Land jetzt gehört, in V. 8 und 17 von einer späteren Hand stammen[15]. Keine Einigkeit besteht dagegen über die Aufteilung von 3,18-4,31. Nun hat schon H. Greßmann darauf hingewiesen, daß 3,18-22 "das Folgende in unschöner Weise vorwegnehmen"[16]. In der Tat unterscheiden sich diese Verse grundlegend von dem jahwistischen Bestand in 3,1-17. Während dort die Mitteilung Jahwes an Mose und sein Auftrag für die Ältesten (V. 8 und 16f) auf das Engste miteinander verbunden sind, erhält Mose hier Auskunft über das zukünftige Geschehen, ohne daß er diese Kenntnisse weitergeben soll. Daß es sich hier um ein | sekundäres Stück handelt, geht aber vor allem daraus hervor, daß weder 5,3 auf 3,18, noch 11,2 auf 3,21f Bezug nehmen. Das Opfer ist in 5,3 eine Folgerung, die Mose und die Ältesten aus der Gottesbegegnung selbst ableiten und der Auftrag in 11,2 läßt nicht erkennen, daß jetzt ein früher bereits angekündigtes Geschehen eintreten soll. So findet in 3,18-22 das Mosebild einer späteren Zeit seinen Ausdruck. Weil Mose in einmaliger Weise auf die Seite Gottes gehört, wird er schon bei seiner Berufung von Jahwe über die zukünftigen Ereignisse unterrichtet. Mose - und Mose allein - darf wissen, was Jahwe im einzelnen tun wird.

Die späteren Auffassungen von Mose haben auch zu umfangreichen Erweiterungen in Ex 4 geführt. So ist 4,29-31 - die Ausführung des in 3,16f dem Mose erteilten Auftrags - deutlich überfüllt. Das gilt zunächst von der Erwähnung

---

Bestimmung der Theologie des Jahwisten herangezogen wird, stammt erst aus exilisch-nachexilischer Zeit, vgl. dazu meine Habilitationsschrift von 1973: "De Deo" - Studien zur Litararkritik und Theologie des Buches Jona, des Gesprächs zwischen Abraham und Jahwe in Gen 18,22ff und von Hi 1 (BZAW 143, 1976).

14 So z.B. M. Noth, Das zweite Buch Mose. Exodus, 1968[4]; Eißfeldt, Hexateuch-Synopse; Fohrer, Überlieferung, 30ff; R. Smend, Alttestamentliches Lesebuch, 1974 und mit geringfügigen Abweichungen W. Richter, Die sogenannten vorprophetischen Berufungsberichte (FRLANT 101), 1970, 57ff.

15 Zwar rechnen u.a. Fohrer, Überlieferung, 32 und Müller 56f "zu einem Land, das von Milch und Honig fließt" zu J. Das scheitert aber daran, daß die allgemein für sekundär gehaltene Aufzählung der Völker in V. 8 nach, in V. 17 aber vor dieser Beschreibung des Landes steht, so daß beides eine spätere Erweiterung sein muß.

16 H. Greßmann, Mose und seine Zeit (FRLANT 18), 1913, 21, Anm. 1; ähnlich Noth, Exodus, 28; anders z.B. Fohrer, Überlieferung, 31f.

Aarons in V. 29. Aber auch die beiden Hälften von V. 31 fügen sich nicht nahtlos zusammen. "Da hörten sie" in 31b kommt nach "da glaubte das Volk" (31a) deutlich zu spät, sinnvoll wäre nur die umgekehrte Reihenfolge hören-glauben. Da sich 31b auf 3,16f bezieht, wird man diesen Halbvers dem Jahwisten zuweisen müssen. Dagegen läßt sich V. 30 von 31a nicht trennen. Das Volk glaubt den Zeichen, von denen in V. 30 die Rede war. Zum Jahwisten gehören hier also nur V. 29 - ohne Aaron und mit dem Singular "er versammelte" und 31b.

Nun bestimmen die Motive "Zeichen" und "glauben" von V. 30 und 31a auch 4,1-9, so daß es sich bei diesem Abschnitt ebenfalls um eine spätere Erweiterung handeln muß. Das zeigen im übrigen schon die zahlreichen ungenauen Formulierungen, die sich hier finden[17]. 4,10-12 ist ebenfalls kein quellenhaftes Stück. Jahwe beantwortet den Einwand des Mose mit der Zusage: "Ich will mit deinem Munde sein und dich lehren, was du reden sollst" (V. 12). Das geht weit über den konkreten Auftrag von 3,16f hinaus. Mose ist hier - wie schon M. Noth hervorgehoben hat, ohne allerdings daraus literarkritische Folgerungen zu ziehen[18] - als klassischer Prophet dargestellt. Zudem ist der Einwand eines Propheten gegen seine Berufung der älteren Prophetie fremd, er begegnet erstmals in Jer 1,6. Die Berufung Jeremias ist aber nach einem Berufungsschema gestaltet, das ursprünglich bei politisch-militärischen Führern herausarbeiten sollte, wie sich ihr Tun zu dem Wirken Gottes verhält. Da noch in der elohistischen Fassung der Moseberufung in Ex 3,9-12 mit Hilfe dieses Schemas Mose nicht als | Prophet, sondern als politischer Führer dargestellt wird, muß es sich bei Ex 4,10-12 um ein junges Stück handeln, in dem spätere Überlegungen, wie die Beziehung der Propheten zu Jahwe zureichend beschrieben werden kann, auf Mose übertragen wurden[19]. Von diesen Versen aus wird der Sinn der

---

17 Bei den Reden in V. 5 und 8 fehlt eine Einführung. Zumindest V. 8 kann aber nicht jünger sein als V. 1-4.6f (gegen Noth, Exodus; Smend, Lesebuch), weil erst in diesem Vers der Sinn der beiden vorangegangenen Wunder enthüllt und damit der Zweifel, den Mose in V. 1 äußert, widerlegt wird. So handelt es sich bei 4,1-4.6-8 um einen nicht konsequent formulierten Nachtrag, der noch später durch V. 9 erweitert wurde, um eine Dreizahl der Zeichen zu erhalten. V. 5 ist eingefügt worden, um schon bei dem ersten Zeichen den Sinn klarzustellen.

18 Noth, Exodus, 32.

19 Vgl. zum Berufungsschema mein Buch: Menschlicher Erfolg und Jahwes Initiative (WMANT 38), 1970. Vielfach wird Ex 4,10-12 zu E gerechnet, so z.B. Eißfeldt, Hexateuch-Synopse; Fohrer, Überlieferung, 38ff; Richter, 70. Aber nach 3,13 käme dieser Einwand des Mose zu spät und nach Ex 3,9-12 ist Mose eben nicht Prophet sondern politischer Führer.

Erweiterung in 4,1ff deutlich: Es geht um die Frage der prophetischen Legitimation, als Prophet muß sich Mose vor den Adressaten der ihm aufgetragenen Botschaft ausweisen[20]. Damit wird freilich der Sinn der jahwistischen Komposition in Ex 3f empfindlich gestört. H. Greßmann hat darauf aufmerksam gemacht, daß hier eine ältere "Entdeckersage" durch die Berufung erweitert wurde. Ähnlich ist in Ri 6,11ff eine Kultätiologie zu einer Berufungserzählung umgestaltet worden. In beiden Fällen kommt der Schilderung der Gotteserscheinung und ihrer näheren Umstände die Aufgabe zu, die Wirklichkeit der Berufung zu dokumentieren. Aus der Gewißheit dieser Erscheinung folgt die Verläßlichkeit des Auftrags und der mit ihm verbundenen Zusage. Durch Ex 4,1ff verliert aber die Verbindung von "Entdecker-" und "Berufungssage" in Ex 3f diese Funktion. Hier meldet sich ein Zweifel an der Gotteserscheinung zu Wort, der in solchen Zusammenhängen sonst nirgends belegt ist. Anscheinend führte die Notwendigkeit, zwischen wahrer und falscher Prophetie zu unterscheiden, zu der Forderung einer zusätzlichen Legitimation vor den Hörern. Jedenfalls bestätigen diese traditionsgeschichtlichen Überlegungen, daß es sich bei Ex 4,1-12 um spätere Erweiterungen des jahwistischen Fadens handelt[21].

Ein Zusatz ist auch 4,13-16. In diesen Versen, die 4,10-12 voraussetzen und deshalb wohl noch jünger sind, wird Mose als eine Gestalt gezeichnet, die in singulärer Weise zu Gott gehört. Da M. Noth für den Rest von Kap. 4 den jahwistischen Anteil mit V. 19.20a.24-26 wohl zutreffend bestimmt hat[22], können wir nun zu Ex 3f zusammenfassend | feststellen: Der jahwistische Faden ist in Ex 3f wesentlich dünner und zugleich geschlossener als meist angenommen wird. Weil man später immer wieder über Person und Funktion des Mose nachdachte, kam es zu zahlreichen Erweiterungen, die jedoch in ihren Problemstellungen

---

20   So mit Recht Stolz, 135ff, der freilich die Verse zu J rechnet.

21   Vgl. zu Ri 6,11ff mein in Anm. 19 genanntes Buch. Auch in der Offenbarung an Jakob in Bethel gibt die Gotteserscheinung der Zusage ihre Gewißheit. Könnte die Erscheinung angezweifelt werden, dann verlöre diese Erzählung ihre Funktion. Dieser Zweifel ist offenbar erst denkbar geworden, nachdem an die Stelle der Erscheinung Gottes oder seines Boten die prophetische Vision getreten ist. Weil in Ex 4,1ff Mose von einem bestimmten Prophetenverständnis aus dargestellt werden soll, wird hier der Zweifel auf diese andere Art der Gotteserscheinung übertragen. Wenn bei Richter 4,1ff zu J gerechnet und mit dem Berufungsschema in Verbindung gebracht wird, so ist übersehen, daß die Zeichen hier eine grundlegend andere Funktion haben als im Schema. In ihm dient das Zeichen *immer* der Vergewisserung des Berufenen, aber nie seiner Legitimation vor anderen (vgl. Ex 3,12; Ri 6,17; 1Sam 10,7; Jer 1,9f; Lk 1,20.36).

22   Noth, Exodus, 33ff.

und Formulierungen einen deutlichen Abstand zur Auffassung des Jahwisten erkennen lassen und deshalb nichts über seine Zeit und das Ziel seines Werkes aussagen.

II

Fragen wir positiv nach der Datierung und der Absicht des Jahwisten, so haben wir angesichts der gegenwärtig noch offenen literarkritischen Probleme[23] von den weitgehend gesicherten Ergebnissen auszugehen. Es handelt sich dabei um den jahwistischen Anteil in der Urgeschichte und in den Abraham- und Isaakerzählungen[24]. Mit Recht wird Gen 12,1-3 heute weithin als Schlüssel zum Werk des Jahwisten betrachtet. Der programmatische Charakter dieser Verse ergibt sich schon daraus, daß durch sie die Verbindung zwischen Ur- und Vätergeschichte hergestellt wird. Damit erhält die Väterzeit, ja die gesamte Geschichte Israels bis hin zum Jahwisten, weltweite Bedeutung, muß sie doch jetzt im Licht der Verheißung von Gen 12,1-3 betrachtet werden. Nun hat man längst beobachtet, daß die Formulierung "und ich will deinen Namen großmachen" in V. 2 eine gewisse Ähnlichkeit mit 2Sam 7,9 aufweist, wo Jahwe David daran erinnert, daß er ihm einen großen Namen gemacht hat, und es ist daraus der Schluß gezogen worden, daß diese Zusage in Gen 12,2 auf das davidisch-salomonische Großreich zielt[25]. Auf dieses Großreich bezieht sich aber auch - was viel zu selten beachtet wird - die Verheißung am Anfang dieses Verses: "und ich will dich zu einem großen *gôj* machen". L. Rost hat den Inhalt des Begriffs *gôj* folgendermaßen bestimmt: "Zusammenfassend läßt sich demnach sagen, daß *gôj* da vorhanden ist, wo eine Menschengruppe nach Abstammung, Sprache, Land, Gottesverehrung, Recht und Heerwesen zu einer Einheit zusammengefaßt und

---

23 Die neueren Analysen zur Sinaiperikope Ex 19-34 kommen zu sehr unterschiedlichen Ergebnissen, vgl. z.B. J. Halbe, Das Privilegrecht Jahwes Ex 34,10-26 (FRLANT 114), 1975 und die dort angegebene Literatur. Eine einigermaßen befriedigende Lösung steht m.E. noch aus. Offen ist im Augenblick auch, ob sich nicht entgegen der vor allem von M. Noth vertretenen Auffassung J doch noch über Num 32 hinaus nachweisen läßt, so z.B. V. Fritz, Israel in der Wüste (MThSt 7), 1970, 132f; E. Zenger, Die Sinaitheophanie (fzb 3), 1971, 137ff.

24 Vgl. dazu vor allem Noth, Ü.Pent., 29f; Smend, Lesebuch, 27ff. Zwar hat H. Schulte, Die Entstehung der Geschichtsschreibung im alten Israel, BZAW 128, 1972 in Frage gestellt, daß J wirklich in der Urgeschichte vertreten ist (vgl. vor allem 43ff und 77), aber ihre Argumente können m.E. nicht überzeugen.

25 Vgl. z.B. Wolff, 356.

gegen | Außenstehende abgeschlossen ist"[26]. Da Israel mit dem Großreich zu einer bedeutenden "Nation" geworden ist, paßt der Begriff für dieses Reich viel besser als für jenes Volk in Ägypten, das über kein eigenes Land und keine selbständige politische Willensbildung verfügte. Tatsächlich bezeichnet der Jahwist für die Zeit in Ägypten und während der Wüstenwanderung Israel nie als *gôj*[27], sondern gebraucht auch dort, wo es um die zahlenmäßige Größe der Israeliten geht, *'ăm* (Ex 1,9; Num 22,6). Daß für ihn Israel erst durch das Großreich zu einem *gôj* geworden ist, geht positiv aus dem Geburtsorakel in Gen 25,23 hervor: "Zwei *gôjim*[28] sind in deinem Schoß und zwei Nationen werden sich aus deinem Leibe scheiden. Die eine Nation wird der anderen überlegen sein und die ältere der jüngeren dienen". Das hier beschriebene Verhältnis zwischen Israel und Edom entstand erst durch die Unterwerfung der Edomiter durch David[29] und galt nur für die Zeit des Großreichs. Die Edomiter können in diesem Spruch als *gôj* bezeichnet werden, weil sie über ein eigenes Territorium verfügten und von Königen regiert wurden.

Überprüft man die sonstigen Stellen des Pentateuch, an denen von dem großen *gôj* die Rede ist, so zeigt sich, daß der Jahwist sein Werk geschrieben haben muß, als das Großreich noch bestand. Die auf das Großreich bezogene Verheißung des großen *gôj* hatte ja nach der Reichsteilung ihren Sinn verloren, zumal es in Israel nie mehr eine vergleichbare politische Machtentfaltung gegeben hat. So kommt es dann zu der Auffassung, daß Israel nicht erst mit dem Großreich, sondern schon durch die Mehrung der Söhne Jakobs in Ägypten zu einem großen *gôj* geworden ist. Damit wird diese Zusage zu einer reinen Mehrungsverheißung, deren Erfüllung unabhängig von den späteren politischen

---

26 L. Rost, Die Bezeichnungen für Land und Volk im Alten Testament, in: ders., Das kleine Credo und andere Studien zum Alten Testament, 1965, 76-101, 89. Diese Definition ist durch neuere Untersuchungen im wesentlichen bestätigt worden, vgl. E. A. Speiser, "People" and "Nation" of Israel, JBL 79, 1960, 157-163; A. Cody, When is the Chosen People called a *gôy*?, VT 14, 1964, 1-6; G. Botterweck/R. Clements, Art. *gôj*, ThWAT I, 965-973.

27 Ex 32,10; 33,13; Num 14,12 sind Zusätze, vgl. z.B. Noth, Ü.Pent.

28 So mit Q.

29 Vgl. H.-J. Zobel, Jakobspruch, BHH II, 799. Man kann fragen, ob nicht Gen 25,22f erst von J geschaffen wurde. Ursprünglich folgte V. 24 direkt auf V. 21, da 24b nach 22f keine Funktion mehr hat (so auch C. Westermann, Arten der Erzählung in der Genesis, in: ders., Forschung am Alten Testament [ThB 24], 1964, 9-91, 78f). Die enge Verwandtschaft von V. 23 mit Gen 27,29 legt es nahe, in diesem Vers eine Abwandlung von Gen 27,29 zu sehen, die durchaus von J vorgenommen worden sein könnte.

Verhältnissen konstatiert werden konnte. Der älteste literarische Beleg für diese Deutung findet sich beim Elohisten. In Gen 46,3 fordert Gott Jakob auf: "Fürchte dich nicht nach Ägypten hinabzuziehen, denn zu einem großen *gôj* will ich dich dort machen"[30]. | Wie weitgehend sich diese Umdeutung durchgesetzt hat, zeigt das sogenannte kleine geschichtliche Credo in Dtn 26,5ff, nach dem Israel in Ägypten ("dort") zu einem "großen, mächtigen und zahlreichen *gôj*" geworden ist[31]. Diese Sicht teilt dann die Priesterschrift, für die die an die Väter ergangene Mehrungsverheißung in Ägypten erfüllt wurde (Ex 1,7). Gerade ein Vergleich mit der Priesterschrift läßt aber erkennen, daß der Jahwist eine wesentlich andere Konzeption verfolgt. Für die Priesterschrift ist mit der Einlösung der Mehrungsverheißung die Epoche der Patriarchen abgeschlossen, es beginnt die Zeit der Bedrückung (Ex 1,13f). Zwar weiß auch der Jahwist von einem Anwachsen des Volkes in Ägypten, aber er stellt diese Mehrung nicht als Erfüllung einer Verheißung dar. Die Ägypter ändern ihr Verhalten zu den Israeliten, weil ihr neuer König Joseph nicht mehr kannte (Ex 1,6.8)[32], und damit auch nicht die Wohltaten, die Joseph den Ägyptern erwiesen hat. Ägypten ist für Israel lediglich eine Etappe auf dem Weg zum verheißenen Großreich in dem zugesagten Land Kanaan. Damit geht aber aus traditionsgeschichtlichen Überlegungen und aus dem Inhalt, den der Begriff *gôj* beim Jahwisten hat, eindeutig hervor, daß er in der Zeit des davidisch-salomonischen Großreichs anzusetzen ist.

In diesem Zusammenhang gewinnt die oben begründete literarkritische Beobachtung an Gewicht, daß der Jahwist für Isaak keine Landverheißung kennt. Das unterscheidet ihn grundlegend von der deuteronomisch-deuteronomistischen Literatur, in der der Prozeß der Angleichung der Väter weiter fortgeschritten ist. Nach ihr haben Abraham, Isaak und Jakob die gleiche Landverheißung erhalten[33]. Das zeigt nicht nur, daß der Jahwist erheblich älter sein muß als diese Kreise. Es ist ja bekannt, daß in den elohistischen Stücken der Genesis keine Landverheißung vorkommt, obwohl diese Erzählungen in ihrer gegenwärti-

---

30 Da es sich nur noch um eine Mehrungsverheißung handelt, ist die Zusage des großen *gôj* beim Elohisten auch nicht mehr ausschließlich auf Israel bezogen. So verheißt Gott nach Gen 21,13.18, daß er Ismael zu einem (großen) *gôj* machen wird.

31 Diese Bekenntnis ist erheblich jünger als J, vgl. dazu Kap. V meiner in Anm. 13 genannten Habilitationsschrift.

32 Gegen Noth, Ü.Pent., 31 u.a. ist V. 6 J zuzuweisen, vgl. Th. C. Vriezen, Exodusstudien Exodus I, VT 17, 1967, 334-353; W. H. Schmidt, Exodus, 1974, 10.

33 Dtn 1,8; 6,10; 9,5; 30,20; 34,4 u.a. Diese Sicht teilt P, so z.B. in Ex 6,4.

gen Gestalt deutlich ein jüngeres Stadium der Überlieferung repräsentieren[34].
Dieser auffällige Befund legt die Vermutung nahe, daß der Elohist in einer Zeit
schreibt, in der der Besitz des Landes für Israel nicht bedroht schien, so daß die
Landverheißung gleichsam ruhte, während sie später durch die Gefährdung des
Landes aufs Neue aufgenommen und ausgebaut wurde. Dann müßte in der Zeit
des Jahwisten die Frage nach dem Land noch aktuell gewesen | sein, da dieser
Verheißung bei Abraham und Jakob (Gen 12,7; 28,13) doch beträchtliches
Gewicht zukommt. Nun hat K. Seybold für den zweiten Bileamspruch in Num
24,15-19 gezeigt, daß hier die Entstehung des davidisch-salomonischen Großreichs als Abschluß der Landnahme angesehen wird[35]. Der Jahwist teilt offenbar
diese ihm überlieferte Vorstellung. Zugleich ist bei ihm die Angleichung der
verschiedenen Vätergestalten noch nicht so weit fortgeschritten, daß allen die
gleichen Verheißungen zuteil werden. Beides läßt sich am besten verstehen,
wenn der Jahwist sein Werk vor dem Ende des Großreichs geschrieben hat.

III

Aus Gen 12,1-3 ergibt sich nicht nur die Datierung des Jahwisten sondern auch
das Ziel, das er mit seinem Werk verfolgt. Freilich ist dieser Abschnitt recht
unterschiedlich gedeutet worden[36], betrachtet man ihn aber genauer, dann lassen
sich ein einfacher Aufbau und ein klarer Gedankengang erkennen. Zunächst
befiehlt Jahwe dem Abraham in ein Land auszuziehen, das er ihm zeigen will
(V. 1). Danach sagt er ihm zu, was er alles an ihm tun wird: Er wird ihn zu
einem großen *gôj* machen, ihn segnen und seinen Namen großmachen, so daß[37]
Abraham zum Segen werden wird (V. 2). Durch die politische Machtentfaltung
in einem bedeutenden Reich, durch die Fruchtbarkeit seines Landes und seiner
Nachkommen und durch den großen Namen wird also Abraham/Israel ein Segen

---

34   Das wird an den elohistischen Abrahamerzählungen von Gen 20-22 besonders
     deutlich, vgl. die Kommentare. Auch wenn beim Elohisten ältere Züge als in Parallel-
     erzählungen erhalten sein können, kann er als Ganzes nicht vor J angesetzt werden.
     Das zeigt übrigens auch - wie oben dargestellt - sein Verständnis von der Zusage des
     großen *gôj*.

35   K. Seybold, Das Herrscherbild des Bileamorakels Num. 24,15-19, ThZ 29, 1973, 1-
     19.

36   Vgl. dazu meinen Aufsatz: Israel ein Segen für die Völker? (Das Ziel des jahwisti-
     schen Werkes - eine Auseinandersetzung mit H. W. Wolff), ThViat 12, 1975, 135-
     151. Dort wird die folgende Analyse von Gen 12,1-3 ausführlicher begründet. [vgl.
     oben 1ff]

37   So ist V. 2b an 2a anzuschließen, vgl. z.B. Wolff, 351, Anm. 28.

werden, es wird in dieser Welt den Segen geradezu verkörpern. Schon der erneute Personenwechsel zwischen V. 2b und 3 zeigt an, daß zwischen diesen Versen ein Einschnitt besteht. Ging es in V. 2 um das, was Jahwe aus Abraham machen wird, so beschreibt V. 3 die universale Bedeutung, die diesem Geschehen zukommt. Von dem Verhalten der Menschen zu Abraham/Israel wird es Jahwe abhängig machen, ob sie von ihm gesegnet oder verflucht werden (V. 3a). Diese Aussage wird dann durch V. 3b, der mit einem explizierenden Perfekt beginnt, näher erläutert. Weil Jahwe Segen und Fluch an die Stellung bindet, die die Menschen zu Abraham/Israel einnehmen, können in Abraham/Israel alle Sippen des Erdbodens für sich Segen erwerben[38].

Der Jahwist wandelt mit V. 3a die ihm in Num 24,9 und Gen 27,29 überlieferten Worte ab und verschärft ihre Aussage. Wesentlich sind | vor allem drei Änderungen. Entgegen der unpersönlichen Formulierung in seiner Tradition betont der Jahwist, daß *Jahwe* segnet und flucht. Zum anderen unterstreicht er die Israel verliehene Segensfülle dadurch, daß für ihn das positive und das negative Verhalten der Menschen zu Abraham/Israel nicht mehr zwei Möglichkeiten sind, die gleichgewichtig nebeneinanderstehen. Er stellt der Mehrzahl derer, die Abraham/Israel segnen, das negative Verhalten eines Einzelnen gegenüber. Nur eine Minorität wird Abraham/Israel nicht segnen und deshalb von Jahwe verflucht werden. Schließlich hat der Jahwist die Bedeutung, die dem Verhalten zu Abraham/Israel zukommt, außerordentlich gesteigert. Galt in seiner Überlieferung lediglich als verflucht, wer gegen Israel ein Fluchwort aussprach (*'rr*), so verflucht nach V. 3 Jahwe bereits denjenigen, der Abraham/Israel geringschätzig behandelt (*qll* pi)[39]. Wenn Jahwe Abraham/Israel zur Verkörperung des Segens gemacht haben wird, duldet er - so wird man den Jahwisten verstehen müssen - keine wie auch immer geartete Mißachtung Abraham/Israels. So bedrohlich diese Möglichkeit ist, so dominiert für den Jahwisten doch, wie V. 3b zeigt, der positive Aspekt. Mit der Erfüllung seiner Zusagen von V. 2 eröffnet Jahwe der gesamten Menschheit - das ist mit "alle Sippen des Erdbodens" gemeint - die Möglichkeit, für sich in Abraham/Israel Segen zu erwerben. Wenn sie Israel segnen, wenn sie es also in seiner Sonderstellung anerkennen

---

38 Vgl. zu dieser Wiedergabe des nif. von *brk* z.B. J. Schreiner, Segen für die Völker in der Verheißung an die Väter, BZ NF 6, 1962, 1-31, 6f; G. Wehmeier, Der Segen im Alten Testament, Diss. Basel 1970, 177ff.

39 Zum Unterschied von *'rr* und *qll* vgl. W. Schottroff, Der altisraelitische Fluchspruch (WMANT 30), 1969, 29f; J. Scharbert, Art. *'rr*, ThWAT I, 437-451, 448.

und rühmen, wird Jahwe auch sie segnen[40].

Damit geht aus Gen 12,1-3 eindeutig hervor, daß der Jahwist das Großreich seiner Tage uneingeschränkt positiv betrachtet. Hier ist für ihn die gesamte Geschichte ab Abraham zu ihrem gottgewollten Ziel gekommen. Der Bogen von der Verheißung bis zu ihrer Erfüllung reicht von Abraham bis David. Alle Ereignisse, die sich in der Zwischenzeit begeben haben, sind lediglich Stationen auf dem Weg zur vollen Einlösung der Zusagen von Gen 12,1-3. Muß das Großreich schon dadurch in einem besonderen Licht erscheinen, so hat der Jahwist seine Bedeutung noch bis an die letztmögliche Grenze hin ausgeweitet, weil er ihm eine einzigartige Funktion für die gesamte Menschheit zuweist. Deshalb hat er der "Heilsgeschichte" die Urgeschichte vorangestellt. In ihr fehlt bekanntlich jeder Hinweis auf ein segnendes Wirken Jahwes. Erzählt wird lediglich von zahlreichen Lebensminderungen, die sich die Menschen schuldhaft zugezogen haben, und von dem bewahrenden Tun Gottes, der die Menschheit trotz ihrer Schuld nicht ausrottet[41]. Obwohl Jahwe weiß, daß das "Ge | bilde des menschlichen Herzens von seiner Jugend an böse" ist und bleibt, garantiert er nach der Sintflut den Bestand und die Lebensmöglichkeit der Erde (Gen 8,21f). Aber göttlichen Segen kann es nicht geben. Erst mit dem davidisch-salomonischen Großreich haben alle Menschen die Chance dadurch für sich Segen zu erwerben, daß sie die besondere Stellung Abraham/Israels anerkennen. So ist beim Jahwisten das Großreich zum Zentrum der Menschheit geworden. Alle Menschen sind positiv oder im Einzelfall auch negativ auf dieses Großreich bezogen und empfangen je nach der Stellung, die sie zu ihm einnehmen, Segen oder Fluch.

Gerade weil der Jahwist dem Großreich eine außerordentliche Bedeutung gibt, ist freilich zu beachten, daß dieses Reich für ihn in einer göttlichen Verheißung gründet. Nicht menschliche Leistungen sondern das Tun Jahwes, der damit seine Zusage einlöst, haben das Großreich heraufgeführt. Der Jahwist nimmt von seinem kritischen Menschenbild, wie er es in der Urgeschichte gezeichnet hat[42], nichts zurück. Deshalb besteht die Bedeutung des Großreichs auch lediglich in seiner Existenz und nicht in seinen Taten. Was Israel im Großreich tut oder läßt, ist im Blick auf die anderen Sippen des Erdbodens ohne Belang. Nach

---

40   Das "in dir" in 3b bedeutet also "indem sie dich segnen"; ähnlich J. Scharbert, Art. *brk*, ThWAT I, 808-841, 829: "unter deinem Namen/unter Berufung auf dich".

41   Vgl. dazu vor allem O. H. Steck, Genesis 12,1-3 und die Urgeschichte des Jahwisten, in: H. W. Wolff (Hg.), Probleme biblischer Theologie. Gerhard von Rad zum 70. Geburtstag, 1971, 525-554.

42   Vgl. die oben Anm. 1 genannte Arbeit von Henry.

Gen 12,1ff muß Abraham nur aufbrechen und sich von Jahwe das Land zeigen lassen, alles Weitere vollbringt Jahwe selbst. Da Jahwe ausdrücklich als Subjekt des Segnens und Fluchens genannt wird, widerspricht es der jahwistischen Auffassung, wenn man - wie H. W. Wolff[43] - in der Vermittlung des Segens eine von Israel zu erfüllende Aufgabe sieht. Weder in Gen 12,3 noch an einer anderen Stelle der Genesis weist der Jahwist bei diesem Geschehen Abraham/ Israel eine aktive Rolle zu. Vielmehr fordert Israel einfach nach der Erfüllung der Verheißung als Verkörperung des Segens die Stellungnahme der anderen Menschen heraus, auf die dann Jahwe mit Segen oder Fluch antwortet. Wenn der Jahwist aber in Gen 12,1-3 die universale Bedeutung des Großreichs ausschließlich auf das Wirken Jahwes zurückführt, dann legt es sich nahe, in dieser Aussage ein wesentliches Element seines Werkes zu sehen. Es geht dem Jahwisten also darum, daß das Großreich Jahwes Tat mit universaler Auswirkung ist und daß deshalb Ruhm und Ehre nur Jahwe zukommen.

Dieses Ergebnis wird durch die jahwistischen Väterüberlieferungen bestätigt. Hier läßt sich zugleich inhaltlich eine Linie aufweisen, aus der hervorgeht, daß der Jahwist nicht einfach Überlieferungen gesammelt hat, sondern daß er sein Werk planmäßig gestaltet[44]. Nach Gen 12,1-3 geht es in seinen Abrahamerzählungen um die beiden Themen Land und Sohn. Nachdem Abraham nach Kanaan gekommen | ist, erhält er bei der Orakelterebinthe von Sichem die Zusage Jahwes: "Deinem Samen will ich dieses Land geben" (12,7). Damit ist die in 12,1-3 offengebliebene Frage beantwortet, auf welchem Territorium das große *gôj* entstehen wird. Außerdem macht Gott deutlich, daß er seine Verheißung erst bei den Nachkommen Abrahams einlösen wird. Mit der Erzählung von der Gefährdung der Ahnfrau in 12,10-13,1 zeigt der Jahwist, daß auch bei Abraham das Gebilde des menschlichen Herzens von Jugend an böse ist. Obwohl Abraham für seine Nachkommen das Land Kanaan zugesagt wurde, gibt er es eigenmächtig preis und liefert Sara, von der er doch die Nachkommen zu erwarten hätte, dem Pharao aus. Nur durch das Eingreifen Jahwes erhält er Sara zurück und kommt wieder in das zugesagte Land. So muß sich Jahwe gegen den Empfänger der Verheißung durchsetzen. Durch die Trennung von Abraham und Lot in Gen 13[45] wird klar, daß das zugesagte Land wirklich nur Abrahams Samen

---

43   Vgl. dazu meinen in Anm. 36 erwähnten Aufsatz.

44   Anders hat Gunkel den Jahwisten verstanden. Für ihn ist J eine "Erzählerschule", in der lediglich Überlieferungen gesammelt werden, vgl. Gunkel, Genesis, LXXXff. Dagegen sprechen außer Gen 12,1-3 die im folgenden dargestellten Beobachtungen.

45   J: V. 1-5.7-10a; aus 10b: "wie das Land Ägypten, bis nach Zoar hin"; 12b*β*.13.18.

gehören soll. Damit ist für den Jahwisten das Thema Land zunächst abgeschlossen, es geht jetzt um den Sohn. Auch hier versagt Abraham. Er gibt Sara nach und will durch Hagar zu einem Erben kommen, aber mit dieser Eigenmächtigkeit hat er keinen Erfolg[46]. Zu einer Zeit, als Abraham und Sara keine Kinder mehr zu erwarten haben, verheißt Jahwe den Sohn (18,10ff). Nur als verheißener Sohn und als Kind jenseits aller menschlichen Möglichkeiten kann Isaak die Fortsetzung des Weges zur Erfüllung von Gen 12,1-3 sein[47].

Daß der Jahwist Abraham keine Mehrungsverheißung zuteil werden läßt, sondern sich auf die ihm schon überlieferte Zusage des Sohnes beschränkt, ist schriftstellerische Absicht. Im Unterschied zu Späteren erhält bei ihm nicht jeder Erzvater die gleichen Zusagen. Er unterscheidet noch zwischen den einzelnen Patriarchen und kann so einen echten Fortschritt zur Erfüllung von Gen 12,1-3 darstellen. Der Weg der Verheißung geht von Abraham zu Isaak - *dem Sohn* - und nicht zu einer Vielzahl von Nachkommen. Deshalb findet sich in der jahwistischen Komposition die Mehrungsverheißung erst bei Jakob (28,14). Wie stark die Väterzeit zunächst jeweils von einem Sohn bestimmt wird, zeigt die Erzählung von der Geburt Jakobs und Esaus, in der Jahwe durch Gen 25,23 sofort deutlich macht, über welchen Sohn der Weg der Verheißung weiterläuft. Wie schon oben festgestellt wurde, erhält Isaak beim Jahwisten weder eine Land- noch eine Mehrungs- | verheißung. Der Jahwist fügt hier seiner Überlieferung lediglich die Zusage des göttlichen Beistandes und Segens ein und will in diesem Licht die folgenden Erzählungen verstanden wissen[48]. Insofern bildet die Isaaktradition ein retardierendes Element. Da aber Isaak der Vater Jakobs ist, wollte der Jahwist nicht auf sie verzichten. Einen echten Fortschritt bringt dann die Jakobüberlieferung. Hier finden sich in der jahwistischen Bethelversion Land- und Mehrungsverheißung nebeneinander. Diese Verbindung ist vom Jahwisten selbständig geschaffen worden. Er verstand - vermutlich zu recht[49] - die ihm

---

46   J: 16,1b.2.4-7.11-14.

47   Dieser deutlich erkennbare Aufbau wird durch Gen 15 empfindlich gestört, da hier das für Abraham längst abgeschlossene Thema Land nochmals ausführlich behandelt wird. Auch daraus geht hervor, daß dieses Kapitel auch nicht in Teilen zum jahwistischen Werk gehört haben kann. Im übrigen widerspricht die Idealisierung Abrahams, die auch in V. 7ff vorliegt - Abraham wird in der Art eines Propheten dargestellt - der Art, wie Abraham in den sicher jahwistischen Stücken 12,10ff und 16 geschildert wird.

48   Vgl. dazu ThViat 12, 141 und Anm. 31.

49   So H. Seebass, Der Erzvater Israel, BZAW 98, 1966, 23 und Westermann, Arten der Erzählung, 31.

überlieferte Landverheißung von Gen 28,13b als auf den Raum von Bethel
bezogen. Deshalb fügt er eine Mehrungsverheißung an, mit der er die Zusage
verbindet, daß sich die Nachkommen Jakobs nach allen Himmelsrichtungen
ausbreiten werden und so in Jakob alle Sippen des Erdbodens für sich Segen
erwerben können (28,14)[50]. Damit spielt V. 14 deutlich auf die spätere Landnahme der Israeliten an, als sich die Nachkommen Jakobs im zugesagten Land
ausgebreitet haben. Da für den Jahwisten dieser Prozeß erst mit der Entstehung
des Großreichs zum Abschluß gekommen ist, greift er mit V. 14b durchaus
sachgemäß 12,3b auf. So hat der Jahwist auch hier das Großreich und seine
universale Bedeutung im Blick. Zugleich beginnt bei Jakob mit seinen zwölf
Söhnen die Erfüllung der Mehrungsverheißung, es kommt jetzt zu jenem Wachstum in die Breite, das die bisher über den einen Sohn verlaufene Geschichte
entscheidend voranbringt.

Noch in einem anderen Punkt bringt die Jakobüberlieferung beim Jahwisten
einen Fortschritt: Jakob wird am Jabbok der Name Israel verliehen (Gen 32,23-
32). Diese Erzählung ist offenbar erst vom Jahwisten in seine Jakobtraditionen
eingegliedert worden. Schon M. Noth hat hervorgehoben, daß das Stück erst
relativ spät mit den sonstigen Jakoberzählungen verbunden worden sein kann[51].
Es ist ja erstaunlich, daß in der Begegnung Jakobs mit Esau der neue Name
überhaupt nicht vorkommt. Auffälligerweise trägt aber in der jahwistischen
Josephsgeschichte - wenigstens wenn man die Analyse von M. Noth zugrunde-
legt[52] - Jakob den Namen Israel. Daß das auch in später Zeit noch nicht selbstverständlich ist, zeigt die Priesterschrift. Sie berichtet zwar in Gen 35,10 von
dem neuen Namen Jakobs, verwendet aber in der Genesis auch danach nur
"Jakob". So wird man die Eingliederung von Gen 32,23ff[53] und den Gebrauch
von "Israel" in der Josephserzäh- | lung auf den Jahwisten zurückführen müssen.
Nun ist jener Name in die Geschichte eingetreten, der den weiteren Weg be-

---

50 Am Schluß von V. 14 ist, wie schon die unglückliche Stellung zeigt, "und in deinem
    Samen" ein Zusatz.

51 Noth, Ü.Pent., 110f.

52 Noth, Ü.Pent., 31. Gegenwärtig werden zur Josephserzählung - auch was ihre
    Datierung betrifft - sehr unterschiedliche Auffassungen vertreten, vgl. C. Wester-
    mann, Genesis 12-50 (Erträge der Forschung 48), 1975, 56ff.

53 Eine Analyse von Gen 32,23-32 hoffe ich demnächst an anderer Stelle vorlegen zu
    können. [= Der Kampf Jakobs am Jabbok (Gen 32,23-33), im Folgenden S. 38ff]. Mit
    V. 32 stellt J die Unterlegenheit Jakobs ausdrücklich fest und verhindert damit, wie
    in seinen sonstigen Patriarchenerzählungen jegliche Glorifizierung des Ahnherrn.

stimmt. So ist dann beim Jahwisten in Ex 1,9 folgerichtig von dem 'ăm der Israeliten, die ja wirklich die Nachkommen dieses Jakob/Israel sind, die Rede. Diese Beispiele aus der Väterüberlieferung mögen genügen. Sie zeigen, daß es sich bei dem jahwistischen Werk um eine planvolle Komposition handelt, die erst durch die Zusammenarbeitung mit dem Elohisten und der Priesterschrift und durch sekundäre Einschübe ihre klare Ausrichtung verloren hat. Dabei bestätigt seine Darstellung der Väterzeit, daß der Jahwist schildern will, welchen Weg Jahwe von der Verheißung in Gen 12,1-3 bis zu ihrer Einlösung im davidisch-salomonischen Großreich gegangen ist, oft gegen und trotz der Träger dieser Verheißung.

IV

Wenn der Jahwist in dem Großreich die Verheißung von Gen 12,1-3 erfüllt sieht, stellt sich freilich die Frage, was er für die Zukunft erwartet. Kann diese Zukunft etwas anderes sein als eine Verlängerung der heilvollen Gegenwart? Tatsächlich enthält nach der hier vorgelegten Interpretation Gen 12,1-3 nichts, was erst nach der Zeit des Jahwisten eintreten könnte. Das Großreich ist da und mit ihm haben jetzt alle Menschen die Möglichkeit, von Jahwe gesegnet zu werden. Daß der Jahwist keine Steigerung des Bestehenden erwartet, geht auch aus einigen Stellen hervor, an denen er eine modellhafte Verwirklichung von Gen 12,3 schildert. Sie bleibt zwar vorläufig und partiell, weil Abraham/Israel noch nicht zu einer Verkörperung des Segens geworden ist, es wird aber die Richtung erkennbar, in der sich der Jahwist die Erfüllung von Gen 12,3 vorgestellt hat.

Recht aufschlußreich ist Gen 26,26ff. In dem Verhalten der einstigen Gegner Abimelech und Pichol spiegelt sich die Haltung, die die überwiegende Mehrzahl der Menschen zum davidisch-salomonischen Großreich einnehmen wird. Wenn die beiden Isaak den "Gesegneten Jahwes" nennen, so bestätigen sie damit, daß Jahwe seine Zusage an Isaak erfüllt hat. Da es dem Jahwisten hier ausschließlich darum geht, daß sogar die einstigen Feinde das besondere Verhältnis Jahwes zu Isaak bestätigen müssen, sagt er nichts davon, daß auch sie gesegnet werden. Interessant ist, daß Abimelech und Pichol ganz selbstverständlich die Gottesbezeichnung Jahwe gebrauchen. Man kann - so wird man daraus schließen müssen - das besondere Verhältnis Jahwes zu Isaak auch dann feststellen, wenn man nicht zu den Trägern der Verheißung gehört und damit zu den Menschen, denen sich Jahwe in besonderer Weise verbunden hat. |
Das wird durch Gen 39,2-5 bestätigt, wo ein Ägypter erkennt, daß Jahwe mit Joseph ist. Dieser Abschnitt führt über Gen 26 hinaus, weil hier erzählt

wird, daß Jahwe den Ägypter um Josephs willen segnet. Damit verwirklicht sich
an einem Einzelnen, was nach Gen 12,3 später zur Chance für alle werden soll.
Weil der Ägypter das besondere Verhältnis Jahwes zu Joseph und damit die
herausragende Stellung Josephs akzeptiert, wird er von Jahwe gesegnet. Doch
worin besteht dieser Segen? "Und der Segen Jahwes war auf allem, was ihm
gehörte, im Haus und auf dem Feld" (V. 5b). Wir hören nichts von einem neuen
Gottesverhältnis dieses Ägypters, nichts davon, daß die Lebensminderungen der
Urgeschichte für ihn aufgehoben wären, sondern Segen ist hier eindeutig die
reiche Fruchtbarkeit von Mensch, Vieh und Acker. Das ist aber genau der
Segen, den Jahwe bei der Anerkennung des Großreichs schenken wird. Der
Begriff *brk* von 12,3 kommt ja schon in der Zusage an Abraham in 12,2 vor und
meint dort die reiche Fruchtbarkeit. Hätte er in 12,3 eine umfassendere Bedeutung, so müßte das in irgendeiner Weise verdeutlicht werden. So bestätigt Gen
39,2-5, was schon aus der Verwendung des Wortes *brk* in 12,2f zu schließen ist:
Der Segen, den die anderen Menschen durch die Anerkennung des Großreichs
gewinnen können, besteht in der von Jahwe geschenkten reichen Fruchtbarkeit.
Dazu bedarf es nicht des Hoffens auf eine noch großartigere Zukunft, sondern
das ist mit der Existenz des Großreichs zur Zeit des Jahwisten möglich, und für
ihn gegenwärtige Wirklichkeit.

Nun herrscht heute freilich eine weitgehende Übereinstimmung darüber,
daß der Jahwist für die Zukunft eine Steigerung seiner Gegenwart erwartet
haben muß. So schreibt z.B. H.-D. Preuß: "Im Reiche Davids erfüllt sich Gen
12,3, und wahrscheinlich auch Gen 12,7a, und es bleibt doch auch wieder notwendig ein 'Defizit der Erfüllung', das neue Hoffnung schafft"[54]. Allerdings
gehen die Auffassungen darüber, was die Zukunft für den Jahwisten an Neuem
bringen kann, weit auseinander. Nach H. Kremers erwartet er die Wiederkehr
des Paradieses[55]. Aber der Garten Eden bleibt bei dem Jahwisten für alle Zeiten
verschlossen und schon dadurch können sich bei ihm Urzeit und Endzeit nicht
entsprechen[56]. Das Paradies ist und bleibt verloren. Deshalb nimmt F. J. Stendebach an, daß der Jahwist "formal nicht eine Wiederkehr der Urzeit proklamiert,

---

54 H.-D. Preuß, Jahweglaube und Zukunftserwartung (BWANT 87), 1968, 134; ähnlich
    Müller, 50ff; vgl. auch Steck, 550ff.

55 H. Kremers, Art. Eschatologie, II. Im AT und Judentum, EKL I, 1153-1155, 1153.

56 In Gen 13,10 wird zwar der Jordangau mit dem Garten Jahwes - offenbar dem
    Garten Eden - verglichen. Aber dieser Vers ist deutlich überfüllt. Einem Späteren
    erschien der unmittelbar folgende Vergleich mit dem Land Ägypten nicht aussage-
    kräftig genug und deshalb fügte er den Hinweis auf den Paradiesgarten ein.

sondern die Wiederherstellung des 'Urstandes', der Gemeinschaft des Menschen mit Gott, innerhalb | der Geschichte erwartet"[57]. Aber was kann Stendebach dafür außer Gen 12,3 - ein Vers, der sich sehr wohl anders verstehen läßt - zur Begründung anführen? "Es ist kaum denkbar, daß der Jahwist das Heil für alle Völker lediglich in zahlreicher Nachkommenschaft und im Landbesitz verwirklicht sieht. Auf dem Hintergrund der Urgeschichte ... kann Heil nur bedeuten, daß die Gemeinschaft mit Gott wiederhergestellt wird ..."[58].

Diese Folgerung aus der Urgeschichte wird aber durch die jahwistischen Vätererzählungen nicht bestätigt. Ja, sogar in seiner Urgeschichte läßt der Jahwist erkennen, daß in der Deutung Stendebachs seine Intention nicht erfaßt wird. Nach Gen 8,21f garantiert Jahwe den Bestand der Erde und die Lebensmöglichkeiten auf ihr mit dem ausdrücklichen Hinweis, daß das Gebilde des menschlichen Herzens von seiner Jugend an böse ist. Nirgends kommt an dieser wichtigen Stelle eine Zeit in den Blick, in der die menschliche Bosheit überwunden wäre, so daß das ursprüngliche Vertrauensverhältnis zwischen Jahwe und den ersten Menschen wiederkehrt. Das ist schon dadurch ausgeschlossen, daß sich die Menschen die Erkenntnis von gut und böse erworben haben und damit dem anfänglichen Gottesverhältnis nicht mehr entsprechen können. So umfaßt die Garantie Jahwes für die Erde und sein Wissen um die fortdauernde Bosheit des menschlichen Herzens die gleiche Zeitspanne. Das bestätigen indirekt die jahwistischen Abrahamgeschichten mit ihrer Schilderung, wie Abraham versagt hat. In seiner Urgeschichte gibt der Jahwist eine Ätiologie der gegenüber der Schöpfung eingetretenen Lebensminderungen. Sie sind durch menschliche Schuld entstanden und werden zu keinem Zeitpunkt wieder aufgehoben. So gehört es z.B. für den Jahwisten zu den nicht mehr rückgängig zu machenden Tatsachen, daß jetzt der Garten Eden verschlossen ist, die Frau dem Manne untertan sein muß und unter Schmerzen Kinder bekommt, die Schlange auf dem Bauche kriecht und Erde frißt und die Menschen verschiedene Sprachen sprechen.

Gerade wenn weder Urzeit noch Urzustand wiederkehren, wird verständlich, warum in den jahwistischen Vätererzählungen die Frage nach dem Gottesverhältnis jener Menschen, die nicht zu den Trägern der Verheißung gehören, keine Rolle spielt. Zwar kennen etwa Abimelech, Pichol und der Ägypter von Gen 39 die Gottesbezeichnung Jahwe, aber es kommt nicht auf ihre Beziehung zu Jahwe, sondern auf ihre Haltung zu Isaak oder Joseph an. Sie allein entschei-

---

57 Stendebach, 331.

58 Stendebach, 64.

det über ihr weiteres Geschick[59]. Das entspricht Gen 12,3, wo auch nur das Ver-
| halten der Menschen zu Abraham/Israel über die Stellung entscheidet, die
Jahwe zu ihnen einnimmt. Aus dem oben dargelegten Aufbau von Gen 12,1-3
folgt aber, daß beim Jahwisten für eine Zukunft, die über seine Gegenwart
hinausgeht, kein Raum ist. Mit V. 3 soll ja das Großreich nicht überboten,
sondern in seiner einmaligen, universalen Bedeutung ausgesagt werden. Sie
besteht darin, daß trotz der weiter bestehenden Lebensminderungen, die in der
Urgeschichte begründet wurden, alle Menschen nun die Chance erhalten, durch
das richtige Verhalten zum Großreich von Jahwe gesegnet zu werden und damit
eine Lebenssteigerung zu erfahren. So kann für den Jahwisten die Zukunft nur
eine Verlängerung seiner Gegenwart bringen. In den vielfach angestellten
Erwägungen, daß der Jahwist weitergehende Hoffnungen gehabt haben muß,
wird die Eigenart seiner Aussagen nicht genügend berücksichtigt.

Damit haben die hier vorgetragenen literarkritischen, traditionsgeschichtli-
chen und inhaltlichen Überlegungen ein übereinstimmendes Ergebnis erbracht:
Der Jahwist hat sein Werk planvoll angelegt und während der Regierungszeit
Salomos verfaßt. Gerade an der weiteren Entwicklung der Zusage des großen
gôj und an der Landverheißung wird deutlich, daß er nicht nach der Reichstren-
nung angesetzt werden kann. Auch die Absicht des Jahwisten wird nur aus einer
Zeit verständlich, in der das Großreich noch lebendige Gegenwart ist. Der
Jahwist will dieses Reich als Erfüllung der göttlichen Verheißung an Abraham
verstehen lehren und damit deutlich machen, daß dieses Reich seine Existenz
ausschließlich Jahwe verdankt.

59　Vgl. auch J. Scharbert, Heilsmittler im Alten Testament und im Alten Orient
　　(Quaestiones disputatae 23/24), 1964, 302: "Das Streben, die Fremden für dauernd
　　zur Jahweverehrung zu bekehren, liegt dem Jahwisten aber offenbar fern. Es genügt
　　ihm, wenn die Heiden Jahwes Erwählte gut behandeln, sie in Frieden leben oder
　　ziehen lassen oder das ihnen angetane Unrecht gutmachen wollen".

DER KAMPF JAKOBS AM JABBOK (GEN. 32,23–33)

I

Die Erzählung von dem Kampf Jakobs am Jabbok ist schon oft untersucht worden.[1] Auch in neuerer Zeit sind aber die Ergebnisse so verschieden, daß eine erneute Prüfung der Argumente als angebracht erscheint. Der Text enthält deutliche Spannungen. Die wohl auffälligste besteht zwischen V. 29 und 31. Ist nach V. 29 Jakob in dem Kampf Sieger geblieben, so drückt er in V. 31 sein Erstaunen aus, daß er Gott gesehen hat und am Leben blieb; Jakob ist hier seinem Gegner also eindeutig unterlegen. Im übrigen konkurriert der Segen in V. 30b in gewisser Weise mit der Umbenennung Jakobs in V. 28 f., die man ebenfalls als eine Art Segen verstehen kann[2], und daß gleich drei Ätiologien vorkommen (V. 29.31.33), ist ebenfalls ein Hinweis, daß die Erzählung nicht aus einem Guß ist.

Mit einer Verteilung des Stoffs auf die Quellenschriften J und E lassen sich die Probleme nicht lösen. Repräsentativ für ältere Versuche dieser Art ist die von H. Gunkel vorgenommene Aufteilung: V. 23.25b.26b.30 f.32b = J, V. 24.25a.26a. 27–29.32a = E[3]. Aber K. Elliger hat mit Recht betont, daß sich V. 30b „und er segnete ihn dort" keinesfalls von V. 27b trennen läßt[4], in V. 30b bekommt Jakob, was er in V. 27b gefordert hat. Ohne V. 27 hängt V. 28 f. in der Luft, so daß dieses Stück zu keiner anderen Quellenschrift gehören kann. Ähnliches gilt für V. 25b und 27. Die Erwähnung der Morgenröte durch den Gegner Jakobs in V. 27 setzt die Mitteilung des Erzählers von V. 25b voraus, daß der Kampf bis zum Anbruch der Morgenröte dauerte. Diesen Schwierigkeiten trägt H. Seebass Rechnung, der V. 23. 26b.30a.31 zu E und V. 24–26a.27–29.30b.32 zu J rechnet. Dagegen spricht jedoch, daß sich die Suffixe in V. 24a auf V. 23 beziehen.[5] Zudem ist V. 26b ohne V. 25.26a unverständlich. Damit fehlt für V. 30a ein Bezugspunkt, der es erlauben würde, diesen Halbvers zusammen mit V. 31 einer Parallelerzählung zuzuweisen. In der neueren Forschung hat sich deshalb die Auffassung durchgesetzt, daß die Erzählung im wesentlichen literarisch einheitlich ist.

Sekundär ist nur V. 33[6], der nur locker mit V. 32 verbunden ist. Vor V. 33 wird außerdem der Ischiasnerv nicht erwähnt. Im übrigen wird in V. 33b

V. 26a aufgenommen, ohne daß das Subjekt — wie es bei dem weiten Rückbezug eigentlich erforderlich wäre — ausdrücklich genannt wird.[7] V. 33 ist
somit eine Glosse, durch die eine bestimmte Speisesitte auf den Kampf Jakobs zurückgeführt werden soll. Dabei sind die letzten beiden Worte
הנשה גיד, die deutlich nachklappen, noch später als Erläuterung angefügt
worden.[8] Die verbleibenden Spannungen gehen auf Wachstumsprozesse zurück, die nur überlieferungsgeschichtlich erklärt werden können.

Schon die lockere Verankerung im Kontext zeigt, daß Gen 32, 23 ff. auf
eine ursprünglich mündlich tradierte Einzelerzählung zurückgeht. Das Stück
unterbricht den Zusammenhang zwischen den Vorbereitungen Jakobs auf
seine Begegnung mit Esau (32,4—9.14a[9] J; 32,14b—22 E) und der Begegnung selbst (33,1 ff.).[10] Von der Familie Jakobs ist nur in der redaktionell
überarbeiteten Einleitung V. 23—25a die Rede, während ab V. 25b Jakob
allein ist. Deshalb geht man für die Rekonstruktion der ältesten Schicht am
besten von V. 25b aus: Ein Mann ringt mit ihm (Jakob), bis die Morgenröte
heraufzieht. Damit korrespondiert V. 27: Der Gegner bittet, Jakob möge
ihn loslassen, weil die Morgenröte heraufgezogen ist, Jakob aber macht zur
Bedingung, daß er von seinem Gegenüber gesegnet wird.

In diesem Ablauf entsteht durch den gegenwärtigen Wortlaut von V. 26
eine Spannung. Nach V. 26b hat sich die Hüftpfanne Jakobs während des
Kampfes ausgerenkt. Wie sollte Jakob mit dieser Verletzung erreichen, daß
sich sein Gegner aufs Bitten verlegen muß? Versteht man mit K. Elliger V.
26 so, daß „der Mann" die Hüftpfanne Jakobs zauberisch berührte (V. 26a),
so daß sie sich dann im Kampf ausrenkt,[11] dann kann V. 26 nicht zur ältesten Fassung gehören.[12] Es ist aber schwer vorstellbar, daß die Erzählung
später ausgerechnet durch eine zauberische Berührung Jakobs erweitert worden sein sollte.[13] Für sich genommen, paßt die Berührung der Hüftpfanne
gut zu dem Ringkampf, von dem in V. 25b und 27 die Rede ist. Dann müßte freilich in V. 26a Jakob das Subjekt sein. Als Jakob sieht, daß er seinen
Gegner nicht bezwingen kann, wendet er einen Ringerkniff an und bekommt seinen Gegner dadurch fest in den Griff, so daß dieser sich nicht
mehr selbst befreien kann.[14] V. 26b wäre eine spätere Interpretation von
V. 26a, die durch eine andere Auffassung von dem Gegner Jakobs hervorge-
rufen wurde:[15] Jakob hat nicht die Hüftpfanne Gottes berührt, sondern
Gott berührte Jakob. Auch in V. 32b ist von der Verletzung die Rede, die
Jakob dabei davongetragen hat. Diese Lösung wird durch eine stilistische
Beobachtung gestützt. Es fällt auf, daß von der Hüftpfanne *Jakobs* erst in
V. 26b die Rede ist, in V. 26a heißt es nur „seine Hüftpfanne". Wäre V. 26
einheitlich, dann müßte man den umgekehrten Gebrauch von Namen und
Suffix erwarten. Gerade daß in V. 26b Jakob ausdrücklich genannt wird,
zeigt, daß hier eine bestimmte Deutung von V. 26a gesichert werden soll, die

in V. 26a selbst nicht ohne weiteres enthalten ist.[16] Ursprünglich gehören
somit V. 25b.26a.27 zusammen.[17]

Zu ihrer Fortsetzung ist aus den schon genannten Gründen auf jeden Fall
V. 30b zu rechnen: Der Gegner erfüllt die von Jakob gestellte Bedingung.
Dieser Zusammenhang wird durch V. 28f. unterbrochen. Die Umbenennung
Jakobs bringt ein zusätzliches Motiv hinzu, das die Akzente verlagert. Nicht
mehr der von Jakob erzwungene Segen, sondern sein neuer Name steht nun
im Mittelpunkt. V. 28f. sind somit eine spätere Erweiterung. Aber gilt das
auch für V. 30a? Hier fragt Jakob seinen Gegner nach dem Namen, dieser
verweigert ihm jedoch die Antwort. Nach G. Hentschel ist Jakob hier eindeutig der Unterlegene, da er keine Forderung sondern eine Bitte ausspreche, die kategorisch abgewiesen werde.[18] Nun erinnert V. 30a an Ri 13,17f.,
wo der Bote Jahwes dem Manoah die Kundgabe seines Namens verweigert.
Manoah ist seinem Gegenüber eindeutig unterlegen. Aber zwingend ist diese
Parallele nicht. Die Bedeutung der Morgenröte, die Art des Kampfes und der
Sieg Jakobs sind deutliche Hinweise, daß es Jakob ursprünglich nicht mit
Gott, sondern mit einem niederen göttlichen Wesen oder einem Dämon zu
tun hat.[19] Auch dann ist die Frage nach dem Namen und die Verweigerung
der Antwort möglich. In einem Märchen heißt es: „Ach wie gut, daß niemand weiß, daß ich Rumpelstilzchen heiß." Solche Wesen müssen ebenfalls
darauf bedacht sein, das Geheimnis ihres Namens zu wahren. Seine Kenntnis
würde es ermöglichen, daß ein Mensch dauernd über die ihnen eigene Kraft
verfügt.[20] Der Zusammenhang zwischen V. 27 und 30 wäre dann folgender:
Jakob fordert zunächst einen Segen und fragt dann – mehr besagt die Formulierung in V. 30a nicht – seinen Gegner nach dem Namen. Dieses Geheimnis gibt der Gegner nicht preis, sondern er segnet Jakob an der Stätte
des Kampfes. Man kann zumindest fragen, ob Jakob nicht erst an der Verweigerung der Antwort auf die Frage nach dem Namen erkennt, daß er es
mit einem übermenschlichen Gegner zu tun hat.[21] Bis einschließlich V. 27
läßt sich die Schilderung auch so verstehen, daß es sich für Jakob zunächst
um einen besonders starken menschlichen Gegner handelt, an dessen Kraft
Jakob, als er ihn durch einen Trick niederhält, partizipieren will. Dann würde V. 30 ganz zum ältesten Bestand gehören. Dafür spricht m.E. die spätere
Weiterbildung der Erzählung. Es wird unten zu zeigen sein, daß V. 28f. die
älteste Erweiterung darstellt. Die Frage nach dem Namen Jakobs in V. 28
ist jedoch eine bewußte Umkehrung der Frage von V. 30a und setzt ihre
Existenz bereits voraus. V. 30 ist also als Ganzes die ursprüngliche Fortsetzung von V. 27.

Was in V. 31 und 32 folgt, sind spätere Erweiterungen. In V. 31 wird der
Gegner ausdrücklich mit Gott gleichgesetzt und die Unterlegenheit Jakobs
betont.[22] Da V. 32b auf V. 26b Bezug nimmt, kann auch V. 32 nicht zur

ältesten Schicht gehören.[23] Für G. Hentschel ist zwar V. 32a durch die Erwähnung des Sonnenaufgangs und von Pnuel, das auf das „dort" von V. 30b verweise, eng mit dem Grundbestand verbunden, lediglich V. 32b sei jünger.[24] Aber V. 32a dürfte schon V. 31 voraussetzen. Hier heißt der Ort, wie in Ri 8,8f.17; 1. Kön 12,25 Pnuel, während er in V. 31 — singulär im AT — offenbar im Blick auf die beabsichtigte Etymologie Pniel genannt wird. Diese Form und ihre Erklärung werden in V. 31 eher verständlich, wenn sie entstanden sind, als V. 32a mit Pnuel noch nicht zu der Erzählung gehörte. Dann würde V. 31, wie es formgeschichtlich bei der Schilderung einer Gottesbegegnung zu erwarten ist,[25] auf einer bestimmten Traditionsstufe den Abschluß gebildet haben. Auch die Art, wie in V. 32a Pnuel erwähnt wird — „als er Pnuel passiert hatte" — macht es wahrscheinlich, daß von dem Ort schon vorher die Rede war. Das ist aber nur in V. 31 der Fall. Dieser Vers kann wiederum nur entstanden sein, wenn auch in der ursprünglichen Einleitung der Name Pnuel nicht enthalten war. Außerdem ist das Thema der ältesten Fassung mit V. 30 abgeschlossen. Erst V. 25a, der die Erwähnung der Familie Jakobs voraussetzt und deshalb redaktionell ist, fordert eine Notiz, daß Jakob seinen Weg fortsetzte, also V. 32a. Verschiedene Überlegungen machen es somit wahrscheinlich, daß V. 32a ebenfalls einer relativ späten Stufe angehört.

Für die älteste Überlieferung fehlt freilich vor V. 25b eine Einleitung, die doch wohl von einer nächtlichen Überquerung des Jabbok berichtet hat. Tatsächlich besteht zwischen V. 23 und 24a insofern eine Spannung, als „da nahm er sie" in V. 24a eine unnötige Wiederholung von „da nahm er . . ." in V. 23 ist. Die Erklärung von P. Volz, daß V. 23b „zuerst summarisch die allgemeine Tatsache, V. 24 die nähere Ausführung" des Übergangs bringe,[26] scheitert schon daran, daß auch dann das erste Wort von V. 24 überflüssig ist. Nach M. Noth ist V. 23b „unsachgemäßer Zusatz und das erste Wort von V. 24 Wiederaufnahme des Fadens nach diesem Zusatz".[27] Dann wäre V. 23b eine nachträgliche Erläuterung zu der unbestimmten Angabe „der Fluß" in V. 24.[28] Wie sollte diese Erläuterung aber so unpassend eingefügt worden sein? Dazu kommt, daß V. 24a die Familie Jakobs erwähnt und dadurch als redaktionell ausgewiesen ist. Ohne nähere Angabe kann hier nur deshalb von „dem Fluß" gesprochen werden, weil V. 23b vorausgesetzt wird, so daß klar ist, daß der Jabbok gemeint ist. V. 24a setzt somit V. 23b voraus und ist jünger. Dann gehört V. 23b zur alten Einzelerzählung, für die ja eine Ortsangabe notwendig ist. V. 23aβ und V. 24.25a sind spätere Verklammerungen mit dem Kontext.[29] Die Einleitung zu V. 23b könnte in dem „da stand er auf in jener Nacht" von V. 23a noch erhalten sein. Nur הַהוּא [30] setzt den größeren Zusammenhang voraus und geht deshalb auf die Redaktion zurück. Sie hat wohl auch „Jakob" ausgelassen, der in ihrer Vorlage hier erwähnt worden sein muß. Zur ältesten Fassung der Erzählung gehören somit: V. 23a^X.b.25b.26a.27.30.

Das gilt freilich nicht für die Gestalt Jakobs. Nicht nur literarisch, sondern auch sachlich hebt sich die Erzählung von den sonstigen Jakobüberlieferungen ab, auch wenn dem Motiv des Segens in den Jakob-Esau-Erzählungen ebenfalls besondere Bedeutung zukommt. Die Entfaltung ist aber derart unterschiedlich, daß diese Gemeinsamkeit lediglich erklärt, warum die Erzählung von dem Kampf am Jabbok später auf Jakob übertragen werden konnte. Auch die archaischen Züge weisen darauf hin, daß es sich um eine vorisraelitische Überlieferung handelt. Fest verbunden ist sie dagegen mit der Furt des Jabbok. Zwar fehlen in ihr eigentlich ätiologische Interessen, die Ätiologien gehen alle auf jüngere Stufen zurück. Es handelt sich deshalb nicht, wie vielfach angenommen wird,[31] um eine Kultätiologie. Aber von der Furt des Jabbok läßt sich diese Geschichte nicht ablösen, ohne daß sie zugleich als Erzählung zerstört wird. Schon das „dort" von V. 30b zeigt, daß sie mit einem bestimmten Ort verbunden war, der dann wegen V. 23b in der Nähe des Jabbokübergangs gelegen haben muß. Die älteste Fassung hat also berichtet, daß ein Dämon einst an der Furt des Jabbok einen Wanderer überfiel, der den Fluß in der Nacht überquert hatte. Damit hat sich im wesentlichen die Auffassung bestätigt, die bereits H. Gunkel unter Heranziehung von Material aus verschiedenen Kulturkreisen vertreten hat, und der sich jüngst G. Hentschel anschloß.

Gegen sie sind freilich zugunsten anderer Deutungen eine Reihe von Einwänden erhoben worden. So lassen nach O. Eißfeldt die Ätiologien von Israel in V. 29 und von Pniel in V. 31 erkennen, daß nicht ein Dämon, sondern El Jakob begegnet ist. Ein Vergleich mit der Geschichte von der nächtlichen Bedrohung des Mose durch die Gottheit in Ex 4,24—26 zeige, daß es in dem Kampf am Jabbok ursprünglich um eine grundlegende Offenbarung gehe, die El Jakob zuteil werden ließ.[32] Da die Ätiologien jünger sind, läßt sich aber aus ihnen der ursprüngliche Sinn dieser Geschichte nicht erschließen. Zu Ex 4,24—26 besteht der wesentliche Unterschied, daß dort Gott nicht von Mose niedergekämpft wird. Es ist nach dem, was wir sonst von El wissen, mehr als zweifelhaft, daß er von einem Menschen besiegt werden konnte, man kann sogar mit H.J. Hermisson fragen, ob sich mit dem Wesen Els überhaupt ein nächtlicher Überfall vereinbaren läßt.[33]

Da die von H. Gunkel angeführten Parallelen nicht aus der unmittelbaren Umgebung Israels stammen, nimmt H.J. Hermisson deshalb — wie vor ihm schon A. Jepsen[34] — an, daß die Erzählung auf eine nächtliche Offenbarung des Starken Jakobs zurückgeht, die Jakob in der Wüste zuteil wurde. Erst später sei die Überlieferung von dieser Begegnung in Pnuel lokalisiert und durch das Motiv des Ringkampfes mit der Gottheit ausgestaltet worden.[35]

Dagegen spricht eine methodische Überlegung. Jede Rekonstruktion muß einen sinnvollen Weg von der ältesten zu den jüngeren Stufen einer Überlieferung aufzeigen können. Das ist jedoch H.J. Hermisson nicht gelungen. Auch mit Jakob steht in der Erzählung – sogar noch in V. 29 – nicht der *Starke* Jakobs, sondern der *starke* Jakob im Mittelpunkt. Die älteste Fassung zeigt in V. 27 ganz deutlich, daß Jakob in dem Kampf Sieger geblieben ist. Wie soll man sich vorstellen, daß eine Erzählung – oder das Motiv – von dem Starken Jakobs später so ausgestaltet wurde, daß plötzlich Jakob diesem Gott überlegen ist?[36] Der Ringkampf, den der überfallene Mensch gewann, kann deshalb nicht als spätere Ausschmückung angesehen werden; er ist das diese Erzählung tragende Element, von dem sie durchgehend geprägt ist. Am Anfang der Überlieferung steht somit nicht das Wissen um einen Vatergott oder um El, sondern die Kenntnis von der bedrohlichen Macht eines Dämons. Die älteste Fassung wird nur verständlich, wenn es sich tatsächlich um eine außerisraelitische Erzählung handelt,[37] die erst später auf Jakob übertragen wurde.

II

Wann ist diese Übertragung vorgenommen worden? Die Beantwortung dieser Frage hängt davon ab, wie man die einzelnen Stufen der weiteren Ausgestaltung bestimmt. Soweit in der neueren Forschung überhaupt mit einem allmählichen Wachstum gerechnet wird, besteht darin Übereinstimmung, daß V. 28f. als eine der jüngsten Schichten zu gelten hat.[38] Das ist aber aus verschiedenen Gründen unwahrscheinlich. Richtig ist allerdings, daß V. 28f. ein spätes Stadium der Jakobüberlieferungen repräsentiert. Die Umbenennung Jakobs in Israel setzt voraus, daß Jakob bereits zum Ahnherrn des Volkes Israel geworden war.[39] Auch die wesentlichen Elemente der Jakob-Esau und Jakob-Laban-Erzählungen müssen schon vorhanden gewesen sein. Nach V. 29 hat Jakob nicht nur mit Elohim, sondern auch mit Menschen gekämpft. Das kann sich nur auf seine Auseinandersetzungen mit Esau und Laban beziehen.

Dagegen hat man verschiedentlich eingewandt, daß von Kämpfen im eigentlichen Sinn des Wortes dort nichts berichtet wird. J. Skinner vermutet deshalb, daß V. 29 auf nicht mehr erhaltene Erzählungen von dem siegreichen Jakob anspielt.[40] Aber wie sollten solche Traditionen keine weiteren Spuren hinterlassen haben, wenn es sie jemals gegeben hat? K. Elliger sieht in den Worten „und mit Menschen" einen Zusatz des Jahwisten, da sie zur Erklärung des Namens Israel nichts beitragen. Aber ihre Funktion bei J wird von K. Elliger doch recht gezwungen erklärt.[41] Für die Einheitlichkeit von

V. 29 spricht zudem, daß die Wendung „Elohim und Menschen" auch in Ri
9,9.13 vorkommt. Aus diesen Stellen ergibt sich für G. v. Rad folgende Möglichkeit: „Vielleicht ist ‚Gott (Götter) und Menschen' doch nur eine super-
lativisch pathetische Redewendung, die nicht gepreßt werden darf . . ."[42]
Auch das ist unwahrscheinlich. In Gen 32,23ff. verweist ja nicht nur das Israel in V. 29 auf ein junges Stadium der Jakobtradition. Die außerisraelitische Erzählung konnte doch nur auf Jakob übertragen werden, weil bestimmte Elemente in ihr zu dem zu passen schienen, was man bereits von Jakob zu berichten wußte. So ist mit Jakob das Motiv fest verbunden, daß er
durch seine List erfolgreich war. Er erschleicht sich vom Vater den Segen,
der Esau zusteht (Gen 27). Bei Laban erwirbt er Reichtum, weil er an der
Tränke einen Hirtentrick anwendet und dadurch Laban überlistet (Gen 30,
25ff.).[43] Diesem listigen Jakob war es zuzutrauen, daß er einmal einen ihm
überlegenen Gegner durch einen Ringerkniff ausgeschaltet hat und ihm dadurch einen Segen abrang. Dabei setzt der lange Kampf voraus, daß Jakob
bereits beträchtliche Körperkräfte zugeschrieben wurden. Diese Vorstellung
steht deutlich hinter Gen 29,10. Der Stein auf der Brunnenöffnung soll verhindern, daß ein einzelner seine Herde mit dem kostbaren Wasser tränkt und
sich dadurch gegenüber den anderen Hirten einen Vorteil verschafft. Wenn
Jakob diesen Stein allein wegwälzen kann, muß er außergewöhnlich stark
sein.[44] Setzt aber die Übertragung der außerisraelitischen Erzählung auf Jakob die sonstigen Jakobüberlieferungen weitgehend voraus, dann kann sich
das „und mit Menschen" in V. 29 nur auf seine Auseinandersetzungen mit
Esau und Laban beziehen. Sie werden ebenfalls zur Erklärung seines Namens
Israel herangezogen, weil sie als Ausdruck seines kämpferischen Wesens gelten, das Jakob in dem Kampf mit Elohim besonders eindrücklich unter Beweis gestellt hat. Jakob ist ein Mann, der immer kämpft und siegt. Deshalb
heißt er von nun an Israel.

Das heißt aber nicht, daß die Erzählung zunächst auf Jakob übertragen
und erst danach um V. 28f. erweitert wurde. Schon die theologischen
Schwierigkeiten, die sie – doch wohl wegen V. 28f. – Späteren bereitet hat,
mahnen hier zur Vorsicht. Der Elohist übergeht sie völlig,[45] Hosea deutet
den Kampf als Beispiel für die Vermessenheit und das betrügerische Wesen
Jakobs (Hos 12,4f.), und die Priesterschrift erwähnt zwar, daß Jakob einen
neuen Namen bekommen hat (Gen 35,10), aber bei ihr erfolgt die Umbenennung durch eine Gotteserscheinung in Bethel. Mit dem Ort Pnuel ist von
P zugleich jede Spur eines Kampfes getilgt worden.[46] So naheliegend war es
also nicht, daß Jakob in einem Kampf mit Gott Sieger bleiben konnte.

Aber auch in der Erzählung selbst entstehen durch V. 28f. beträchtliche
Spannungen. Der Sieg Jakobs ist kaum vereinbar mit seiner Verletzung, von
der V. 26b berichtet, und er widerspricht seiner erstaunten Feststellung in

V. 31, daß er Gott gesehen hat und sein Leben gerettet wurde. Wäre V. 28f.
erst entstanden, als V. 26b und 31 schon zu der Erzählung gehörten, dann
hätte die Etymologie in V. 29 anders formuliert werden müssen, nämlich:
„denn du hast mit Gott gekämpft". Auch dann wäre Israel noch ein Ehren-
name Jakobs. In V. 29 heißt es aber ausdrücklich „. . . und bist Sieger geblieben". Das vorangehende „und mit Menschen" zeigt, daß Jakob in dem
Kampf mit Elohim ebenso erfolgreich war wie in den Auseinandersetzungen
mit Esau und Laban. Jakob erhält den Namen Israel, weil er den Ringkampf
gewonnen hat. Deshalb muß V. 28f. älter sein als V. 26b und 31. Dagegen
hat G. Hentschel eingewandt, daß dann in V. 30a und 31a von Israel und
nicht von Jakob die Rede sein müßte.[47] Das wird aber der Funktion von V.
30f. nicht gerecht. Auch in der gegenwärtigen Abfolge von V. 28−30 erkundigt sich Jakob in V. 30 nach dem Namen seines Gegenübers, weil er noch
nicht weiß, mit wem er es zu tun hat. Diese Frage muß entschieden sein, bevor ein Erzähler den neuen Namen gebrauchen kann. Das „Jakob" in V. 30
ist also durchaus sachgemäß. Von V. 30 her wird verständlich, daß auch in
dem jüngeren V. 31 Jakob steht, zumal dem Hörer erst hier endgültig klar
wird, daß Jakob tatsächlich Gott begegnet ist. Somit ist V. 28f. die älteste
Erweiterung der alten Erzählung. Sie teilt mit ihr noch die Auffassung, daß
der Mensch, jetzt Jakob, in dem nächtlichen Kampf Sieger geblieben ist.

Da aber die Übertragung auf Jakob auch abgesehen von V. 28f. die sonstige Jakobüberlieferung weitgehend voraussetzt, dürfte diese Geschichte
von Jakob nie ohne V. 28f. erzählt worden sein. Die außerisraelitische Erzählung ist folglich auf Jakob übertragen worden, weil sie eine Etymologie
von Israel ermöglichte, die Israel zu dem Ehrennamen Jakobs macht, der Jakob als Sieger kennzeichnet. In dieser Fassung liegt auf V. 28f. das ganze
Gewicht. Dadurch fügt sie der Jakobüberlieferung ein neues Element hinzu:
Jakob war nicht nur klüger und listiger als Esau und Laban, sondern er hat
sich sogar seinen Namen Israel mit List erkämpft, der seine Überlegenheit
über Elohim und Menschen für alle Zeiten festhält. So kennzeichnet diese
Erzählung jetzt Jakob/Israel als den überaus erfolgreichen Ahnherrn des späteren Volkes.

Auf dieser Stufe wurde freilich dann Elohim noch nicht mit Gott gleichgesetzt. Dafür gibt es in V. 28f. auch keinen Anhaltspunkt. Die Frage nach
dem Namen in V. 28 soll − als Umkehrung von V. 30a − die in V. 29 folgende Umbenennung Jakobs ermöglichen. Sie läßt sich zumindest auch so
verstehen − und dürfte ursprünglich so gemeint sein −, daß der Gegner bisher Jakob nicht gekannt hat.[48] Dann meint Elohim in V. 29 nicht Gott, sondern ein untergeordnetes göttliches Wesen. Deshalb konnte Jakob den
Kampf gewinnen. Mit Recht stellt H. Gunkel zu V. 29 fest: „Im Zusammen-
hange der Sage erkennt sich die Gottheit mit dieser Namensnennung selber

als besiegt an."[49] Elohim wird z.B. in Gen 30,8 als Qualitätsbegriff gebraucht. Rahel nennt den zweiten Sohn ihrer Magd Naphtali, weil sie Kämpfe Elohims mit ihrer Schwester gekämpft hat und siegte. Elohim dient hier
dazu, diese Kämpfe als besonders schwer zu kennzeichnen.[50] Im Unterschied dazu setzt Gen 32,30 allerdings voraus, daß Jakob mit einem übermenschlichen Gegner gerungen hat. Aber auch in Ri 9,9.13 meint Elohim in
der Wendung „Elohim und Menschen" nicht Gott. H.W. Hertzberg gibt sie
z.B. durch „Götter und Menschen" wieder,[51] besser wäre vielleicht sogar
„Göttliche und Menschliche". Die Wendung bezeichnet eine Ganzheit, die
durch ein Gegensatzpaar dargestellt wird, ohne daß mit Elohim Gott im
Blick ist. So ist dann auch Gen 32,29 zu verstehen. Auf dieser Stufe der Erzählung hat Jakob also in der Tat mit einem untergeordneten göttlichen Wesen gekämpft.

Zur ältesten israelitischen Fassung von dem Kampf am Jabbok gehört somit die Übertragung der außerisraelitischen Erzählung auf Jakob *und* ihre
Erweiterung durch V. 28f. Sie kann deshalb erst entstanden sein, als die Entwicklung der Jakobtradition in der mündlichen Überlieferung schon weitgehend abgeschlossen war.[52]

Auf der nächsten Stufe wurde V.31 angefügt und dadurch Gott zum
Gegner Jakobs. Dazu dürfte das Elohim in V. 29 beigetragen haben, in V. 31
ist ja die Gottesbezeichnung Elohim. Außerdem legte das Gewicht des Namens Israel es nahe, daß Jakob seinen Ehrennamen nicht von einem niederen göttlichen Wesen, sondern von Gott selbst erhalten hat. Diese Interpretation könnte auch durch das theophore Element El in „Israel" mitverursacht
worden sein. Und doch ist damit die Übertragung auf Gott nicht hinreichend
erklärt. Es bleibt die Frage, wieso man den nächtlichen Überfall mit Gott
verbinden konnte. Wenn dieses Motiv dem Gottesverständnis Israels völlig
zuwidergelaufen wäre, hätte man diese Geschichte nie von Gott erzählen
können. So setzt ihre Übertragung auf Gott ein bestimmtes Wissen von Gott
voraus, das doch wohl auf Gotteserfahrungen zurückgeht, die man in Israel
gemacht hatte. Erst dieses Wissen erlaubte es, in einer solchen Weise von
Gott zu reden.[53] Zu ihm gehört die nicht auf Israel beschränkte Furcht vor
dem Numinosen, jede Begegnung mit einem Göttlichen ist für den Menschen
schrecklich.[54] Aber der nächtliche Überfall Gottes in der Gestalt eines Mannes setzt noch mehr voraus. Er verlangt ein Wissen darum, daß Gott einem
Menschen auch auf eine unheimliche Weise begegnen kann. Der Vergleich
mit Ex 4,24—26, von dem oben die Rede war, ist für diese Stufe der Erzählung durchaus sachgemäß. Der bedrohliche Überfall Gottes, den beide Erzählungen berichten, zeigt, daß man in Israel zeitweise keine Bedenken hatte, in
dieser Weise von Gott zu erzählen, ohne daß Gott dadurch zu einem Dämon
wurde. In Gen 32,23 ff. ist Gott schließlich doch der Gott, der sich Jakob

gnädig zuwendet und ihn mit einem Ehrennamen auszeichnet. Von dieser
gnädigen Zuwendung redet Jakob in V. 31, wenn er feststellt, daß er Gott
geschaut hat und sein Leben gerettet wurde. So setzt Gen 32,23 ff. in diesem Stadium ein bestimmtes Wissen von Gott voraus. Dieses Wissen wird
durch die Erzählung zugleich fixiert und dadurch weitertradiert. Es kann
nicht in Vergessenheit geraten, solange diese Erzählung weitergegeben wird.
Gerade die eigenartige Gotteserfahrung, die nun in dieser Geschichte dargestellt wird, gibt dieser Stufe ihre bleibende Bedeutung.[55]
Als die Erzählung auf Gott bezogen wurde, ist zugleich V. 31 angefügt
worden. Jede Schilderung einer Gottesbegegnung verlangt im Alten Testament formgeschichtlich den Hinweis, daß der Mensch die Stätte dieser Begegnung benennt, und so die besondere Bedeutung des Ortes festhält.[56]
Durch die Übertragung auf Gott verändert sich außerdem die Sicht Jakobs.
Der zwischen Gott und Mensch bestehende Abstand schließt es aus, daß Jakob aus der Begegnung mit Gott als strahlender Sieger hervorgehen konnte.
Deshalb hat in V. 31 nicht Jakob sein Leben listig gerettet, sondern sein Le-
ben ist gerettet worden. Gott gewährte Jakob die unmittelbare Schau seiner
Person, ohne ihn zu töten. Die älteren Elemente werden auf dieser Stufe
zwar unverändert weitertradiert, sie erhalten aber durch V. 31 einen neuen
Bezugsrahmen. Aus dem Helden Jakob wird jetzt der begnadete Jakob, den
Gott durch eine Erscheinung in menschlicher Gestalt ausgezeichnet hat.

III

Mit V. 31 ist die Ausgestaltung der Erzählung in der mündlichen Überlieferung abgeschlossen. Die sonstigen Erweiterungen gehen, abgesehen von V.
33, auf jenen Redaktor zurück, der die Erzählung in die Jakobüberlieferung
einfügte. Bei V. 23a[X].24.25a und 32 wurde bereits oben gezeigt, daß sie der
Verklammerung mit dem Kontext dienen. Auch V. 26b ist wohl erst auf dieser Stufe entstanden. Der Halbvers stimmt zwar darin mit V. 31 überein, daß
Jakob seinem Gegner unterlegen ist. Trotzdem dürfte er kaum zur gleichen
Schicht gehören. Von der Verletzung Jakobs ist erst wieder in V. 32b die
Rede: Nach dem Kampf hinkt Jakob. So dürften V. 26b und 32 von dem
gleichen Verfasser stammen. Auch die Art, wie V. 26b an 26a angeschlossen
ist und diesen Halbvers zusammen mit V. 25b aufnimmt, spricht dafür, daß
es sich bei V. 26b um eine schriftliche Erweiterung handelt, durch die der
Redaktor ausschließen wollte, daß man in V. 26a Jakob als Subjekt ansah.
V. 32b dient ja ebenfalls dem Ziel, die Unterlegenheit Jakobs in dem Kampf
festzuhalten.

Aber wer ist dieser „Redaktor"? Betrachtet man die Erzählung isoliert, dann fehlen für ihre Zuweisung an J oder E eindeutige Anhaltspunkte. In der Regel wird sie zwar zu J gerechnet, es gibt aber vereinzelt auch Stimmen, die für E plädieren.[57] Aber das Elohim von V. 29 und 31 ist dafür kein Beweis, weil es aus der mündlichen Tradition stammt, und der weitere Kontext zeigt eindeutig, daß diese Erzählung vom Jahwisten in die Jakobüberlieferungen eingefügt wurde. Im Unterschied zu E und P nennt J den Erzvater auch in Gen 35,21f. und in der Josephsgeschichte Israel.[58] Daß er in den jahwistischen Stücken von Gen 33f. noch Jakob heißt, geht wohl auf den Endredaktor zurück, der P zugrundelegte, und es deshalb vermeiden wollte, daß der Erzvater schon vor seiner bei P erst in 35,10 berichteten Umbenennung Israel hieß.[59] Kommt aber Israel als dem neuen Namen Jakobs bei J eine große Bedeutung zu, dann muß J auch erzählt haben, wie Jakob zu diesem Namen gekommen ist. Im Rahmen der jahwistischen Darstellung ist Gen 32,23 ff. somit zwingend notwendig.

Diese Erzählung dürfte auch der Grund dafür sein, daß J in 32,14a von einer Übernachtung Jakobs erzählt. Von ihr ist zwar ebenfalls bei E in 32,22 die Rede, aber hier dient sie dazu, den notwendigen Abstand herzustellen zwischen dem Geschenk, das Jakob Esau sendet und Jakob selbst. Eine vergleichbare Funktion fehlt bei J. Deshalb dürfte 32,14a nicht zu seiner Vorlage gehören, sondern von ihm selbst als Überleitung zu 32,23 formuliert worden sein.[60]

Damit stellt sich die Frage, welche Bedeutung dieser Erzählung bei J zukommt. Ihre Stellung erklärt sich zunächst daraus, daß der Weg Jakobs in dieser Quellenschrift von Mahanaim[61] nach Sukkot (33,17) geht, so daß die Überquerung des Jabbok nur hier eingeordnet werden konnte. Vielfach nimmt man jedoch an, daß der Jahwist die Gottesbegegnung auch als Antwort auf das Gebet Jakobs in 32,10—13 verstanden wissen will. Dieses Gebet gehört ebenfalls nicht zu den älteren Jakobüberlieferungen. Die Vorbereitungen Jakobs auf seine Begegnung mit Esau sind mit der Teilung seines Besitzes in zwei Lager (32,8f.) abgeschlossen. Handelt Jakob hier aus kluger Vorsicht, so weiß er demgegenüber in seinem Gebet, daß ihn nur Gott vor Esau retten kann. 32,10—13 hebt sich also formal und inhaltlich vom Kontext ab.

Gelegentlich wurde das Stück deshalb als späterer Einschub angesehen,[62] in der neueren Forschung meint man dagegen übereinstimmend, daß es von J selbst formuliert wurde.[63] Das stößt aber auf unüberwindbare Schwierigkeiten. In V. 11 sagt Jakob, daß er einst *diesen Jordan* nur mit einem Stab überschritten habe, in V. 23ff. überquert Jakob jedoch nicht den Jordan sondern den Jabbok.[64] Wie sollte der Jahwist, der Gen 32,23ff. in die Jakobüberlieferung eingefügt hat, selbst diese Unstimmigkeit geschaffen haben? Auch aus den anderen Formulierungen geht eindeutig hervor, daß es sich bei dem Gebet um einen sekundären Zusatz handelt. Es ist zwar nach O. Procksch „in der reinsten Sprache von J abgefaßt", wobei er aber in V. 13 eine nachträgliche Erweiterung sieht.[65] Selbst dann hält dieses Urteil einer Überprüfung nicht stand, und die Abtrennung von V. 13 läßt sich ebenfalls nicht wahrscheinlich machen. Richtig ist lediglich, daß das Gebet nicht nur 32,8f. voraussetzt, sondern auch auf Jahweworte zurückgreift, die von J überliefert werden. In V. 10 wird 31,3 zitiert, die Anrufung dürfte hier 28,13 aufnehmen. V. 13 bezieht sich auf 28,14f.

Zwischen den Zitaten und ihren Vorlagen bestehen jedoch auffällige Unterschiede. In V. 13b werden die verheißenen Nachkommen mit dem Sand am Meer verglichen, in 28,14 mit dem Staub der Erde. Der Vergleich mit dem Sand am Meer findet sich in Gen in einer Mehrungsverheißung nur noch in 22,17. Bei 22,15−18 handelt es sich, wie allgemein anerkannt ist, um einen Zusatz. Auch der Hinweis auf die Unzählbarkeit in 32,13b fehlt beim Jahwisten in Verheißungen. Die gleiche Formulierung steht in der sekundären Erweiterung 16,10[66], das Motiv gehört, wie Gen 15,5 und 13,16 zeigen — beide Stellen stammen nicht von J[67] —, zu einem späteren Stadium der Mehrungsverheißung.

Die göttliche Zusage in 32,13a „ich will gewiß Gutes tun" ist ebenfalls bei J nicht belegt. Die nächsten Parallelen zu der Aussage, daß Jahwe Gutes tun und zahlreiche Nachkommenschaft schenken will, sind Dtn 28,63; 30,5 aus einer Zeit lange nach J. H.J. Stoebe hält zwar das „Ich will Gutes tun" unter Verweis auf die jahwistische Urgeschichte und auf Stellen wie Gen 12,13.16 für eine von J bewußt gewählte Formulierung.[68] Außer den relativ späten Belegen für die Zusammenstellung von Gen 32,13 spricht dagegen aber auch, daß in der Vätergeschichte von J Jahwe sonst nie einem Menschen „Gutes tut" (יטב hif.). Vermehrt Jahwe den Wohlstand eines Menschen, dann segnet er ihn (ברך pi.).[69] Es handelt sich somit bei dem „Gutes tun" in 32,10.13 um eine spätere Interpretation jahwistischer Aussagen. Was damit interpretiert wird, zeigt 32,10. Dieser Vers unterscheidet sich u.a. dadurch von seiner Vorlage 31,3, daß die Zusage „und ich will mit dir sein" durch „und ich will an dir Gutes tun" ersetzt wird. Damit werden zugleich andere Akzente gesetzt. Mit der Zusage „ich will mit dir sein" verspricht Jahwe in 31,3, wie schon in 28,15, dem Jakob, daß er ihm auf seinem Weg beistehen will. „Ich will Gutes tun" in 32,10 hat nicht mehr diesen Weg im Blick, sondern das, was Jahwe an Jakob *nach* seiner Rückkehr tun will. Das zeigt V. 13. Die hier erwähnte Verheißung soll erst noch erfüllt werden. Deshalb wird sie als Beweggrund für das göttliche Eingreifen an die Bitte von V. 12 angefügt. Würde Jahwe nicht Jakob vor Esau retten, dann könnte er seine Zusage nicht wahrmachen. Auch in Dtn 30,5 wird Jahwe, nachdem er Israel

wieder in das Land seiner Väter gebracht hat, Israel Gutes tun und es zahl-
reicher machen, als es je gewesen ist.[70] Durch diesen anderen Akzent ist es
wohl bedingt, daß in 32,10 Jakob nicht mehr wie in 31,3 in das Land seiner
Väter, sondern in sein Land zurückkehren soll. Die Landverheißung tritt
ganz hinter dem zurück, was Jahwe in dem Land an Jakob tun will.

Gehört das Gebet nicht zu J, dann wird auch der Plural von חסד in
32,11 verständlich, der sonst große Schwierigkeiten bereitet. Dieser Plural
ist erst in exilisch-nachexilischer Zeit belegt. O. Procksch hat unter Verweis
auf LXX, die hier einen Singular hat, angenommen, daß es sich bei der En-
dung ־ים um eine Dittographie des folgenden ומ־ handelt.[71] Da aber
die LXX mehrfach den Plural von חסד mit einem Singular wiedergibt,[72]
ist das unwahrscheinlich. Neuerdings rechnet H.J. Stoebe mit der Möglichkeit, „daß diese Aussage entsprechend ihrem Bekenntnischarakter nach spä-
terem Verständnis umgeformt wurde".[73] Diese Erwägung setzt aber voraus,
daß das Gebet von J formuliert worden sein muß, und daß deshalb der Plural
nicht ursprünglich sein kann. Dagegen fügt sich dieser Plural in die oben erwähnten Beobachtungen nahtlos ein; die nächsten Parallelen zu V. 13 stammen ebenfalls aus der exilisch-nachexilischen Epoche. So wird durch V. 11
bestätigt, daß 32,10−13 erst in exilisch-nachexilischer Zeit eingefügt wurde.

Wie es dazu gekommen ist, läßt sich leicht erklären. In seinem Gebet redet Jakob als frommer Erzvater. Er hält sich an Gottes Verheißungen und
bekennt demütig, daß er seinen Reichtum den Wohltaten verdankt, die ihm
Gott erwiesen hat. Gerade die Auffassung, daß Jakob ein frommer Mann
war, hat dazu geführt, daß ihm das Gebet in den Mund gelegt wurde. Für seinen Verfasser ging aus 32,8 hervor, daß sich Jakob vor eine gefährliche Situation gestellt sah. In einer solchen Lage mußte einfach ein frommer Israelit,
und folglich auch Jakob, Gott um Hilfe bitten.[74]

Auch wenn sich die Erzählung 32,23ff. beim Jahwisten nicht auf das Gebet Jakobs bezieht, so will er sie doch vor dem Hintergrund ihres weiteren
Kontextes verstanden wissen. Deshalb sagt er ja im folgenden statt Jakob
Israel. Sie gehört bei ihm zu dem theologischen Rahmen, durch den er seine
Jakobüberlieferungen interpretiert. Hier korrespondiert sie mit der jahwistischen Fassung der Gotteserscheinung in Bethel (Gen 28,11ff[X]), die ebenfalls
erst von J in den Kreis der Jakob-Esau-Laban-Erzählungen eingefügt wurde.[75] Jahwe offenbart sich in Bethel Jakob, als dieser vor Esau flieht, und
läßt ihm eine Verheißung zuteil werden. Zu ihr gehört die Zusage, daß Jahwe Jakob auf seinem Weg beistehen will (28,15). So darf Jakob seine Flucht
mit der Gewißheit fortsetzen, daß ihn Jahwe nicht verlassen wird. Als Jakob
zurückkehrt, muß er sich noch immer vor Esau fürchten (32,8). Diese Gefahr erfährt zunächst durch den nächtlichen Kampf, in den Jakob in 32,23ff.
verwickelt wird, eine dramatische Zuspitzung, zugleich wird sie aber hier von

Gott aufgehoben. Das macht der Jahwist mit dem von ihm der Erzählung angefügten V. 32 deutlich. Als Jakob die Stätte des Kampfes verläßt, geht ihm die Sonne auf. Damit ist sowohl die Bedrohung durch den nächtlichen Überfall als auch die Angst Jakobs von 32,8f. beseitigt. Die Begegnung mit Esau kann nun für Jakob nicht mehr in einer Katastrophe enden. Die folgende Schilderung dieser Begegnung ist bei J nur noch eine Art Epilog, dem die eigentliche Dramatik fehlt.

Dem Jahwisten geht es allerdings nicht nur um das persönliche Schicksal Jakobs. Was Jakob widerfährt, erlebt er als Träger der Verheißung, es hat deshalb Bedeutung für jene Geschichte des Heils, die Jahwe mit Abraham in Gang gesetzt hat. So ist es schon in Gen 28,11ff.[76] Außer der Zusage des göttlichen Beistandes, die sich direkt auf die Notlage des fliehenden Jakob bezieht, erhält Jakob hier eine Land- und eine Mehrungsverheißung (28,13f.). Damit verweist der Jahwist auf jene Geschichte, die Gott über Jakob weiterführen will. Um ihretwillen darf Jakob nicht zugrundegehen. Diese Gotteserscheinung bringt damit einen echten Fortschritt auf dem Weg zur Erfüllung der Verheißung von Gen 12,1–3. In ihrem Licht versteht J auch die Erzählung von Gen 32,23ff. Hier verleiht Gott Jakob jenen Namen Israel, der von nun an den weiteren Weg der Verheißung begleitet, bis Israel zu jenem bedeutenden Volk geworden ist, zu dem Jahwe nach Gen 12,2 Abraham machen will. Dem Jahwisten kommt es also bei der Erzählung von dem Kampf am Jabbok darauf an, daß Gott hier Jakob den Namen Israel verliehen hat. Dadurch beseitigt Gott die Angst Jakobs vor Esau und treibt zugleich die Heilsgeschichte voran.

Die Verleihung des Namens Israel an Jakob ist überhaupt der Grund, warum der Jahwist die ihm mündlich überlieferte Erzählung in sein Werk aufgenommen hat. Dabei spielt für ihn die Etymologie von V. 29 keine Rolle mehr. Er war aufgrund seines Menschenbildes gewiß nicht der Auffassung, daß Jakob gegen Gott Sieger geblieben ist. Nach K. Elliger hat der Jahwist das ותוכל in V. 29 so verstanden, daß Jakob in den Auseinandersetzungen mit Gott und den Menschen „oben geblieben" sei. „ . . . über Wasser gehalten hat er sich stets, wenn schon alles zu Ende zu sein schien".[77] Aber darf man überhaupt fragen, wie der Jahwist jeden einzelnen Zug einer ihm überlieferten Erzählung verstanden hat? Mußte er sich denn in ihr alles zurechtlegen? Auch sonst behält J in Gen 32,23ff. Elemente bei, die seinen eigenen Anschauungen widersprechen. Für ihn mußte Gott nicht verschwinden bevor der helle Tag anbrach (V. 27). Und auch die Aussage, daß „er" ihn nicht besiegen konnte, in der bei J wegen V. 26b Gott das Subjekt sein muß, läßt sich nicht mit dem Gottesverständnis des Jahwisten vereinbaren. Solche Punkte, die ihm eigentlich theologisch Kopfzerbrechen bereiten müßten, interessieren den Jahwisten hier nicht. Ihm kommt es in dieser Erzählung nicht auf Einzelheiten an, sondern darauf, daß Gott Jakob den Namen Israel verliehen hat. Von daher ist es m.E. müßig zu fragen, wie sich J das ותוכל in V. 29 zurechtgelegt hat. Wahrscheinlich bestand für ihn dazu gar kein Bedürfnis.

Diese These bedarf freilich einer Einschränkung. Die Väterverheißungen sind beim Jahwisten immer Zusagen, die Gott aus freier Entscheidung macht, niemand hat Gott eine Verheißung abgerungen. In diesem Punkt enthielt die überlieferte Fassung von Gen 32,23ff. eine Unklarheit, die der Jahwist nicht hinnehmen konnte. Die jüngere Stufe hält zwar durch V. 31 fest, daß der überlegene Gott Jakob begegnet ist. Sie expliziert jedoch nicht, wie sich für sie Kampf und Namensgebung zueinander verhalten. Für den Jahwisten wäre es ein gefährliches Mißverständnis, daß sich Jakob seinen neuen Namen erkämpft hat. Dieser Name ist, wie die Väterverheißungen, ein Geschenk Gottes. Deshalb stellte der Jahwist durch V. 26b klar, daß Jakob Gott unterlegen war, und erwähnt in V. 32b das Hinken Jakobs. Durch V. 26b war zugleich V. 29 neutralisiert, so daß J diesen Vers in der ihm überlieferten Form weitergeben konnte. Dadurch war es freilich möglich, daß V. 29 später wieder ein eigenes Gewicht erhielt. Hosea beurteilt in Hos 12,4f. vermutlich wegen V. 29 das Verhalten Jakobs negativ.[78] Dem Jahwisten kam es demgegenüber nicht darauf an, was Jakob hier tut — der schreckliche Kampf ist ihm aufgezwungen —, sondern auf das, was Gott an Jakob getan hat.[79]

Davon konnte der Jahwist allerdings nur erzählen, weil es auch für ihn mit dem Wesen Gottes vereinbar war, daß Gott einen Menschen in einer unheimlichen Weise überfällt. Dieses Motiv ist für J keine gleichsam als Geröll mitgeschleppte Tradition, sondern es wird von ihm ausdrücklich bejaht, wie seine Zusätze in V. 26b und 32 zeigen. Für den Jahwisten besteht kein Widerspruch zwischen dem Gott, der Jakob überfällt, und dem Gott, der Jakob den neuen Namen schenkt und sich ihm darin zuwendet. Gerade in einer Begegnung, die sein Leben bedroht, darf Jakob die heilvolle Zuwendung Gottes erfahren. So ist die Erzählung auch beim Jahwisten ein Zeugnis für jene Gotteserfahrung, die es einst ermöglicht hatte, daß in der Geschichte von dem nächtlichen Überfall am Jabbok Gott zum Gegenüber Jakobs wurde.

Anmerkungen

1   Vgl. außer den Kommentaren zur Genesis z.B.: K. Elliger, Der Jakobskampf am Jabbok (1951), in: ders., Kleine Schriften zum Alten Testament, 1966, S. 141–173; A. Jepsen, Zur Überlieferungsgeschichte der Vätergestalten (1953/54), in: ders., Der Herr ist Gott, 1978, S. 46–75; H.J. Stoebe, Der heilsgeschichtliche Bezug der Jabbok-Perikope, in: EvTh 14, 1954, S. 466–474; O. Eißfeldt, Non dimittam te, nisi benedixeris mihi (1957), in: ders., KS III, 1966, S. 412–416; F. van Tright, La signification de la lutte de Jacob près du Yabboq (Gen 32,23–33),

in: OTS 12, 1958, S. 280–309; O. Kaiser, Die mythische Bedeutung des Meeres in Ägypten, Ugarit und Israel, BZAW 78, 2. Aufl. 1962, S. 95 ff.; H. Seebass, Der Erzvater Israel, BZAW 98, 1966, S. 17 ff.; W. Dommershausen, Israel: Gott kämpft. Ein neuer Deutungsversuch zu Gen 32,23–33, in: TTZ 78, 1969, S. 321–334; R. Martin-Achard, Un exégète devant Genèse 32,23–33, in: R. Barthes u.a., Analyse structurale et exégèse biblique, Neuchâtel 1971, S. 41–62; H.J. Hermisson, Jakobs Kampf am Jabbok (Gen 32,23–33), in: ZThK 71, 1974, S. 239–261; G. Hentschel, Jakobs Kampf am Jabbok (Gen 32,23–33) – eine genuin israelitische Tradition?, in: Dienst der Vermittlung, EThSt 37, 1977, S. 13–37 (dort auch weitere Literatur).

2   H. Gunkel, Genesis, 7. Aufl. 1966, S. 359.

3   Vgl. den Überblick bei Elliger (Anm. 1), S. 146, Anm. 10.

4   Elliger, S. 147, mit weiteren Argumenten gegen eine Quellenscheidung.

5   Hentschel (Anm. 1), S. 35f.

6   Vgl. z.B. Gunkel, Genesis, S. 363.

7   Schon deshalb kann V. 33 nicht, wie Hermisson (Anm. 1), S. 250, meint, noch im mündlichen Stadium hinzugekommen sein.

8   Hentschel, S. 19, hält V. 33b als Ganzes für eine Glosse zu dem Nachtrag V. 33a. Aber das Hinken Jakobs (V. 32b) allein kann die Speisesitte schwerlich begründen. Die wie V. 33 eingeleiteten Ätiologien in Gen 11,9; 21, 31 haben ebenfalls einen begründenden כי -Satz. Formgeschichtlich handelt es sich um eine Mischform (vgl. J. Fichtner, Die etymologische Ätiologie in den Namensgebungen der geschichtlichen Bücher des Alten Testaments, in: VT 6, 1956, S. 372–396; B.O. Long, The problem of etiological narrative in the Old Testament, BZAW 108, 1968). Sie wurde anscheinend gewählt, wenn sich die beabsichtigte Ätiologie nicht zweifelsfrei aus dem berichteten Ereignis ergab.

9   Zu 32,10–13 s. unten III.

10 M. Noth, Überlieferungsgeschichte des Pentateuch, 1948, S. 111.

11 Elliger, S. 147.

12 Jepsen (Anm. 1), S. 61; Hermisson, S. 250; Hentschel, S. 21ff.

13 K. Elliger rechnet V. 26 zur ältesten Schicht. Es ist deshalb inkonsequent, wenn G. Hentschel seiner Interpretation folgt, den Vers aber einer jüngeren Stufe zuweist.

14 Gunkel, Genesis, S. 361.

15 G. v. Rad, Das erste Buch Mose. Genesis, 9. Aufl. 1972, S. 260.

16 Nach Hermisson, S. 250, Anm. 29, muß in V. 26a die Gottheit Subjekt sein. „Wo das Subjekt zweifelhaft sein könnte, wird Jakob überall ausdrücklich genannt . . .“ Damit ist aber der Wechsel von „seine Hüftpfanne“ zu „Hüftpfanne Jakobs“ in V. 26 nicht erklärt.

17 Für Hentschel, S. 22f., besteht auch dann zwischen V. 26 und 27 die Spannung, daß in V. 27 die Unterlegenheit des Gegners darauf beruhe, daß er von Jakob festgehalten werde, und nicht auf einer Lähmung. Das ist jedoch konstruiert. V. 26a erklärt, warum der starke Gegner sich nicht von Jakob lösen konnte. Der weitere Einwand von G. Hentschel: „Es ist außerdem zu fragen, ob man Jakob jemals eine magische Berührung seines Opponenten hätte zuschreiben können“, berücksichtigt nicht, daß K. Elliger die Berührung nur deshalb für magisch hält, weil sie seiner Meinung nach von dem Gegner Jakobs ausgeführt wurde.

18 Hentschel, S. 21 u.ö. Ähnlich Seebass (Anm. 1), S. 19, Anm. 35.

19 Vgl. das Material bei Gunkel, Genesis, S. 364.

20 Zur Bedeutung des Namens vgl. Gunkel, Genesis, S. 362; v. Rad, Genesis: S. 261f.

21 So Elliger, S. 164.

22 V. 31 wird auch von Jepsen, S. 61; Hermisson, S. 249f.; Hentschel, S. 21ff., einer jüngeren Stufe zugewiesen.

23 So auch Jepsen, S. 61.

[24] Hentschel, S. 21 ff.

[25] Vgl. unten II.

[26] P. Volz/W. Rudolph, Der Elohist als Erzähler – ein Irrweg der Pentateuchkritik, BZAW 63, 1933, S. 117.

[27] Noth (Anm. 10), S. 31, Anm. 98.

[28] Elliger, S. 148, Anm. 14.

[29] Vgl. Hermisson, S. 241, Anm. 8. V. 24b sollte man aber gegen H.J. Hermisson nicht mit V. 23b verbinden. Der Besitz Jakobs spielt in der Einzelerzählung keine Rolle und gehört deshalb zur Redaktion. Hentschel, S. 35f., sieht in V. 24.25a eine Glosse, durch die ein Ausgleich mit V. 32a hergestellt werden sollte. Nach V. 32a passiere Jakob Pnuel erst nach dem Kampf, in V. 23 habe er jedoch den Jabbok schon zuvor überschritten. Ein Glossator habe sich das so zurechtgelegt, „daß Jakob nach der Überführung seiner Familie wieder an das Ausgangsufer zurückkehrt". Aber V. 25a läßt sich von der Erwähnung der Familie Jakobs in V. 23 nicht trennen. Schon die Redaktion stand vor jenem Problem, das nach G. Hentschel zu einer Glosse führte. Pnuel liegt südlich des Jabbok (Hermisson, S. 241, Anm. 8; Hentschel, S. 36, Anm. 100). Da der Weg Jakobs in Gen 32f. von Mahanaim über Pnuel nach Sukkot führt, hat für die Redaktion Jakob den Jabbok von Süden nach Norden überschritten. In der Einzelerzählung ist es genau umgekehrt. Das kann man zwar nicht, wie Hermisson, S. 241, Anm. 8, aus dem jüngeren V. 32a schließen. Aber noch V. 31 rechnet damit, daß Jakob von Norden kam. Zusammen mit V. 23b besagt V. 31, daß der Kampf erst nach der Überquerung des Jabbok in Pnuel stattgefunden hat. Schon die Redaktion mußte also durch V. 24.25a einen Ausgleich mit der Einzelerzählung herstellen.

[30] Der Artikel ist im MT durch Haplographie ausgefallen.

[31] Noth (Anm. 10), S. 104; Stoebe (Anm. 1), S. 466; zurückhaltender Elliger, S. 151f. und v. Rad, Genesis, S. 262.

[32] Eißfeldt, KS III, S. 413ff.

[33] Hermisson, S. 246.

[34] Jepsen, S. 60 f.

[35] Hermisson, S. 247 ff. Er hält es S. 250 für möglich, „daß diese zweite Stufe der Überlieferung nicht schon eine fertige Erzählung umgestaltete, sondern eine Anzahl von erzählerischen, in den nomadischen Sippen und ihrer Tradition geläufigen Motiven erst jetzt zu einer wirklichen Erzählung ausgestaltet hat. . ."

[36] Vgl. auch Hentschel, S. 32.

[37] Angesichts des fragmentarischen Wissens über das dort umlaufende Erzählgut will es nicht viel besagen, daß Parallelen aus der unmittelbaren Umgebung Israels fehlen.

[38] Hermisson, S. 250; Hentschel, S. 26ff.; und für V. 29 Jepsen, S. 61. Nach Dommershausen (Anm. 1), S. 333, ist V. 28f. gar erst von J eingefügt worden.

[39] Noth (Anm. 10), S. 111.

[40] J. Skinner, A critical and exegetical commentary on Genesis, 2. Aufl., Edinburgh 1930, S. 409 f.; so auch van Tright (Anm. 1), S. 289.

[41] J spiele hier auf die Auseinandersetzungen mit Esau und Laban an und wolle damit dem Kampf einen negativen Akzent geben. Jakob habe hier so wenig wie dort „mit Heldenmut und Heldenkraft" gekämpft (S. 166). Davon ist aber in Gen 32,23ff. nichts zu finden. Wenig hilfreich ist die Konjektur von O. Procksch, Die Genesis, 2.3. Aufl. 1924, S. 373, der das ו vor תוכל streicht und übersetzt „du sollst du auch bei Menschen gewinnen". Auch wenn diese Konjektur gelegentlich aufgegriffen wurde – vgl. die Beispiele bei Martin-Achard (Anm. 1), S. 45 –, so handelt es sich doch um eine unerlaubte Glättung des Textes.

[42] v. Rad, Genesis, S. 261.

[43] Der deutlich überfüllte Text von Gen 30,25ff. ist im einzelnen schwer zu deuten. Klar ist aber, daß von einem Hirtentrick erzählt wird, durch den sich Jakob entge-

gen der Absicht Labans großen Viehbesitz erwarb, vgl. Gunkel, Genesis, S. 339f.; Noth (Anm. 10), S. 109; Elliger, S. 157, Anm. 28.

44   Gunkel, Genesis, S. 326; Procksch, Genesis, S. 175.

45   Vgl. unten III.

46   Gegen Seebass, S. 13 ff., der 35,10 zu E rechnet.

47   Hentschel, S. 26f. Er bestimmt die einzelnen Stufen der mündlichen Überlieferung folgendermaßen: Vorisraelitische Ortssage V. 25b.27.30b.32a; Übertragung auf Jakob V. 26.30a.32b; danach V. 31 und noch später V. 28f.

48   Gunkel, Genesis, S. 362.

49   Gunkel, Genesis, S. 362; vgl. auch Seebass, S. 19.

50   Gunkel, Genesis, S. 334, streicht zwar in V. 8 „mit meiner Schwester" und meint, daß ursprünglich „Rahel mit Gott gekämpft und ihm die ihr bisher versagten Söhne abgerungen hat". Für einen solchen Kampf gibt es aber in Gen 30 keinen Anhaltspunkt. 30,8 muß deshalb immer die Rivalität der Schwestern im Auge gehabt haben. Das יכלתי in diesem Vers bestätigt übrigens, daß durch ותוכל in 32,29 Jakobs Sieg in dem Ringen festgestellt wird.

51   H.W. Hertzberg, Die Bücher Josua, Richter, Ruth, 3. Aufl. 1965.

52   Noth (Anm. 10), S. 110 f. Kaiser (Anm. 1), S. 97, hält zwar eine frühere Übertragung auf Jakob für möglich, weil die Erschleichung des Segens in besonderer Weise mit Jakob verknüpft sei. Das ist aber durch V. 28f. ausgeschlossen.

53   Hermisson, S. 252f., macht auf die Bedeutung aufmerksam, die Wissensstoffe für die Entstehung von Erzählungen haben können. Das gilt aber auch für ihre spätere Ausgestaltung.

54   Vgl. z.B. Gen 28,11ff. und dazu Gunkel, Genesis, S. 319.

55   Dagegen wird für Hentschel, S. 34, der Kampf durch V. 31 „in eine Gottesschau umgewandelt. Der Gott Israels ist jetzt schon viel zu transzendent, um sich in einen Ringkampf einzulassen. . . Dieser Vorgang spricht eindeutig gegen die These H.-J. Hermissons, wonach die archaischen Züge der Erzählung ‚ein für die Gotteserfahrung Israels wesentliches Moment' bewahren würden". Aber V. 31 spricht, wie Hentschel, S. 34, Anm. 92, selbst einräumt, von einer realen Begegnung mit Gott. Damit bezieht sich der Vers eben doch auf den Ringkampf. Jakob hat Gott gesehen, weil ihn Gott überfallen hat. Dann stellen die „archaischen Züge" tatsächlich eine Gotteserfahrung dar, obwohl die Erzählung erst relativ spät auf Gott bezogen wurde.

56   Vgl. z.B. Gen 16,13f.; 22,14; 28,19; 32,3.

57   A. Dillmann, Die Genesis, 5. Aufl 1886, S. 356; van Tright, S. 291 ff.; auch Seebass, S. 20, Anm. 41, stellt fest: „Wer die Erzählung für einheitlich hält, müßte sie . . . für elohistisch halten. . .".

58   Daß in der Josephsgeschichte die Hauptmasse des Stoffes auf J und E zu verteilen ist, wird zwar in der neueren Forschung zunehmend bestritten, vgl. z.B. B.D. Redford, A study of the biblical story of Joseph, VT. S. 20, 1970, und den Überblick bei C. Westermann, Genesis 12–50, EdF 48, 1975, S. 64ff. Der Wechsel zwischen Jakob/Israel einerseits und zwischen Ruben und Juda als Sprecher der Brüder andererseits läßt sich aber m.E. nur mit dem Vorliegen von J und E erklären. Auf Einzelheiten kann hier nicht eingegangen werden.

59   Elliger, S. 149, Anm. 17.

60   Anders Elliger, S. 162, Anm. 36. Man wird m.E. doch damit rechnen müssen, daß E das jahwistische Werk gekannt hat, vgl. dazu meinen demnächst in BZ erscheinenden Aufsatz: Die alttestamentliche Bileamüberlieferung. Für E ließ sich die Erzählung mit seiner Auffassung von der Transzendenz Gottes nicht vereinbaren.

61   Gen 32,8f. scheint auf den Ortsnamen Mahanaim anzuspielen, Gunkel, Genesis, S. 357; Noth (Anm. 10), S. 31, Anm. 97.

62   Gunkel, Genesis, S. 356 f., der das Gebet J^r zuweist, und Skinner, Genesis, S. 406.

63   So z.B. Elliger, S. 160 f.; Stoebe, S. 470 ff.; v. Rad, Genesis, S. 258; A. de Pury,

[64]   Promesse divine et légende cultuelle dans le cycle de Jacob, Paris 1975, S. 91ff.
Darauf hat vor allem Gunkel, Genesis, S. 357, hingewiesen.

[65]   Procksch, Genesis, S. 192; so u.a. auch v. Rad, Genesis, S. 258, der freilich wie alle Neueren auch V. 13 zu J rechnet.

[66]   Vgl. z.B. Noth (Anm. 10), S. 29, Anm. 86.

[67]   Vgl. meinen Aufsatz: Überlegungen zum Jahwisten, in: EvTh 37, 1977, S. 230–247, 231f.

[68]   Stoebe, S. 471 f.

[69]   Gen 12,2;26,3a; 30,27.30; 39,5.

[70]   Eine ähnliche Anschauung findet sich in Ez 36,11.

[71]   Procksch, Genesis, S. 192f.; so u.a. auch Stoebe, S. 470f.

[72]   Abgesehen von Ps 106,45 und Thr 3,32, wo der Plural im MT nur von Q bezeugt wird, während K den Singular bietet, handelt es sich um Jes 63,7; Ps 106,7; 119,41; 2. Chron 32,32; 35,26; Neh 13,14.

[73]   H.J. Stoebe, Art. חסד Güte, THAT I, S. 600–621, 605.

[74]   Das Gebet stellt weder eine Entwicklung in der Gotteserkenntnis Jakobs dar (so Procksch, Genesis, S. 193), noch ist es Ausdruck „einer an Jakob geschehenen Läuterung" (v. Rad, Genesis, S. 258). Mit V. 11 bekennt Jakob nicht seine Schuld (so u.a. Elliger, S. 160; de Pury, S. 92, Anm. 5), sondern er stellt sich demütig vor Gott.

[75]   G. v. Rad, Das formgeschichtliche Problem des Hexateuch (1938), in: ders., Gesammelte Studien zum Alten Testament, 1958, S. 9–86, 66. Mit Noth (Anm. 10), S. 30 u.a. sind m.E. in Gen 28,11ff. zu J zu rechnen: V. 11aα.13–16.19a.

[76]   Vgl. zum Folgenden meinen in Anm. 67 erwähnten Aufsatz.

[77]   Elliger, S. 166.

[78]   Auf die schon textlich sehr schwierige Stelle Hos 12,4f. kann hier nicht im einzelnen eingegangen werden. Elliger, S. 170, Anm. 50, betont m.E. zu Recht, daß Hosea hier nicht auf eine andere Form der Überlieferung zurückgreift.

[79]   So mit Recht Elliger, S. 169. Daß K. Elliger freilich die Erzählung überinterpretiert, weil er jeden Einzelzug unter diesem Gesichtspunkt deutet, wurde oben beispielhaft an seinem Verständnis von V. 29 dargestellt.

Die alttestamentliche Bileamüberlieferung

I

Num 22–24, die älteste Bileamüberlieferung im AT[1], gehört zu den umstrittensten Komplexen des Pentateuch. Das gilt für die Sprüche in Num 23f[2], bei denen die vorgeschlagenen Datierungen von der vorstaatlichen bis zur nachexilischen Zeit reichen[3], und deren Verhältnis zur Prosa unterschiedlich bestimmt wird[4]. Es gilt aber auch für die Erzählung selbst, deren Spannungen verschieden beurteilt werden. In ihr bedürfen vor allem drei Punkte der Klärung: 1) Die Episode mit der Eselin (22, 22–34) läßt sich nicht mit 22, 20 vereinbaren. Der Bote Jahwes kann Bileam nicht feindlich entgegentreten, nachdem ihm Gott befohlen hat, mit den Abgesandten Balaks zu gehen. Sie wird durch V. 35 notdürftig mit dem Kontext verklammert, erst hier werden auch die Obersten wieder erwähnt, während nach V. 22 Bileam nur von zwei Dienern begleitet wird. 2) In 23, 25 sagt Balak, daß Bileam das Volk weder verwünschen noch segnen soll. Trotzdem will er in 23, 27ff von Bileam die Verwünschung Israels. 3) Die Gottesbezeichnungen schwanken zwischen Jahwe und Elohim, wobei Sam und LXX teilweise vom MT abweichen. Abgesehen von 22, 8–21[5] läßt sich der

---

[1] Vgl. unten III.

[2] Die späteren Erweiterungen in Num 24, 20–24, die schon durch die eigenen Einführungen als sekundär ausgewiesen sind, bleiben im folgenden unberücksichtigt.

[3] Für die Frühdatierung vgl. z. B. W. F. Albright, The oracles of Balaam: JBL 63 (1944) 207–233; D. Vetter, Seherspruch und Segensschilderung, 1974; für eine nachexilische Abfassung vor allem A. v. Gall, Zusammensetzung und Herkunft der Bileam-Perikope in Num. 22–24, in: Festgruß Bernhard Stade, 1900, 1–47. In der Makkabäerzeit wird Num 24, 15ff von B. Diebner / H. Schult, Edom in alttestamentlichen Texten der Makkabäerzeit: DBAT 8 (1975) 11–17, angesetzt.

[4] Nahezu alle theoretisch denkbaren Möglichkeiten werden vertreten: a) Die 4 Sprüche sind älter als die Erzählung: W. F. Albright; D. Vetter; L. Rost, Fragen um Bileam, in: Beiträge zur alttestamentlichen Theologie, FS Walther Zimmerli, 1977, 377–387 und vorsichtig W. Gross, Bileam, 1974. b) Sie sind nie ohne Kontext überliefert worden: O. Eißfeldt, Die Komposition der Bileam-Erzählung (1939), in: KS II, 1963, 199–226. c) Die Sprüche von Num 24 waren ursprünglich selbständig, die von c. 23 immer Bestandteil einer Erzählung: S. Mowinckel, Der Ursprung der Bilʿamsage: ZAW 48 (1930) 233–271; W. Rudolph, Der «Elohist» von Exodus bis Josua (BZAW 68), 1938, 97ff; M. Noth, Das vierte Buch Mose. Numeri, 1966. d) Die Sprüche sind jünger als die Erzählung: A. v. Gall.

[5] Hier ist der Wechsel beabsichtigt, vgl. unten.

Wechsel nicht sachlich begründen. Nach L. M. Pákozdy[6] gebraucht
der Erzähler Elohim, um damit ein von Jahwe unterschiedenes
Numen zu bezeichnen, aber diese Erklärung wird Text und Duktus
der Erzählung schwerlich gerecht.

Häufig versucht man, diese Probleme im Anschluß an J. Wellhausen durch eine Verteilung des Stoffs auf J und E zu lösen.
22, 22–34; 23, 28; 24, 2ff werden dabei meist J, 22, 41 – 23, 25 E zugewiesen, über den Rest gehen die Meinungen auseinander[7].
Gerade in jüngster Zeit mehren sich aber die Stimmen, die eine
solche Scheidung ablehnen. Nachdem schon W. Rudolph die Unebenheiten darauf zurückführte, daß eine Erzählung aus vorkönig-
licher Zeit von J erweitert worden sei[8], hat sich nun auch W. Gross
für eine Ergänzungshypothese – freilich mit anderer Datierung –
ausgesprochen: «Eine Beispielerzählung über prophetischen Gehorsam», die die klassische Prophetie voraussetze[9], sei später
durch 22, 2–4a; 23, 26 – 24, 15 und danach durch 22, 22–35 ergänzt
worden[10]. Sie gehöre in keinem Stadium zu J oder E. Auch andere
haben für diesen Komplex die Quellentheorie bestritten[11]. Das
macht angesichts der gegenwärtig neu entbrannten Diskussion um
die Pentateuchquellen[12] eine Prüfung der verschiedenen Lösungen

---

[6] *L. M. Pákozdy*, Theologische Redaktionsarbeit in der Bileam-Perikope (Num
22–24), in: Von Ugarit nach Qumran, FS Otto Eißfeldt (BZAW 77), 1958, 161–176.

[7] *J. Wellhausen*, Die Composition des Hexateuchs und der historischen Bücher
des Alten Testaments, [4]1963, 109–111; 347–352; vgl. die Tabelle bei *Gross*,
Bileam, 419ff.

[8] J habe 23, 27 – 24, 19 und die ursprünglich selbständige Geschichte von der
Eselin eingefügt.

[9] Vgl. vor allem *Gross*, Bileam, 289–291. Er rechnet zum Grundbestand:
22, 4b–21; 22, 36 – 23, 25; 24, 11. 25.

[10] Spätere Zusätze sind nach W. Gross u. a. 22, 3b und die Erwähnungen der
Midianiter in 22, 4. 7.

[11] Nach L. Rost ist die Erzählung im wesentlichen einheitlich und stammt
aus der Zeit Josias, wobei dem Verfasser die 4 Sprüche und die Geschichte von
der Eselin vorgegeben waren. M. Wüst, Untersuchungen zu den siedlungs-
geographischen Texten des Alten Testaments. I. Ostjordanland, 1975, 217, verbindet Num 26, 1 mit 22, 1 und sieht in 22, 3 – 25, 18 verschiedene Stoffe, die bereits vor ihrer Einfügung in Num aneinandergereiht waren (vgl. Anm. 671).
H. Donner, Balaam pseudopropheta, in: Beiträge zur alttestamentlichen Theologie, FS Walther Zimmerli, 1977, 112–123, 116, Anm. 18, verweist vorläufig auf
W. Gross und Wüst. Vgl. auch die Besprechung der Arbeit von W. Gross
durch *K. Seybold*, BZ NF 22, 1978, 144f, der zu ihrem Ergebnis feststellt: Es «zerstört das Zweiquellen-Modell so gründlich, daß es fortan äußerst schwer sein
wird, es an diesem Text zu verifizieren» (145). Eine Zwischenstellung nimmt
G. W. Coats, Balaam: Sinner or Saint?: BR 18 (1973) 1–9, ein. Nach ihm ist Num
22–24 eine Legende mit dem Ziel «to depict a foreign diviner as a prophet who
spoke Yahweh's word and nothing else, regardless of the consequences» (6).
Spätere Erweiterungen seien 22, 21–35 und 24, 14b–24. Sollten hinter der Erzählung J und E stehen, so gelte doch: «one would be forced to conclude that R
is more creative than either J or E» (6, Anm. 10), eine Quellenscheidung sei
nicht möglich.

[12] Vgl. *H. H. Schmid*, Der sogenannte Jahwist, 1976; *R. Rendtorff*, Das überlieferungsgeschichtliche Problem des Pentateuch (BZAW 147), 1977.

besonders dringlich, die aber auch im Blick auf die Entwicklung der Bileamüberlieferung im AT als wünschenswert erscheint.

Zunächst fällt auf, daß die Sprüche unterschiedlich im Kontext verankert sind. In 23, 1–25 steht nicht nur die Prosa in engster Beziehung zu den beiden Sprüchen[13], sondern diese setzen auch ihrerseits durchgehend den erzählenden Rahmen voraus, sind also nie für sich überliefert worden. So haben sie keine eigene Einleitung, das Ich des Sprechers wird nur aus dem Kontext deutlich[14]. Zumindest in 23, 18ff finden sich inhaltliche Rückverweise auf die Erzählung. Die Betonung der Unwandelbarkeit des Gotteswortes in V. 18–20 ist nur verständlich, wenn 23, 11ff vorausgeht. Balak will durch diesen Ortswechsel eine Verwünschung bekommen, die den ersten Segensspruch außer Kraft setzt. Deshalb wird er im Unterschied zu 23, 7ff auch ausdrücklich angeredet. Prosa und Sprüche in 23, 1–25 stammen also von dem gleichen Verfasser.

Dagegen beginnen die Sprüche in Num 24 jeweils mit einer Einführung Bileams[15], auch inhaltlich setzen sie den Kontext nicht voraus[16]. Balak wird nicht genannt, und die Erwähnung Edoms in 24, 18[17] ist durch die Erzählung in keiner Weise vorbereitet. Beim zweiten Spruch überrascht überhaupt, daß Bileam mit ihm auf die Aufforderung Balaks zur Rückkehr (24, 11) reagiert. Eigentlich erwartet man eine Ankündigung über Balak und nicht eine Weissagung über eine noch ferne Zukunft. Die Sprüche in Num 24 sind somit ursprünglich für sich überliefert worden und älter als ihr erzählender Rahmen.

Wie aber ist dieser Rahmen zu beurteilen? Enthält er Elemente einer eigenen Erzählung oder ist er durchgehend als Ergänzung zu 23, 1–25 entstanden, um die weiteren Sprüche einzugliedern? Darüber entscheidet m. E. die Analyse von 23, 27 – 24, 2. Redaktionell sind hier 23, 27. 29f. Zwar entsprechen der Bau der Altäre und die Opfer in V. 29f genau 23, 1f, aber gerade dadurch fallen die Verse aus dem Aufbau von 23, 1ff heraus. Der Erzähler formuliert in 23, 14 bewußt knapper als in 23, 1f, und es gibt keinen Grund, warum er später wieder ausführlicher von den Altären und Opfern

---

13 Ohne sie sind 23, 11. 25 undenkbar.

14 Schon deshalb kann 23, 7ff nicht «als summarische Fassung der Bileamtradition einmal selbständig umgelaufen» sein, wie es *Noth*, Numeri, 160, wenigstens erwogen hat.

15 Num 24, 4 ist nach 24, 16 zu ergänzen, vgl. BHK. Die ursprünglich selbständige Überlieferung der letzten Worte Davids (2 Sam 23, 1–7) hat in der Einleitung ähnliche Formulierungen.

16 Vgl. *Mowinckel*, a.a.O., 248ff.

17 In 24, 18f ist der Text nicht in Ordnung, von Edom war aber die Rede.

berichten sollte[18]. Es handelt sich bei 23, 29f also um eine Ergänzung aufgrund von 23, 1ff. Das gilt auch für 23, 27, wo Formulierungen aus 23, 13 aufgenommen werden. Eine erhebliche Spannung
besteht aber zwischen 24, 1 und 2. Nach V. 2 sieht Bileam das
lagernde Israel, darauf kommt über ihn der Gottesgeist, der den
Spruch von V. 3ff hervorruft. Nach V. 1 weiß aber Bileam bereits,
daß er Israel segnen soll. Warum bedarf es dann noch des Gottesgeistes, damit Bileam den ihm schon bekannten Willen Jahwes
ausführt? 24, 2 ist nach V. 1 eigentlich überflüssig. Dagegen hat
W. Gross eingewandt, daß der Ergänzer in 24, 2 lediglich «einen
neuen Inspirationsmodus Bileams» einführen wolle[19]. Aber dann
müßte 24, 2 vor V. 1 stehen. Wie in 23, 4. 16 durch die Gottesbegegnung, so würde Bileam hier durch den Gottesgeist erfahren,
was Jahwe will. Es stellt sich überdies die Frage, warum der Redaktor auf Altäre und Opfer zurückgreift, wenn es ihm nur um
eine andere Art der Inspiration Bileams geht. Dieser sachlichen
Spannung in 24, 1f entspricht die formale, daß nach V. 1b «Bileam»
in V. 2 überflüssig ist[20].

Die Schwierigkeiten lassen sich nur erklären, wenn dem Redaktor 24, 2 bereits vorlag. So wird dann auch die eigenartige
Formulierung in 24, 1 verständlich, daß Bileam jetzt anders als
früher nicht mehr auf Zaubereien aus ist. Damit qualifiziert der
Redaktor das in 23, 1ff positiv bewertete Verhalten Bileams negativ[21]: Bileam hätte sich auch vorher um keine Gottesbegegnung
bemühen sollen. Zu diesem Urteil kann der Redaktor nur aufgrund
von 24, 2 gekommen sein. Zwar hat W. Gross 24, 1aβ als späteren
Zusatz ausgeschieden[22], aber nur durch diesen Versteil wird der
Aufbau von 23, 27ff verständlich. Der Redaktor läßt Bileam zunächst die gleichen Vorbereitungen wie in 23, 1ff treffen und begründet mit 24, 1, warum Bileam nicht mehr versucht, Gott zu begegnen, so daß nun der Gottesgeist über ihn kommt. 24, 2 gehört
aber mit V. 3a zum erzählenden Rahmen des Spruchs V. 3b–9.
Dann hat es außer 23, 1ff eine weitere Erzählung gegeben, die zunächst in 24, 2–9 greifbar wird. Da 24, 2 eine Ortsangabe voraussetzt, wird man zu ihr auch 23, 28 rechnen müssen. Damit ergibt

---

[18] Das übersieht *Rost*, a.a.O., 381f, der unter Verweis auf Xenophon alle drei
Opfer für ursprünglich hält.

[19] *Gross*, Bileam, 145.

[20] So auch *Wellhausen*, Composition, 349; dagegen schreibt *Mowinckel*,
a.a.O., 235, nur V. 1a dem Redaktor zu.

[21] Mit *liqrā't* spielt der Redaktor auf *qrh* in 23, 3f. 15f an, vgl. *Gross*, Bileam,
140.

[22] *Gross*, Bileam, 140.

sich aus 23, 27 – 24, 2: Es existierten zwei Bileamerzählungen, die von einem Redaktor durch 23, 27. 29f; 24, 1 miteinander verbunden wurden.

Beide Erzählungen lassen sich in 22, 36–41 ebenfalls nachweisen. 22, 37: «Da sprach Balak zu Bileam: Habe ich nicht dringlich zu dir gesandt, um dich zu rufen? Warum bist du nicht zu mir gegangen? Kann ich dich denn wirklich nicht ehren» setzt, wie J. Wellhausen erkannt hat[23], im Gegensatz zu V. 36 und 38 voraus, daß Bileam nicht zu Balak, sondern umgekehrt Balak zu Bileam gekommen ist. Häufig wird zwar V. 37 mit dem Kontext harmonisiert. Balak stelle Bileam lediglich die Frage, warum er nicht schon der ersten Gesandtschaft gefolgt sei[24]. Aber warum wird das dann nicht gesagt? Der Wortlaut läßt nur die Interpretation von J. Wellhausen zu[25]. Das wird noch durch V. 38 untermauert. A. v. Gall hat mit Recht betont, daß dieser Vers ursprünglich nicht auf V. 37 gefolgt sein kann[26]. Ein Blick auf 22, 17f bestätigt, daß Bileam sonst zu dem Angebot, ihn zu ehren, Stellung nehmen müßte. Dagegen schließt sich V. 38 nahtlos an V. 36 an: Balak empfängt Bileam an der Grenze seines Herrschaftsbereichs[27], und dieser macht ihn sofort darauf aufmerksam, daß er nur das Wort reden kann, das ihm Gott in den Mund legt[28]. Da diese Formulierung in 23, 5. 12. 16 vorkommt, gehört 22, 36. 38 zu der Erzählung von 23, 1ff. Zu ihr ist auch 22, 41 zu rechnen[29], da 23, 13 dazu eine Steigerung bringt. Sieht Bileam in 22, 41 nur den Rand des Volkes, so will ihn Balak nach 23, 13 zu einem anderen Ort bringen, wo er das ganze Volk sehen kann. Dieser Aufbau wird allerdings durch den sehr schwerfällig formu-

---

[23] *Wellhausen*, Composition, 348f.

[24] So z. B. *Rudolph*, BZAW 68, 109; *Gross*, Bileam, 125ff.

[25] Die Konstruktion von *šlḥ* mit inf. abs. ist eine Verstärkung und bezieht sich nicht auf die zweimalige Botensendung (gegen *Rudolph*, BZAW 68, 109); vgl. 23, 11 und *Gross*, Bileam, 127, Anm. 433. Die von W. Gross herangezogenen Stellen Gen 17, 15 und Ex 9, 33 sind keine Parallelen.

[26] *v. Gall*, a.a.O., 9.

[27] Ein Zusatz, der im Arnon die Nordgrenze Moabs sieht, ist der erste Relativsatz in V. 36b, vgl. u. a. *Gross*, Bileam, 123ff.

[28] Verbindet man V. 38 mit V. 36, dann ist der Zusammenhang in V. 38 problemlos (gegen *Noth*, Numeri, 158). Der Einwand von *Gross*, Bileam, 128, daß dann «Bileam den König zuerst ansprechen würde», berücksichtigt nicht, daß Bileam hier als überlegene Person dargestellt wird, die von Balak als Ehrengast empfangen wird. Deshalb kann Bileam zuerst das Wort ergreifen. Folgt V. 38 ursprünglich direkt auf V. 36, dann wird man *ʿattah* mit V. 38aβ zu verbinden haben (so z. B. *G. B. Gray*, A critical and exegetical commentary on Numbers, Edinburgh ³1956, 338). Daß dann *wᵉʿattah* stehen müßte, wie *Gross*, Bileam, 128, meint, wird durch 2 Kön 18, 25 widerlegt, wo im Unterschied zu der Parallele Jes 36, 10 ebenfalls nur *ʿattah* steht; mit V. 38aα verbindet es außer W. Gross z. B. auch *Noth*, Numeri, 147.

[29] Bamot-Baal darf hier nicht in Anlehnung an LXX geändert werden (vgl. z. B. *Wüst*, Ostjordanland, 153, Anm. 505, gegen *Noth*, Numeri, 159f, u. a.).

lierten Satz in 23, 13aβ. γ zerstört, daß Bileam auch jetzt nur den Rand, aber nicht das gesamte Volk sehen soll. Die Bemerkung ist vom Redaktor zum Ausgleich mit 24, 2 eingefügt worden, der 24, 2ff als Höhepunkt festhalten will. Erst dort sieht Bileam das ganze Israel.

An 22, 37 schließen sich andererseits 22, 39. 40a glatt an. Bileam antwortet Balak dadurch, daß er mitzieht, und Balak bringt in Moab[30] Opfer dar. Diese Opfer konkurrieren mit denen von 23, 1f. Für W. Rudolph und W. Gross haben allerdings beide eine unterschiedliche Funktion und sind deshalb miteinander vereinbar. Im Unterschied zu 23, 1f handle es «sich hier gar nicht in erster Linie um einen kultischen Akt, sondern um eine Bewirtung Bileams und der ihn begleitenden moabitischen Gesandten ...»[31]. Diese Auffassung beruht aber auf dem sehr problematischen V. 40b. Da sich Bileam nach V. 39, aber auch nach V. 38, bei Balak aufhält, kann hier *šlḥ* nicht senden meinen, sondern ist wohl ähnlich wie in Neh 8, 12 im Sinne von «austeilen» gemeint[32]. Auch dann fällt aber die Erwähnung der Obersten auf, von denen in 22, 36ff bisher nicht die Rede war. Das spricht dafür, daß es sich bei V. 40b um einen Zusatz handelt. Um die Opfer von V. 40a von denen in 23, 1f abzuheben, wurden sie später zu Begrüßungsopfern umgestaltet. Ohne V. 40b handelt es sich um Dubletten. Die direkte Fortsetzung von 22, 40a ist 23, 28.

Was aber stand in dieser Erzählung vor 22, 37? J. Wellhausen hat auf die Eselinnenepisode verwiesen[33], die sich nicht mit 22, 20 vereinbaren läßt. Geringfügige Abweichungen zu V. 20 zeigen, daß V. 35 von dem Redaktor stammt. So beginnt in V. 20b der Hinweis auf die Bindung Bileams an das Gotteswort mit *wᵉʾāk*, in V. 35 steht dafür *wᵉʾäpäs*, das von dem Redaktor auch in 23, 13aβ als Einleitung einer Einschränkung gebraucht wird. In V. 20b soll Bileam das Wort *tun*, das Gott zu ihm redet, in V. 35 soll er dieses Wort *reden*, eine ähnliche Formulierung in 24, 13b ist ebenfalls redaktionell[34]. Der Redaktor hat also 22, 22–34 bereits vorgefunden. Dieses Stück muß ursprünglich mit der Rückkehr Bileams in seine Heimat geschlossen haben[35]. Das ergibt sich sowohl aus V. 22 – der Bote Jahwes tritt Bileam feindlich entgegen, weil Jahwe[36]

---

30 Die Lage von Kirjat-Huzot ist nicht bekannt.
31 *Rudolph*, BZAW 68, 111; so auch *Gross*, Bileam, 129.
32 *v. Gall*, a.a.O., 10; *Gray*, Numbers, 339.
33 *Wellhausen*, Composition, 109.
34 Vgl. unten. Die Formulierung unterscheidet sich deutlich von 22, 38: «Das Wort, das Gott in meinen Mund legt, das muß ich reden» (vgl. auch 23, 5. 12. 16).
35 *Wellhausen*, Composition, 109, u. a.
36 In V. 22 ist mit Sam Jahwe statt Elohim zu lesen.

über seinen Weg zürnt –, als auch aus den Worten Bileams in
V. 34: Bileam will umkehren, wenn sein Weg in den Augen des
Boten böse ist. Erst der Redaktor hat den Schluß durch V. 35 ersetzt und dadurch den Abschnitt zu einer eindringlichen Ermah-
nung Bileams umgestaltet, ja nur das Gotteswort auszurichten.

Diese Episode wird oft als selbständige Einzelüberlieferung angesehen[37], zumal das Reden der Eselin und das Verhalten des
Boten Jahwes an Märchenmotive anklingen[38]. Zum Teil sind sie
hier freilich verändert. So kann die Eselin nur sprechen, weil ihr
Jahwe den Mund auftut (V. 28). Vor allem enthüllt aber nicht mehr
sie die drohende Gefahr, sondern Jahwe öffnet Bileam die Augen
(V. 31). Erst dadurch wird der Dialog zwischen Bileam und dem
Boten möglich (V. 32–34). Das Reden der Eselin ist zu einem Nebenmotiv geworden, das für den Ablauf nicht mehr konstitutiv ist,
sondern geradezu als überflüssig erscheint. Daraus hat S. Mowinckel auf eine ältere Vorlage geschlossen, in der ein Dämon
Bileam auf einer Reise bedrohte. Die Eselin habe ihn erkannt und
Bileam auf die drohende Gefahr aufmerksam gemacht[39]. Aber wie
kann es eine Erzählung gegeben haben, in der dem Seher Bileam
die Gefahr von seiner Eselin aufgedeckt werden muß? Ohne Jahwe
und seinen Boten und ohne, daß sich Bileam auf den Weg gemacht
hat, um Israel zu schaden, kann dieser Stoff nicht von Bileam erzählt worden sein. Diese Fassung ist aber keine Einzelüberlieferung. Als solche würde sie schildern, wie Jahwe verhindert, daß
Bileam mit Israel in Berührung kommt, und zugleich das Sehertum
Bileams verspotten, da seine Eselin ja den Boten zuerst erkennt[40].
Die «übernatürlichen» Fähigkeiten Bileams werden jedoch im AT
sonst nirgends angezweifelt oder herabgesetzt, im Gegenteil,
gerade durch sie wird Bileam später zum gefährlichen Feind
Israels[41]. Folglich ist 22, 22–34 unter Benutzung von Märchen-

---

[37] So z. B. S. Mowinckel; W. Rudolph; L. Rost. Dagegen stammt sie nach
Noth, Numeri, 157, «aus einer anderen, vermutlich älteren und von J unbesehen
übernommenen Version der Bileamgeschichte», die aber auch von einer Segnung
Israels durch Bileam berichtet habe. Dann dürfte jedoch V. 35 nicht redaktionell
sein.

[38] Vgl. vor allem *H. Greßmann*, Mose und seine Zeit, 1913, 324ff.

[39] *Mowinckel*, a.a.O., 257f. Dagegen vermutet *H. Holzinger*, Numeri, 1903,
114, in V. 28–30 «eine legendäre Ausspinnung von zweiter Hand». Aber das
Reden der Eselin hängt mit ihrer Fähigkeit zusammen, den Boten Jahwes wahrzunehmen.

[40] Vgl. z. B. *Rudolph*, BZAW 68, 110.

[41] Vgl. unten III. Da das Stück dem Redaktor vorlag, muß es älter sein als
die von Num 22–24 abhängigen Stellen.

motiven von vornherein für einen größeren Zusammenhang geschaffen worden[42].

Kehrte Bileam hier ursprünglich in seine Heimat zurück, so ist
damit die Situation erreicht, die von 22, 37 vorausgesetzt wird. Es
fehlt nur der Hinweis, daß sich Balak zu Bileam auf den Weg gemacht hat. Er wurde vom Redaktor im Blick auf die andere Erzählung gestrichen. Gegen diese Lösung hat W. Gross eingewandt,
daß Bileam nicht mit Balak gehen könne, nachdem ihm Jahwe
vorher den Weg verwehrt hat[43]. Ähnliche Überlegungen haben
wohl schon J. Wellhausen dazu veranlaßt, zwischen 22, 37. 39 eine
Erlaubnis Jahwes für die Reise zu postulieren[44]. Aber das ist un-
nötig, wenn man die Funktion der Eselinnenepisode beachtet. Sie
ist ein retardierendes Element, das die Spannung erhöht[45]. Dem
Leser wird schon hier klar, daß Jahwe keine Verfluchung Israels
zulassen wird. Die Fortsetzung zeigt, daß Jahwe nicht nur den
Fluch verhindert, sondern in 24, 3ff Israel durch Bileam sogar eine
heilvolle Zukunft ankündigt. Um diese Steigerung zu erreichen,
läßt der Erzähler Bileam ohne Rücksicht auf den gescheiterten
ersten Versuch mitziehen und ungehindert nach Moab kommen.

Aus dem Stück mit der Eselin ergeben sich wichtige Anhaltspunkte, wie diese Erzählung nach 24, 9 weitergegangen ist. 24, 13
bezieht sich auf 22, 18. Der Abschnitt 22, 8–21 widerspricht aber
durchgehend 22, 22ff. Die Versuche, einzelne Verse oder Versteile
mit 22, 22ff zu verbinden[46], scheitern schon daran, daß sich Bileam

---

[42] Auch *Gross*, Bileam, 367, betont, daß es sich um keine isolierte Bileamtradition handeln kann. Nicht zu überzeugen vermag aber seine Alternative,
durch die er die Geschichte als späteren Einschub erweisen will: «Entweder gehörte E 4 zu einer größeren Bileam-Erzählung bzw. zu einer Gruppe kleinerer,
sich ergänzender Bileam-Erzählungen ... Alles außer E 4 wäre verlorengegangen» (367). Oder aber 22, 22aβ–34 sei ursprünglich die Geschichte von einem
Reisenden, dem ein Dämon entgegentrat. Der Verfasser von V. 35 habe sie auf
Bileam übertragen, um ihn als blinden Seher zu verspotten (368f). Gegen diese
zweite Möglichkeit spricht schon V. 35. Wie kann derselbe Verfasser Bileam
verspotten und ihn gleichzeitig zum Empfänger und autorisierten Sprecher des
Jahwewortes machen? Von einer Verspottung Bileams ist in 22, 22ff nichts zu
spüren; daß die Eselin den Boten vor Bileam erkennt, beruht auf dem übernommenen Märchenmotiv. Außerdem übersieht W. Gross, daß 22, 35 von demselben Verfasser stammt wie 23, 13aβ.γ und 24, 13. Schon dadurch scheidet seine
erste Möglichkeit aus, gegen die zudem das dann zu postulierende negative
Bileambild spricht.
[43] *Gross*, Bileam, 125f.
[44] *Wellhausen*, Composition, 109; 349. Dagegen stellt *Eißfeldt*, KS II, 216f, um:
Bileam habe zunächst die beiden Gesandtschaften von 22, 9–19 abgewiesen und
sei dann von Balak selbst geholt worden. Daran schließe sich 22, 22–35 nahtlos
an, wobei lediglich in V. 35 für die Männer bzw. die Obersten Balak einzusetzen
sei. Auch diese Rekonstruktion scheitert daran, daß V. 35 als Ganzes redaktionell ist.
[45] So auch *Mowinckel*, a.a.O., 258f.
[46] Vgl. die Tabelle bei *Gross*, Bileam, 420ff.

in 22, 22ff ohne Zustimmung Jahwes auf den Weg gemacht hat.
Dann kann er nicht vorher die Boten auf die Notwendigkeit einer
solchen Erlaubnis hingewiesen haben. 24, 13 ist somit redaktionell.
Andererseits muß die Erzählung eine Reaktion Balaks auf den
Spruch in 24, 3–9 berichtet haben. Aus 24, 10–15 läßt sich ein solcher Grundbestand herausschälen, der von dem Redaktor ergänzt
wurde. In V. 10b setzt das «dreimal» drei Bileamsprüche voraus.
Aber nicht nur diese Worte stammen vom Redaktor[47]. Da der Rest
des Halbverses nahezu wörtlich mit 23, 11b übereinstimmt[48], geht
die Rede Balaks als Ganze auf die Redaktion zurück. Dagegen läßt
sich 24, 10a. 11 nicht aus 23, 1ff ableiten und ergibt mit dem
wäjjomär von V. 10b und ohne das *wᵉᶜättah* von V. 11 einen guten
Zusammenhang. V. 11 entspricht der in V. 10a geschilderten zorni-
gen Reaktion Balaks[49].

An V. 13, der schon als redaktionell erkannt wurde und der fest
mit V. 12b verbunden ist, fügt sich V. 14 nicht nahtlos an. Nach
V. 13 muß Bileam reden, was Jahwe redet. In V. 14 kündigt er
Balak einen zweiten Spruch an, ohne daß auch nur angedeutet
würde, daß Bileam ihn eben jetzt von Jahwe empfangen hat.
Außerdem fragt man sich, wieso V. 12b. 13 auf V. 11 antworten.
Balak hatte selbst festgestellt, daß Jahwe Bileam das versprochene
Honorar vorenthält. Was soll da der Hinweis Bileams, daß er an
Jahwes Reden gebunden ist? Schließlich weicht 24, 13 charakteristisch von 22, 18 ab. In 22, 18 sagt Bileam den Boten «... so kann
ich nicht den Mund Jahwes, meines Gottes, übertreten, um Kleines
oder Großes zu tun». In Num 14, 41 und 1 Sam 15, 24 bezieht sich
«den Mund Jahwes übertreten» auf eine konkrete Weisung
Jahwes. Bileam macht die Boten also darauf aufmerksam, daß er
das Verbot von 22, 12 nicht übertreten kann. Diese Deutung wird
durch V. 19 gestützt. Bevor Bileam endgültig entscheidet, will er
erfahren, was Jahwe ihm jetzt sagen wird, ob er also das Verbot
zurücknimmt oder aufrechterhält. Dagegen zeigt der über 22, 18
hinausgehende Schluß, daß sich in 24, 13 «den Mund Jahwes übertreten» auf die Sprüche bezieht. Sie sind hier der Befehl, an den
Bileam gebunden ist. Deshalb wird auch «Kleines oder Großes tun»
hier durch «Gutes oder Böses tun» ersetzt, es geht jetzt darum, ob
Bileam segnet oder flucht. In 24, 12b. 13 interpretiert also der Re-

---

[47] So in der Regel die Vertreter der Quellenhypothese, vgl. die Tabelle bei
Gross, Bileam, 427. Der Redaktor gebraucht auch in 24, 1 *päᶜäm*, während seine
Vorlage in 22, 28. 32f dafür *rᵉgalim* hat.
[48] *Gross*, Bileam, 145; lediglich *lᵉqäḥtika* ist durch *qᵉraʾtika* ersetzt.
[49] V. 11 setzt V. 10a voraus und kann nicht mit 23, 25 verbunden werden
(gegen *Gross*, Bileam, 146).

daktor 22, 18[50]. Aus den verschiedenen Beobachtungen zu V. 12–14 folgt, daß V. 14 (ohne *wᵉʿăttah*) direkt mit V. 12a zu verbinden ist[51]. Zusammen mit V. 10a. 11 ergibt sich dann ein klarer Gedankengang. Balak ist über den Spruch von 24, 3ff empört und schickt Bileam ohne das versprochene Honorar weg. Bileam antwortet ihm, daß er dieser Aufforderung Folge leisten wird und kündigt zugleich einen Spruch darüber an, was die Israeliten später den Moabitern zufügen werden[52]. Dieser Spruch folgt in V. 15–19. Den Schluß der Erzählung bildet V. 25, in dem Elemente aus V. 11 und 14 aufgenommen sind.

Ab 22, 22 lassen sich somit zwei Erzählungen voneinander abheben. Zu der Erzählung A gehören 22, 22–34 ... 37. 39. 40a; 23, 28; 24, 2–9. 10a (+ *wăjjomär*). 11 (ohne *wᵉʿăttah*). 12a. 14 (ohne *wᵉʿăttah*)–19. 25[53]. Abgesehen von den Sprüchen ist die Gottesbezeichnung hier durchgehend Jahwe, die einzige Ausnahme, Gottesgeist in 24, 2, ist wohl als geprägte Wendung zu erklären. B liegt vor in 22, 36*. 38. 41 und in dem Grundbestand von 23, 1–25, der freilich über den schon besprochenen Zusatz 23, 13aβ.γ hinaus später Veränderungen erfahren hat.

In LXX fehlt in V. 2b «Balak und Bileam». In V. 14 opfert nur Balak und dem entspricht die Formulierung «dein/sein Brandopfer» in V. 3. 6. 15. 17. Noch beim Redaktor bringt in 23, 30 nur Balak Opfer dar. «Balak und Bileam» in V. 2b ist somit eine sehr späte Glosse, die im Blick auf V. 4b entstanden ist, wo Bileam die Altäre errichtet und die Opfer dargebracht hat. Auch dieser Halbvers, den LXX voraussetzt, ist aus den oben genannten Gründen sekundär; er unterbricht zudem den Zusammenhang von V. 4a und 5a, wie er noch in V. 16 erhalten ist[54]. Durch V. 4b mußte in V. 5a Gott als Subjekt eingefügt werden, das sich von selbst verstand, solange V. 4a unmittelbar vorherging. «Jahwe» in V. 5a stammt also von der gleichen Hand wie V. 4b. Damit geht hier der Wechsel zwischen den Gottesbezeichnungen Elohim (V. 4a) und Jahwe

---

[50] 24, 13 ist also nicht nur eine geringfügige Ausweitung von 22, 18 (so *Coats*, a.a.O., 6; ähnlich *Eißfeldt*, KS II, 210).

[51] So auch *Mowinckel*, a.a.O., 235.

[52] In V. 14 meint *bᵉʾăḥᵃrit hăjjamim* «die spätere Zeit, die Folgezeit» und setzt keine messianische Deutung von 24, 17ff voraus. Deshalb darf es hier nicht gestrichen werden, vgl. *Gross*, Bileam, 317ff; *E. Jenni*, Art. ʾḥr danach, in: THAT I, 110–118, 117; *H. Seebaß*, Art. ʾăḥᵃrit, in: ThWAT I, 224–228, 227.

[53] Zu den Einzelheiten der Sprüche vgl. unten II.

[54] Vgl. *Gross*, Bileam, 133. Dagegen folgt nach *Wellhausen*, Composition, 351, u. a. V. 4b ursprünglich auf V. 2. Aber warum sollte Balak die Ausführung eines Befehls mitteilen, bei der Bileam anwesend war (V. 1 «hier»)? Durch V. 4b versuchte ein Späterer Altarbau und Opfer möglichst eng mit Bileam zu verbinden, um so ihre Legitimität zu sichern.

(V. 5a) darauf zurück, daß ein Späterer gegen seine Vorlage Jahwe bevorzugte.

Aus dieser Beobachtung läßt sich das Schwanken zwischen Jahwe und Elohim in der Prosa von 23, 1ff zumindest teilweise erklären. V. 16 entspricht nahezu wörtlich V. 4a. 5a, so daß die abweichende Gottesbezeichnung Jahwe nicht ursprünglich sein kann, sondern in Elohim zu ändern ist[55]. Das Gleiche gilt für «Jahwe» von V. 3, da V. 3 und 4a als Ankündigung und Ausführung eng aufeinander bezogen sind[56]. Gegen die Erklärung von W. Rudolph, daß der Erzähler dem Bileam den Gottesnamen Jahwe in den Mund lege, aber selbst Elohim verwende, spricht das eindeutig bezeugte Elohim von 22, 38[57]. Die hier gebrauchte Wendung tritt in 23, 12 auf, freilich mit Jahwe, ohne daß sich irgendein Grund angeben läßt, warum gerade die Gottesbezeichnung von 22, 38 abweicht. So ist auch hier mit LXX Elohim zu lesen.

Bleibt V. 17b, wo sogar von der LXX, die sonst θεός bevorzugt, Jahwe vorausgesetzt wird. Hier darf deshalb MT nicht geändert werden. Gerade bei V. 17b bestätigt sich die zu V. 5 getroffene Feststellung, daß in späteren Zusätzen in 23, 1ff Jahwe bevorzugt wird. Dieser Halbvers hat in der ersten Szene keine Entsprechung und ist für den Ablauf nicht notwendig. Das fällt um so mehr auf, als der Erzähler in 23, 13ff sonst durchgehend eine knappere Schilderung bietet. V. 17b ist somit ein späterer Einschub[58], der durch die Anrede Balaks in V. 18 hervorgerufen wurde. Sie ist ausreichend dadurch motiviert, daß Balak Bileam nach dem ersten Segensspruch nochmals zur Verwünschung Israels bewegen will. Einem Späteren genügte das nicht, er verankert die Anrede durch die Frage Balaks von V. 17b zusätzlich im Kontext.

Für die Gottesbezeichnungen in B ergibt sich aus diesen Beobachtungen folgendes Bild: Im Grundbestand der Prosa stand durchgehend Elohim, erst in Zusätzen wurde – vielleicht unter dem Einfluß der Sprüche – Jahwe gebraucht. Später wurde in V. 3. 12. 16 Elohim durch Jahwe ersetzt, während inkonsequenterweise in V. 4 Elohim stehenblieb[59]. Der Erzähler von B gebrauchte für die Prosa

---

[55] Vgl. BHK. In V. 4a ist Elohim gesichert. Sam hat «Bote Elohims», weil für ihn – wohl aufgrund von 22, 22ff – nicht Gott selbst, sondern sein Bote Bileam begegnet, vgl. auch «Bote Jahwes» in V. 16 Sam. Gerade daß im Sam die Gottesbezeichnungen zwischen V. 4a und 5 wechseln, belegt die Ursprünglichkeit von Elohim in V. 4a.

[56] Sam und LXX setzen in V. 3 Elohim voraus.

[57] Eine Änderung in «mein Gott», wie sie *Rudolph*, BZAW 68, 103f, unter Verweis auf 22, 18 vornimmt, ist deshalb nicht möglich.

[58] So mit Recht *Noth*, Numeri, 162.

[59] Ein Vergleich von MT und Sam legt nahe, daß die Änderung von Jahwe in Elohim nicht in einem Zug erfolgte. So dürfte sie in V. 3, wo Sam Elohim

und die Sprüche bewußt verschiedene Gottesbezeichnungen, in der
Prosa Elohim, in den beiden Sprüchen El und Jahwe.

Um Zusätze in B handelt es sich auch bei V. 6b und 17aβ, wo die
Obersten Moabs zu Hörern der Sprüche gemacht werden. Sie sind
im Kontext schlecht verankert. In 22, 41 bringt Balak Bileam nach
Bamot Baal, von den Obersten ist nicht die Rede. Sie fehlen auch
in 23, 11ff, wo lediglich Balak auf den Segensspruch reagiert. Die
Obersten sind, ähnlich wie bei 22, 40b, nachgetragen worden, weil
sie in 22, 8ff eine Rolle spielen. Nicht nur Balak, sondern alle Re-
präsentanten Moabs sollen hören, was Bileam zu sagen hat.

Auch in den Sprüchen von B sind später Veränderungen vorgenommen worden. Der erste Spruch 23, 7b–10a besteht aus
zwei Teilen mit jeweils drei Doppeldreiern. In V. 7b–8 macht
Bileam unter Aufnahme von Elementen der Prosa deutlich, daß er
Israel nicht verfluchen kann; in V. 9–10a schildert er den gesegneten Zustand des Volkes. V. 10b bildet dazu ein überschießen-
des Element[60], auch inhaltlich setzt der Halbvers andere Akzente.
Ging es bisher um das Volk, so blickt V. 10b auf die einzelnen
Israeliten. Bileam möchte so glücklich wie sie sterben[61].

Vor größere Probleme stellt der zweite Spruch in 23, 18b–24.
Über seine Gliederung gehen die Meinungen auseinander. M. Noth
stellt sogar fest: «Eine Strophengliederung ist hingegen nicht zu
erkennen»[62]. Das ist angesichts des ersten Spruchs unwahrschein-

---

bietet, erst vorgenommen worden sein, als in V. 12 und 16 schon Jahwe stand.
Heftige Kritik an einer Änderung der Gottesbezeichnungen in 23, 1ff hat *Gross*,
Bileam, 69–80 geübt. Bei konsequenter Anwendung textkritischer Methoden
könne höchstens Elohim in 22, 22 und Jahwe in 23, 3. 26 angezweifelt werden (75).
Wer in der Prosa Elohim für ursprünglich halte, müsse das literarkritisch begründen (77), einen Versuch, den W. Gross anscheinend für aussichtslos hält.
Das bedeutet aber den Verzicht auf eine Erklärung, der um so mehr befremdet,
als W. Gross selbst für 22, 7–21. 22–35 eine gezielte Verwendung der Gottesbezeichnungen annimmt (77ff). Da er 22, 7–21 und 23, 1ff dem gleichen Verfasser
zuweist, würde dieser einmal Jahwe und Elohim bewußt setzen, um dann in
23, 1ff beliebig zu wechseln. Auch das Argument von W. Gross, daß Jahwe in
23, 8. 21 erwarten lasse, daß auch in der Prosa von Jahwe die Rede sei (79), ist
nicht tragfähig, da in den Sprüchen auch El vorkommt. Methodisch lassen sich
eben hier Text- und Literarkritik nicht voneinander trennen. Der Prozeß der
Angleichung der verschiedenen Gottesbezeichnungen, wie er sich im MT, Sam
und LXX nachweisen läßt, ist durch das literarische Phänomen der Zusätze aus-
gelöst worden.

[60] So u. a. v. *Gall*, a.a.O., 25f; *Noth*, Numeri, 161; anders *Albright*, a.a.O., 213;
Vetter, a.a.O., 15f. Zum Text in V. 10aβ vgl. z. B. *Noth*, Numeri, 148. In V. 7b
läßt sich eine Änderung des Aram in Edom (so u. a. *Greßmann*, Mose, 320,
Anm. 3; *Mowinckel*, a.a.O., 262) weder text-, noch literarkritisch wahrscheinlich
machen.

[61] B. *Baentsch*, Exodus-Leviticus-Numeri, 1903, 607.

[62] *Noth*, Numeri, 162. v. *Gall*, a.a.O., 31 und *Baentsch*, Numeri, 611, gliedern
in drei Strophen: V. 18b. 19; 20f; 22. 24; *Vetter*, a.a.O., 26, in zwei: V. 18. 20. 19;
21a. 23. 21b. 22. 24. Gegen seine Umstellungen spricht freilich schon, daß er die
jetzige Anordnung nicht erklären kann.

lich. Grundlegend ist m. E. die Beobachtung, daß sich der Aufbau des ersten Spruchs im zweiten wiederholt. V. 18b–20 entspricht V. 7b–8, wobei jetzt im Blick auf den ersten Spruch im Mittelpunkt steht, daß Bileam Israel nicht verfluchen kann, weil Gott sein Wort nicht ändert[63]. V. 21–24 entspricht V. 9–10a und beschreibt Israel. Analog zu V. 18b–20 dürfte auch dieser Teil ursprünglich aus vier Doppeldreiern bestanden haben. Ein Zusatz ist V. 23. V. 23b enthält keinen Parallelismus und bei V. 23a handelt es sich um eine Interpretation von V. 21a, durch die die Abwesenheit von Unheil und Elend in Israel als das Fehlen von Zauberei und Wahrsagerei gedeutet wird. V. 23 fällt zudem aus dem Aufbau von V. 21ff heraus. Der gesegnete Zustand Israels wird hier nach zwei Richtungen hin entfaltet, für die innere Situation (V. 21) und für die militärische Machtentfaltung nach außen (V. 24). Da V. 21b geradezu V. 21a begründet, kommt V. 23 zu spät.

Sekundär ist aber auch V. 22, der wörtlich 24, 8a entspricht[64]. Nach J. Wellhausen ist zwar der Zusammenhang von V. 21. 22. 24 durch 24, 7–9 gesichert[65], aber 24, 8a ist wesentlich enger mit 24, 8b. 9a verbunden als 23, 22 mit 23, 24. 23, 24 beginnt mit *hän*, das wie in 23, 9b eine Zäsur anzeigt. Wahrscheinlich ist V. 22f eine einheitliche Interpretation von V. 21. Mit V. 22 wird 21b aufgenommen, mit V. 23 V. 21a. Daß Gott mit Israel ist, zeigt sich daran, daß er das Volk aus Ägypten herausgeführt und ihm militärische Macht verliehen hat (V. 22). Gott ist aber mit Israel, weil es in diesem Volk keine Zauberei und Wahrsagerei gibt, die sich gegen Gott richten (V. 23a). Deshalb muß man jetzt von Jakob/Israel sagen: Was hat Gott getan (V. 23b). Diese Deutung wird durch einen Vergleich mit dem Prophetengesetz in Dtn 18, 9ff gestützt. Nach ihm soll sich Israel dadurch von den Völkern, deren Land es einnehmen wird, unterscheiden, daß es keine mantischen Praktiken übt, die Jahwe ein Greuel sind[66]. Zu dem zweiten Bileamspruch gehören also ursprünglich nur V. 18–21. 24, er gliedert sich in die beiden Strophen V. 18b–20 und V. 21. 24.

---

[63] In V. 18 ist ʿadăj, das den Parallelismus stört und metrisch schwierig ist, mit *Noth*, Numeri, 148, Anm. 6, zu streichen; ʾzn hif. wird nur noch in Hi 32, 11 mit ʿăd konstruiert. Eine Änderung in ʿedi (*Albright*, a.a.O., 214, Anm. 31; *Vetter*, a.a.O., 17) gibt im Blick auf den Parallelismus, zu dem z. B. Ri 5, 3; Jes 1, 2 zu vergleichen sind, unlösbare Probleme auf. ʿadăj ist später eingefügt worden, um den Bezug auf Bileam zu verdeutlichen.

[64] So auch *Rudolph*, BZAW 68, 113, Anm. 2. Der Text von 23, 22 ist nach 24, 8 zu konjizieren, vgl. BHK.

[65] *Wellhausen*, Composition, 111.

[66] Vgl. vor allem Dtn 18, 12. 14.

Damit sind bisher zu B zu rechnen: 22, 36*. 38. 41; 23, 1. 2*. 3. 4a. 5*. 6a. 7–10a. 11–17aα (ohne 13aβ.γ). 18–21. 24f. Die Gottesbezeichnung in der Prosa ist Elohim.

Der Ablauf in A und B ist in wesentlichen Punkten parallel, beide sind also nicht unabhängig voneinander entstanden. Sie haben jeweils zwei Sprüche, wobei 23, 21. 24 mit der Abfolge glücklicher Zustand Israels im Innern, militärische Macht nach außen 24, 5–9 entspricht. Die Situation Moab-Israel ist identisch, Balak erhält jeweils das Gegenteil von dem, was er sich von Bileam erhofft hat. Beide berichten von Opfern Balaks. Dabei kommt A gegenüber B die Priorität zu. Für B bilden Sprüche und Erzählung eine Einheit, während A als Rahmen zu den beiden selbständigen Sprüchen entstanden ist. Außerdem wird in B der Ablauf gegenüber A vereinfacht. Beide Sprüche werden im Unterschied zu A auf den Versuch Balaks zur Verwünschung Israels zurückgeführt. Es fehlt in B die Eselinnenepisode als retardierendes Element. In B bringt Balak die Opfer auf den Befehl Bileams hin dar, während er in A dazu selbst die Initiative ergreift. Sie werden in B zudem gesteigert. In A opfert Balak Rindvieh und Kleinvieh (22, 40a), in B sind es 7 Stiere und 7 Widder (23, 1. 14). Diese Beobachtungen, die sich durch einen inhaltlichen Vergleich der Sprüche noch vermehren ließen[67], zeigen, daß es sich bei B um eine Weiterbildung von A handelt, für die A als literarische Vorlage benutzt wurde.

Bevor diese Erwägungen weitergeführt werden können, ist der Rest des Komplexes zu analysieren. Es wurde schon betont, daß 22, 8–21 der Eselinnenepisode durchgehend widerspricht. Der Abschnitt paßt aber auch nicht zu B. Die Gottesbezeichnungen werden hier anders gebraucht: Bileam spricht von Jahwe, der Erzähler selbst von Elohim[68]. Außerdem fehlt hier die Formulierung «das Wort, das Gott in meinen Mund legt», der in B eine wesentliche Funktion zukommt. Sie wäre spätestens in 22, 20 zu erwarten, aber

---

67 Vgl. *Mowinckel*, a.a.O., 265, und unten II.
68 *Baentsch*, Numeri, 595f; *Rudolph*, BZAW 68, 103f. B. Baentsch weist den Abschnitt E zu, rechnet allerdings mit J-Fragmenten. So soll 22, 17f wegen 24, 13 zu J gehören. Damit übersieht B. Baentsch die Unterschiede zwischen 22, 17f und 24, 13, seine Argumentation zeigt darüber hinaus, daß sich wirkliche Spannungen in 22, 8–21 nicht finden. Die sonstigen Versuche, hier auf 2 Fäden aufzuteilen, können sich außer auf den anders erklärbaren Wechsel der Gottesbezeichnungen nur darauf berufen, daß für verfluchen ʼrr und qbb gebraucht wird, wobei aber in 23, 7f beide Begriffe vorkommen. Im übrigen muß für jeden Faden Wesentliches jeweils aus dem anderen ergänzt werden, und es werden zudem Zusammenhänge zerrissen. So ist V. 20 die Fortsetzung von V. 15–19: Bileam erinnert die Boten zunächst daran, daß er an den früher ergangenen Befehl Jahwes gebunden ist (V. 18). Er will aber auf ein neues Jahwewort warten, bevor er endgültig entscheidet (V. 19). Dieses Wort bietet V. 20. Bei den Auf-

dort heißt es «das Wort, das ich zu dir rede ...» Schließlich fehlt
in B das Motiv der Belohnung Bileams von 22, 15ff. In 23, 25 fordert
Balak Bileam lediglich auf, das Volk weder zu verwünschen, noch
zu segnen; daß er sich geweigert hat, Bileam zu bezahlen, wird
nicht gesagt. Auch sonst ist in B von einem Honorar Bileams nicht
die Rede[69]. Diese gravierenden Unterschiede schließen es aus, daß
22, 8–21 von dem Verfasser von B stammt.

Andererseits enthält der Abschnitt keine eigenständige Über-
lieferung, sondern verlangt eine Fortsetzung. Das Thema von
V. 20 – Bileam ist an das Reden Gottes gebunden – ist mit dem
Motiv von B verwandt, daß Bileam nur das Wort reden kann, das
Gott in seinen Mund legt. Da erst der Redaktor durch V. 35 eine
Beziehung zur Eselinnenepisode hergestellt hat, ist das Stück eine
Erweiterung des noch selbständigen B-Fadens, zu dem auch weitere Beziehungen bestehen. So ist die Zusage Balaks in 22, 17 «und
alles, was du mir sagst, will ich tun» im Blick auf 23, 1f formuliert.
Auch in der Wahl der Gottesbezeichnungen handelt es sich um
eine Weiterbildung von B. Dort fand der Verfasser den Wechsel
von Elohim und Jahwe vor, wobei er aus den Sprüchen entnahm,
daß Bileam von Jahwe gesprochen hat. Deshalb differenziert er in
den Gottesbezeichnungen zwischen den Reden Bileams und der
Schilderung von Ereignissen. Gerade seine Abhängigkeit von B
erklärt, warum er den Nichtisraeliten Bileam von Jahwe sprechen
läßt und selbst Elohim gebraucht, obwohl man eher die umgekehrte Verteilung erwarten würde.

Es hat freilich den Anschein, daß der Ergänzer auch A gekannt
hat. Das Motiv der «Ehrung» Bileams spielt bei A in 22, 37 und
24, 11 eine Rolle. Vor allem ähnelt der Aufbau in 22, 8–21 der Abfolge in A. Jedesmal wird von einem durch das göttliche Eingreifen gescheiterten ersten Versuch erzählt, Bileam zu Balak zu
bringen, erst der zweite Anlauf hat den gewünschten Erfolg. Diese
Elemente aus A benutzt aber der Ergänzer, um ein Thema zu behandeln, das sich ihm aufgrund von B stellte. Schon die Tatsache,
daß in 22, 8ff nicht begründet wird, warum Gott bei der zweiten
Gesandtschaft seine Meinung ändert, zeigt, daß es um eine Re-
flexion über Bileam geht. Der Ergänzer will Bileam als Jahwepropheten darstellen, der ohne Jahwes Zustimmung nichts unter-

---

teilungen wird auch die Spannung zu der Eselinnenepisode übersehen, die sich
nur literarisch erklären läßt. Sie kann nicht, wie z. B. *Noth*, Numeri, 154, annimmt, auf eine Ausgestaltung der Botensendung in mündlicher Überlieferung
zurückgehen.
[69] Ein weiterer Unterschied ist, daß in 22, 8. 19 Bileam gewiß ist, daß Jahwe
zu ihm reden wird, während er in 23, 3 lediglich die Begegnung mit Gott erhofft.

nimmt[70]. Deshalb läßt er zunächst Gott ablehnen und Bileam den Obersten ausdrücklich sagen, daß Jahwe sich geweigert hat, ihn mitziehen zu lassen (22, 13). Die zweite Gesandtschaft wird dann von Bileam darauf hingewiesen, daß er den Befehl Jahwes in Nichts übertreten kann, selbst die größte Belohnung verleitet Bileam nicht zum Ungehorsam (22, 18). Als gehorsamer Prophet steht Bileam in einem besonderen Vertrauensverhältnis zu Jahwe und darf Jahwe «meinen Gott» nennen (22, 18)[71]. Damit werden in dem Abschnitt die prophetischen Züge Bileams gegenüber B ausgeweitet. In B ist Bileam lediglich in seinem Wort an Gott gebunden, für den Ergänzer ist er dagegen in allen Entscheidungen von Jahwes Weisung abhängig.

Von dem Verfasser von 22, 8–21 stammt auch 23, 26. Bileam erinnert hier Balak an das, was er ihm früher gesagt hat. Der Vers ist in Anlehnung an 23, 12 formuliert und spielt auf 22, 38 an, der Wortlaut entspricht aber nicht 22, 38, sondern 22, 20. Der Ergänzer wollte zum Schluß nochmals die Bindung Bileams an Jahwe betonen. Balak braucht nicht enttäuscht zu sein, denn Bileam hatte ihm von vornherein angekündigt, daß er tun muß, was Jahwe redet[72]. 22, 8–21 und 23, 26 sind also eine spätere Erweiterung von B, die aus Bileam einen exemplarischen Jahwepropheten macht. Sie lag dem Redaktor schon vor.

Für die Einleitung von A und B kommt damit nur 22, 2–7 in Frage. Eindeutige Dubletten finden sich in V. 2–4. In V. 4b wird Balak eingeführt, obwohl er bereits in V. 2 erwähnt wurde. V. 3b ist parallel zu V. 3a, zu beachten ist hier auch die Reihenfolge «vor dem Volk» (V. 3a) – «vor den Israeliten» (V. 3b)[73]. Nachdem ab 22, 22 Parallelerzählungen nachgewiesen werden konnten, wird man auch V. 2–4 auf beide Fäden zu verteilen haben. Da der Redaktor doch wohl so weit wie möglich Zusammenhängendes beieinander gelassen hat, dürften V. 2. 3a und V. 3b. 4 jeweils zu einem Faden gehört haben[74]. Dafür spricht, daß dann jeweils die

[70] So auch *Coats*, a.a.O., 3ff, und *Gross*, Bileam, passim (anders *Noth*, Numeri, 154), die freilich darin das Thema der ganzen Bileamerzählung sehen.
[71] Vgl. dazu 1 Kön 13, 5. 21.
[72] Die schwierige Textüberlieferung der Gottesbezeichnungen wird an 23, 26 nochmals deutlich. MT hat Jahwe, Sam und LXX Elohim. Stammt 23, 26 vom Verfasser von 22, 8–21, dann muß hier Jahwe ursprünglich sein, da es sich um eine Rede Bileams handelt. Das Elohim von Sam und LXX ist eine sekundäre Angleichung an 22, 38, wobei vielleicht eine Rolle gespielt hat, daß in 23, 27 Elohim steht.
[73] Daß V. 3 nicht einheitlich ist, wird fast allgemein anerkannt, vgl. die Tabelle bei *Gross*, Bileam, 419; anders *Coats*, a.a.O., 3.
[74] Einer solchen Aufteilung hat u. a. W. Gross widersprochen. Richtig ist, daß man nicht allein aufgrund von 22, 2–4 zwei Erzählungen rekonstruieren kann (90), es gilt aber auch umgekehrt, daß, falls sonst Parallelfäden nachweisbar sind,

Angst Moabs begründet wird, in V. 3a durch den Hinweis «denn es (das Volk) war zahlreich», für V. 3b durch den Vergleich von V. 4a. Im heutigen Text enthält V. 4a freilich eine Weiterführung: Moab wendet sich an die Ältesten Midians. Die Erwähnung der Midianiter ist aber hier und in 22, 7 aufgrund von Num 31 später nachgetragen worden[75]. Sie kommen sonst nicht in Num 22–24 vor, und es fehlt ihre Reaktion auf die Botschaft von V. 4[76].

Nun ist V. 2 die unmittelbare Fortsetzung von Num 21, 31. Der Vers setzt nicht nur sachlich 21, 21–31 voraus, sondern ist auch durch die Begriffe Israel und Amoriter ganz auf 21, 31 bezogen[77]. Die Spannung, daß in V. 2 von Balak allein, in V. 3a aber von der Angst Moabs die Rede ist, erklärt sich am besten, wenn die Angst Moabs diesem Erzähler vorgegeben war, also aus einer Vorlage stammt. Dann gehört V. 2. 3a wahrscheinlich zu B und V. 3b. 4* zu A. V. 4a* weist auch eine besonders enge Beziehung zu 24, 8bα auf, «es frißt Völker, die seine Feinde sind», und ist geradezu die Umsetzung dieser Aussage in einen Vergleich.

Dagegen können in 22, 5–7 beide Fassungen nicht mehr voneinander abgehoben werden. Der Text ist überfüllt, aber das ist vor allem durch spätere Erweiterungen bedingt. Zu ihnen gehört außer «und die Ältesten Midians» in V. 7 auch das vorangehende «die Ältesten Moabs», das eingeschoben wurde, um die Erwähnung der Midianiter zu ermöglichen. Von den Ältesten Moabs ist im Bileamkomplex nie mehr die Rede. Zudem ergibt sich das Subjekt von V. 7 aus V. 5 und braucht deshalb hier nicht genannt zu

---

diese auch in diesem Stück vorliegen. Zudem hat die Lösung von W. Gross ihre Probleme. Daß 22, 4b der Anfang einer Erzählung ist, hat W. Gross nicht beweisen können, da er für die einzige von ihm angeführte echte Parallele Ri 4, 4 einräumt, daß es sich um einen Zusatz handeln kann (93f). Überdies würde der Erzählung die eindeutige Beziehung auf Israel am Anfang fehlen; «da ist ein Volk aus Ägypten gezogen» (V. 5) genügt schwerlich. Nicht umsonst schreibt der Ergänzer in V. 11 «da ist das Volk, das aus Ägypten gezogen ist» und verdeutlicht damit die Beziehung auf Israel. Außerdem sind V. 2. 3a. 4a* als einheitliche Erweiterung einer Erzählung schwer vorstellbar. Warum sollte ein Ergänzer selbst die Spannung zwischen V. 2 und 3a geschaffen haben, wenn nicht schon in einer Vorlage von der Furcht Moabs die Rede war? So ist eine Aufteilung auf 2 Fäden auch hier die beste Lösung.

[75] Vgl. z. B. *Gross*, Bileam, 91.

[76] Zu erwägen ist m. E., ob in V. 4 nicht gleichzeitig mit «zu den Ältesten Midians» auch *häqqahal* eingefügt wurde. Der absolute Gebrauch von *häqqahal* für Israel ist an keiner alten Stelle sicher belegt, in V. 4 ist der Begriff erst notwendig, wenn vorher die Midianiter erwähnt werden.

[77] Num 21, 32 – 22, 1 können also nicht vorhanden gewesen sein, als 22, 2 entstanden ist. Num 21, 32–35 sind Nachträge (vgl. *Noth*, Numeri, 142), 22, 1 gehört zu P bzw. P[s] (*Noth*, ebd., 151). Die enge Verbindung zwischen 21, 31 und 22, 2 stellt die redaktionsgeschichtlichen Ergebnisse von M. *Wüst* (vgl. oben Anm. 11) in Frage, ohne daß diesem Problem hier weiter nachgegangen werden kann.

werden[78]. Das gilt um so mehr, als auch V. 7aβ nicht ursprünglich ist. Nach dem Zusammenhang bedeutet q^{e}samim hier anders als sonst im AT Wahrsagerlohn. Daß die Boten aber Bileams Lohn bei sich haben, widerspricht sowohl A als auch der Erweiterung von B, in beiden soll Bileam erst später belohnt werden[79]. V. 7aβ setzt vielleicht schon Jos 13, 22 voraus, wo Bileam als qosem bezeichnet wird, jedenfalls aber das spätere negative Bileambild. Ursprünglich lautet V. 7: Da gingen sie und kamen zu Bileam und redeten zu ihm die Worte Balaks.

Um einen späteren Einschub handelt es sich auch bei dem viel diskutierten «Land seiner Volksgenossen» in 22, 5aβ[80], das im Kontext nur locker verankert ist. Die Worte sind aufgrund von Num 24, 14 hinzugefügt worden, wo Bileam sagt: «Siehe, ich gehe zu meinem Volk». Im Blick auf Num 31 sollte festgehalten werden, daß Bileam kein Midianiter war, sondern aus P^{e}tor stammt und sich in Num 22, 5 nicht nur zufällig dort aufhielt[81].

Der Rest von V. 5–7 muß im wesentlichen sowohl bei A als auch bei B gestanden haben. So nimmt B in 23, 7 «Komm, verfluche mir Jakob» deutlich Bezug auf die Aufforderung am Anfang von 22, 6. Auch die Angaben über die Heimat Bileams in 23, 7 lassen sich mit P^{e}tor vereinbaren[82]. Außerdem setzt der Ergänzer von B in 22, 9–12 deutlich 22, 5f voraus. Er greift mit V. 11 V. 5b. 6 auf und läßt Gott in V. 12 dem Bileam verbieten, den Aufforderungen Balaks von V. 6a zu folgen. Bileam darf nicht mitziehen und das Volk nicht verfluchen[83]. Ohne die wesentlichen Aussagen von 22, 5f bliebe B ein Fragment. Das gilt auch für A. Diese Erzählung hat ebenfalls von einer Gesandtschaft an Bileam berichtet, und das läßt erwarten, daß auch in ihr, die Aufforderung an Bileam motiviert wurde. V. 5aα schließt außerdem glatt an V. 4b an.

---

[78] Anders *Gross*, Bileam, 84, Anm. 189.

[79] Aus dem Unterschied zu 22, 17; 24, 11 zieht *Gross*, Bileam, 142, den Schluß, daß q^{e}samim hier Wahrsagerinstrumente bedeuten müsse. Daß einem Wahrsager seine Instrumente aber erst von anderen gebracht werden müssen, sollte man auch keinem Glossator unterstellen.

[80] Zur Diskussion im einzelnen vgl. *Gross*, Bileam, 105–114; *M. Görg*, Die «Heimat Bileams», BN 1 (1976) 24–28.

[81] Das hat schon *Gross*, Bileam, 114, erwogen, er hält jedoch zu Unrecht die Argumente gegen die Ursprünglichkeit von 22, 5aβ nicht für zwingend, vgl. auch *Görg*, a.a.O., 28.

[82] Vgl. *Gross*, Bileam, 96ff.

[83] *Gross*, Bileam, 81ff, betont mit Recht gegen *Noth*, Numeri, 156, daß V. 12 einheitlich ist. In 22, 11, das weitgehend 22, 5b. 6a entspricht, fehlt 22, 5bβ. Man kann fragen, ob V. 5bβ in B fehlte und umgekehrt «siehe es (das Volk) bedeckt die Oberfläche des Landes» von B stammt und in A nicht enthalten war. Eine sichere Entscheidung ist nicht möglich, jedenfalls läßt sich aber daraus, daß diese Formulierung bei der Heuschreckenplage in Ex 10, 5 J vorkommt, in Num 22, 5 keine Zuweisung vornehmen (gegen *Noth*, Numeri, 155, u. a.).

Vor allem zeigt aber der Wechsel zwischen 'rr und qbb, daß
22, 5f im Kern B vorgegeben war. Beide Begriffe können nach der
bisherigen Analyse nicht auf zwei Quellen verteilt werden, ihr
Gebrauch läßt sich aber auch nicht mit dem Bemühen um Abwechslung im Stil erklären[84]. B hat in c. 23 durchgehend qbb mit
einer Ausnahme 23, 7. Diese Ausnahme fällt um so mehr auf, als
23, 8 in enger Anlehnung an 23, 7 formuliert ist. In beiden Versen
steht als Parallelbegriff z'm, in der ersten Hälfte aber wird in V. 8
'rr durch qbb ersetzt. Wie die Wiederholung von z'm zeigt, kann
dafür nicht das Bestreben um Abwechslung verantwortlich sein.
Dann läßt sich diese Ausnahme vom Sprachgebrauch in c. 23 kaum
anders erklären, als daß B hier an eine Vorlage gebunden war, die
für die Aufforderung Balaks den Begriff 'rr gebrauchte. Sie ist für
die Einleitung in 22, 5f und für 23, 7, wo B die Aufforderung zitiert,
von B übernommen worden, während sonst der von B bevorzugte
Begriff qbb steht. Diese Vorlage kann nach den bisherigen Ergebnissen nur A sein. Ähnlich wie B ist der Ergänzer in 22, 8ff vor-
gegangen. Er gebraucht sogar für die Aufforderung an Bileam qbb
(22, 11. 17) und verwendet 'rr nur in 22, 12, weil es hier um den
Gegensatz zu den Worten Balaks in V. 6a geht. Der Wechsel zwischen 'rr und qbb erklärt sich somit daraus, daß A die Aufforderung Balaks mit 'rr ausdrückte und sich die späteren Schichten
daran gebunden wußten, obwohl ihre Verfasser selbst qbb bevor-
zugten[85]. Für diese Lösung spricht auch, daß 22, 6b «denn ich weiß,
wen du segnest, der ist gesegnet, und wen du verfluchst, der wird
verflucht» an 24, 9b erinnert: «Von denen, die dich segnen, gilt:
Gesegnet, und von denen, die dich verfluchen, gilt: Verflucht».
A hat anscheinend 22, 6b in Anlehnung an 24, 9b formuliert. Eine
Aufteilung von 22, 5–7 auf A und B ist also nicht möglich, weil B
hier seine Vorlage A weitgehend übernommen hat.

Das Ergebnis der Analyse ist damit: Der Bileamkomplex in Num
22–24 ist im wesentlichen als Addition zweier Parallelfäden zu erklären: Einer Erzählung A und einer jüngeren Parallele B, die von
A literarisch abhängig ist. Sie wurde später um 22, 8–21; 23, 26 erweitert. Der Redaktor hat einige Verbindungsstücke geschaffen,
außerdem sind einzelne Glossen allmählich hinzugekommen.

---

[84] So z. B. *Gross*, Bileam, 81ff; *Mowinckel*, a.a.O., 233; *Rudolph*, BZAW 68,
107f.

[85] *W. Schottroff*, Der altisraelitische Fluchspruch, 1969, 203ff, sieht in 'rr ein
jahwistisches Interpretament der Bileamtradition, in der qbb gebraucht worden
sei. Da aber gegen W. Schottroff 24, 10b redaktionell ist, gibt es dafür keinen
Beleg. 23, 7f und die Tatsache, daß A älter ist als B, zeigen im Gegenteil, daß
qbb erst in den jüngeren Schichten gebraucht wurde.

II

Aufgrund dieser Analyse soll im folgenden die sachliche und zeitliche Entwicklung des Stoffs dargestellt werden. Den Ausgangspunkt bilden die ursprünglich selbständigen Sprüche Num 24, 3b–9. 15b–19. Sie setzen das davidische Großreich voraus und sind wohl noch zur Zeit Davids entstanden. Gegen eine zu frühe Ansetzung des ersten Spruchs spricht schon V. 5–7a, wo die Herrlichkeit der Wohnstätten Israels beschrieben wird. Israels Land ist fruchtbar, weil es reichlich über Wasser verfügt[86]. Außerdem ist V. 9a von dem Judaspruch in Gen 49, 9b abhängig. Beide stimmen nahezu wörtlich überein, lediglich das *rabăṣ* von Gen 49, 9b ist durch *šakăb* ersetzt[87]. Mit Num 24, 9a wird also ein Wort über Juda auf das gesamte Volk übertragen. In V. 7b ist das israelitische Königtum vorausgesetzt. Das beweist der Vergleich mit Agag, bei dem es sich um den in 1 Sam 15 erwähnten Amalekiterkönig Agag handeln muß[88]. V. 8b beschreibt die militärische Stärke Israels in einer vor David unvorstellbaren Weise. Damals, aber auch erst damals, hat Israel Völker verschlungen[89]. Andererseits kann der Spruch auch nicht wesentlich jünger sein als die Epoche Davids.

---

[86] Eine Konjektur von V. 7a, wie sie u. a. von v. *Gall*, a.a.O., 34f; *Vetter*, a.a.O., 27f vorgeschlagen wird (vgl. BHK): «Nationen beben vor seiner Stärke und seine Macht reicht über viele Völker», läßt sich nicht rɔchtfertigen. Sie lehnt sich zwar für V. 7aβ an LXX an, da aber LXX den Vers messianisch deutet, darf sie nicht zur Grundlage einer Textänderung gemacht werden. Der Spruch gliedert sich in drei Teile: a) Einführung Bileams (V. 3b. 4); b) der innere Zustand Israels, Fruchtbarkeit und bedeutendes Königtum (V. 5–7); c) Machtentfaltung nach außen (V. 8f). V. 8 stellt einen Neueinsatz dar, wie der Beginn mit der Herausführung aus Ägypten zeigt. Die beiden letzten Worte in V. 8b «und seine Pfeile zerschmettert er» sind Zusatz (vgl. *Noth*, Numeri, 167). Sie fügen sich nicht in das Metrum, und das Singularsuffix widerspricht der Tatsache, daß sonst in V. 8b von den Feinden im Plural die Rede ist. Auch bei V. 6b dürfte es sich um einen Zusatz handeln. Ohne diesen Halbvers bestehen die zweite und dritte Strophe jeweils aus 4 Zeilen. Außerdem ist nur in V. 6b von Jahwe die Rede, was um so mehr auffällt, als in V. 8 die Herausführung – so weit ich sehe im AT singulär – El zugeschrieben wird. Schließlich würde sich V. 7a gut an V. 6a anschließen. V. 6b ist wahrscheinlich eingeschoben worden, weil der Vergleich mit den Gärten am Fluß eine Erwähnung von Bäumen nahelegte, vgl. dazu Jes 1, 30.
[87] Der Vergleich mit dem Löwen ist zwar im AT häufig, nirgends finden sich aber so enge Entsprechungen. Deshalb können beide Aussagen nicht unabhängig voneinander entstanden sein. Für die Priorität des Judaspruchs vgl. *H. J. Zobel*, Stammesspruch und Geschichte (BZAW 95), 1965, 11, Anm. 41. Eine Beziehung zu dem Josephsspruch Dtn 33, 17 scheint mir nicht gesichert, da hier bei dem Vergleich mit den Hörnern eines Wildstiers gegenüber Num 24, 8 der geläufigere Begriff *qärän* steht.
[88] Anders, aber schwerlich mit zureichenden Argumenten *Albright*, a.a.O., 218, Anm. 69; *Vetter*, a.a.O., 40. Dann kann *mlk* hier auch nicht «Herrschaft» bedeuten, wie W. F. Albright und D. Vetter unter Berufung auf LXX annehmen. Die Lesart der LXX ist dadurch bedingt, daß sie Agag in Gog ändert.
[89] Im Blick auf V. 8b scheint eine Datierung auf die Zeit Sauls ausgeschlossen, wie sie z. B. *Noth*, Numeri, 167 vertritt.

Agag wird im AT nur in Num 24, 7 und 1 Sam 15 genannt. Er ist –
das kann angesichts der Bedeutung, die später die Großreiche des
Zweistromlandes und Ägypten für das Geschick Israels bekom-
men haben, nicht überraschen – nicht zum Urbild königlicher
Macht geworden, das einen solchen Vergleich noch in späterer
Zeit sinnvoll erscheinen ließ. Das zeigen Sam und LXX, die statt
Agag Gog bieten, eine Lesart, der gegenüber MT eindeutig die
lectio difficilior darstellt.

Für eine Ansetzung zur Zeit Davids spricht auch ein Vergleich
mit dem aus der gleichen Epoche stammenden Segensspruch
Isaaks in Gen 27, 27–29. Beide behandeln die Themen Fruchtbarkeit des Landes und militärische Macht Israels und stimmen abgesehen von der Reihenfolge im Schluß wörtlich überein.

Der zweite Spruch ist ebenfalls aus der Zeit Davids verständlich. Gegen eine Ansetzung in der Makkabäerzeit[90] sprechen die
Nachträge in 24, 20–24, der Spruch muß erheblich älter sein als die
dort vorausgesetzten Verhältnisse. Eine messianische Deutung
wird zwar schon von einem Teil der Versionen vertreten, die dann
aber auch V. 7a messianisch verstehen[91], es handelt sich dabei also
um eine spätere Interpretation. Inhaltlich paßt der Spruch in die
Zeit Davids. David hat die Moabiter und Edomiter geschlagen[92].
Daß diesen Siegen große Bedeutung beigemessen wurde, zeigen
die Ankündigungen der Unterwerfung Edoms in Gen 25, 23; 27, 29;
für Moab folgt das daraus, daß David die Südgrenze Israels im Ostjordanland auf Kosten Moabs bis zum Arnon vorgeschoben hat[93].
Außerdem gelten in dem Spruch diese Siege Davids als Abschluß
der Landnahme[94]. Das läßt sich ebenfalls am besten aus der Situation unter David erklären, durch den Israel erst zu einem Terri-
torialstaat geworden ist. Die beiden Sprüche von Num 24 sind also
vaticinia ex eventu aus der Zeit Davids. Sie lassen weder die
Reichsteilung ahnen, noch die Bedrängnisse, die Israel später von
seinen Nachbarn und den Großmächten erfahren hat, sondern
spiegeln die ungetrübte Freude über Landbesitz und Stärke
Israels.

Diese Sprüche werden dem Nichtisraeliten Bileam in den Mund
gelegt. Das setzt voraus, daß Bileam damals als berühmter Seher
galt. Über seine Herkunft gehen die Auffassungen auseinander.

---

[90] So B. *Diebner* / H. *Schult*, vgl. oben Anm. 3.
[91] Vgl. BHK.
[92] 2 Sam 8, 2. 13f.
[93] Vgl. 2 Sam 24, 5–7 und z. B. G. *Fohrer*, Geschichte Israels, 1977, 99.
[94] Vgl. vor allem K. *Seybold*, Das Herrscherbild des Bileamorakels Num.
24, 15–19: ThZ 29 (1973) 1–29.

Oft ist er mit dem in Gen 36, 32 genannten Edomiterkönig «Bela, der Sohn Beors» gleichgesetzt worden[95], dann wäre P*tor als Heimat Bileams in Num 22, 5 sekundär. Aus Num 22–24 läßt sich aber eine edomitische Herkunft Bileams nicht wahrscheinlich machen. Gegen sie sprechen auch die 1967 entdeckten Texte von *Deir 'Alla* aus der Zeit um 700[96], die vielleicht Fragmente mehrerer Bileamerzählungen enthalten[97]. Zu der alttestamentlichen Bileamüberlieferung besteht keine unmittelbare Beziehung. Noch um 700 gab es somit im nördlichen Ostjordanland eigenständige Bileamtraditionen, Bileam war also dort bekannt und berühmt. Das macht es verständlich, daß zur Zeit Davids gerade Bileam zum Sprecher der Weissagungen von Num 24 gemacht wurde.

Durch die Erzählung A, die teilweise aus diesen Sprüchen entwickelt wurde, haben sie einen Rahmen erhalten. S. Mowinckel hat mit Recht betont, daß in 24, 9b der Ansatzpunkt für die weitere Ausbildung der Bileamtradition zu sehen ist[98]. Wird hier konstatiert, daß jeder dem Fluch verfällt, der gegen Israel einen Fluch ausspricht, so konkretisiert das A an dem Beispiel Moabs. Weil in 24, 17 von seiner Niederwerfung die Rede ist, wird Bileam mit dem Moabiterkönig Balak zusammengebracht. Daß Moab und nicht Edom gewählt wird, ist durch die Heimat Bileams bedingt, die eine Verbindung mit Edom ausschloß[99]. Für A führt der Wunsch Balaks, daß Bileam Israel fluchen möge, zur Weissagung gegen Moab; ein Volk, das gegen Israel einen Fluch begehrt, erleidet selbst Schaden. Zugleich wird das Thema gegenüber den Sprüchen erweitert. Jahwe läßt nicht zu, daß ein mit Macht begabter Seher (22, 6b) Israel flucht, Bileam kann Israel nur eine heilvolle Zukunft ankündigen. Damit enthält A die Alternative Fluch oder Segen für Israel, die dann von B thematisch entfaltet wird.

Das Faktum, daß es sich bei A und B um Parallelfäden handelt, spricht dafür, daß sie – da P, wie allgemein anerkannt ist, ausscheidet – zu J und E gehören. Tatsächlich paßt A gut zu J. Die Gottesbezeichnung ist mit der Ausnahme 24, 2, die sich erklären läßt, Jahwe[100]. Num 24, 9b bildet zusammen mit Gen 27, 29b die

---

[95] So u. a. *Greßmann*, Mose, 318ff; *Mowinckel*, a.a.O., 235ff.

[96] *J. Hoftijzer / G. van der Kooij* (Hg.), Aramaic texts from Deir 'Alla, Leiden 1976.

[97] *Hoftijzer*, a.a.O., 268ff. J. Hoftijzer nimmt ebenfalls an, daß die Gestalt Bileams aus älterer Zeit als die Texte stammt.

[98] *Mowinckel*, a.a.O., 255.

[99] Die Wahl Moabs geht also nicht, wie *Mowinckel*, a.a.O., 253f; 259 annimmt, auf die Auseinandersetzungen zwischen Moab und Israel zur Zeit der Omriden zurück.

[100] Jahwe im Munde eines Nichtisraeliten bei J auch Gen 26, 28.

Vorlage für Gen 12, 3 J. Auch thematisch fügt sich diese Erzählung gut in das jahwistische Werk aus der Zeit Salomos ein. Für J ist das Großreich die Erfüllung der Verheißung von Gen 12, 1–3. Durch die von Jahwe geschenkte Fruchtbarkeit des Landes und seine militärische Macht ist Israel ein Segen (Gen 12, 2); wer dieses Volk geringschätzt, wird von Jahwe verflucht (Gen 12, 3a)[101]. Die ältere Bileamerzählung ist somit zu J zu rechnen.

Sie wird in der elohistischen Fassung = B nach zwei Richtungen hin ausgebaut[102]. Die Alternative Fluch oder Segen für Israel ist nun auch begrifflich ein Leitmotiv, vor allem ab 23, 7. Dabei zeigen die Sprüche eine charakteristische Verschiebung der Akzente. Hinweise auf das Großreich werden konsequent vermieden. An die Stelle des menschlichen Königs tritt das Königtum Jahwes (23, 21), die militärische Überlegenheit wird nicht mehr wie in 24, 17ff im Blick auf bestimmte Gegner entfaltet, sondern in 23, 24 unter Aufnahme von 24, 9a allgemein festgestellt. Auch die Aussagen von 24, 5–7a über die Fruchtbarkeit des Landes fehlen, stattdessen wird die Größe des Volkes gepriesen (23, 10a)[103]. Bei E sollen die Sprüche außer der Zuverlässigkeit des Segens die Sonderstellung Israels im Rahmen der Völkerwelt betonen (23, 9b), die darin gründet, daß «Jahwe, sein Gott» mit Israel ist (23, 21b).

Zum anderen tritt bei E die Person Bileams stärker in den Vordergrund. Durch den wiederholten Hinweis, daß er nur reden kann, was ihm Gott in den Mund legt, durch den göttlichen Redebefehl und durch die Sprüche selbst – vor allem in 23, 18b–20 – wird Bileam als Prophet dargestellt. Diese Wertschätzung läßt E auf die Eselinnenepisode, in der von dem göttlichen Zorn gegen Bileam die Rede ist, verzichten, sie führt außerdem dazu, daß Bileam durchgehend zu dem Balak überlegenen Partner wird. Ihm muß nun Bileam die Opfer befehlen. Zu beachten ist freilich, daß sich Bileam hier noch von der klassischen Prophetie unterscheidet. Ihr entsprechen weder die Opfer, noch die Schilderung, wie er zu dem Gotteswort kommt. Das hat schon der Redaktor erkannt. Deshalb beurteilt er das in 23, 1ff geschilderte Verhalten Bileams in

---

[101] Zu den Einzelheiten vgl. L. *Schmidt*, Israel ein Segen für die Völker?: ThViat 12 (1975) 135–151; ders., Überlegungen zum Jahwisten: EvTh 37 (1977) 230–247.

[102] E ist hier von J literarisch abhängig. Meist werden die Gemeinsamkeiten zwischen J und E auf eine gemeinsame Grundlage G zurückgeführt (vgl. M. *Noth*, Überlieferungsgeschichte des Pentateuch, 1948, 40ff; G. *Fohrer*, Einleitung in das Alte Testament, [11]1969, 139ff). In Num 22–24 besteht aber, wie in I gezeigt wurde, eine literarische Abhängigkeit. Ob man mit G überhaupt rechnen darf, ist mir fraglich.

[103] Das entspricht dem Befund, daß E in der Genesis keine Landverheißung hat, wohl aber die Zusage der Mehrung, vgl. Gen 46, 3.

24, 1 als ein Aussein auf Zaubereien, obwohl er Bileam positiv
gegenübersteht. Das später maßgebende Prophetenbild wird von
E noch nicht vorausgesetzt[104]. Damit entfällt ein wesentliches
Argument gegen eine Zuweisung an E. Den Gebrauch von El und
Jahwe in den Sprüchen wird man kaum gegen E ins Feld führen
dürfen, da sie als Poesie bewußt feierlich formuliert sind. Das
Elohim der Prosa aber folgt dem Sprachgebrauch von E.

Die prophetischen Züge Bileams in E sind, wie schon dargestellt wurde, von einem Bearbeiter durch 22, 8–21; 23, 26 ausgebaut
worden. Für ihn ist Bileam ein Jahweprophet, der in allem Jahwe
gehorsam ist[105]. Damit hat die positive Wertung Bileams ihren
Höhe- und Endpunkt erreicht. Sie wird von dem Redaktor trotz
seiner Kritik in 24, 1 im wesentlichen übernommen, wie seine Zusätze in 24, 10ff zeigen. In 23, 12 hatte Bileam den Vorwurf Balaks
mit dem Hinweis auf seine Bindung an das Reden Gottes abge-
wehrt. Der Redaktor läßt Balak in 24, 10b zunächst den Vorwurf
von 23, 11b wiederholen und Bileam entsprechend antworten. Da
aber Bileam bereits in 23, 26 Balak daran erinnert hatte, daß er ihn
schon beim ersten Zusammentreffen auf seine Bindung an das
Reden Jahwes aufmerksam gemacht hat, modifiziert der Redaktor
in 24, 12b. 13 die Worte an die Boten von 22, 18 und erweitert sie
um die Feststellung, daß Bileam reden muß, was Jahwe redet. Sowohl dadurch als auch durch seine weiteren Zusätze, die in I besprochen wurden, erreicht der Redaktor eine große Geschlossenheit seiner Komposition. Bileam ist auch für ihn ein Jahweprophet.

Aus dem Komplex Num 22–24 läßt sich somit eine Entwicklung
des Bileambildes ablesen. Angefangen von den Sprüchen in Num 24
über J und E bis zum Bearbeiter von E gewinnt die Person Bileams
zunehmend an Bedeutung. Aus dem Seher der Sprüche wird
schließlich der gehorsame Jahweprophet, an dem erstmals der
Redaktor vorsichtig Kritik übt, die aber noch ganz von der positiven Sicht Bileams überlagert wird.

III

Die übrigen Erwähnungen Bileams im AT sind alle von Num
22–24 literarisch abhängig[106]. Mit Ausnahme der schwer zu datie-

---

[104] E ist m. E. in der Zeit Jerobeams II. im Nordreich entstanden, vgl. *Fohrer*,
Einleitung, 172f; das kann hier nicht weiter begründet werden.
[105] Vielleicht lassen sich auch sonst Ergänzungen mit der Gottesbezeichnung
Jahwe in E-Zusammenhängen nachweisen, vgl. zu Ex 18, 1–12 M. *Noth*, Das
zweite Buch Mose. Exodus, ⁴1968, 117.
[106] So auch *Donner*, a.a.O., und *Noth*, Numeri, 152f; anders noch *Noth*,
U. Pent., 80ff.

renden Stelle Mi 6, 5[107], die lediglich eine knappe Zusammenfassung von Num 22ff bietet, wird in ihnen Bileam zunehmend
negativ bewertet. In der nachexilischen Zeit zeigt sich damit ein
zu der Entwicklung in Num 22–24 gegenläufiger Prozeß, der dort
nur in der Glosse Num 22, 7aβ seinen Niederschlag gefunden hat.
Er beginnt mit dem Nachtrag zum Gemeindegesetz in Dtn 23, 5b. 6[108],
der die Erweiterung V. 5a bereits voraussetzt. Während sich V. 5a
auf die Ammoniter und Moabiter bezieht und darin dem Verbot
von V. 4 entspricht, sind in V. 5b. 6, wie der Singular «er mietete»
anzeigt, nur die Moabiter im Blick[109]. Inhaltlich handelt es sich um
eine Auslegung von Num 22–24. In der Angabe über Bileams Heimat ist Num 22, 5 mit 23, 7 kombiniert. Daß die Moabiter Bileam
mieteten, bezieht sich auf die Angebote Balaks, Bileam zu beloh-
nen (Num 22, 17 u. ö.). Diese deutliche Abhängigkeit macht es unwahrscheinlich, daß hinter dem Stück eine eigene Tradition steht,
nach der Bileam tatsächlich geflucht, Jahwe aber den Fluch in
Segen verwandelt hat[110]. Mit Recht sieht H. Donner in V. 6 eine
Interpretation von Num 23, 3ff. Der Verfasser «deutet das Allein-
sein Bileams mit Gott (Num 23, 3–5. 15f) als Versuch des Wahr-
sagers, von Gott ein Fluchwort zu erhalten»[111].

Bileam ist hier der Mann des wirkungsmächtigen Worts, der
bereit war, Israel zu verfluchen. Er wartet nicht mehr, wie in Num
23, 3, welches Wort ihm Gott in den Mund legt, sondern er will
den Fluch. Nur Jahwes Liebe zu Israel bewirkt, daß er Israel
segnen muß. Für den Verfasser ist Bileam kein Jahweprophet,
auch wenn er gegen Jahwe nichts ausrichten kann. Darin spiegelt
sich, daß für das Dtn, wie aus dem Prophetengesetz Dtn 18, 9ff und
aus 13, 2ff hervorgeht, ein wahrer Prophet Israelit sein muß.
Andererseits konnte Bileam auch nicht einfach mit einem heidnischen *qosem* gleichgesetzt werden, so naheliegend das im Blick
auf Num 24, 1 und die Lohnangebote Balaks auch sein mochte.
Nach Dtn 18, 12 ist ein solcher Mann Jahwe ein Greuel. Bileam
aber hatte schließlich doch ein gültiges Segenswort über Israel

---

[107] Die Ansetzungen reichen von Micha bis zur nachexilischen Zeit, vgl. die
Kommentare und Einleitungen.
[108] Diese Stelle wird in Neh 13, 2 zitiert.
[109] Vgl. *C. Steuernagel,* Deuteronomium und Josua, 1900, 85; *M. Noth,* Überlieferungsgeschichtliche Studien, ²1957, 34, Anm. 3. Dagegen hält *R. P. Merendino,* Das deuteronomische Gesetz, 1969, 278, V. 5b. 6 für eine vordeuteronomi-
sche Erweiterung, die älter sei als V. 5a. Das ist aus dem oben genannten Grund
unwahrscheinlich. Erst die Erwähnung der Wanderung Israels in V. 5a hat dazu
geführt, daß später mit V. 5b. 6 ein Ereignis während dieser Wanderung eingefügt wurde.
[110] *Noth,* U. Pent., 84.
[111] *Donner,* a.a.O., 121.

sprechen dürfen[112]. So sprengt Bileam die in Dtn 18, 9ff aufge-
führten Kategorien; es ist deshalb schwerlich ein Zufall, daß in
Dtn 23, 5b. 6 eine «Berufsangabe» Bileams fehlt. Der Verfasser läßt
aber deutlich erkennen, daß durch Bileam Israel Gefahr drohte,
die nur durch Jahwe abgewendet wurde.

Diese Gefährlichkeit Bileams wird in Jos 24, 9f noch unterstrichen. Dieses Stück ist sowohl von Dtn 23, 5b. 6 als auch von
Num 22–24 literarisch abhängig. Seine Einheitlichkeit ist freilich
umstritten. Nach M. Noth kann sich V. 10bβ «und ich errettete
euch aus seiner Hand» nur auf Balak und nicht auf Bileam beziehen, «da Gott Israel nicht aus der Hand Bileams zu retten
brauchte, wenn Bileam Israel doch segnen mußte». V. 9a. 10bβ beziehe sich auf eine nicht mehr erhaltene Überlieferung von einem
Krieg Balaks mit Israel und sei später im Blick auf Dtn 23, 5b. 6
durch V. 9b. 10a. bα ergänzt worden[113]. Gegen eine solche Sondertradition über Balak spricht aber Ri 11, 25, die einzige Stelle, wo
Balak ohne Bileam erwähnt wird[114]. Hier ist er aufgrund von Num
22–24 zu dem Muster eines Königs geworden, der kriegerischen
Auseinandersetzungen mit Israel aus dem Wege ging. Das wäre
schwer verständlich, wenn es eine Überlieferung von einem Kampf
gegeben hätte, die immerhin so lebenskräftig gewesen sein müßte,
daß sie noch in Jos 24 ihren Niederschlag finden konnte. Daß Jos
24, 9f einheitlich ist, wird zudem durch den Aufbau in Jos 24, 8–10
nahegelegt. Jos 24, 8 bezieht sich auf die Erzählung von dem Sieg
Israels über den Amoriterkönig Sihon in Num 21, 21–31. Damit
entspricht Jos 24, 8–10 der ursprünglichen Reihenfolge in Num
21, 21 – 24, 25. Dieser Komplex lag also dem Verfasser vor und
wird von ihm zusammenfassend referiert. Der von Balak gegen
Israel beabsichtigte Krieg[115] und sein Ruf nach Bileam in Jos 24, 9
stammen aus Num 22, 5ff. Die Verstärkung des Verbs *brk* durch
inf. abs. findet sich auch in Num 23, 11. 25; 24, 10 und ist von dort
übernommen. Zugleich greift der Verfasser auf Dtn 23, 5b. 6 zurück. Zwar hat man gelegentlich V. 10a, der eindeutig Dtn 23, 5b. 6
voraussetzt, als Zusatz ausgeschieden[116]. Dagegen spricht aber der
Gebrauch des Verbs *qll* in V. 9b, das im Zusammenhang mit Bileam
nur noch Dtn 23, 5b. 6 vorkommt. Schon V. 9b ist in Anlehnung an

---

[112] Bileam ist also gegen *Donner*, a.a.O., 120f, hier noch kein *qosem*.
[113] *Noth*, U. Pent., 85, Anm. 226; *Donner*, a.a.O., 113; 121.
[114] Zu Ri 11, 13–26 vgl. M. *Wüst*, Die Einschaltung in die Jiftachgeschichte.
Ri 11, 13–26: Bibl 56 (1975) 464–479.
[115] So muß *wăjjillaḥăm* hier gemeint sein, vgl. G. *Schmitt*, Der Landtag von
Sichem, 1964, 11.
[116] So z. B. *Steuernagel*, Deuteronomium und Josua, 243; *Rudolph*, BZAW 68,
246.

diese Stelle formuliert. Jos 24, 9f ist also einheitlich, wegen der Abhängigkeit von Dtn 23, 5b. 6 kann das Stück erst in nachexilischer Zeit entstanden sein[117].

Von dieser Stelle ist der Verfasser auch in seiner Deutung Bileams abhängig. Er unterstreicht, was dort mehr angedeutet als ausgeführt ist. V. 10bβ muß sich nach dem Zusammenhang auf Bileam beziehen. Damit wird die Gefahr, die Israel durch Bileam drohte, besonders herausgestellt. Daß Bileam Israel segnete, ist zu einem Nebenmotiv geworden, im Mittelpunkt steht die von ihm ausgehende Bedrohung. Damit bildet Jos 24, 9f eine Zwischenstufe zu der ausschließlich negativen Wertung Bileams.

Sie ist erstmals in Num 31, 16 belegt. Hinter dieser Stelle steht keine von Num 22–24 abweichende alte Überlieferung[118]. Die Erzählung von Num 31 gehört zu keiner Pentateuchquelle und ist sehr spät entstanden[119]. Sie setzt die Erweiterung der Geschichte von dem durch moabitische Frauen verursachten Abfall Israels (Num 25, 1–5) durch die Episode mit der Midianiterin in Num 25, 6ff voraus. Deshalb werden in ihr aus den Moabiterinnen Midianiterinnen. In der Vorlage des Erzählers war zumindest Num 25, 1–13 bereits mit Num 22–24 verbunden, da er in 31, 16 beide Stücke miteinander kombiniert: Die Frauen sind gegen Num 25 einem Rat Bileams gefolgt. Das schließt er anscheinend daraus, daß Bileam gerufen worden war, um Israel zu schaden, und nach 23, 28 zum Peor gebracht wurde[120]. Damit ist Bileam ausschließlich der Feind, der Israel geschadet hat. Daß er Israel segnete, kommt nicht einmal mehr als Nebenmotiv in den Blick.

Diese Darstellung Bileams hat später zu der Auffassung von Num 31, 8 geführt, daß Bileam in diesem Midianiterkrieg getötet wurde. Der Vers unterbricht deutlich den Zusammenhang von V. 7. 9 und gibt sich schon dadurch als Einschub zu erkennen[121]. Außerdem werden die fünf Midianiterkönige erstmals in V. 8 und damit im Ablauf der Erzählung zu spät erwähnt.

---

[117] Der Grundbestand von Jos 24 wird in der Regel in vorexilischer Zeit angesetzt, vgl. *L. Perlitt*, Bundestheologie im Alten Testament, 1969, 273ff. Aber V. 9f ist wahrscheinlich als Ganzes ein Einschub. V. 9a weicht mit «Israel» statt «euch» in der Konstruktion ab. Außerdem ist in V. 9f im Gegensatz zu V. 8 und 11ff nicht von der Landnahme die Rede, die ab V. 8 thematisch behandelt wird.

[118] Gegen *Rudolph*, BZAW 68, 111; *Rost*, a.a.O., 383, u. a.

[119] *Noth*, Numeri, 198f.

[120] Daß Bileam nach Num 24, 25 in seine Heimat zurückgekehrt ist, widerspricht 31, 16 nicht, da hier eine Anwesenheit Bileams bei der Ausführung seines Rates nicht vorausgesetzt wird. Anders ist es erst in Num 31, 8.

[121] *Noth*, Numeri, 199. Nach *Donner*, a.a.O., 121f, ist dagegen 31, 16 aufgrund von 31, 8 gebildet worden. Auch abgesehen von dem sekundären Charakter von 31, 8 läßt sich kaum erklären, wie ohne 31, 16 die Auffassung entstanden sein soll, daß die Israeliten Bileam getötet haben.

Num 31, 8 bildet seinerseits die literarische Vorlage für Jos 13, 22. Das geht schon daraus hervor, daß in 13, 21b die fünf Midianiter von Num 31, 8 vorkommen, freilich nicht mehr als Könige, sondern als «Anführer» des Sihon. Bei Jos 13, 21b. 22 handelt es sich somit um eine Kombination der Aussagen über Sihon mit Num 31, 8[122]. Die Bedeutung von Jos 13, 22 besteht darin, daß hier Bileam erstmals als *qosem* bezeichnet wird. H. Donner macht mit Recht darauf aufmerksam, daß nach dem Prophetengesetz des Dtn ein *qosem* für Jahwe ein Greuel ist[123]. Damit findet die Abwertung Bileams auch terminologisch ihren prägnanten Ausdruck. Zugleich wird die Tötung Bileams gerechtfertigt. Ein *qosem* darf nicht am Leben bleiben. Mit Jos 13, 22 erreicht die negative Wertung Bileams im AT ihren Höhepunkt.

Die Ergänzungen in Num 24, 20–24, von denen die letzte in 24, 23f vielleicht erst aus der Zeit des Seleukidenreichs stammt[124], zeigen allerdings, daß Bileam selbst dann noch Völkersprüche in den Mund gelegt wurden, als die negative Wertung seiner Person dominierte.

In der Bileamüberlieferung des AT lassen sich damit 2 Linien unterscheiden. Eine zumindest überwiegend vorexilische, in der Bileam positiv beurteilt und am Ende ganz zum Jahwepropheten wird, und eine nachexilische, die die Gefahr betont, die Israel von Bileam drohte. Hier wird er zunehmend negativ bewertet und gilt schließlich nur noch als heidnischer *qosem*, den die Israeliten zu Recht getötet haben.

(Abgeschlossen am 15. Juli 1978)

---

[122] Die neueren Analysen stimmen darin überein, daß Jos 13, 21b. 22 nicht zur ältesten Schicht in Jos 13, 15ff gehört, vgl. z. B. *M. Noth*, Das Buch Josua, [3]1971, 81; *Wüst*, Ostjordanland, 177.

[123] Auch sonst wird im AT Wahrsagerei abgelehnt, vgl. die Belege bei *Donner*, a.a.O., 120, Anm. 22.

[124] *Noth*, Numeri, 169.

Jakob erschleicht sich den väterlichen Segen

Literarkritik und Redaktion von Genesis 27,1 – 45

I.

Die neuere Urkundenhypothese, die im Pentateuch – abgesehen von dem Deuteronomium und von Erweiterungen – mit den drei Quellenschriften des Jahwisten, des Elohisten und der Priesterschrift rechnet, ist gegenwärtig heftig umstritten und wird zunehmend durch andere Modelle ersetzt[1]. Nun ist sie aufgrund von Beobachtungen an den Texten entwickelt worden[2]. Sie schien sich vor allem an der Genesis hervorragend zu bewähren. Daß inzwischen die Frühdatierung des Kleinen geschichtlichen Credo von Dtn 26,5 – 10 durch G. v. Rad aufgegeben werden mußte und daß die Hypothese einer israelitischen Amphiktyonie, die von M. Noth begründet wurde, zweifelhaft geworden ist, kann nicht gegen die neuere Urkundenhypothese ins Feld geführt werden[3], wurde sie doch schon im letzten Jahrhundert entwickelt, als diese Thesen noch unbekannt waren. Über Recht oder Unrecht dieser Hypothese kann

---

[1] Vgl. z. B. den Überblick bei H.-C. Schmitt, Die Hintergründe der »neuesten Pentateuchkritik« und der literarische Befund der Josefsgeschichte Gen 37 – 50, ZAW 97 (1985) 161 – 179.

[2] Vgl. z. B. J. Wellhausen, Die Composition des Hexateuchs und der historischen Bücher des Alten Testaments, ³1899.

[3] Beide Punkte werden immer wieder unter den Gründen für die gegenwärtige Krise der Pentateuchforschung genannt, so z. B. H. H. Schmid, Auf der Suche nach neuen Perspektiven für die Pentateuchforschung, VT.S 32 (1981) 375 – 394, 377; E. Zenger, Auf der Suche nach einem Weg aus der Pentateuchkrise, ThRv 78 (1982) 353 – 362, 355; H.-C. Schmitt, ZAW 97, 164 – 166. Es würden dann die geistigen und institutionellen Voraussetzungen für das Zusammenwachsen der verschiedenen Überlieferungen fehlen. Dieses Argument berührt aber höchstens die Ansetzung des Jahwisten, wie H.-C. Schmitt, ZAW 97, 166, selbst einräumt. Auch das gilt jedoch nicht, wenn sich aus seinem Werk deutliche Anhaltspunkte für eine Datierung zur Zeit Salomos ergeben, vgl. z. B. L. Schmidt, Überlegungen zum Jahwisten, EvTh 37 (1977) 230 – 247; W. H. Schmidt, Ein Theologe in salomonischer Zeit? Plädoyer für den Jahwisten, BZ NF 25 (1981) 82 – 102. Dann kann nicht ein Modell der Überlieferungsgeschichte vorausgesetzt werden, das diese Ansetzung ausschließt, sondern es müssen die möglichen Entwicklungen von diesem gegebenen Punkt aus überdacht werden.

somit nur die Analyse der Texte entscheiden. Dabei verdienen neben den mehrfach vorkommenden Erzählungen vor allem jene vorpriesterlichen Texte Beachtung, für die eine Doppelsträngigkeit behauptet wurde. Deshalb soll im folgenden die Erzählung in Gen 27,1 – 45 untersucht werden. Sie verdient besonderes Interesse, weil sie auch von zahlreichen Vertretern der neueren Urkundenhypothese als literarisch einheitlich angesehen wird.

J. Wellhausen fand in ihr freilich »Spuren eines doppelten Fadens«. Dubletten seien v. 44b und 45aα[1]; v. 33 f. und 35 – 38; v. 21 – 23 und 24 – 27a, sowie v. 30aα[1] und 30aα[2].β[4]. Er meinte allerdings: »Es hat keinen Wert die Sache weiter zu verfolgen. Das Dass der Zusammensetzung ist klar, das Wie nicht zu ermitteln«[5]. Diesem Urteil haben sich W. Eichrodt und in neuerer Zeit A. de Pury angeschlossen[6]. Das Bemühen, die Quellenscheidung weiter zu verfeinern, führte aber zunächst zu dem Versuch, auch in dieser Erzählung die einzelnen Fäden genauer zu scheiden. Nachdem schon A. Dillmann die Hauptmasse des Textes auf J und E verteilt hatte[7], wurde in der Folgezeit die Quellenscheidung auf die gesamte Erzählung ausgedehnt. Dabei wichen freilich die Zuweisungen beträchtlich voneinander ab[8].

Einen Wendepunkt bildet die Untersuchung von P. Volz, der die literarische Einheitlichkeit der Erzählung verteidigte[9]. Seine Argumente überzeugten bei diesem Text auch viele Vertreter der neueren Urkundenhypothese. So rechnete etwa M. Noth die Erzählung ganz zu J. Sie enthalte zwar »einige Unebenheiten, bei denen man zweifeln kann, ob sie nur auf Textwucherungen zurückgeführt werden können«, vor allem bleibe der Wechsel in der Gottesbezeichnung zwischen v. 27 und 28 »recht anstößig«. Da es jedoch zu wenig Spuren für E gebe und v. 28

---

[4] J. Wellhausen, Composition, 32 f.

[5] J. Wellhausen, Composition, 33.

[6] W. Eichrodt, Die Quellen der Genesis von neuem untersucht, BZAW 31, 1916, 74 – 77; A. de Pury, Promesse divine et légende cultuelle dans le cycle de Jacob, Paris 1975, 35 Anm. 6.

[7] A. Dillmann, Die Genesis, KeH 11, ⁶1892, 327: C (= J): v. 7. 15ˣ. 20. 24 – 27. 29b. 30aα[1]. 35 – 38. 45; B (= E): v. 1b. 4b. 8a. 11 – 13. 16. 18. 19. 21 – 23. 28. 30b. 31b. 33 f. 39. 42. 44; der Rest sei unsicher.

[8] So gehören nach H. Gunkel, Genesis, ⁷1966, 305 f. zu J: v. 1a.baˣ.2.3.4b – 7aα[1].15.19b.20.24 – 27.29aα.b.30aα[1].b.31b.33 f.41b.42. »nach Haran« in v. 43.44.45aβ.b. Das übrige stamme mit Ausnahme von »vor Jahwe« in v. 7 und von v. 40b aus E. Dagegen rechnet O. Eißfeldt, Hexateuch-Synopse, 1922, 48ˣ – 51ˣ zu J: v. 1a.baˣ.2 – 14.16 f. (ohne »und das Brot«).18aα[1].b – 23.29a.b.30aα[1].b – 36a.41b.45aα[1]; der Rest sei E, Jahwe in v. 27 gehe auf eine redaktionelle Änderung zurück.

[9] P. Volz/W. Rudolph, Der Elohist als Erzähler – ein Irrweg der Pentateuchkritik, BZAW 63, 1933, 61 – 70.

vermutlich ein vorgegebenes Segenswort sei, habe man für 27,1 – 45 von E abzusehen[10]. Diese Auffassung hat sich weithin durchgesetzt[11]. Zuletzt überprüfte E. Blum, der für die Vätererzählungen eine modifizierte Fragmentenhypothese vertritt, die von J. Wellhausen genannten Spannungen. Er kommt ähnlich wie schon P. Volz zu dem Ergebnis: »Geradezu unsinnig wäre es, diese Erzählung mit ihrer hohen Erzählkunst in mehrere Parallelfäden zergliedern zu wollen«[12].

II.

Dieses schroffe Urteil überrascht, wenn man den Text genauer betrachtet. Er enthält Spannungen, die sich nicht mehr als künstlerische Stilmittel *eines* Erzählers erklären lassen. Das gilt z. B. für v. 21 – 27a. In v. 21 – 23 begegnet Isaak Jakob zunächst mit Mißtrauen. Er will ihn betasten, um zu prüfen, ob wirklich Esau vor ihm steht. Den Grund für seine Skepsis nennt v. 22b. Hier sagt der Vater: »Die Stimme ist die Stimme Jakobs, aber die Hände sind die Hände Esaus«. Isaak zweifelt also wegen der Stimme daran, daß er Esau vor sich hat, er läßt sich aber durch die Hände täuschen, wie in v. 23a festgestellt wird. Darauf heißt es in v. 23b: »Da segnete er ihn«. Danach erwartet man die Segensworte. Stattdessen folgt in v. 24 – 27a nochmals ein erzählender Abschnitt, der wieder mit »da segnete er ihn« endet. Erst danach kommen die Segensworte (v. 27b-29). In v. 24 ist sich der Vater offenbar nicht sicher, daß Esau vor ihm steht, da er fragt: »Bist du es denn, mein Sohn Esau?« Damit springt v. 24, wie schon J. Wellhausen betont hat[13], vor v. 21 zurück. In v. 21 – 23 wird der Vater durch die Hände des Sohnes davon überzeugt, Esau vor sich zu haben, in v. 24 dadurch, daß Jakob seine

---

[10] M. Noth, Überlieferungsgeschichte des Pentateuch, 1948, 30 Anm. 93.

[11] Vgl. z. B. E. Otto, Jakob in Sichem, BWANT 110, 1979, 24; C. Westermann, Genesis 2. Genesis 12 – 36, BK.AT I/2, 1981, 530 f. Vorsichtiger ist G. v. Rad, Das erste Buch Mose. Genesis, ATD 2/4, ⁹1972, der zwar zur Einheitlichkeit tendiert, aber doch feststellt: »Immerhin, eine so harte Wiederholung wie die in V. 44 f. bleibt verdächtig (›bis der Grimm deines Bruders sich von dir wendet‹ – ›bis daß der Zorn deines Bruders sich von dir wendet‹)« (222). Gelegentlich wird allerdings ausdrücklich an der Quellenscheidung festgehalten. So folgen z. B. O. Keel/M. Küchler, Synoptische Texte aus der Genesis. I Die Texte, BiBe 8,1, 1971, 57, im wesentlichen H. Gunkel, rechnen aber v. 29aβ.36 – 40 zu J und v. 29b zu E. So für E auch K. Jaroš, Die Stellung des Elohisten zur kanaanäischen Religion, OBO 4, ²1982, 15; vgl. auch ohne Aufteilung im einzelnen G. Fohrer, Einleitung in das Alte Testament, ¹²1979, 160.167.

[12] E. Blum, Die Komposition der Vätergeschichte, WMANT 57, 1984, 85; vgl. P. Volz, BZAW 63, 70.

[13] J. Wellhausen, Composition, 33.

Frage, ob er Esau sei, ausdrücklich bejaht[14]. Somit sind v. 21 – 23 und 24 – 27a eine klare Dublette. Beide Darstellungen schließen sich gegenseitig aus.

Dagegen hat P. Volz eingewandt, daß nur durch »da segnete er ihn« in v. 23b ein Problem entstehe. Folglich handle es sich bei diesem Wort um eine Glosse[15]. Es läßt sich aber nicht befriedigend erklären, warum v. 23b später eingefügt worden sein sollte[16]. Zudem kommt v. 24 nach v. 21 – 23a eindeutig zu spät. Der Vater, der aufgrund der Stimme mißtrauisch geworden war und sich durch das Betasten des Sohnes Gewißheit verschaffen wollte, wird nicht dadurch endgültig überzeugt, daß Jakob einfach seine Frage bejaht, ob er Esau sei[17]. Nach v. 22.23a kann der Vater durch diese Frage keine zusätzliche Vergewisserung erwarten. Diesen Bedenken trägt C. Westermann Rechnung[18]. Er bestreitet aber, daß auf v. 23b direkt die Segensworte folgen müßten, da der Segen aus Handlung und Wort bestehe. Mit »da segnete er ihn« werde in v. 23b die Handlung eingeleitet, zu der v. 24 – 27aα gehören, in v. 27aβ der Segensspruch. Die Handlung beginne in v. 24 mit der Frage nach der Identifizierung, die hier ein Bestandteil des Ritus sei. Dagegen spricht eindeutig v. 25. Danach will der Vater von dem Wild seines Sohnes essen, damit er ihn segne. Das Mahl – und dann erst recht v. 24 – ist somit Voraussetzung, aber nicht Bestandteil des Segens. Dasselbe gilt für v. 26 – 27aα, da eine Segenshandlung nicht von dem Empfänger, sondern dem

---

[14] Gegen H. Gunkel, Genesis, 306, und O. Procksch, Die Genesis, KAT I, 2.31924, 167, stellt in v. 26.27a der Vater den Sohn nicht nochmals auf die Probe. Wie E. Blum, Komposition, 83 f., mit Recht betont, setzt schon das Mahl in v. 25 voraus, daß er überzeugt ist, Esau vor sich zu haben. Durch v. 26 wird vielmehr die Spannung des Lesers gesteigert, der sich fragt, ob der Vater nicht durch den direkten Kontakt den Betrug doch noch erkennt, und der in v. 27a erfährt, daß gerade der Geruch der Kleider den Segensspruch auslöst.

[15] P. Volz, BZAW 63, 66. Das wird auch von M. Noth, Pentateuch, 30 Anm. 93, erwogen.

[16] Das zeigen die verschiedenen Erwägungen von P. Volz, BZAW 63, 66, mit aller Deutlichkeit: Ein Leser habe das Wort »vielleicht um seiner Spannung Ausdruck zu geben, oder aus irgendeinem andern Grund« an den Rand geschrieben, oder es sei zunächst als Überschrift an den Rand gesetzt worden, oder es sei in v. 27a, wo es in einer LXX-Handschrift und der äthiopischen Übersetzung fehle, versehentlich ausgelassen, dann am Rande beigefügt und endlich an falscher Stelle eingeordnet worden. Diese Überlegungen beruhen auf der *Voraussetzung*, daß v. 23b sekundär ist.

[17] Gegen P. Volz, BZAW 63, 68: »Die Wiederholungen 18b.21b und namentlich 24a sind keineswegs Schwächen der Erzählung oder gar Zeichen von zwei Quellen, sondern höchste Kunst, die Prüfung des blinden, mißtrauischen, mit Recht mißtrauischen Vaters geht ganz langsam vor sich, der Zuhörer ›genießt‹ die Spannung, die Qual des bösen Jakob in vollen Zügen.« Damit wird der Ablauf psychologisiert, ohne daß dadurch seine Unstimmigkeiten gelöst werden.

[18] C. Westermann, Genesis 2, 535 f.

Spender des Segens ausgeführt wird. Hier gehört der unmittelbare kör-
perliche Kontakt zu den Voraussetzungen des Segens. In v. 24 – 27aα
wird somit keine Segenshandlung geschildert.

Auch dann läßt sich nach E. Blum der Text als einheitlich verstehen[19]. Da v. 23 den Handlungsablauf unterbreche, führe v. 24 unmittelbar das Geschehen von v. 22 weiter. V. 24 signalisiere die erfolgte Selbst-
vergewisserung des Vaters. »V. 23 stellt dann eine gleichsam in Parenthese
an den Hörer gerichtete Vorinformation des Erzählers dar«[20]. E. Blum
weist zwar mit Recht darauf hin, daß die Worte des Vaters in v. 24
lediglich im Samaritanus mit der Fragepartikel eingeleitet werden. Aus
der Reaktion des Sohnes mit »ich bin es« geht aber klar hervor, daß
gegen E. Blum auch MT als Frage verstanden werden muß. Nach einer
»assertorischen Bestätigung« wäre v. 24b sinnlos. Der Samaritanus hat
somit hier lediglich MT verdeutlicht. Dann führt aber v. 24 nicht v. 22
weiter, sondern fällt hinter den dort erreichten Stand zurück.

Die verschiedenen Versuche, v. 21 – 27a als einheitlich zu verstehen,
werden somit alle dem Text nicht gerecht. Es handelt sich bei v. 21 – 23
und 24 – 27a um zwei Darstellungen, die sich nicht harmonisieren lassen
und die wegen ihrer Widersprüche auch nicht mit einer Ergänzungshypothese erklärt werden können. Sie beruhen vielmehr darauf, daß ein
Redaktor seine beiden Vorlagen möglichst vollständig aufnehmen wollte.
In der Fassung, zu der v. 21 – 23 gehört, wurde das Mahl nicht berichtet.
Der Vater segnete sofort, nachdem er sich von der Identität des Sohnes
überzeugt hatte. Dieses Mahl schilderte jedoch die andere Version. Sie
enthielt außerdem das Motiv, daß der Vater den Geruch der Kleider
roch, das zu dem Spruch in v. 27b überleitet. Deshalb mußte der Redaktor
v. 24 – 27a unmittelbar vor die Segensworte stellen.

Damit ist allerdings noch nicht erklärt, warum der Redaktor
v. 21 – 23 und 24 – 27a als Blöcke aus seinen Vorlagen übernahm. P. Volz
stellte zu dem Problem, das durch v. 23b für den Ablauf entsteht, fest:
»diese Schwierigkeit hätte doch auch *der Redaktor* bemerkt und er erst
recht, schon er hätte das Wort gewiß nicht aus einer der beiden Quellen
an dieser Stelle aufgenommen, er hätte es leicht weglassen und damit
die Schwierigkeit aufs einfachste beseitigen können«[21]. In der Tat wäre
der Zusammenhang wesentlich glatter, wenn v. 25 direkt auf v. 23a
folgen würde. Daß der Redaktor diese naheliegende Lösung nicht wählte,
muß Absicht sein. Bei ihm ist »da segnete er ihn« in v. 27a eine Wiederaufnahme von v. 23b. Er berichtet mit v. 24 – 27a nicht nur, was sich sonst
noch vor den Segensworten ereignete, sondern er verdoppelt bewußt den

---

[19] E. Blum, Komposition, 83 – 85.
[20] E. Blum, Komposition, 84.
[21] P. Volz, BZAW 63, 66.

Höhepunkt der Szene, in der Jakob seinen Vater täuscht. Dadurch erhält
sie ein besonderes Gewicht. Damit ist hier die Redaktion zugleich eine
gezielte Komposition.

Ähnliche Spannungen wie in v. 21 – 27a finden sich auch in
v. 33 – 38. Zu diesem Abschnitt stellt J. Wellhausen fest: »Insonderheit
ist v. 35 und 36 nicht ein Schritt vorwärts über v. 34 hinaus, sondern ein
Schritt rückwärts hinter v. 34 zurück; v. 34 steht mit v. 38 auf gleicher
Stufe«[22]. Selbst C. Westermann hält v. 33 f. und 35 – 38 für »eine wirkliche Doppelung«, die er jedoch sachlich erklären will, da »bei ihr keine
Kriterien für eine Quellenscheidung zu finden sind«[23]. In der Tat kommt
v. 35 nach v. 34 zu spät. In v. 34 bittet Esau »segne auch mich, mein
Vater«. Hier interessiert ihn nicht, wer ihm seinen Segen genommen hat,
was ihm der Vater in v. 35 mitteilt. Er will vielmehr für sich ebenfalls
einen Segen, obwohl er nach den Worten des Vaters von v. 33 weiß und
akzeptieren muß, daß ein anderer gesegnet wurde und gesegnet bleiben
wird. Seine Frage von v. 36b »hast du mir keinen Segen vorbehalten?«,
mit der Esau hofft, daß der Vater auch ihn noch segnen kann, ist implizit
bereits in v. 34 enthalten. Der Dialog mit dem Vater von v. 35 – 38 endet
in v. 38a mit derselben Bitte, die Esau bereits in v. 34 geäußert hat. Daß
er nach v. 38b weinend seine Stimme erhob, entspricht seinem überaus
großen und bitteren Geschrei von v. 34. Dabei ist die Formulierung von
v. 34 stärker als die in v. 38. Da das Verhalten Esaus in v. 38 den Vater
nun doch dazu veranlaßt, ein – freilich negatives[24] – Wort zu Esau zu
sprechen, würde man eher eine umgekehrte Verteilung der Aussagen
erwarten. V. 33 f. und v. 35 – 38 sind somit tatsächlich eine Dublette.

Beide Varianten setzen jeweils eine der beiden Fassungen von v. 21 –
27a voraus. In v. 33 stellt der zutiefst erschrockene Vater die Frage: »Wer
war es denn, der ein Wild jagte und brachte es mir …?« Hier weiß der
Vater offensichtlich nicht, wen er irrtümlich gesegnet hat. Das entspricht
v. 24. Hier hatte der Vater nicht Jakob in Verdacht, sondern er war
lediglich mißtrauisch, ob wirklich Esau vor ihm stand. Deshalb kann er
nun in v. 33 fragen, wer ihm gegenüberstand. Dagegen vermutete der
Vater nach v. 21 – 23, daß sich Jakob als Esau ausgab. Deshalb weiß er,
als der wahre Esau zu ihm kommt, in v. 35 sofort, daß Jakob den Segen
Esaus genommen hat. Dieses Argument von H. Gunkel hält zwar J.
Skinner für »somewhat subtle«[25]. Aber nur so wird verständlich, warum

---

[22] J. Wellhausen, Composition, 33.

[23] C. Westermann, Genesis 2, 531. Er beruft sich auf J. Skinner, A critical and exegetical
commentary on Genesis, ICC I, ²1930. Nach J. Skinner fehlen aber lediglich Kriterien
für eine Zuweisung der beiden Fäden (368 f.).

[24] Gegen die Deutung von v. 39 f. als Segen durch C. Westermann, Genesis 2, 539 f., vgl.
mit Recht E. Blum, Komposition, 82 Anm. 82.

[25] H. Gunkel, Genesis, 306; J. Skinner, Genesis, 369.

der Vater in v. 33 nicht weiß, wer ihn betrogen hat. Besteht somit zwischen den beiden Fassungen in v. 21 – 27a und 33 – 38 eine Beziehung, dann ist v. 35 – 38 kein sekundärer Einschub, wie H.-C. Schmitt annimmt, der in v. 38 eine sekundäre Wiederaufnahme von v. 34 sieht[26]. Wie schon die Wiederaufnahme von v. 23b in v. 27a ist auch die von v. 34 in v. 38 kein Anzeichen für eine literarische Erweiterung. Sie geht vielmehr darauf zurück, daß zwei unterschiedliche Darstellungen redaktionell miteinander verknüpft wurden. Zu der einen gehören v. 21 – 23 und 35 – 38, zu der anderen v. 24 – 27a und 33 f. Daß die zu v. 33 – 38 vorgeschlagenen Aufteilungen und Zuweisungen weit auseinandergehen, spricht nicht gegen das sachliche Recht einer Quellenscheidung, sondern gegen die Art, wie sie verschiedentlich durchgeführt wurde[27].

Das wird freilich auch hier bestritten. P. Volz sieht in den Worten des Vaters von v. 33 und 35 eine allmähliche Steigerung: »auf die zunächst allgemeine Frage folgt die bestimmte Aussage, psychologisch ist das durchaus wahr und sehr fein: der bis in den Tod Erschrockene (33aα) stößt zunächst in seinem Schreck einen allgemeinen Ausruf aus (33aβ), dann kommt ihm die klare Erkenntnis der Sachlage (35a). Diese Feinheit wird durch die Quellenscheidung vernichtet, wie so vieles andere dieses künstlerisch prachtvollen Kapitels«[28]. Wenn aber der Vater bereits in v. 21 f. den Verdacht hatte, daß Jakob vor ihm steht, müßte er in v. 33 sofort wissen, daß ihm Jakob das Wild gebracht hat. Zudem schließt v. 35 – wie erwähnt – sachlich nicht gut an v. 34 an. P. Volz bemüht auch hier die Psychologie, um eine deutliche Spannung im Text aufzuheben, ohne daß sie dadurch verständlicher wird. Dasselbe gilt für seine Erklärung der Übereinstimmung zwischen v. 34 und 38: »psychologisch hervorragend und wahr ist, wie der Betrogene zuerst jämmerlich hinausschreit, dann sich in Worten Luft macht und zuletzt, nachdem dies geschehen ist, weiterweint und fortwimmert«[29]. Auch dadurch wird z. B. nicht erklärt, warum die Worte des Vaters in v. 35 zu der Bitte Esaus in v. 34 in Spannung stehen. Es ist erstaunlich, daß viele Vertreter der neueren Urkundenhypothese, die P. Volz bei seiner psychologischen Er-

---

[26] H.-C. Schmitt, Die nichtpriesterliche Josephsgeschichte, BZAW 154, 1980, 120 Anm. 119.

[27] So trägt O. Eißfeldt, Hexateuch-Synopse, 50ˣ, der v. 33 – 36a J zuweist, dem Bruch zwischen v. 34 und 35 nicht Rechnung. O. Keel/M.Küchler, I, 57, die v. 33 f.36 – 40 zu J rechnen, übersehen, daß v. 36 v. 35 voraussetzt und zu v. 34b in Spannung steht. O. Procksch, Genesis, 165, nach dem v. 33 f.37aα.b.38 zu J gehört, beachtet nicht, daß v. 34 und 38 nicht aus derselben Quelle stammen. Sein Versuch, für J und E ein negatives Wort an Esau herauszuarbeiten, führt zu einer problematischen Zergliederung von v. 35 – 38.

[28] P. Volz, BZAW 63, 65 f.

[29] P. Volz, BZAW 63, 69.

klärung von Spannungen für andere Texte nicht gefolgt sind, sich ihm für Gen 27,1 – 45 angeschlossen haben[30].

E. Blum hält v. 33 – 38 wegen der Erzählstruktur für einheitlich. »Insbesondere an V. 38 läßt sich ablesen, wie gezielt der Erzähler formuliert. Diese letzte, trotzige – für den Hörer schon widersinnige – Bitte Esaus nimmt sowohl die Frage in V. 36 (in variiertem Ausdruck) auf ... als auch (wörtlich) die Bitte in V. 34«. Das abschließende »da erhob Esau seine Stimme und weinte« entspreche dem »da schrie er mit überaus großem und bitterem Geschrei« in v. 34, »wobei gerade die unterschiedliche Reaktion dem Inhalt des dazwischenliegenden Gesprächs entspricht«. In v. 34 – 38 sei, wie J. P. Fokkelman gesehen habe, eine chiastische Struktur eingearbeitet[31]. Auch damit ist jedoch nicht die Frage beantwortet, warum der Vater in v. 33 nicht weiß, wer ihn betrogen hat, in v. 35 aber Jakob nennt. Zudem setzen die Äußerungen Esaus in v. 36 v. 33 f. nicht voraus, sondern beziehen sich auf v. 35. Hier stellt der Vater zunächst fest, daß Jakob den Segen Esaus mit List genommen hat. Darauf trifft Esau in v. 36a eine Feststellung über den Charakter Jakobs und fragt dann in v. 36b: »Hast du mir nicht einen Segen vorbehalten?« Danach zählt der Vater in v. 37 auf, was er Jakob mit dem Segen alles gegeben hat und schließt mit der resignierenden Frage: »Was kann ich da noch für dich tun mein Sohn?« Aber Esau gibt sich nicht zufrieden. Er stellt die nach v. 37 unsinnige Frage: »Hast du denn nur einen Segen mein Vater?« und bittet: »Segne auch mich mein Vater«. Das ist ein geschlossener Zusammenhang, in dem nirgends auf v. 33 f. Bezug genommen wird.

Die Erzählstruktur von v. 33 – 38 besagt für sich genommen noch nichts über die literarische Einheitlichkeit. J. P. Fokkelman verzichtet ausdrücklich auf eine diachrone Analyse und beschäftigt sich ausschließlich mit der gegenwärtigen Textfassung[32]. Strukturen lassen sich somit auch ohne Berücksichtigung der Frage nach ihrer Entstehung erheben. Deshalb können sie allein nicht die Beweislast für die literarische Einheitlichkeit eines Textes tragen. Vielmehr ist mit der Möglichkeit zu rechnen, daß ein Redaktor aus Vorlagen eine in bestimmter Weise strukturierte Darstellung geschaffen hat. Dieser Fall ist dann gegeben, wenn der Ablauf wie in v. 33 – 38 Spannungen und Brüche enthält[33]. Hier geht aus

---

30 Ein Beispiel ist die Analyse von Gen 28,10 – 22 durch P. Volz, BZAW 63, 73 – 78, wo die Vertreter der neueren Urkundenhypothese durchgehend an einer Verteilung auf J und E festhalten.

31 E. Blum, Komposition, 82 und 82 Anm. 87, unter Verweis auf J. P. Fokkelman, Narrative Art in Genesis, SSN 17, 1975, 104.

32 Vgl. J. P. Fokkelman, Art, 1 – 8.

33 Diesen Grundsatz habe ich in meiner Arbeit »Literarische Studien zur Josephsgeschichte, BZAW 167, 1986, 121 ff., ausführlich begründet.

der Wiederaufnahme von v. 34 in v. 38 hervor, daß der Redaktor auch
diese Szene bewußt verdoppelte, um ihr ein besonderes Gewicht zu
geben. Dadurch entsprechen sich v. 21 – 27a und v. 33 – 38: Der Betrug
Jakobs am Vater und die Begegnung des betrogenen Esaus mit dem
betrogenen Vater. Dabei nahm der Redaktor seine Quellen in umgekehrter Reihenfolge auf als in v. 21 – 27a, weil der ausführliche Dialog in
v. 35 – 38 nicht v. 33 f. vorangehen konnte. Er präzisiert nun den Bericht
von v. 33 f. Der Redaktor hat somit auch hier seine Vorlagen in Blöcken
übernommen. Es fehlt lediglich die Reaktion des Vaters auf die Bitte
Esaus in v. 34. Sie war wohl ablehnend, da sich bis v. 40 von dieser
Fassung keine Spur mehr findet. Dadurch läßt sich nicht mehr ermitteln,
wie in ihr Esau erfuhr, daß ihm *Jakob* den Segen geraubt hatte. In beiden
Punkten war der Redaktor durch v. 35 – 38 festgelegt. Wie v. 21 – 27a ist
somit auch v. 33 – 38 eine durchdachte Komposition des Redaktors.

Ist die Erzählung aber aus zwei Versionen zusammengesetzt, dann
dürften darauf auch die Spannungen in den Segensworten von v. 27b –
29 zurückgehen. Auffällig ist hier vor allem der Wechsel von Jahwe
zu Elohim zwischen v. 27b und 28. Zwar haben auch Vertreter einer
Quellenscheidung beide Aussagen einer Version zugewiesen. Es gehe
jeweils um die Fruchtbarkeit und v. 28 sei eine nähere Ausführung von
v. 27b[34]. Nun gehört v. 27b durch das Motiv des Geruchs fest zu v. 24 –
27a. In der anderen Fassung wird in v. 37a v. 28b aufgenommen. Folglich
gehören v. 27b und 28 jeweils zu einer der beiden Versionen. Da v. 37a
außerdem auf v. 29aβ Bezug nimmt, gehört v. 29aβ mit v. 28 zusammen.
In v. 37 wird hingegen v. 29aα.b nicht vorausgesetzt. Das ist merkwürdig,
weil hier die Vorrangstellung Jakobs umfassend beschrieben werden soll.
Deshalb spricht Isaak nicht nur davon, daß er Jakob zum Herrn Esaus
gemacht hat, sondern erwähnt auch ausdrücklich, daß er alle seine Brüder
zu seinen Knechten gesetzt hat. Dann wäre zu erwarten, daß Isaak auch
v. 29aα aufgreift. Daß das nicht geschieht, macht es wahrscheinlich, daß
v. 29aα.b ursprünglich die direkte Fortsetzung von v. 27b war[35].

Daß in der einen Fassung die Segensworte lediglich aus v. 28.29aβ
bestanden, wird durch v. 39 und 40a[36] bestätigt, die sich nahtlos an

---

34 So z. B. O. Eißfeldt, Hexateuch-Synopse, 49 f.ˣ; vgl. auch die Tabelle bei P. Volz, BZAW
   63, 65. Meist wird dann v. 27b.28 E zugewiesen. Jahwe in v. 27b sei eine redaktionelle
   Änderung. Dagegen hat W. Eichrodt, BZAW 31, 76, mit Recht eingewandt, daß kaum
   erklärbar ist, wieso nicht auch Elohim in v. 28 geändert wurde. Er möchte deshalb
   v. 27b.28 eher J zuweisen.

35 An v. 37 scheitert die Auffassung von P. Weimar, Untersuchungen zur Redaktionsgeschichte des Pentateuch, BZAW 146, 1977, 46 Anm. 130, daß v. 29 erst vom Jehowisten
   gebildet wurde, da in v. 37 v. 29aβ vorausgesetzt wird.

36 V. 40b erweist sich schon dadurch als Zusatz, daß dieser Halbvers im Unterschied zu
   v. 39b.40a Prosa ist. Der Ergänzer wollte zum Ausdruck bringen, daß Edom später

v. 35 – 38 anschließen. Nach E. Otto folgte zwar v. 41 ursprünglich direkt auf v. 38. V. 39 f. gehe auf die Bearbeitung durch eine Edomschicht zurück, die vor J anzusetzen sei[37]. Dabei übersieht aber E. Otto, daß nach dem ausführlichen Dialog in v. 35 – 38 von einer Reaktion des Vaters berichtet werden muß. Zudem sind v. 39b.40a das Gegenbild zu v. 28.29aβ. Nur v. 40aα ist nicht im Segen Isaaks vorgebildet. V. 27b und 29aα.b werden auch hier nicht berücksichtigt. Zwar kommt der Begriff »dienen« (v. 40a) auch in v. 29aα vor. Er ist dort aber mit »Völkern« verbunden, während in v. 37 und 40a lediglich von den Brüdern Jakobs bzw. von Esau die Rede ist[38]. Das entspricht v. 29aβ.

Der Redaktor hat auch bei den Segensworten die beiden Darstellungen sehr geschickt miteinander verbunden. Das war möglich, weil der Segen jeweils die Zusage der Fruchtbarkeit des Ackers und der Vorrangstellung enthielt. V. 28 ist nun eine Entfaltung von v. 27b. Zwischen v. 29aα.b schob der Redaktor v. 29aβ ein, weil für ihn hier die in v. 29aα angekündigte Herrschaft über Völker und Nationen eine Explikation erfährt. Sie bedeutet, daß Jakob zugleich über seine Brüder herrschen wird. Da v. 29b nur am Schluß denkbar ist, mußte der Redaktor in v. 29 die Darstellung der einen Quelle aufsprengen, wenn er auf v. 29aβ nicht verzichten wollte.

Geht jedoch der Wechsel der Gottesbezeichnungen zwischen v. 27b und 28 darauf zurück, daß hier zwei Fassungen miteinander verbunden sind, dann ergibt sich daraus zugleich ein Kriterium für ihre Zuweisung. Da der Elohist zumindest bis Ex 3,14 nicht den Gottesnamen Jahwe nennt, stammt die Version, der bisher v. 21 – 23.28.29aβ.35 – 40a zugewiesen wurde, aus E. Dagegen kommt in v. 24 – 27.29aα.b.33 f. der Jahwist zu Wort, der von der Schöpfung an (Gen 2,4b ff.) den Gottesnamen Jahwe gebraucht.

Auf dieser Basis läßt sich für v. 8 – 20 ein eindeutiges Ergebnis erzielen. Hier fällt auf, daß nach v. 15 Rebekka Jakob die guten Kleider Esaus anzieht, nach v. 16 aber seine Hände und seinen Hals mit den Fellen der Ziegenböckchen umhüllt. Nun ist zwar P. Volz mit Nachdruck dafür eingetreten, daß beide Motive zusammengehören, weil erst durch Bekleidung *und* Behaarung Jakob wirklich zu Esau werde[39]. Aber schon W. Eichrodt wies darauf hin, daß v. 15 f. nicht isoliert betrachtet werden

---

seine politische Selbständigkeit zurückgewonnen hat, vgl. z. B. C. Westermann, Genesis 2, 540.

[37] E. Otto, Sichem, 26.

[38] Auch dieser Unterschied schließt aus, daß v. 29aα.b und 39 f. von demselben Bearbeiter stammen, wie E. Otto, Sichem, 26 Anm. 4, annimmt.

[39] P. Volz, BZAW 63, 67, unter Verweis auf B. Eerdmans; vgl. auch C. Westermann, Genesis 2, 535.

darf[40]. In v. 21 – 23 spielen die Kleider keine Rolle. Hier wird Isaak ausschließlich durch die behaarten Hände getäuscht. Umgekehrt fehlt dieses Element in v. 24 – 27. Hier sind lediglich die Kleider wichtig. Daraus geht eindeutig hervor, daß die beiden Motive, obwohl sie theoretisch in einer Erzählung denkbar wären, auf J und E verteilt sind. Die Bekleidung mit den Fellen stammt aus E, die Kleider aus J. Nun wird v. 16 durch v. 8 – 14 vorbereitet. In v. 11 f. erhebt Jakob gegen den Plan der Rebekka den Einwand, daß ihn sein Vater betasten und dadurch den Betrug erkennen könnte. Tatsächlich betastet in v. 21 f. der Vater seinen Sohn. Da sich v. 16 ohne Schwierigkeiten an v. 14 anschließen läßt, bilden v. 8 – 14.16 einen fortlaufenden Zusammenhang.

Seine Fortsetzung ist v. 17 – 19a. Nachdem Rebekka Hals und Hände Jakobs mit den Fellen bekleidet hat, übergibt sie ihm das von ihr zubereitete Gericht und Brot (v. 17). Darauf kommt Jakob zu dem Vater und redet ihn mit »mein Vater« an, worauf Isaak mit »Hier bin ich« antwortet (v. 18a.bα). Nur bei E wird im Pentateuch ein Gespräch mit einer solchen Anrede oder dem Anruf mit Namen und der Antwort »Hier bin ich« eröffnet[41]. In v. 18bβ stellt der Vater folgerichtig die Frage: »Wer bist du mein Sohn?«, da er aus der Anrede »mein Vater« nicht erkennen kann, ob ihm Esau oder Jakob gegenübersteht[42]. Darauf gibt sich Jakob als Esau aus, der die Anordnungen seines Vaters befolgt hat (v. 19a). Die Fortsetzung ist bei E v. 21. V. 20 kann wegen »Jahwe« nicht aus E stammen. Da in diesem Vers Isaak auf die Aufforderung Jakobs von v. 19b reagiert, gilt das auch für v. 19b. Tatsächlich schließt v. 21 gut an v. 19a an. Nachdem sich Jakob als Esau ausgegeben hat, will der Vater durch das Betasten des Sohnes überprüfen, ob wirklich Esau vor ihm steht. Diesen Ablauf hat der Redaktor durch v. 19b.20 aus J unterbrochen. Bei J forderte Jakob den Vater zunächst auf, von dem Wild zu essen, auf daß er ihn segne (v. 19b). Darauf reagierte dieser mit der erstaunten Frage, wie sein Sohn so rasch ein Wild finden konnte. Jakob antwortete darauf mit dem Hinweis auf Jahwe (v. 20). Darauf folgte bei J v. 24. Der Vater gab sich mit dieser Antwort nicht zufrieden, sondern stellte ausdrücklich die Frage, ob Esau vor ihm steht. Erst nachdem sie von Jakob bejaht wird, ist Isaak überzeugt, Esau vor sich zu haben. Mit der Aufforderung zum Mahl in v. 19b bereitet J v. 25 vor[43], während E dieses Mahl übergeht und sich auf den Hinweis Jakobs in v. 19a beschränkt, daß er den Befehl seines Vaters ausgeführt hat.

---

[40] W. Eichrodt, BZAW 31, 74 f.

[41] Gen 22,1.7.11; 31,11; 46,2; Ex 3,4b.

[42] Nach O. Procksch, Genesis, 335, gehört v. 18bβ.19 zu J, da man nach den Analogien keine weitere Frage des Vaters erwarte. Aber die Frage des Vaters in v. 18bβ ergibt sich aus der besonderen Situation, daß Isaak blind ist.

[43] Der Unterschied zwischen *lmʿn* (v. 25aβ) und *bʿbwr* (v. 19bβ) spricht gegen R. Smend, Die Erzählung des Hexateuch, 1912, 68, schwerlich gegen einen Verfasser.

Daß der Jehowist v. 15 und 19b.20 aus J aufgenommen hat, zeigt erneut, wie sehr er bemüht war, beide Darstellungen möglichst weitgehend in seine Fassung zu integrieren. Zwar konnte er wegen v. 27 auf die Erwähnung der Kleider in v. 15 nicht verzichten. Aber ohne den Dialog von v. 19b.20 würde man in der Erzählung nichts vermissen. Allerdings konnte der Jehowist in v. 8 – 20 anscheinend J nur mit diesen Fragmenten zu Wort kommen lassen. Hier fehlt aus J nicht nur, daß Jakob zu dem Vater kam, sondern auch das Gespräch zwischen Rebekka und Jakob. Nach v. 15 war bei J ebenfalls Rebekka die treibende Kraft für den Betrug Jakobs. O. Procksch nimmt zwar an, daß bei J Rebekka einfach gehandelt hat[44]. Näher liegt aber, daß sie auch hier Jakob von der Absicht des Vaters und ihrem Plan unterrichtete. Dafür spricht außerdem, wie später gezeigt werden soll, der Anfang von v. 7. Ob J allerdings einen Dialog zwischen Mutter und Sohn enthielt, ist fraglich. In dem Gespräch des Elohisten geht es in v. 11 – 13 um das Problem, daß der Vater den Betrug entdecken wird, falls er Jakob betastet. Das ist eine Weiterentwicklung der jahwistischen Darstellung, in der das Motiv des Betastens durchgehend fehlt. Es stellte sich anscheinend später die Frage, warum der Vater trotz der unterschiedlichen Gestalt von Esau und Jakob den Betrug nicht erkannt hat. Dann war die Schilderung von J hier wohl knapper. Da sie der Jehowist anscheinend nicht mit dem Gespräch des Elohisten verbinden konnte, entschied er sich für die ausführlichere Fassung des Elohisten.

Schwieriger ist der Rest der Erzählung zu beurteilen. J und E müssen berichtet haben, daß der blinde Vater Esau beauftragte und Rebekka mithörte. Die Darstellung von v. 1 – 7 wirkt auf den ersten Blick recht geschlossen. Aufgrund der bisherigen Analyse können aber auch hier J und E noch voneinander getrennt werden. Die Eröffnung des Gesprächs in v. 1bα^2 (ab »da sprach er zu ihm«) ist, wie oben zu v. 18 dargelegt wurde, typisch für E. Dagegen wird Esau in den sicher aus E stammenden Stücken dieser Erzählung nie wie in v. 1bα^1 als der ältere Sohn charakterisiert. Eine solche Beschreibung findet sich noch in v. 15 und 42, wo dem Esau jeweils Jakob als der jüngere Sohn gegenübergestellt wird. Dann stoßen wir hier wegen v. 15 auf eine Formulierung, die in dieser Erzählung für J charakteristisch ist. Deshalb gehört v. 1a.bα^1 zu J. Hier folgten auf »da rief er Esau, seinen älteren Sohn« direkt die Worte des Vaters von v. 2 f. In v. 2 wird mit »Siehe doch, ich bin alt geworden« v. 1a wieder aufgenommen. Die Aufforderung »Jage mir ein Wild« in v. 3 hat ihre Entsprechung bei J in v. 33 »wer war denn der, der ein Wild gejagt hat«. Darauf folgt in v. 33 sofort »und brachte es mir und ich aß …«. Demgegenüber heißt es in v. 4a zunächst »und bereite mir ein

---

44 O. Procksch, Genesis, 166 f.

Gericht, wie ich es liebe«. Erst danach fordert der Vater Esau auf: »und
bringe es mir, daß ich esse«. O. Procksch und H. Gunkel haben mit
Recht darauf aufmerksam gemacht, daß der Begriff »Gericht« hier für
E charakteristisch ist[45]. In v. 9 und 14 wird dabei mit »wie er bzw. sein
Vater es liebt« deutlich auf v. 4a Bezug genommen. Dagegen sind bei J
in v. 25 und 33 »Wild« und »essen« direkt miteinander verbunden[46].
Dann hat J in dieser Erzählung nicht »Gericht« gebraucht. Zumindest
der Anfang von v. 4a gehört mit Sicherheit zu E.

Ebenso eindeutig stammt v. 4b »damit dich meine Person segne,
bevor ich sterbe« aus J[47]. Aus v. 19b.25a und dem noch zu besprechenden
v. 31b geht hervor, daß bei J die Formulierung »damit dich (mich) meine
(deine) Person segne« geradezu die Funktion eines Leitwortes hat. Sie
fehlt hingegen bei E. Dort heißt es in v. 10 »damit er dich segne«. Das
entspricht v. 7, der wegen des Begriffs »Gericht« überwiegend zu E
gehört. Freilich hat P. Volz diese Argumentation kritisiert. Es sei eine
Schwäche der Quellentheorie, daß jeder Wechsel des Ausdrucks auf zwei
Erzähler deuten soll[48]. Für sich genommen wird man zwar aus dem
Wechsel der Formulierung nicht auf zwei Verfasser schließen dürfen,
zumal auch J in v. 27 und 33 die kürzere Form »da segnete er ihn« bzw.
»und ich segnete ihn« hat. Steht aber wie bei dieser Erzählung aus
anderen Gründen fest, daß in ihr zwei Versionen nachweisbar sind und
daß nur in einer die betreffende Wendung fest verankert ist, so kommt
dieser Beobachtung doch literarkritische Relevanz zu.

Offen ist bei v. 4 noch, woher der zweite Teil von v. 4a »und bringe
es mir, daß ich esse« stammt. H. Gunkel und O. Procksch rechnen dieses
Stück zu E[49]. Man kann dafür auf v. 9b.10a verweisen, wo die Aussagen
von v. 4a in derselben Reihenfolge im Mund der Rebekka begegnen.
Andererseits legt es v. 33 nahe, daß auch bei J Esau dazu aufgefordert
wurde, das Wild zu bringen, daß der Vater davon ißt. In v. 19b.25.31b
ist das Essen von dem Wild des Sohnes zudem eng mit der Zweckangabe
verbunden, daß der Vater den Sohn segnet. Deshalb muß auch in dem
Befehl an Esau bei J davon die Rede gewesen sein, daß der Vater von
dem Wild essen will. Die zweite Hälfte von v. 4a ist bei J und bei E
möglich. Daß der Redaktor freilich in v. 4b J zu Wort kommen läßt,
dürfte dafür sprechen, daß nur der Anfang von v. 4a »und mache mir
ein Gericht, wie ich es liebe« aus E stammt, und der Rest bei J die
Fortsetzung von v. 3 bildete. Dann hat der Jehowist in v. 2–4 J vollständig aufgenommen und lediglich am Anfang von v. 4 durch E ergänzt.

---

[45] O. Procksch, Genesis, 166.334; H. Gunkel, Genesis, 306; vgl. v. 9.14.17.
[46] Außerdem noch in v. 31b, dazu s. unten.
[47] Vgl. H. Gunkel, Genesis, 306; O. Procksch, Genesis, 166 f.
[48] P. Volz, BZAW 63, 70.
[49] H. Gunkel, Genesis, 306; O. Procksch, Genesis, 334.

Das dürfte wahrscheinlicher sein als die Annahme, daß er in v. 4 Fragmente aus J und E aneinandergereiht hat. Freilich ist hier kein sicheres Urteil möglich.

Eindeutig aus J stammt hingegen v. 5b. Die Formulierung »um ein Wild zu jagen« ist, wie aus v. 3 und 33 hervorgeht, in dieser Erzählung für J charakteristisch. Zu J rechnet H. Gunkel auch v. 5a und 6[50]. Nun nimmt v. 6 ausdrücklich auf v. 5a Bezug[51]. Gerade dann fällt auf, daß in v. 5a und 6 Esau und Jakob mit »sein Sohn« und »ihr Sohn« jeweils einem Elternteil zugeordnet werden. Im Blick auf v. 1bα[1] und 15 wäre bei J zu erwarten, daß zumindest in v. 6 Jakob als der jüngere Sohn der Rebekka bezeichnet wird. Das bestätigt LXX, die hier den hebräischen Text entsprechend ergänzt hat. Dann gehören v. 5a.6 zu E. Der Elohist wollte dadurch, daß er Esau dem Isaak und Jakob der Rebekka zuordnete, zum Ausdruck bringen, daß Vater und Mutter jeweils zu einem Sohn eine besondere Beziehung hatten. Dagegen berichtete J schon in 25,28, daß Isaak Esau, Rebekka aber Jakob liebte. In v. 7 berichtet Rebekka, was sie gehört hat. Der Vers gehört schon wegen der Nennung des »Gerichts« überwiegend zu E. Allerdings ist sein Anfang »Bringe mir ein Wild« eine Dublette zu dem folgenden »und mache mir ein Gericht«. Wenn das Wild schon zu dem Vater gebracht ist, kann nicht noch das Gericht zubereitet werden. Somit stammen in v. 7 die ersten drei Worte aus J. Das bestätigen v. 5b und 33, wo ebenfalls bei J von dem Bringen des Wildes die Rede ist. Damit bestätigt der Anfang von v. 7, daß auch J von einem Gespräch zwischen Rebekka und Jakob berichtet hat, von dem aber lediglich noch ein Fragment erhalten ist. In v. 7b ist »vor Jahwe« eine Glosse[52], um den Segen des Vaters mit Jahwe in Beziehung zu setzen. Die Formulierung »vor Jahwe vor meinem Tod« ist hart und in v. 10b, wo ansonsten v. 7b weitgehend aufgenommen wird, fehlt »vor Jahwe«.

In v. 1 – 7 stammen somit v. 1a.bα[1].2.3.4aβ.b.5b und der Anfang von v. 7a aus J, der Rest ohne »vor Jahwe« in v. 7b aus E. In v. 1 – 4 bilden die jahwistischen Bestandteile einen durchlaufenden Faden, so daß hier J noch vollständig erhalten ist. E ist lediglich mit Fragmenten vertreten. Das ist ein Hinweis darauf, daß J hier ausführlicher berichtete als E. Der breiten Aufforderung zur Jagd in v. 3 entspricht, daß bei J im folgenden immer wieder das Wild erwähnt wird. In den Ergänzungen aus E zeigt sich erneut, daß der Jehowist seine Vorlagen möglichst vollständig aufnehmen wollte. Diese Bruchstücke waren ihm außerdem aus kompositorischen Gründen wichtig. In der Gesprächseröffnung ent-

---

[50] Allerdings ist es nach H. Gunkel, Genesis, 306, möglich, daß diese Sätze in beiden Fassungen standen.

[51] Das übersieht O. Procksch, Genesis, 334, der v. 6 zu E, v. 5a aber zu J rechnet.

[52] So u. a. C. Westermann, Genesis 2, 533.

sprechen sich v. 1 und 18. V. 4aα nahm der Jehowist auf, weil im folgenden bei E das Gericht eine große Rolle spielt. Dagegen bildet in v. 5 – 7 E die Grundlage. Das Stück ist die Einleitung zu dem Gespräch zwischen Rebekka und Jakob, für das der Jehowist E folgte. Deshalb wechselte er zwischen v. 4 und 5 die Basis seiner Darstellung. Mit ihr konnte er v. 5b und den Anfang von v. 7a aus J verbinden. Vermutlich erwähnte der Elohist nicht ausdrücklich, daß Esau den Vater verließ, so wie er in v. 7a als selbstverständlich überging, daß das für den Vater bereitete Gericht zu diesem gebracht werden sollte. In beiden Fällen boten sich für den Jehowisten die Ergänzungen aus J an, wobei er in v. 7a »und bringe mir ein Wild« der Bereitung des Gerichts voranstellen mußte, da hier das Wild erwähnt wurde.

J und E sind auch in v. 30 – 32 vertreten. In v. 30a steht zweimal *wyhy*, das hier jeweils den Beginn einer neuen Szene markiert. Sogar C. Westermann stellt fest: »Der doppelte Einsatz in V. 30... kann auf eine Variante weisen, die hier der Betonung des Augenblicks der Wende dient«[53]. Auch wenn v. 30aα^1 und 30aα^2.β inhaltlich keine Dubletten sind[54], kommen wegen des doppelten Neuansatzes hier verschiedene Verfasser zu Wort[55]. V. 30b gehört wegen der Erwähnung der Jagd doch wohl zu J. Dazu ist nach H. Gunkel und O. Procksch v. 30aα^1 ursprünglich die Einleitung. V. 30aα^2.β stamme aus E[56]. Das ist problematisch. Nach v. 31a bereitete auch Esau ein Gericht und brachte es seinem Vater. Wegen des Gerichts stammt v. 31a sicher aus E. Nun soll durch v. 30aα^2.β die Dramatik des Geschehens betont werden. Um ein Haar wären Jakob und Esau bei dem Vater aufeinander geprallt. Wenn aber Esau nach seiner Rückkehr erst das Mahl bereiten mußte, konnte er nicht sofort zum Vater kommen. Die mit v. 30aα^2.β deutlich beabsichtigte Dramatik besteht also nur in der jahwistischen Fassung, die die Zubereitung des Gerichts nicht enthielt. V. 30aα^2.β.b stammt somit aus J, v. 30aα^1.31a aus E.

V. 31b entspricht v. 19b aus J und gehört deshalb zu J. Dagegen ist v. 32 zu E zu rechnen. Hier hatte Isaak in v. 18 gefragt: »Wer bist du, mein Sohn« und Jakob hatte in v. 19a ähnlich wie Esau in v. 32b geantwortet: »Ich bin Esau, dein Erstgeborener«. Daß in der Frage Isaaks von v. 32 »mein Sohn« fehlt, spricht dafür, daß bei E v. 32 direkt auf v. 31a folgte und Esau nicht zunächst Isaak mit »mein Vater« angeredet

---

[53] C. Westermann, Genesis 2, 538.

[54] Das betont W. Eichrodt, BZAW 31, 76; vgl. auch E. Blum, Komposition, 83.

[55] Kein Verfechter der literarischen Einheitlichkeit nennt für die Konstruktion in v. 30a eine Parallele. Die Berufung von P. Volz, BZAW 63, 65, auf GK § 164 ist falsch, da dort lediglich die Abfolge von v. 30aα^2.β.b behandelt wird.

[56] H. Gunkel, Genesis, 306; O. Procksch, Genesis, 168.336, mit dem Argument, daß *klh* mit dem inf. bei J häufig sei.

hat. Im übrigen lassen sich v. 33 J glatt an v. 31b und v. 35 E an v. 32 anschließen. In v. 30 – 32 konnte der Jehowist J und E fast vollständig aufnehmen. Bei J dürfte v. 31b direkt auf v. 30b gefolgt sein. Daß der Jahwist hier nicht ausdrücklich erwähnte, daß Esau das Wild zum Vater brachte, ist eine Raffung des Geschehens, um seine Dramatik zu unterstreichen. Aus E fehlt lediglich der Nachsatz zu v. 30aα[1], in dem die Rückkehr Esaus berichtet worden sein muß. Hier mußte der Jehowist zwischen J und E wählen. Er gab wohl J den Vorzug, weil er so den Zusammenhang von v. 30aα[2].β.b bewahren konnte.

Der Schluß der Erzählung enthält in v. 44b und 45aα eine eindeutige Dublette. Mit Recht stellte schon J. Wellhausen fest: »V. 44s. ›bis dass der Grimm deines Bruders sich wendet, bis der Zorn deines Bruders sich von dir wendet‹ ist unmöglich weder Glosse noch Erweiterung eines Bearbeiters, sondern Dublette«[57]. Bereits LXX hat darin eine sinnlose Doppelung gesehen und deshalb MT vereinfacht[58]. Wie die ersten Worte von v. 45a als Dittographie zu v. 44b entstanden sein sollen[59], bleibt ein Rätsel. Versteht man v. 45aα als erklärende Glosse zu v. 44b[60], dann bleibt offen, wieso der Ergänzer unnötigerweise v. 44b wiederholt hat. Nun paßt die Erwartung der Rebekka in v. 45aα, daß Esau vergessen wird, was ihm Jakob angetan hat, gut zu 25,29 – 34, da Esau hier als ein Mann geschildert wird, der ganz dem Tage lebt[61]. Diese Erzählung wird von E in 27,36 vorausgesetzt[62]. Dann stammt v. 45aα aus E und v. 44b aus J. Zu J gehört v. 45b, wo Rebekka ihr Verhalten damit begründet, daß sie nicht an einem Tag beide Söhne verlieren will. Bei J wird Esau ausdrücklich als der große Sohn der Rebekka bezeichnet (v. 15). Deshalb hat sie kein Interesse daran, daß Esau umkommt, auch wenn sie Jakob bevorzugt.

Ansonsten ist die Analyse von v. 41 – 45 schwierig, weil J und E berichtet haben müssen, daß Rebekka Jakob zu Laban sandte, weil ihn Esau töten wollte. Zu J gehört v. 42a.bα, da hier Esau und Jakob als ihr großer und kleiner Sohn charakterisiert werden. In v. 42a wird v. 41b vorausgesetzt, zudem nach H. Gunkel v. 41a eine Dublette aus E ist[63]. Auch wenn man v. 41b als Fortsetzung von v. 41a verstehen kann, spricht die Formulierung von v. 41a »da feindete Esau Jakob an…« eher dafür, daß Esau bereits jetzt Jakob nachstellt und ihm nicht nur feindlich gesinnt ist, bis er ihn nach dem Tode des Vaters umbringen kann. Durch

[57] J. Wellhausen, Composition, 32.
[58] So z. B. auch C. Westermann, Genesis 2, 529.
[59] So z. B. W. Eichrodt, BZAW 31, 76; P. Volz, BZAW 63, 64.
[60] So C. A. Simpson nach E. Blum, Komposition, 81.
[61] So z. B. H. Gunkel, Genesis, 315; O. Procksch, Genesis, 337.
[62] Vgl. III.
[63] H. Gunkel, Genesis, 306.

das Nomen *brkh* steht v. 41a in enger Beziehung zu v. 35 – 38, wo es
mehrfach vorkommt (v. 35.36.38). Zu E gehört sicher v. 43[64]. Der Anfang
»und nun, mein Sohn, höre auf meine Stimme« ist identisch mit v. 8a
und kommt verkürzt auch in v. 13 vor. O. Procksch rechnet zwar v. 43b
wegen Haran zu J[65]. Aber es läßt sich nicht einsichtig machen, warum
der Redaktor nach v. 43a seine Vorlage gewechselt haben sollte. Daß er
v. 44b aus J aufnahm, spricht dafür, daß auch v. 44a und die damit in
einer sachlichen Beziehung stehende Aussage von v. 45aβ aus J stammt[66].
Er brachte wegen v. 43a den Auftrag zur Flucht aus E und schloß daran
mit v. 44a ein Element aus J an, das bei E fehlte. Hier folgte wohl v. 45aα
direkt auf v. 43. Vor v. 43 muß bei E Rebekka den Grund für ihre
Aufforderung zur Flucht genannt haben. Das steht in v. 42bβ, den H.
Gunkel allerdings zu J rechnet, weil in ihm v. 41b aufgenommen werde[67].
In ihrer Struktur entsprechen aber die Worte der Rebekka in v. 42bβ.43
genau ihrer Rede in v. 6 ff. Sie nennt zunächst mit *hnh* den Tatbestand
(v. 6b.7ˣ; 42bβ), aus dem sie mit »und nun, mein Sohn, höre auf meine
Stimme« ihre Folgerung ableitet. Für sich genommen besagt v. 42bβ
nicht, daß Esau erst nach dem Tode des Vaters Jakob ermorden will.
Man kann diese Worte auch so verstehen, daß Esau sich bereits jetzt an
Jakob rächen will, indem er ihn umbringt. Dann entsprechen sie v. 41a.
      In v. 41 – 45 stammen also wahrscheinlich v. 41b.42a.bα.44.45aβ.b
aus J und v. 41a.42bβ.43.45aα aus E. Der Jehowist hat hier seine beiden
Vorlagen freilich so geschickt miteinander verbunden, daß sie sich nur
noch schwer voneinander scheiden lassen. Lediglich v. 44b und 45aα sind
hier eine auffällige Dublette. Durch sie wollte der Jehowist unterstreichen, daß Jakob erst ohne Gefahr zurückkehren kann, wenn ihm Esau
nicht mehr zürnt. Die Angst, die Jakob in 32,4 – 22 vor der Begegnung
mit Esau empfindet, wird dadurch besonders verständlich. Da der Jehowist die wesentlichen Punkte beider Versionen zur Geltung bringen wollte
und sie nicht wie bei v. 41a und 41b durchgehend miteinander verknüpfen
konnte, fehlt aus E, wie Rebekka mit Jakob zusammentraf, und aus J
der Anfang ihrer Worte. Daß der Jehowist dafür mit v. 42bβ.43 E den
Vorzug gab, geht zumindest auch auf die kompositorische Absicht zurück, eine strukturelle Entsprechung zu der ersten Rede Rebekkas in
v. 6 ff. herzustellen.
      In Gen 27,1 – 45 gehören also zu J: V. 1a. bα¹. 2. 3. 4aβ.b. 5b. 7aα¹. 15.
19b. 20. 24 – 27. 29aα. b. 30aα².β.b. 31b. 33. 34. 41b. 42a.bα. 44. 45aβ.b;
zu E: V. 1bα².β.4aα. 5a. 6. 7aα².β.b (ohne »vor Jahwe«) – 14. 16 – 19a.
21 – 23. 28. 29aβ. 30aα¹. 31a. 32. 35 – 40a. 41a. 42bβ. 43. 45aα. Nur für v. 4aβ

---

64 Ob mit oder ohne »Haran« kann hier offen bleiben.
65 O. Procksch, Genesis, 170.
66 So auch H. Gunkel, Genesis, 315.
67 H. Gunkel, Genesis, 306.

und 41 – 45 bleiben die Zuweisungen teilweise unsicher. Damit hat sich mit geringfügigen Modifikationen die Aufteilung als richtig erwiesen, die bereits H. Gunkel vorgenommen hat[68].

Methodisch ist wichtig, daß die Doppelsträngigkeit der Erzählung hier nicht daraus erschlossen wurde, daß nach der neueren Urkundenhypothese im folgenden J und E vertreten sind. Gegen das Verfahren, aufgrund anderer Texte zu postulieren, daß in ihr J und E enthalten sein müssen[69], hat schon J. Wellhausen eingewandt, daß der Jehowist für diese Erzählung nur eine Fassung berücksichtigt haben könnte[70]. Daß dem nicht so ist, ergab sich für J. Wellhausen allein aus den Dubletten. Das hat sich in dieser Untersuchung bestätigt. Die Art, wie die beiden Fassungen miteinander verbunden sind, zwingt zu dem Schluß, daß hier nicht ein Sammler zwei mündliche Überlieferungen zusammengearbeitet hat. Die elohistische Variante läßt sich auch nicht als Bearbeitung von J – und sei es aufgrund einer mündlichen Erzählung – verstehen[71]. Vielmehr hat hier eindeutig ein Redaktor zwei literarische Vorlagen miteinander verknüpft.

Allerdings ist die elohistische Version schwerlich unabhängig von der Fassung des Jahwisten entstanden. Dazu ist sie zu deutlich eine Weiterentwicklung und Umgestaltung seiner Darstellung. Das gilt, wie bereits angedeutet wurde, für die Diskussion in v. 11 – 13, daß der Vater den Betrug entdecken könnte, und für sein Betasten Jakobs, womit das Element, daß Hals und Hände Jakobs mit Fellen bekleidet wurden, untrennbar zusammenhängt. Bei J war sich zwar zunächst der Vater ebenfalls unsicher, ob Esau vor ihm steht, er hatte aber nicht Jakob in Verdacht. Nach Gen 25,25 J war jedoch Esau auffällig behaart. Deshalb lag es nahe, daß sich der Vater nicht wie bei J auf die Auskunft Jakobs verließ, er sei Esau, sondern den Sohn betastete. Offenbar stellte sich später die Frage, warum der Vater Jakob nicht an der Stimme erkannt hat. E antwortet: Der Vater erkannte die Stimme, ließ sich aber durch die Hände täuschen (v. 22 f.). Auch den Ausgangspunkt für den Betrug verdeutlicht der Elohist. Während bei J Esau ein Wild zu dem Vater

---

[68] Abweichungen zu H. Gunkel ergeben sich lediglich für v. 4aβ.5a.6.30a und 42bβ.

[69] So stellt z. B. H. Gunkel, Genesis, 305, unter Hinweis auf 32,4 – 22; 33,1 – 16 und 35,3.7 fest: »Daß das Kapitel aus J und E zusammengesetzt ist, ist deshalb von vorne herein wahrscheinlich, weil beide Quellen im folgenden ... diese Erzählung voraussetzen«.

[70] J. Wellhausen, Composition, 32.

[71] Damit spricht diese Erzählung gegen die Auffassung, daß der Elohist lediglich J bearbeitet habe, wie sie jüngst z. B. von S. E. McEvenue, The Elohist at Work, ZAW 96 (1984) 315 – 332, 329 f., und E. Zenger, Die neuere Diskussion um den Pentateuch und ihre Folgen für die Verwendung der Bibel im Religionsunterricht, KatBl 112 (1987) 170 – 177, 176, vertreten wurde.

bringen sollte, das er gejagt hatte (v. 3.4aβ/33), erhält er bei E den Auftrag, ein Gericht zu bereiten, wie es der Vater liebt (v. 4aα). Weil das Tier nun ausdrücklich zubereitet werden muß, konnte der alte Vater durch zwei Ziegenböckchen getäuscht werden.

Andererseits hat der Elohist die Bedeutung des Mahls für den Segen abgemildert. Die Absicht des Vaters, vor dem Segen zu essen, ist zwar auch hier Auslöser des Geschehens (v. 7b.10), weil nur so der Betrug Jakobs möglich wird. Anders als J in v. 25 berichtet E aber nicht, daß der Vater gegessen hat. Er segnete vielmehr sofort, nachdem er davon überzeugt war, daß Esau vor ihm steht (v. 22 f.)[72]. Damit hat das Mahl nicht mehr die konstitutive Bedeutung für den Segen, die bei J wenigstens noch als Hintergrund sichtbar wird[73]. Daß dem Elohisten J vorgegeben war, wird an v. 29aβ besonders deutlich. Der Spruch: »Sei ein Herr für deine Brüder und es sollen sich dir beugen die Söhne deiner Mutter« paßt nicht zu der Situation, da Esau der einzige Bruder Jakobs ist. Hier hat E ein ihm anderwärts überliefertes Wort in seine Darstellung aufgenommen[74]. Das läßt sich nur so erklären, daß der Elohist damit bewußt v. 29aα ersetzt hat. In der Tat läßt sich v. 29aα nicht mit dem elohistischen Aufriß der Vätergeschichte vereinbaren, da in diesem Spruch in Jakob dem späteren Israel die Herrschaft über andere Völker angekündigt wird. Bei E kommt aber Israel erstmals in Gen 46,3 in den Blick, wo Gott Jakob zusagt, daß er ihn in Ägypten zu einem großen Volk machen wird[75]. Deshalb konnte für E Isaak kein Segenswort sprechen, das sich auf das spätere Israel bezog. In gleicher Weise hat E in v. 28 durch einen vorgegebenen Spruch v. 27b ersetzt, den er nicht aus J übernehmen konnte, da bei ihm Jakob nicht die Kleider Esaus trug. So wird an verschiedenen Punkten deutlich, daß der Elohist aus der jahwistischen Fassung eine neue Erzählung geschaffen hat, die eine Parallele zu J darstellt[76].

Da Gen 27,1 – 45 aus J und E zusammengearbeitet wurde, ermöglicht diese Erzählung Einblicke in die Arbeitsweise der jehowistischen

---

[72] Nach H. Gunkel, Genesis, 311, hat E nach v. 19a berichtet, daß der Vater gegessen hat. Das sei jetzt ausgelassen. Aber v. 19a.21 – 23 bilden einen fortlaufenden Zusammenhang, in dem offensichtlich nichts fehlt.

[73] Aus der Formulierung, daß der Vater von dem Wild seines Sohnes essen will, damit ihn seine *npš* segnet (v. 25 u. ö.), geht hervor, daß ursprünglich der Vater durch das Mahl seine Lebenskraft stärken wollte, die er im Segen an den Sohn weitergibt (vgl. C. Westermann, Genesis 2, 532). Schon in der jahwistischen Darstellung ist dieser Segen dann ein wirksames Wort.

[74] Die nächste Parallele steht in dem Stammesspruch über Juda in Gen 49,8b: »Es sollen sich dir beugen die Söhne deines Vaters«.

[75] Vgl. L. Schmidt, BZAW 167, 189 ff.

[76] Dasselbe gilt für die Josephsgeschichte des Elohisten, wie ich in BZAW 167 gezeigt habe.

Redaktion. Nach M. Noth wollte der Jehowist nicht J und E vollständig in sein Werk aufnehmen. Vielmehr habe er »prinzipiell J als Ausgangspunkt und Grundlage gewählt und von E vor allem allerlei Sondergut zur Ergänzung von J aufgenommen«[77]. Dazu paßt jedoch nicht, daß in v. 5 – 20 E den Leitfaden bildet, in den Fragmente aus J eingearbeitet sind. Dagegen ist in v. 1 – 4 J die Grundlage, die durch Stücke aus E ergänzt wurde. Daß der Jehowist innerhalb dieser Erzählung die Basis seiner Darstellung wechselt, zeigt, daß er jeweils die ausführlichere Fassung zugrunde legte, unabhängig davon, ob sie von J oder von E geboten wurde. Wenn er sie jeweils aus der anderen Quellenschrift ergänzte, dann wollte er seine beiden Vorlagen möglichst vollständig aufnehmen. Nur wo er zwischen ihnen wählen mußte, weil sich sonst auch für ihn sinnlose Doppelungen ergeben hätten, bevorzugte er jeweils die ausführlichere Fassung. Auch dem Jehowisten geht es hier, wie es H. Donner als die beiden wesentlichen Motive für die Redaktion von R^P herausgearbeitet hat, um die Vollständigkeit des Materials und des Wortlautes der Erzählungen[78]. Für ihn gilt ebenfalls, daß der Redaktor »von der Gleichartigkeit und inneren Übereinstimmung seiner Textvorlagen im Sinne eines ›Sowohl – Als auch‹ völlig überzeugt war«[79]. Er sah z. B. zwischen Gen 27,15 und 16 keinen Widerspruch, sondern Rebekka hatte Jakob die guten Kleider Esaus angezogen *und* seinen Hals und Hände mit Fellen bekleidet.

Damit sind allerdings einige markante Doppelungen noch nicht erklärt. Daß der Jehowist v. 23b.24 und v. 34b nicht ausgelassen hat, wird nur verständlich, wenn er damit eine kompositorische Absicht verfolgte. Er wollte den Höhepunkt der Szenen, wie Jakob seinen Vater täuschte und wie Esau bei dem betrogenen Vater war, bewußt verdoppeln, um jeweils die Bedeutung dieses Geschehens zu unterstreichen[80]. Wie zu v. 43 vermutet wurde, dürften es auch Gründe der Komposition gewesen sein, aufgrund derer der Jehowist entschied, welche Fassung er an jenen Stellen aufnahm, an denen seine Vorlagen weitgehend übereinstimmten. So ist die Redaktion des Jehowisten zugleich eine bewußte Komposition. Dabei läßt er in dieser Erzählung ausschließlich seine Vorlagen zu Wort kommen. Er konnte sie hier ohne redaktionelle Klammern miteinander verbinden. Auch auf eigene interpretierende Zusätze hat er anscheinend in dieser Erzählung verzichtet[81]. Damit ist selbstver-

---

[77] M. Noth, Pentateuch, 28.

[78] H. Donner, Der Redaktor. Überlegungen zum vorkritischen Umgang mit der Heiligen Schrift, Henoch 2 (1980) 1 – 30, vor allem 27 f.

[79] H. Donner, Henoch 2, 28.

[80] Aus dem gleichen Grund hat der Jehowist neben der ausführlicheren Aussage über die Umkehr des Zorns Esaus in v. 45aα auch v. 44b aufgenommen.

[81] Ob v. 40b von dem Jehowisten eingefügt wurde, läßt sich nicht mehr entscheiden.

ständlich nicht ausgeschlossen, daß der Jehowist bei anderen Texten Erweiterungen vorgenommen hat. In dieser Erzählung bestand aber für ihn dazu offenbar weder eine Notwendigkeit, noch ein Bedürfnis.

III.

Aus dieser Analyse von Gen 27,1–45 folgt, daß 25,29–34 zu E gehört[82]. Diese Erzählung wird zwar vor allem in neuerer Zeit häufig J zugewiesen[83], der Elohist nimmt jedoch in 27,36a ausdrücklich auf sie Bezug[84]. Zwar wollte O. Eißfeldt diese Worte Esaus aus Gen 27 selbst verstehen. Esau sage hier, daß ihm Jakob sowohl den väterlichen Hauptsegen, der das Erstgeburtsrecht beinhalte, als auch überhaupt die Möglichkeit, vom Vater gesegnet zu werden, genommen habe[85]. Dagegen spricht jedoch der Wortlaut von v. 36a. Wenn Esau hier erwähnt, daß ihm Jakob seinen Segen genommen habe, so ist damit eindeutig jener Segen gemeint, den der Vater Esau zugedacht hatte. Außerdem hat E. Otto mit Recht darauf hingewiesen, daß durch *whnh 'th* die Erlistung des Segens zeitlich von der der Erstgeburt abgehoben wird[86]. Schließlich geht O. Eißfeldt bei seiner Interpretation zu Unrecht davon aus, daß v. 33–36a literarisch einheitlich sind.

Allerdings hat man verschiedentlich in v. 36a eine spätere redaktionelle Klammer gesehen[87], da es in v. 36 von Esau zweimal heißt »da sprach er«, ohne daß dazwischen von einer Handlung oder einer Reaktion des Vaters berichtet wird. Dann würde die elohistische Fassung von Gen 27 entgegen der oben vertretenen Auffassung doch auf eine mündliche Überlieferung zurückgehen. Nun soll aber durch das doppelte »da sprach er« die Rede Esaus gegliedert werden. Nachdem ihm der Vater in v. 35 mitgeteilt hat, daß ihm Jakob seinen Segen genommen hat, stellt Esau in v. 36a zunächst fest, daß ihn Jakob zweimal betrogen hat, ehe er sich mit v. 36b direkt an den Vater wendet. Das zweite »da sprach er« markiert in v. 36 also eine Zäsur in der Rede Esaus. In dieser Funktion ist ein doppeltes »da sprach er« des öfteren in einer Rede

---

[82] Hier ist v. 30b sekundär, da die Bemerkung »deshalb nennt man seinen Namen Edom« den Erzählfluß unterbricht, vgl. C. Westermann, Genesis 2, 510.

[83] So schon J. Wellhausen, Composition, 34; vgl. z. B. M. Noth, Pentateuch, 30; E. Otto, Sichem, 24; A. de Pury, Promesse, 519; O. Keel/M. Küchler, I, 57.

[84] Vgl. H. Gunkel, Genesis, 297; O. Procksch, Genesis, 330.

[85] O. Eißfeldt, Stammessage und Novelle in den Geschichten von Jakob und seinen Söhnen (1923), in: ders., Kleine Schriften I, 1962, 84–104, 94.

[86] E. Otto, Sichem, 30 Anm. 3.

[87] Nach H. Gunkel, Genesis, 313 f., hat E durch sie seine beiden Erzählungen in Gen 27 und 25,29 ff. verknüpft. R. Kessler, Die Querverweise im Pentateuch, Diss. Heidelberg, 1972, 110, und C. Westermann, Genesis 2, 539, die die Existenz von E bestreiten, sehen in v. 36a einen Zusatz.

belegt, ohne daß man daraus auf eine literarische Schichtung schließen
dürfte[88]. Dann aber hat der Elohist bei seiner Neufassung der Erzählung
von vornherein auch die Geschichte von 25,29 – 34 im Blick. Aus ihr
entnahm er, wie schon erwähnt, außerdem, warum Rebekka nach v. 45aα
erwartet, daß der Grimm Esaus gegenüber Jakob umkehren wird. Da
25,29 – 34 in sich weitgehend abgeschlossen ist[89] und eine Parallele bei
J fehlt, wurde diese Erzählung dem Elohisten wohl mündlich überliefert.
Außer dem jahwistischen Werk konnte E also teilweise auch direkt auf
mündliche Überlieferungen zurückgreifen. Für den Elohisten ist nun, wie
er mit 27,36a deutlich macht, der Raub des väterlichen Segens durch
Jakob eine Steigerung zu der Eroberung der Erstgeburt. Nun hat der
erstgeborene Esau alles verloren und der jüngere Jakob all das gewonnen,
was ihm durch seine spätere Geburt eigentlich verwehrt war.

Die Aspekte, die für die Redaktion in 27,1 – 45 herausgearbeitet
wurden, lassen sich teilweise auch in 32,4 – 22 nachweisen. Hier wird
von allen Vertretern der neueren Urkundenhypothese v. 4 – 14a im wesentlichen zu J und v. 14b – 22 zu E gerechnet. Umstritten ist lediglich,
ob v. 10 – 13 ein Zusatz ist. Tatsächlich ist das Gebet Jakobs eine
Erweiterung[90]. Da für den Rest die Aufteilung auf J und E bestritten
wird[91], muß zunächst ihre Berechtigung überprüft werden. Es fällt auf,
daß sich v. 14a und 22b weitgehend entsprechen. »Der erste Abschnitt
kommt in 14a an demselben Punkte an, den der zweite erst in 22
erreicht«[92]. Daß Jakob seine in v. 14b – 22 geschilderten Maßnahmen
erst am folgenden Tage ergriffen habe[93], müßte in v. 14b zumindest
angedeutet werden[94]. Deshalb hat nach P. Volz Jakob noch in der Nacht
die Geschenke an Esau abgesandt[95]. Aber wieso hat er damit bis zum
Anbruch der Nacht gewartet? Außerdem ist in v. 14b ff. nicht vorausgesetzt, daß Jakob zuvor seinen Besitz auf zwei Lager aufgeteilt hat, wie
es in v. 8b.9 berichtet wird. Nach v. 22b: »Er aber übernachtete in dieser

---

[88] So auch E. Blum, Komposition, 85 Anm. 102, unter Verweis auf Gen 20,9 f. Diese
      Stelle gehört m. E. zu E. Beispiele aus J sind Gen 43,29; 47,3b.4, vgl. dazu L. Schmidt,
      BZAW 167, 162.195.

[89] Ob man mit C. Westermann, Genesis 2, 509, annehmen muß, daß ihre Exposition jetzt
      nicht mehr erhalten ist, kann hier offen bleiben.

[90] Vgl. L. Schmidt, Der Kampf Jakobs am Jabbok (Gen. 32,23 – 33), ThViat 14 (1979)
      125 – 143, 135 – 137.

[91] So z. B. P. Volz, BZAW 63, 113 – 116; R. Kessler, Querverweise, 129 – 134; C. Wester-
      mann, Genesis 2, 614; E. Blum, Komposition, 141 – 143.

[92] H. Gunkel, Genesis, 356; vgl. schon J. Wellhausen, Composition, 43.

[93] So z. B. H. Eising, Formgeschichtliche Untersuchung zur Jakobserzählung der Genesis,
      1940, 144; R. Kessler, Querverweise, 134 Anm. 1.

[94] So mit Recht schon W. Eichrodt, BZAW 31, 90.

[95] P. Volz, BZAW 63, 116.

Nacht im Lager« gibt es nur ein Lager Jakobs[96]. Zwar hat P. Volz darin
recht, daß hier »der Geschenktrupp und das Gesamtlager« gegeneinander
abgehoben werden sollen[97]. Aber auch dann ist der Singular »Lager«
mit v. 8b.9 unvereinbar. Auch die Verbindung, die P. Volz zwischen der
Aufteilung des Besitzes und den Geschenken herstellt, läßt sich nicht
halten: Jakob bestimme einen Teil zur Reserve, die zurückbleiben soll,
und nehme von dem anderen, mit dem er weiterziehen wolle, die Geschenke für Esau. Dafür spreche in v. 14b auch die Formulierung »von
dem, was in seine Hand gekommen war«[98]. Gerade diese Worte beziehen
sich aber auf den gesamten Besitz, den Jakob erworben hat. Damit
bestätigen sie, daß in v. 14b die Teilung nicht vorausgesetzt ist[99]. Nun
hält zwar C. Westermann v. 8b.9 für das Fragment einer ursprünglich
selbständigen ätiologischen Notiz, das erst nachträglich in die Erzählung
eingefügt wurde[100]. Aber die Erwägung Jakobs in v. 9 bezieht sich
eindeutig auf seine in v. 8a berichtete Furcht. V. 8b.9 läßt sich von
v. 4 – 8a nicht trennen[101].

Gegen die Aufteilung auf J und E hat R. Kessler eingewandt, daß
der Grundbestand von v. 4 – 14a nur zusammen mit v. 14b – 22 einen
Sinn ergebe, da Jakob in v. 6 Esau die Aussicht auf Geschenke eröffne.
Ohne v. 14b ff. entstünde zwischen der Teilung des Besitzes, durch die
Jakob seinen Reichtum teilweise vor Esau verberge, und seiner Botschaft
an Esau in v. 5 f. eine Spannung[102]. Das wird jedoch der Darstellung in
v. 4 – 9 nicht gerecht. Wenn Esau Jakob in feindlicher Absicht entgegen-
zieht, hat er sich durch die Aussicht auf Geschenke nicht beeindrucken
lassen. Weil Jakob damit rechnen muß, teilt er seinen Besitz, um für sich
zu retten, was zu retten ist. V. 4 – 9.14a ist also ohne die Fortsetzung
durchaus verständlich. Gegen die Feststellung von E. Blum: »Entschieden
gegen die literarische Scheidung in 32,4 – 22 sprechen darüber hinaus
die Querverbindungen zu 33,1 – 17..., das selbst einen geschlossenen

---

[96] H. Gunkel, Genesis, 356; W. Eichrodt, BZAW 31, 90 f.
[97] P. Volz, BZAW 63, 115.
[98] P. Volz, BZAW 63, 114.
[99] Gegen die Auffassung von P. Volz spricht übrigens auch, daß nach 32,24 Jakob seinen
      Besitz über den Jabbok gebracht hat. Danach hat er nicht einen Teil in Mahanaim
      zurückgelassen.
[100] C. Westermann, Genesis 2, 619.
[101] Vgl. auch E. Blum, Komposition, 142 Anm. 5. Die Auffassung von C. Westermann
      beruht auf seiner Überlegung, »daß das Flehen um Rettung als Reaktion auf Jakobs
      Angst angemessener ist als die halbe Maßnahme V. 8b – 9« (Genesis 2, 619). Eine
      ähnliche Erwägung hat schon der Ergänzer angestellt, der das Gebet in v. 10 – 13
      einfügte (vgl. L. Schmidt, ThViat 14, 137). Ursprünglich galt aber offenbar die Vorsichts-
      maßnahme von v. 8b als hinreichende Reaktion.
[102] R. Kessler, Querverweise, 130; vgl. auch E. Blum, Komposition, 143.

Erzählzusammenhang bildet«[103] spricht, daß sich die signifikanten Spannungen zwischen v. 4 – 9.14a und 14b – 22 bei Annahme eines Verfassers nicht erklären lassen. Da in v. 14b – 22 die Teilung des Besitzes nicht vorausgesetzt wird, ist dieser Abschnitt auch keine literarische Erweiterung. Es ist deshalb daran festzuhalten, daß v. 4 – 9.14a zu J und v. 14b – 22 zu E gehört.

Diese Zuweisung ergibt sich daraus, daß mit v. 8 f. der Name Mahanaim begründet werden soll. Nun bezieht sich das *šm* in v. 14a auf einen bestimmten Ort, der gegenwärtig in v. 4 ff. nicht genannt wird. Das spricht dafür, daß ursprünglich nach v. 9 die Benennung dieses Ortes berichtet wurde[104]. Dann aber ist v. 8 f. von Haus aus eine Dublette zu v. 2 f., wo Jakob dem Ort den Namen Mahanaim gibt, weil er dort Gottesboten gesehen hat. V. 2 f. wird in der neueren Urkundenhypothese durchgehend zu E gerechnet. Folglich stammt v. 4 – 9.14a aus J und v. 14b – 22 aus E. Bei J und E hatte sich Jakob also unterschiedlich auf die Begegnung mit Esau vorbereitet. Bei J teilte er seinen Besitz, um wenigstens die Hälfte zu retten. Bei E sandte er an Esau Geschenke in der Hoffnung, durch sie seinen Bruder versöhnen zu können (v. 21).

Diese verschiedenen Darstellungen konnte der Jehowist anders als in 27,1 – 45 nicht ineinander arbeiten. Er hat sie deshalb als Blöcke übernommen. Für ihn bestand zwischen den Maßnahmen Jakobs kein Widerspruch, sondern Jakob hatte sowohl das eine als auch das andere getan. Interessanterweise hat der Jehowist auch v. 14a aus J aufgenommen, obwohl er diesen Halbvers hätte auslassen können. Dadurch ist bei ihm v. 22b eine Wiederaufnahme von v. 14a. Der Jehowist hat also hier wie in 27,21 – 27a und 33 – 38 für seine Redaktion ebenfalls das Stilmittel der Wiederaufnahme benutzt. Dann ist aber für ihn zwischen v. 14a und 22b die Zeit nicht vorangeschritten. Die Wiederaufnahme von 27,23b in v. 27a soll ja nicht besagen, daß Isaak zweimal gesegnet hat. Durch v. 14a wollte der Jehowist vielmehr die Maßnahmen, die Jakob an einem Tag getroffen hat, deutlich gliedern. Er unterstreicht damit bewußt, daß sich Jakob auf doppelte Weise auf die Begegnung mit Esau vorbereitet hat und gibt damit diesen Ereignissen ein besonderes Gewicht. So ist seine Redaktion auch hier zugleich eine gezielte Komposition. Das zeigt sich ebenfalls darin, daß Jakob jetzt zweimal Boten zu Esau sendet. Seine Geschenke sind eine Steigerung zu der Benachrichtigung Esaus. Esau soll nun tatsächlich an dem Reichtum Jakobs Anteil erhalten. Für die Fassung des Jehowisten sind also Überlegungen, mit denen z. B.

---

[103] E. Blum, Komposition, 142, unter Verweis auf R. Kessler, Querverweise, 132 f.

[104] Meist nimmt man an, daß die Benennung nach v. 14a erfolgte, vgl. J. Wellhausen, Composition, 44; H. Gunkel, Genesis, 358; M. Noth, Pentateuch, 31 Anm. 97. Das ist unwahrscheinlich, da dann Erklärung des Namens und Benennung durch v. 14a voneinander getrennt wären.

R. Kessler die literarische Einheitlichkeit nachweisen wollte, durchaus berechtigt. Sie gelten jedoch erst für dieses Stadium.

Gelegentlich mußte der Jehowist freilich auch hier zwischen J und E wählen. Er ließ aus J die Benennung von Mahanaim aus, weil Jakob dem Ort nicht in kurzer Zeit zweimal seinen Namen geben konnte. Aus E fehlt, daß Esau Jakob entgegenzog. Anscheinend ließ sich das nicht mit der Fassung des Jahwisten verbinden. Aufgrund der Beobachtungen zu 27,1 ff. kann man vermuten, daß der Jehowist hier J den Vorzug gab, weil diese Version in v. 4 – 7 ausführlicher war. Jedenfalls werden wesentliche Beobachtungen zur Arbeitsweise des Jehowisten in 27,1 ff. durch die Art seiner Redaktion in 32,4 – 22 gestützt[105].

Im Blick auf die Auseinandersetzungen um die neuere Urkundenhypothese ergibt sich aus der Untersuchung von Gen 27,1 – 45, daß hier zwei literarische Fassungen nachweisbar sind, die sich J und E zuordnen lassen. Die elohistische Version ist eine literarische Neugestaltung von J. Außerdem ermöglicht diese Erzählung Einblicke in das Vorgehen der Redaktion. Der Jehowist wollte hier seine Vorlagen vollständig aufnehmen. Wo das nicht möglich war, gab er jeweils der ausführlicheren Fassung den Vorzug. Gelegentlich hat er aus kompositorischen Gründen das Verfahren der Wiederaufnahme gewählt, so daß seine Redaktion zugleich eine bewußte Komposition ist. Aus 27,36 folgt, daß auch 25,29 – 34 zu E gehört. Die Ergebnisse zu 27,1 – 45 werden sowohl für die Existenz von J und E als auch für die Arbeitsweise der Redaktion durch 32,4 – 22 bestätigt, wo v. 4 – 9.14a aus J und v. 14b – 22 aus E stammen.

Väterverheißungen und Pentateuchfrage

I.

Das Alter der Verheißungen an die Erzväter wird gegenwärtig wieder eingehend diskutiert. Während etwa H. Seebass und J. Scharbert einige dieser Verheißungen zum »Urgestein« der Vätertradition rechnen[1], sind sie z. B. nach M. Köckert alle erst in exilisch-nachexilischer Zeit entstanden[2]. Diese verschiedene Beurteilung ist eng mit den unterschiedlichen Auffassungen über die Entstehung des Pentateuch verbunden. Wer die neuere Urkundenhypothese vertritt und den Jahwisten in der frühen Königszeit ansetzt, geht davon aus, daß bereits dieses Werk einen Mindestbestand an Verheißungen enthielt. Sie verknüpfen hier die Darstellungen Abrahams und Jakobs. Wenn bei J nicht wenigstens die Landverheißungen in Gen 12,7 und 28,13 standen, fehlt eine verbindende Klammer, ohne die es J nicht gegeben haben kann. Ist aber das Motiv »Verheißung an die Väter« schon relativ früh schriftlich belegt, dann stellt sich die Frage, ob es sich bei ihm um eine literarische Bildung des Jahwisten handelt, oder ob es J nicht wenigstens teilweise schon in seinen Überlieferungen vorgegeben war.

Wenn man hingegen wie z. B. J. Van Seters eine Ergänzungshypothese bevorzugt und annimmt, daß erst ein exilischer Jahwist die erste umfassendere Darstellung der Frühgeschichte Israels geschaffen hat, die später noch ergänzt wurde, dann sind zumindest jene Verheißungen erst in der Exilszeit entstanden, durch die Erzählungen von verschiedenen Erzvätern miteinander verknüpft werden[3]. Das gilt etwa für Gen 12,2 f. und 28,13 f., da in 28,14b 12,3b wieder aufgenommen wird. Ob das Motiv »Verheißung an die Väter« überhaupt vorexilisch ist, hängt in diesem Fall davon ab, ob es in Überlieferungen enthalten war, die dieser

---

[1] H. Seebass, Gehörten Verheißungen zum ältesten Bestand der Väter-Erzählungen?, Bibl 64 (1983) 189–210; J. Scharbert, Die Landverheißung als »Urgestein« der Patriarchen-Tradition, in: Mélanges bibliques et orientaux en l'honneur de M. M. Delcor, 1985 (AOAT 215), 359–368.

[2] M. Köckert, Vätergott und Väterverheißungen, 1988 (FRLANT 142), 162 ff.

[3] J. Van Seters, Abraham in History and Tradition, New Haven/London 1975; vgl. ders., Der Jahwist als Historiker, 1987 (ThSt [B] 134).

exilische Jahwist in sein Werk aufgenommen hat[4]. Im Unterschied zu J. Van Seters weist H.-C. Schmitt die erste Darstellung der Frühgeschichte einem exilischen oder frühnachexilischen Elohisten zu. Die meisten Verheißungen an die Erzväter führt er »auf einen nachelohistischen ›jahwistischen‹ Redaktionsprozeß« zurück[5].

Relativ spät werden die meisten Väterverheißungen auch von den Vertretern einer Fragmentenhypothese angesetzt, die im Anschluß an R. Rendtorff annehmen, daß die Vätergeschichten zunächst eine selbständige größere Einheit waren, in der ältere Überlieferungen von den einzelnen Patriarchen vor allem durch Verheißungen miteinander verbunden wurden[6]. Während für M. Köckert Traditionen von Abraham und Jakob erst in exilisch-nachexilischer Zeit durch Gen 12,1 – 4a.6 – 8; 13,14 – 17; 28,13 f. miteinander verknüpft wurden[7], war E. Blum zunächst der Meinung, daß es schon eine vorexilische Vätergeschichte gegeben hat, die zwischen dem Untergang des Nordreichs im Jahr 722 und 587 entstanden sei. Ihr Verfasser habe durch die Verheißungen in 13,14 – 16a.17 und 28,13.14a eine judäische Abraham-Lot-Erzählung (Gen 13; 18 f.*) mit der nordisraelitischen Jakobsgeschichte (Gen 25 – 50*) verbunden[8]. In der Exilszeit sei sein Werk erheblich erweitert worden. Damals seien z. B. Gen 12,1 – 3; 28,14b; 46,1 – 5a entstanden, während die Verheißungen in Gen 12,7; 15 auf eine D-Bearbeitung zurückgingen, »welche die Vätergeschichte erstmals in einen übergreifenden literarischen Kontext hineinstellt«[9].

Bereits aus diesem knappen Überblick geht hervor, daß den Väterverheißungen für die Frage nach der Entstehung des Pentateuch eine erhebliche Bedeutung zukommt.

II.

Da E. Blum und M. Köckert die Verheißungen in 13,14 ff. und 28,13 f. zumindest in einem Grundbestand derselben literarischen Schicht

---

[4] Bei Abraham hält J. Van Seters, Abraham, 313, z. B. die Landverheißung in 12,7 für vorexilisch.

[5] H.-C. Schmitt, Die nichtpriesterliche Josephsgeschichte, 1980 (BZAW 154), 111 f.

[6] R. Rendtorff, Das überlieferungsgeschichtliche Problem des Pentateuch, 1976 (BZAW 147), 65.

[7] M. Köckert, 264 ff.320 f.

[8] E. Blum, Die Komposition der Vätergeschichte, 1984 (WMANT 57), 289 ff. Inzwischen hat sich E. Blum, Studien zur Komposition des Pentateuch, 1990 (BZAW 189), 214 Anm. 35, der Auffassung von M. Köckert angeschlossen, ohne auf die Gründe einzugehen, die ihn in Vätergeschichte, 295 ff., dazu veranlaßt hatten, mit einer vorexilischen Verheißungstradition für Abraham zu rechnen; zu ihnen vgl. III.

[9] E. Blum, Vätergeschichte, 462.

zuweisen, soll zunächst geprüft werden, ob sie wirklich von demselben Verfasser stammen. In der Tat ist 13,14–17 in der Erzählung, wie sich Lot von Abraham trennte (13,2 ff.), eindeutig eine spätere Erweiterung[10]. In V. 18 wird nicht berichtet, daß Abraham das Land in seiner Länge und Breite durchzogen hat, wie es ihm Jahwe in V. 17 befohlen hatte. Außerdem entspricht in V. 18 »da zeltete Abram« V. 12bβ, wonach Lot bis nach Sodom zeltete. V. 18 folgte ursprünglich direkt auf V. 12bβ[11]. Nun gibt es zwischen 13,14–16 und 28,13 f. auffällige Übereinstimmungen. »Das ganze Land, das du siehst« in 13,15 entspricht »das Land, auf dem du liegst« in 28,13. Nur an diesen beiden Stellen wird das zugesagte Land mit einem Relativsatz präzisiert. Von ihm heißt es dann jeweils: »Dir will ich es geben und deinem Samen«. Das sind in Gen die einzigen Stellen, an denen in einer Landverheißung das Verb »geben« zwischen dem Ahnherrn und seinen Nachkommen steht. Das ist dadurch bedingt, daß in beiden Texten eine Mehrungsverheißung folgt (13,16; 28,14a). Durch die Nachstellung von »und deinem Samen« wird ein Übergang von der Land- zur Mehrungsverheißung geschaffen[12]. In dieser wird lediglich in 13,16 und 28,14 die Nachkommenschaft mit dem Staub des Landes verglichen. Schließlich handelt es sich um die einzigen Verheißungen, in denen die vier Himmelsrichtungen erwähnt werden. 13,14–16 und 28,13 f. stimmen somit in Formulierungen überein, die in den übrigen Verheißungen der Gen nicht begegnen. Deshalb können beide Texte nicht unabhängig voneinander entstanden sein.

Das hat allerdings J. Scharbert bestritten. Da in 28,14 der Ahnherr nicht wie in 13,14 in die vier Himmelsrichtungen blicken soll, und sie dort anders aufgezählt werden, nimmt er an, daß die Landverheißung in 13,14aγ.b.15a die »Ur-Verheißung der *Abraham-Tradition*« bilde. Sie sei in Mamre bzw. Hebron überliefert worden. Später sei diese Zusage an andere Verheißungen angeglichen worden[13]. Dagegen spricht aber schon, daß Abraham erst in 13,18 nach Mamre kommt. In einer lokalen Sondertradition hätte Abraham diese Zusage doch wohl in Mamre erhalten. Vor allem aber sind die Aufforderung Jahwes an Abraham, in

[10] So schon J. Wellhausen, Die Composition des Hexateuchs und der historischen Bücher des Alten Testaments, Berlin ³1899, 23 f. Zur Kritik an dem Versuch von R. Kilian, Die vorpriesterlichen Abrahamsüberlieferungen, 1966 (BBB 24), 16 ff., in diesem Abschnitt den Höhepunkt der Erzählung zu sehen, vgl. z. B. J. A. Emerton, The origin of the promises to the Patriarchs in the older sources of the book of Genesis, VT 32 (1982) 14–32, 19 f. Inzwischen hält auch R. Kilian die Verse für einen späten Zusatz, vgl. R. Kilian, Nachtrag und Neuorientierung, in: Die Väter Israels (FS J. Scharbert), Stuttgart 1989, 155–167, 162 f.
[11] C. Westermann, Genesis 2. Genesis 12–36, 1981 (BK I/2), 201.
[12] J. A. Emerton, 25 f.
[13] J. Scharbert, 363.

die vier Himmelsrichtungen zu blicken, und seine Zusage, ihm das ganze Land, das er sieht, zu geben, das Gegenbild zu dem Verhalten Lots in 13,10a.11a. Dort hat Lot gesehen, daß der ganze Jordangau wasserreich ist. Er wählte deshalb dieses Gebiet für sich. Nachdem er von Abraham weggezogen ist, fordert Jahwe nun Abraham auf, umherzusehen und sagt ihm und seinen Nachkommen das ganze Land, das er sieht, zu[14]. Diese Verheißung setzt somit die Erzählung von der Trennung Lots von Abraham voraus[15]. Deshalb kann sie nicht auf eine Sondertradition zurückgehen. Sie ist vielmehr eine literarische Erweiterung.

Daraus folgt freilich nicht, daß 13,14 – 17 und 28,13 f. von demselben Verfasser stammen. Es gibt deutliche Hinweise darauf, daß der Abschnitt 13,14 – 17 jünger ist als 28,13 f. und später in Anlehnung an diese Verse geschaffen wurde. So hat 13,16b, wo die Unzählbarkeit der Nachkommen Abrahams betont wird, in 28,14 keine Parallele. E. Blum hält zwar 13,16b für einen Zusatz seiner D-Bearbeitung[16]. Aber 13,16b hat in der Landverheißung ein Gegenstück, da in V. 15b das Land »für immer« zugesagt wird. Auch dieses »für immer« fehlt in 28,13 f. Die beiden Aussagen, die in 13,15 f. über 28,13 f. hinausgehen, entsprechen sich. Mit ihnen will der Verfasser von 13,14 – 17 betonen, daß diese Verheißung alle Grenzen sprengt. Der Landbesitz Abrahams und seiner Nachkommen wird zeitlich unbefristet und seine Nachkommenschaft unzählbar sein. Wer 13,16b streicht, zerstört diese deutlich beabsichtigte Entsprechung zwischen Land- und Mehrungsverheißung. 13,14 – 17 ist somit literarisch einheitlich. Aus den Erweiterungen, die dieses Stück in V. 14 – 16 gegenüber 28,13 f. enthält, geht aber hervor, daß seinem Verfasser die Verheißung an Jakob in 28,13 f. vorgegeben war[17]. Sie hat er auf Abraham übertragen.

Das wird dadurch bestätigt, daß in 13,14 – 16 und 28,13 f. Land- und Mehrungsverheißung auf unterschiedliche Weise miteinander verbunden sind. In 13,14 – 16 werden beide Verheißungen einfach aneinandergereiht. Wie V. 17 zeigt, liegt dabei das Gewicht auf der Zusage des Landes an

---

[14] Auf die Beziehung zwischen V. 10 und 14 hat R. Kilian, Abrahamsüberlieferungen, 24 f., aufmerksam gemacht. Allerdings hat er übersehen, daß durch V. 14 f. in der Erzählung ein Widerspruch entsteht, da nun Abraham auch das Gebiet Lots zugesagt wird. Die Erzählung will aber gerade die Verschiedenheit der Wohngebiete begründen, vgl. L. Schmidt, Überlegungen zum Jahwisten, EvTh 37 (1977) 230 – 247, 231.

[15] Das wird auch von A. de Pury, Promesse divine et légende cultuelle dans le cycle de Jacob, Paris 1975, 65 ff., nicht beachtet. Nach ihm folgte in einer Grundschicht, die J aufgenommen habe, 13,14aα.γ.b.15.17 f. direkt auf 12,1.4a.6a.7 f.

[16] E. Blum, Vätergeschichte, 157 Anm. 30.

[17] Gegen K. Berge, Die Zeit des Jahwisten, 1990 (BZAW 186), 175, der 13,14 – 17 J in der Zeit Salomos zuweist, reicht es deshalb nicht zu, die Spannungen innerhalb der jahwistischen Erzählung damit zu erklären, daß J hier eine Tradition aufgenommen habe.

Abraham. Er soll es in seiner Länge und Breite durchziehen, weil es
Jahwe schon ihm selbst geben will. Deshalb sieht man gelegentlich in
der Mehrungsverheißung von V. 16 einen Zusatz[18]. Dagegen spricht
jedoch, daß Land- und Mehrungsverheißung auch in 28,13 f. miteinander
verbunden sind. Es ist nicht einzusehen, warum der Verfasser von 13,14 ff.
die Mehrung nicht aus seiner Vorlage übernommen haben sollte[19]. Verschiedentlich hält man allerdings 28,14 für eine Erweiterung. So schreibt
z. B. H. Gunkel: »Diese Weissagung unterscheidet sich von den konkreten
Worten 13.15 durch ihre blasse Haltung und ist wohl Zusatz«[20]. Nach
P. Weimar und J. A. Emerton ist dieser Vers von dem Verfasser von
13,14 – 17 eingefügt worden[21]. Aber die Aufforderung Jahwes in 13,14,
daß Abraham in die vier Himmelsrichtungen blicken soll, ist eine Abwandlung von 28,14aβ, wonach sich Jakob in diese Himmelsrichtungen
ausbreiten wird. Auch 28,14 gehört somit zur Vorlage des Verfassers von
13,14 – 17[22]. Literarkritisch läßt sich V. 14 von V. 13b nicht trennen. Daß
in der Landverheißung von V. 13b »und deinem Samen« nachgestellt ist,
erklärt sich nur daraus, daß in V. 14 eine Mehrungsverheißung folgen
soll. Zudem greift schon V. 13b dadurch über Person und Situation
Jakobs hinaus, daß die Verheißung mit »ich bin Jahwe, der Gott deines
Vaters Abraham und der Gott Isaaks« eingeleitet wird. Von daher ist
verständlich, daß Jakob im folgenden Land *und* Mehrung zugesagt wird.
Ein Zusatz ist lediglich »und in deinem Samen« am Ende von V. 14b,
das deutlich nachklappt. Durch ihn soll V. 14b an 22,18; 26,4 angeglichen
werden, wonach sich alle Völker der Erde unter Berufung auf die Nachkommen eines Patriarchen und nicht auf diesen selbst segnen werden.

---

[18] So z. B. C. Westermann, Die Verheißungen an die Väter, 1976 (FRLANT 116), 30.

[19] Auch E. Haag, Die Abrahamtradition in Gen 15, in: Die Väter Israels (FS J. Scharbert),
Stuttgart 1989, 83 – 106, 88 f., hält wegen der Erwähnung der Nachkommen 13,15b.16
für sekundär. Ursprünglich sei auf 13,14aα.γ.b.15a.17 15,2a.3b.4 gefolgt. Diese Grundschicht von Gen 15 aus der Epoche Joschijas sei in frühnachexilischer Zeit erweitert
worden. Erst eine spät-nachexilische Bearbeitung, in der Gen 15 seine Endgestalt
erhielt, habe 13,14 – 17 von Gen 15 getrennt. Ist aber die Mehrungsverheißung in
13,16 — und dann auch 13,15b — kein Zusatz, dann ist 13,14 ff. nicht auf eine
Fortsetzung in Gen 15 hin angelegt. Auf die Beziehungen zwischen 13,14 – 16 und
28,13 f. geht E. Haag leider nicht ein.

[20] H. Gunkel, Genesis, Göttingen [7]1966, 318 f.

[21] P. Weimar, Untersuchungen zur Redaktionsgeschichte des Pentateuch, 1977 (BZAW
146), 49 Anm. 145; J. A. Emerton, 22 ff.

[22] Für J. A. Emerton, 24, stammen 13,14 – 17 und 28,14 von derselben Hand, weil nicht
zu erwarten sei, daß ein Autor immer identische Worte ohne Variation verwende.
Gegen J. A. Emerton ergibt sich aber die verschiedene Verfasserschaft nicht nur daraus,
daß die Himmelsrichtungen in unterschiedlicher Reihenfolge aufgezählt werden. Entscheidend ist vielmehr, daß 13,14 ff. gegenüber 28,13 f. Erweiterungen enthält, durch
die die Größe dieser Zusage Jahwes besonders unterstrichen werden soll.

Abgesehen von diesem letzten Wort in V. 14b ist aber die Verheißung in 28,13b.14 literarisch einheitlich.

Im Unterschied zu 13,14 – 16 sind in 28,13 f. Land- und Mehrungsverheißung eng miteinander verzahnt. H. Seebass hat darauf aufmerksam gemacht, daß in V. 13b die Landverheißung durch die Formulierung »das Land, auf dem du liegst« »ganz auf den Bereich Bethels und seiner Umgebung beschränkt« sei. Erst durch die Mehrungsverheißung in V. 14a werde sie auf das gesamte israelitische Gebiet ausgedehnt[23]. Dieser Auffassung haben E. Blum und M. Köckert nachdrücklich widersprochen[24]. Nach M. Köckert ist der Relativsatz in V. 13b durch den literarischen Kontext bedingt. Aus der Parallele in 13,15 gehe hervor, daß auch in 28,13b nur das gesamte Land gemeint sein könne und durch eine einschränkende Deutung auf Bet-El und seine Umgebung werde der Relativsatz willkürlich interpretiert. Nicht erklärt wird aber von E. Blum und M. Köckert, wie dann die Formulierung »und du wirst dich ausbreiten nach Westen und nach Osten und nach Norden und nach Süden« in V. 14aβ zu verstehen ist. Die Angabe der vier Himmelsrichtungen ergibt hier nur einen Sinn, wenn an eine räumliche Ausbreitung gedacht ist.

Das bestätigt Jes 54,3, die einzige Stelle, in der sonst noch das Verb prṣ in der Bedeutung »sich ausbreiten« mit Richtungsangaben verbunden ist. Dort heißt es: »denn nach rechts und links wirst du dich ausbreiten und deine Nachkommenschaft wird Völker beerben und verwüstete Städte besiedeln«. Hier ist eindeutig an eine räumliche Ausbreitung gedacht. Eben durch sie werden die Nachkommen verwüstete Städte besiedeln. Wenn aber in Gen 28,14aβ eine räumliche Ausdehnung verheißen wird, kann in V. 13b mit der Formulierung »das Land, auf dem du liegst« Jakob für sich und seine Nachkommen nur ein Teil des israelitischen Gebietes zugesagt worden sein. Die Ankündigung einer Ausbreitung in die vier Himmelsrichtungen in V. 14aβ wäre sinnlos, wenn Jakob schon in V. 13b das gesamte israelitische Gebiet verheißen würde. So hat auch der Ergänzer von 13,14 – 17 die Verheißung in 28,13 f. verstanden. Daß er die Ankündigung von 28,14aβ zu dem Befehl umgestaltet, daß Abraham in die vier Himmelsrichtungen blicken soll (13,14), zeigt, daß für ihn Jakob erst mit 28,14aβ das ganze israelitische Gebiet zugesagt wurde. C. Westermann hat auch mit Recht darauf hingewiesen, daß

---

23   H. Seebass, Der Erzvater Israel, 1966 (BZAW 98), 23; vgl. ders., Landverheißungen an die Väter, EvTh 37 (1977) 210 – 229, 212; ders., Verheißungen, 196 – 198. Daraus schließt H. Seebass, daß die Landverheißung in 28,13b zum Urgestein der Patriarchentradition gehört. Seiner Auffassung haben sich z. B. A. de Pury, 175 ff., und J. Scharbert, 361 ff., angeschlossen. Diese überlieferungsgeschichtlichen Folgerungen können hier außer Betracht bleiben.

24   E. Blum, Vätergeschichte, 17 Anm. 35; M. Köckert, 30 Anm. 71.

die Erwähnung der vier Himmelsrichtungen eigentlich besser zu einer Landverheißung wie in 13,14 paßt als zu einer Mehrungsverheißung[25]. Tatsächlich ist V. 14aβ beides. Mit der Formulierung »du wirst dich ausbreiten« wird Jakob auch seine Mehrung zugesagt. Von ihr ist freilich schon in V. 14aα die Rede. In V. 14aβ kommt nun als neues Element hinzu, daß sich Jakob bei seiner Mehrung in die vier Himmelsrichtungen ausbreiten wird. Dadurch sind in V. 14a Mehrungs- und Landverheißung eng miteinander verbunden. In seinen zahlreichen Nachkommen wird sich Jakob über jenes Land hinaus ausbreiten, das ihm in V. 13b für sich und seine Nachkommen zugesagt wurde. Das gesamte israelitische Gebiet wird somit hier Jakob erst für seine Nachkommen verheißen.

Nun fällt auf, daß in V. 14a das Subjekt von »dein Same« zu »du« wechselt. Statt »und du wirst dich ausbreiten …« würde man nach »und es wird dein Same sein wie der Staub des Landes« (V. 14aα) eher erwarten »und er wird sich ausbreiten …«. Um Jakob selbst geht es aber auch in V. 13b (»dir«) und V. 14b (»in dir«). Deshalb nimmt J. Scharbert an, daß es sich bei V. 13b.14aβ.b überlieferungsgeschichtlich um eine »Sondertradition des um Bet-El siedelnden Jakob-Verbandes« handelt, in der ursprünglich die Nachkommen des Ahnherrn nicht erwähnt wurden. In ihr sei mit V. 14aβ nicht gemeint gewesen »und du wirst dich ausbreiten«, sondern »Du wirst (die Grenzen) durchbrechen …«, so daß hier nicht die Mehrung Jakobs vorausgesetzt werde[26]. Daß aber das Verb prṣ sonst in keiner Verheißung in diesem Sinn gebraucht wird, belegt gegen J. Scharbert nicht, daß es sich hier um eine Sondertradition handelt, sondern spricht gegen seine Deutung von V. 14aβ.

Der Wechsel des Subjekts in V. 14a bedarf freilich einer Erklärung. Nun kommt es dem Verfasser in V. 14b offenbar darauf an, daß sich die Sippen des Erdbodens auf Jakob und nicht auf seine Nachkommen berufen werden. Deshalb schreibt er hier »in dir«. Dieses »in dir« bereitet er in V. 14aβ dadurch vor, daß hier Jakob das Subjekt des Sich-Ausbreitens ist. Dabei ist von V. 14aα her deutlich, daß sich Jakob erst in seinen zahlreichen Nachkommen in die vier Himmelsrichtungen ausbreiten wird. Daß Jakob in V. 14aβ das Subjekt ist, ist also durch das »in dir« in V. 14b bedingt[27]. Dann kann allerdings gegen E. Blum

---

25 C. Westermann, Genesis 2, 554, der freilich nicht beachtet, daß wegen V. 14aβ in V. 13b nicht das ganze israelitische Gebiet gemeint sein kann.

26 J. Scharbert, 362.

27 So auch H. Seebass, Verheißungen, 196 f. Nach ihm folgte in der mündlichen Überlieferung V. 14b direkt auf V. 13b, weil hier mit »dir« jeweils das Individuum Jakob gemeint sei. Dagegen sei Jakob in V. 14aβ Repräsentant seiner Nachkommen. Aber das »Segenswort« von V. 14b setzt doch mehr voraus, als daß Jakob Bet-El und seine Umgebung erhält. H. Seebass, Verheißungen, 197 Anm. 27, meint deshalb auch, »daß ein solches Segenswort für den Mann, der die Berührung von Himmel und Erde, der

V. 14b nicht eine spätere Erweiterung von V. 13b.14a sein[28]. Diese Auffassung beruht darauf, daß E. Blum 28,13b.14a für vorexilisch, 12,1 – 3 aber für exilisch hält und daß wegen der wörtlichen Übereinstimmung von 28,14b und 12,3b beide Halbverse zu derselben literarischen Schicht gehören müssen. Da aber die Formulierung in V. 14aβ auf V. 14b hin angelegt ist, läßt sich V. 14b nicht von V. 14a trennen[29]. Es muß somit dabei bleiben, daß − abgesehen von »und in deinem Samen« in V. 14b − die Verheißung in 28,13b.14 literarisch einheitlich ist.

Für die Verbindung von Land- und Mehrungsverheißung ergibt sich aus diesen Überlegungen: In 28,13b sagt Jahwe zunächst Jakob für sich und seine Nachkommen »das Land, auf dem du liegst« zu. Diese Verheißung gilt nicht für das gesamte israelitische Gebiet, sondern für einen begrenzten Raum. In ihr steht »und deinem Samen« nach dem Verb »geben«, weil in V. 14aα eine Mehrungsverheißung folgt. Diese Mehrung wird nach V. 14aβ zur Folge haben, daß sich Jakob in seinen zahlreichen Nachkommen in die vier Himmelsrichtungen ausbreiten wird. Das Land seiner Nachkommen wird somit größer sein als das Land, das ihm und seinen Nachkommen in V. 13b verheißen wurde. Hier sind also Land- und Mehrungsverheißung eng miteinander verbunden und aufeinander bezogen. Dagegen ist dem Verfasser von 13,14 – 17 wichtig, daß Jahwe dem Abraham schon für sich selbst das gesamte israelitische Gebiet zugesagt hat, und daß es bereits Abraham dadurch symbolisch in Besitz nehmen durfte, daß er es in seiner Länge und Breite durchzog. Seine Nachkommen erhalten hier kein größeres Land, als es Abraham für sich selbst verheißen war. Deshalb stehen in 13,14 – 16 Land- und Mehrungsverheißung nebeneinander.

Aus den Erweiterungen, die 13,15 f. gegenüber 28,13 f. enthält, und aus der in beiden Texten unterschiedlichen Verbindung von Land- und Mehrungsverheißung geht eindeutig hervor, daß 13,14 – 17 und 28,13 f. nicht von demselben Verfasser stammen. Vielmehr wurde durch 13,14 – 17 die Verheißung an Jakob in 28,13 f. später auf Abraham übertragen, wobei es dem Verfasser dieses Abschnitts darauf ankam, daß Jahwe Abraham schon für sich selbst das gesamte israelitische Gebiet

---

die Stätte des Palastes Elohims auf der Erde entdeckte, ganz überzeugend wirkt«. Damit hätte aber das »Segenswort« keine Beziehung zur Landverheißung, sondern beide würden einfach nebeneinander stehen. Dieses »Segenswort« ist jedoch sonst immer eng mit anderen Verheißungen verbunden (12,1 – 3; 22,18; 26,4). Zudem stehen wegen ihrer wörtlichen Übereinstimmung 28,14b und 12,3b auf einer Stufe. 12,3b ist aber eindeutig eine literarische Bildung.

[28] E. Blum, Vätergeschichte, 354.

[29] Nach E. Blum, Studien, 214 Anm. 35, gehört die Abtrennung von V. 14b zu den »rein analyseimmanenten Annahmen«, die er inzwischen für überflüssig hält, da er nun die Verheißung in 28,13 f. ganz der »exilischen Komposition« zuweist.

zugesagt hatte. Ohne 13,14 – 17 fehlt jedoch jener vorexilischen Väterge-schichte, die E. Blum 1984 rekonstruiert hat, in der Darstellung Abra-hams ein Gegenstück zu 28,13 f. Deshalb kann es sie in dieser Gestalt nicht gegeben haben.

Nun wird in der Verheißung von 28,13b.14 Jakob mit Abraham verbunden. Das ergibt sich schon aus der Formulierung in V. 13b: »Ich bin Jahwe, der Gott deines Vaters Abraham und der Gott Isaaks«. Mit ihr wird zwischen Abraham und Jakob eine besonders enge Beziehung hergestellt. Sie kann nicht nur genealogisch gemeint sein, da dann »dein Vater« auch bei Isaak stehen müßte, sondern ist offenbar in der folgenden Verheißung begründet. Diese Zusage Jahwes verbindet also Jakob mit Abraham. Dann ist in der literarischen Schicht, zu der 28,13 f. gehört, bereits Abraham eine Landverheißung zuteil geworden. Dafür kommt nur 12,7 in Frage. 15,7 ff. scheidet als möglicher Bezugspunkt schon dadurch aus, daß in 15,18 die Landverheißung als *bryt* gilt, die Jahwe Abraham gewährte. Das ist gegenüber der einfachen Zusage des Landes in 12,7 deutlich eine Weiterentwicklung[30]. In der Formulierung »deinem Samen werde ich dieses Land geben« weicht zwar 12,7 von 28,13 f. ab. Beide Texte stimmen aber darin sachlich überein, daß das gesamte israelitische Gebiet den beiden Ahnherrn erst für ihre Nachkommen zugesagt wurde.

Die Herkunft von 12,7 ist freilich umstritten. C. Westermann hält den Vers für »eine selbständige Einheit«. Ursprünglich habe V. 8 an V. 6 angeschlossen, da sich das »von dort« am Anfang von V. 8 nur auf die Ortsangabe in V. 6 beziehen könne[31]. Diese Auffassung hat E. Blum zu recht kritisiert[32]. Das »von dort« in V. 8 knüpft an das »dort« in V. 7b an. Die Formulierung »dieses Land« in V. 7a setzt V. 6a voraus, da nur so deutlich ist, welches Land gemeint ist. Es ist auch schwer vorstellbar, daß Abraham an dem Ort der Verheißung einen Altar errichtet, ohne daß man erfährt, um welchen Ort es sich handelt. Die Verheißung in 12,7 ist also nie ohne V. 6a und 8 tradiert worden[33]. E. Blum hält sie allerdings wegen ihrer Formulierung für eine Erweiterung durch seine D-Bearbeitung[34]. »Diese Gestalt mit (zumeist) vorangestelltem לזרעך als

---

[30] Vgl. z. B. L. Perlitt, Bundestheologie im Alten Testament, 1969 (WMANT 36), 66 ff.

[31] C. Westermann, Genesis 2, 179 f.

[32] E. Blum, Vätergeschichte, 333 Anm. 9.

[33] V. 6b unterbricht den Zusammenhang zwischen V. 6a und 7 und ist Zusatz, vgl. z. B. H. Gunkel, 163. Dagegen hält M. Köckert, 254 f., V. 6b für ursprünglich und sieht darin einen Hinweis, daß das in V. 7 zugesagte Land noch in fremden Händen sei. Das ist zwar die Absicht des Ergänzers. Es ist jedoch unwahrscheinlich, daß der Ort der Jahweerscheinung (V. 6a) ursprünglich durch V. 6b von der Erscheinung in V. 7 getrennt war.

[34] E. Blum, Vätergeschichte, 383. Von dem exilischen Bearbeiter der Vätergeschichte stamme in V. 7 nur: »Da baute er dort einen Altar für Jahwe«.

Dativobjekt fand sich bisher durchgehend in den D-Belegen und *nur* in ihnen«. Nach R. Rendtorff stelle diese »am stärksten ›abgeschliffene‹ Form der Landverheißung ... eine jüngere Ausprägung« dar. Auch in 26,24 habe die D-Bearbeitung einer Altarbaunotiz (26,25) eine Verheißung vorangestellt[35].

Aber 26,24 und 12,7 stammen nicht von demselben Verfasser. Die Verheißungen in 22,15 – 18; 26,3b – 5 und 26,24 gehören zu einer sehr späten Bearbeitung im Umkreis der Endredaktion des Pentateuch[36]. Daß die Landverheißung in 12,7 mit »deinem Samen« formuliert ist, ermöglicht für sich genommen noch keine Zuweisung und Datierung, wie 13,17 zeigt. Hier ist nach R. Rendtorff noch die überlieferungsgeschichtlich älteste Form der Landverheißung erhalten, in der das Land nur dem Erzvater zugesagt wurde[37]. 13,14 – 17 ist jedoch gegenüber 28,13 f. eindeutig literarisch sekundär. Aus den unterschiedlichen Formulierungen mit »dir«, »dir und deinem Samen« oder nur »deinem Samen« *allein* ergibt sich somit nicht einmal eine relative Chronologie der verschiedenen Landverheißungen. Entscheidend gegen die Lösung von E. Blum spricht, daß ohne 12,7 in jener literarischen Schicht, zu der 28,13 f. gehört, eine Landverheißung an Abraham fehlen würde. Außerdem hat 12,7 eine enge Beziehung zu V. 1. Hier fordert Jahwe Abraham auf, aus seinem Land und aus seiner Verwandtschaft und aus seinem Vaterhaus zu dem Land zu gehen, das er ihm zeigen wird. In V. 7 sagt Jahwe dann dem Abraham bei der Orakelterebinthe in Sichem für seine Nachkommen jenes Land zu, das er durchzieht. Durch V. 7 wird also dem Land, das Abraham in V. 1 verlassen soll, das Land gegenübergestellt, das Jahwe seinen Nachkommen geben wird. Damit macht V. 7 klar, warum Abraham in jenes Land ziehen sollte, das ihm Jahwe zeigen wird. Eben dieses Land wird Jahwe seinen Nachkommen geben[38]. V. 6a.7.8 gehören somit zur Exposition jener Darstellung Abrahams, die in 12,1 beginnt.

Nun haben E. Blum und M. Köckert mit Recht betont, daß dieser Abschnitt eine rein literarische Bildung ist. Der Verfasser will durch ihn

---

[35] E. Blum, Vätergeschichte, 383, macht außerdem darauf aufmerksam, daß der Rückverweis in 12,7b »der ihm erschienen war« ähnlich auch in 35,1 (nach E. Blum D) und I Reg 11,9 (dtr) vorkommt, hält dieses Argument aber selbst für »weniger beweiskräftig«.

[36] Vgl. L. Schmidt, Pentateuch, in: H. J. Boecker u. a., Altes Testament, ³1989, 80 – 101, 98 f.

[37] R. Rendtorff, 43 f.

[38] Dagegen kommt nach M. Köckert, 252 f., der Befehl von 12,1 nicht vor 13,14 – 17 zu seinem Ziel, da erst hier die Wurzel »sehen« aus 12,1 wieder aufgenommen werde und Abraham nun erfahre, daß dieses Land das Ziel seines Aufbruchs sei. Dagegen spricht aber u. a. die Verheißung in 12,7, die M. Köckert zu derselben literarischen Schicht rechnet. Durch sie ist bereits klar, daß Abraham das Land erreicht hat, das ihm Jahwe zeigen wollte.

bereits Abraham mit Sichem und Bet-El in Verbindung bringen, die in der Jakobüberlieferung eine Rolle spielen[39]. Das spricht dagegen, daß dieses Stück zu einer Darstellung gehört, die nur von Abraham handelte[40]. Für den Verfasser ist schon Abraham an diese für Jakob wichtigen Orte gekommen, weil mit Abraham die Heilsgeschichte beginnt. Aus demselben Grund hat für ihn Jahwe auch bereits Abraham das Land für seine Nachkommen verheißen. Daß diese Zusage in Sichem erfolgt, ist wohl nicht nur dadurch bedingt, daß Sichem als erster Ort im Land genannt wird. Die Jakobüberlieferung weiß nichts von einer Gotteserscheinung und Verheißung in Sichem. Umgekehrt berichtet der Verfasser in 12,8 nicht, daß Jahwe dem Abraham in Bet-El erschien und ihm dort eine Verheißung gegeben hat, wie es in 28,13 f. von Jakob erzählt wird. Das zeigt, daß er bei seiner Darstellung 28,13 f. im Blick hat. Die Erscheinung Jahwes und seine Verheißung werden Abraham in Sichem zuteil, weil sie für Jakob Bet-El vorbehalten bleiben sollten.

Daraus erklärt sich auch die umständliche Ortsangabe in 12,8. Danach schlug Abraham sein Zelt auf »Bet-El im Westen und Ai im Osten« und baute dort einen Altar für Jahwe. Damit kann nur das Heiligtum des Ortes Bet-El gemeint sein. Die Aussage ist lediglich dann verständlich, wenn der Verfasser durch sie eine bedeutende Kultstätte bereits auf Abraham zurückführen wollte. So hat die Stelle später auch der Ergänzer von 13,14 – 17 verstanden. Daß er die Verheißung an Jakob in Bet-El von 28,13 f. auf Abraham übertrug, hat zumindest auch den Grund, daß in seiner Vorlage schon Abraham an diesem Ort einen Altar errichtet hatte. Trotzdem trägt in 12,8 das Heiligtum keinen Namen. Das ist dadurch bedingt, daß in 28,11 ff. erst Jakob nach der Offenbarung, die er hier empfing, diese Stätte Bet-El nannte (28,19a). Weil Jakob ihr diesen Namen gegeben hatte, bleibt sie bei Abraham noch namenlos. 12,8 setzt somit 28,19a voraus und ist im Blick auf diese Stelle formuliert worden[41]. Das bestätigt, daß 12,6a.7.8 und 28,13 f. tatsächlich zu derselben literarischen Schicht gehören.

---

[39] E. Blum, Vätergeschichte, 336; M. Köckert, 263. Dagegen hat nach H. Gunkel, 167, der Erzähler hier Notizen verwertet, nach denen Abraham die Altäre von Sichem und Bet-El gestiftet hat. Aber Abraham hält sich sonst in den älteren Überlieferungen nie in Mittelpalästina auf. In 13,3 f. wird zwar die Trennung Lots von Abraham in Bet-El lokalisiert. Aber daß in diesen beiden Versen ausdrücklich auf 12,8 zurückgegriffen wird, zeigt, daß sie ursprünglich nicht zu dieser Erzählung gehört haben. Das wird dadurch bestätigt, daß der Anfang von V. 5 »und auch dem Lot« eindeutig direkt an V. 2 anschließt. Aus diesen Gründen können V. 3 und 4 gegen C. Westermann, Genesis 2, 200, nicht aus einem Itinerar stammen.

[40] So z.B. mit unterschiedlicher Abgrenzung des ursprünglichen Kontextes R. Kilian, Abrahamsüberlieferungen, 289; A. de Pury, 84.

[41] Dagegen meint E. Blum, Vätergeschichte, 336, daß der Verfasser von 12,8 »überlieferungsimmanent eine direkte Duplizität mit Gen 35,7 vermeiden will«. Dort baut Jakob einen Altar und nennt den Ort El-Bet-El. Da aber in 12,8 nur das Heiligtum von Bet-El gemeint sein kann, würde durch den Altarbau doch eine Doppelung entstehen. Das zeigt, daß 12,8 im Blick auf 28,11 ff. formuliert wurde, wo von einem Altarbau Jakobs nichts berichtet wird. 28,19b, wonach Jakob den Ort Lus in Bet-El umbenannt hat,

Dieses Ergebnis ist für den Abschnitt 12,1 – 4a wichtig, auf den
V. 6a ursprünglich direkt folgte[42]. Gelegentlich wird hier die Verheißung
in V. 2 f. als Erweiterung angesehen, da in ihr das Thema Land im
Unterschied zu V. 1 und 7 keine Rolle spiele[43]. Das setzt jedoch voraus,
daß V. 1.4a.6a.7.8 aus einer Darstellung stammen, die nur von Abraham
berichtete. Diese Annahme läßt sich aber im Blick auf V. 6a.7.8 nicht
aufrechterhalten. Ist aber die Exposition zu Abraham in 12,1 ff. mindestens auf eine Weiterführung durch eine Jakobüberlieferung angelegt,
dann ist schon durch die wörtliche Übereinstimmung von 12,3b mit
28,14b die Verheißung in 12,2 f. fest in ihr verankert. Auch die Zuweisung
einzelner Formulierungen in 12,1 – 3 an einen späteren Bearbeiter läßt
sich nicht zureichend begründen[44]. Es ist zudem schwerlich ein Zufall,
daß in V. 1 mit »aus deinem Land und aus deiner Verwandtschaft und
aus deinem Vaterhaus« drei Bereiche genannt werden, die Abraham
verlassen soll, und daß in V. 2a drei Ankündigungen stehen, was Jahwe
an Abraham tun will[45]. Auch daran wird deutlich, daß V. 1 – 3 literarisch
einheitlich ist.

Die Aufzählung in V. 1 geht vom weiteren zum engeren Lebensbe-
reich Abrahams. Sie beginnt mit seinem Land und nennt danach seine
Verwandtschaft und sein Vaterhaus. Das ist m. E. für die Deutung der
ersten Zusage in V. 2a wesentlich, daß Jahwe Abraham zu einem großen
gwy machen will. Sie wird verschiedentlich als reine Mehrungsverheißung verstanden, in der Abraham angekündigt wird, daß er zu einem

---

ist ein Zusatz, vgl. z. B. H. Gunkel, 320. Für den Verfasser von 12,8 trug anscheinend
der Ort Lus bereits den Namen Bet-El, als das Heiligtum noch namenlos war.

[42] V. 4b.5, die von den Vertretern einer Urkundenhypothese P zugewiesen werden, sind
sicher später. Das hat zwar R. Rendtorff, 122, für V. 5 bestritten. Aber hier ziehen
Abraham und Lot aus, um in das Land Kanaan zu gehen. Das läßt sich nicht damit
vereinbaren, daß Abraham nach V. 1 in das Land gehen soll, das ihm Jahwe zeigen
wird. Deshalb rechnet auch E. Blum, Vätergeschichte, 333, V. 5 zu einer jüngeren
Überlieferungsschicht. Nicht notwendig ist m. E. die Annahme, daß zwischen V. 4a
und 6a berichtet worden sein muß, daß Abraham nach Kanaan kam, und daß diese
Bemerkung später zugunsten von V. 5 ausgelassen wurde (so z. B. H. Gunkel, 163).
Wenn Abraham in V. 6a durch das Land zieht, so durchzieht er natürlich das Land,
das Jahwe ihm zeigen wollte, und wenn er dabei bis nach Sichem kommt, so ist damit
klar, daß es sich um das Land Kanaan handelt.

[43] Vgl. z. B. R. Kilian, Abrahamsüberlieferungen, 10; J. Van Seters, Abraham, 223.

[44] Nach P. Weimar, 45 f., gehören zum Grundbestand: Aus V. 1a: Da sagte Jahwe zu
Abram: »Geh aus deinem Land zu dem Land, das ich dir zeigen werde«; V. 2aα.β.b.3b.
F. Diedrich, Zur Literarkritik von Gen 12,1 – 4a, BN 8 (1979) 25 – 35, hält »und ich
will dich segnen« in V. 2a und V. 2b für Zusätze; zur Kritik vgl. M. Köckert, 258 f.

[45] In V. 2b wird kein weiteres Handeln Jahwes angekündigt, sondern der Imperativ mit
w gibt eine Folge an, vgl. zum Imperativ mit *w* nach Kohortativ W. Gesenius/E.
Kautzsch, Hebräische Grammatik, [28]1909, § 110i.

großen Volk werden soll[46]. So ist die Zusage eines großen *gwy* z. B. in
17,20; 21,18; 46,3 gemeint. Für 12,2 ist jedoch eine solche Interpretation
problematisch, weil hier auf diese Verheißung »und ich will dich segnen«
folgt. E. Ruprecht meint zwar: »Das zweite Glied, ›ich will dich segnen‹,
ist dem ersten logisch übergeordnet; denn die Mehrung ist eine Wirkung
des Segens«[47]. Dagegen spricht aber die Reihenfolge der Aufzählung in
V. 1. Sie macht es wahrscheinlich, daß auch in V. 2a eine absteigende
Linie vorliegt. Die Zusage eines großen *gwy* ist somit umfassender als
die Segensverheißung, die ihrerseits weiter reicht als die Ankündigung,
daß Jahwe den Namen Abrahams großmachen will.

Auch E. Blum bestreitet, daß die Entstehung des großen *gwy* hier
eine Folge des Segens ist. Nach ihm wird in V. 2a die Volkwerdung
vorangestellt, um deutlich zu machen, daß sich die Segensverheißung
nicht bei Abraham, sondern erst in der Geschichte des Volkes erfüllen
wird. Das werde durch die Übereinstimmung von 12,3b mit 28,14b
bestätigt, da in 28,14b die Segensverheißung ebenfalls unmittelbar auf
eine Mehrungsverheißung folge[48]. Dabei beachtet E. Blum jedoch nicht,
daß durch V. 14aβ in 28,14a Land- und Mehrungsverheißung eng miteinander verbunden sind, wie oben dargestellt wurde. Die Zusagen von
Mehrung *und* Landbesitz der Nachkommen Jakobs gehen also V. 14b
voraus. *Beide* sind die Voraussetzung dafür, daß sich diese Ankündigung
erfüllen wird. Das kann dann in 12,3b nicht anders sein[49].

---

[46] Vgl. z. B. E. Ruprecht, Vorgegebene Tradition und theologische Gestaltung in Genesis
xii 1–3, VT 29 (1979) 171–188, 174 f.; C. Westermann, Verheißungen, 138 ff.; E.
Blum, Vätergeschichte, 353 f.

[47] E. Ruprecht, 180.

[48] E. Blum, Vätergeschichte, 354.

[49] Das gilt unabhängig davon, ob *brk* ni. »für sich Segen erwerben« bedeutet (so z. B. J.
Schreiner, Segen für die Völker in der Verheißung an die Väter [1962], in: ders., Segen
für die Völker, 1987, 196–226, 202), oder reflexiv als »sich segnen« zu verstehen ist
(so u. a. E. Blum, Vätergeschichte, 350 ff.; K. Berge, 49 f.). Für die Deutung »für sich
Segen erwerben« spricht m. E. Gen 12,3. Gegen E. Blum, Vätergeschichte, 353, handelt
es sich bei V. 3a und 3b nicht um zwei verschiedene Zusagen an Abraham, sondern
in V. 3b wird V. 3a durch ein perf. mit *w* näher erläutert. Als Explikation von V. 3a
ergibt hier »sich segnen« keinen Sinn. Wenn Jahwe die segnen will, die Abraham
segnen, so werden sich damit doch nicht die Sippen des Erdbodens unter Berufung auf
Abraham segnen. Vielmehr ist gemeint: Weil Jahwe die segnen will, die Abraham
segnen, werden so unter Berufung auf Abraham die Sippen des Erdbodens für sich
Segen erwerben, vgl. L. Schmidt, Israel ein Segen für die Völker?, ThViat 12 (1975)
135–151, 138 f.; ders., EvTh 37, 239. Dagegen hat K. Berge, 49 f., Gen 48,20 angeführt,
wo er unter Berufung auf die passive Wiedergabe in LXX und Peschitta in dem Satz:
»In dir wird Israel segnen sprechend« das pi. des MT in ein ni. ändert. Dann wäre
auch für das ni. die Bedeutung »sich segnen« gesichert. Aber die LXX hat diesen Satz
als »in dir wird Israel gesegnet werden« verstanden, weil sie das »dich« in dem

Freilich ist in 12,2 f. nicht ausdrücklich von einem Land die Rede. Aber der Begriff *gwy* bezeichnet meist »ein Volk im ethnischen, politischen und territorialen Sinn«[50]. Hat *gwy* in 12,2 diese Bedeutung, dann kündigt Jahwe hier Abraham Mehrung *und* Land an. Das bedeutende Volk, zu dem ihn Jahwe machen will, wird nicht nur zahlreich sein, sondern auch ein eigenes Land haben. Impliziert die Zusage eines großen *gwy* ein Land, dann wird verständlich, warum 12,2 f. nicht mit einer Segensverheißung beginnt, obwohl die Wurzel *brk* in den beiden Versen fünfmal vorkommt und somit die Funktion eines Leitwortes hat. Die Landverheißung ist in den älteren Belegen keine Segenszusage. Als solche wird sie erst in 28,4 verstanden[51]. Dagegen beinhaltet z. B. der Segen in Num 24,3b – 9 nicht die Gabe des Landes, sondern seine Fruchtbarkeit und die politische Macht Israels. Weil es in der Zusage des großen *gwy* in Gen 12,2 um Mehrung und Land geht, ist sie umfassender als die folgenden Verheißungen, daß Jahwe Abraham segnen und seinen Namen großmachen will. Dabei bleibt zunächst offen, in welchem Land Jahwe diese Ankündigungen erfüllen wird. Das erfährt Abraham dann in der Landverheißung von 12,7. Dadurch besteht zwischen 12,2 und 7 eine inhaltliche Beziehung. Versteht man hingegen die Zusage eines großen *gwy* in 12,2 ausschließlich als Mehrungsverheißung, dann würden in 12,2 und 7 Mehrungs- und Landverheißung einfach nebeneinander stehen. Dagegen spricht zum einen der programmatische Charakter von 12,1 – 3. Er macht es unwahrscheinlich, daß hier ein wichtiger Verheißungsinhalt völlig übergangen wird. Zum anderen läßt sich eine solche Auffassung nicht mit 28,13 f. vereinbaren, wo Land- und Mehrungsverheißung eng miteinander verknüpft sind. Das bedeutet zugleich, daß gegen E. Blum die Verheißungen in Gen 12,2 und 46,3 nicht von demselben Verfasser stammen können, denn in 46,3 geht es bei der Zusage des großen *gwy* ausschließlich um die Mehrung[52].

---

folgenden Segensspruch auf Israel bezog. Das wird dadurch bestätigt, daß sie den Inf. von *'mr* hier mit einem part. pl. wiedergibt. Die Punktation des MT von *brk* als pi. darf hier somit nicht geändert werden. Nach C. Westermann, Genesis 2, 175, und E. Blum, Vätergeschichte, 352, sind ni. und hitp. von *brk* bedeutungsgleich, weil in den jüngeren Zitaten von 12,3b in 18,18 ni., in 22,18 aber hitp. steht. 18,18 ist jedoch älter als 22,18; 26,4, wie sich gegen C. Westermann und E. Blum u. a. daraus ergibt, daß in 18,18 noch »in dir« statt »in deinem Samen« steht.

50 K. Berge, 52, vgl. auch die dort genannte Literatur.

51 Vgl. dazu C. Westermann, Genesis 2, 546. Von den Vertretern einer Urkundenhypothese wird Gen 28,1 – 9 zu P gerechnet.

52 E. Blum, Vätergeschichte, 462. In 46,3 sagt Gott Jakob zu, daß er ihn in Ägypten zu einem großen *gwy* machen will. In Ägypten ist aber Israel ein Volk ohne Land. Im Unterschied zu 12,2 steht hier das Verb *śym*, das in der Zusage eines (großen) *gwy* sonst nur noch in 21,13.18 belegt ist. Von den Vertretern der neueren Urkundenhypothese werden 21,13.18; 46,3 meist E zugewiesen, so z. B. M. Noth, Überlieferungsge-

Als Ergebnis bleibt festzuhalten: Gen 12,1 – 4a.6a.7.8 und die Verheißung in 28,13 f. stammen von demselben Verfasser. Er hat durch diese
Stücke zumindest die Abraham-Lot-Erzählung in dem älteren Bestand
von Gen 13; 18 f., die zuvor noch für sich überliefert wurde[53], mit seiner
Darstellung Jakobs verbunden. Die Fragen, was zu ihr gehörte und ob
dieses Werk mehr enthielt als eine Vätergeschichte, sollen hier ausgeklam-
mert werden, weil dieses Ergebnis nicht davon abhängt, welches Modell
man für die Entstehung des Pentateuch vertritt. Bei diesem Verfasser
finden sich die literarisch ältesten Belege für eine Landverheißung an die
Erzväter. Dabei ist charakteristisch, daß das Land den Ahnherrn erst für
ihre Nachkommen zugesagt wird. Zwar wird in 28,13b schon Jakob
»das Land, auf dem du liegst« verheißen. Aber dabei handelt es sich um
ein begrenztes Gebiet. Das Land des späteren Israel wird in 12,7 und
28,13 f. den Patriarchen erst für ihre Nachkommen zugesagt. Außerdem
sind in dieser Schicht Land- und Mehrungsverheißung eng miteinander
verbunden, während in dem später eingefügten Abschnitt 13,14 – 17
beide nebeneinander stehen.

III.

Wann ist aber diese literarische Schicht entstanden? M. Köckert
setzt sie in exilisch-nachexilischer Zeit an. In der Verheißung von 12,2 f.
würden königliche Vorstellungen und Traditionen auf das Volk übertragen. Das sei erst möglich geworden, als es keinen judäischen König mehr
gab. Derselbe Vorgang zeige sich auch in der »Demokratisierung« von
Aussagen über den König bei Deuterojesaja[54]. Deshalb stammen nach
M. Köckert die literarisch ältesten Belege für die Landverheißung in Gen
erst aus exilisch-nachexilischer Zeit. Dagegen nahm E. Blum 1984 an,
daß es eine vorexilische Tradition von einer Landverheißung an Abraham
gegeben haben müsse[55]. Er begründete das vor allem mit Ez 33,24:

---

schichte des Pentateuch, 1948, 38. Vgl. zur Mehrungsverheißung auch A. R. Müller,
Die Mehrungsverheißung und ihre vielfältige Formulierung, in: Die Väter Israels (FS
J. Scharbert), Stuttgart 1989, 259 – 266. Später wurde allerdings die Zusage in 12,2
ebenfalls nur noch als Mehrungsverheißung verstanden. Das geht z. B. aus dem (ver-
kürzten) Zitat von 12,2 f. in 18,18 hervor. Hier soll Abraham zu einem *gwy gdwl
wʿṣwm* werden. Durch die Hinzufügung von *ʿṣwm* = mächtig durch Menge (vgl. KBL,
727) ist *gdwl* hier groß an Zahl. In 12,2 hat es hingegen den Sinn von groß =
bedeutend. So wird hier auch das Verb *gdl* pi. gebraucht. Wenn Jahwe den Namen
Abrahams großmachen will, wird er ihm einen bedeutenden Namen geben.

53 Ob zu diesem Werk auch die Erzählungen von der Gefährdung der Ahnfrau (12,10 – 20)
und von Hagar (16,1 ff.*) gehörten, kann hier nicht diskutiert werden.

54 M. Köckert, 294 ff.; ähnlich z. B. auch J. Van Seters, Abraham, 275 f. Zur »Demokratisierung« bei Deuterojesaja vgl. z. B. Jes 55,3 ff.

55 Vgl. zum folgenden E. Blum, Vätergeschichte, 295 f.

»Menschensohn, die Bewohner dieser Trümmer auf dem Boden Israels sagen: Einer war Abraham und er besaß das Land; wir aber sind viele, uns ist das Land zum Besitz gegeben«. Aus dem Passiv »gegeben« gehe hervor, daß die Sprecher das Land als Gabe Gottes an sie verstehen. Ihre Auffassung sei: »Wenn Gott schon Abraham als einzelnem das ... Land gegeben hat, dann erst recht uns, den vielen«. Damit sei hier eine Tradition von einer göttlichen Zuteilung des Landes an Abraham vorausgesetzt. In der uns überlieferten Abrahamtradition sei das aber nur als Landverheißung belegt. Deshalb sei Ez 33,24 aus der Zeit bald nach 587 »am ehesten als Bezugnahme auf die/eine Landverheißung an Abraham verständlich«.

Allerdings wird hier nicht ausdrücklich eine Landverheißung erwähnt[56]. Deshalb läßt sich mit Ez 33,24 nicht zwingend begründen, daß damals eine solche Verheißung an Abraham bekannt war. Ihre Existenz wird aber durch diese Stelle auch nicht ausgeschlossen. Es geht hier um das Besitzrecht der 587 im Lande Verbliebenen an dem Land[57]. Das ließ sich nicht mit einer Verheißung begründen. Im Blick auf Abraham kam es darauf an, daß schon dieser Ahnherr das Land besaß, und die Bewohner konnten sich nicht darauf stützen, daß Abraham das Land für seinen Samen zugesagt war (Gen 12,7), weil diese Zusage auch für die Deportierten gegolten hätte, die ebenfalls als Nachkommen Abrahams galten. Es ist m.E. sehr fraglich, daß die Abraham-Lot-Erzählung (Gen 13; 18 f.*) allein die Argumentationsbasis dafür bieten konnte, daß schon Abraham das Land besaß. Daß die Landverheißung in Gen 12,7 später so ausgedehnt werden konnte, daß Jahwe bereits Abraham das Land gegeben hat, geht aus 13,14 – 17 hervor. Leider fehlen für eine genauere Datierung dieses Abschnitts bisher eindeutige Anhaltspunkte[58].

Sicher vorausgesetzt wird Gen 12,1 – 3 m.E. in Jes 51,2: »Schaut auf Abraham, euren Vater, und auf Sara, die euch gebar; denn als einen rief ich ihn und ›segnete ihn‹[59] und ›machte ihn zahlreich‹«. Mit den

---

[56] Das betonen z.B. J. Van Seters, Confessional reformulation in the Exilic period, VT 22 (1972) 448 – 459, 449; M. Köckert, 243.295 Anm. 639; Th. Römer, Israels Väter, 1990 (OBO 99), 515.

[57] Vgl. W. Zimmerli, Ezechiel, ²1979 (BK XIII), 818 f.

[58] Der Endredaktion des Pentateuch, wie P. Weimar, 49 Anm. 145, vermutet, läßt sich 13,14 – 17 m.E. nicht zuweisen. P. Weimar stützt sich allein darauf, daß sich die Angabe der vier Himmelsrichtungen erst in exilisch-nachexilischen Texten finde. Da aber 13,14 ff. von 28,13 f. abhängig ist und diese Angabe in 28,14 gegen P. Weimar nicht von der Endredaktion stammt, ist dieses Argument kein Beweis. Daß mit dem Hinweis auf die Trennung Lots von Abraham in 13,14aβ V. 11b aus P aufgenommen werde (so E. Haag, Abrahamtradition, 88), ist ebenfalls nicht zwingend, da in 13,9 Abraham Lot auffordert: »Trenne dich von mir«. Darauf bezieht sich m.E. 13,14a.

[59] Hier und bei dem folgenden Verb ist gegen MT impf. cons. zu lesen, vgl. BHS. Dagegen behält Ch. Hardmeier, Erzählen – Erzählung – Erzählgemeinschaft, WuD NF 16

Aussagen, daß Jahwe Abraham gerufen, gesegnet und gemehrt hat, wird hier Gen 12,1 f. aufgenommen. Dabei wird die Zusage eines großen *gwy* als reine Mehrungsverheißung verstanden. Deshalb wird in Jes 51,2 die Mehrung nach dem Segnen erwähnt. Auch in Gen 18,18, wo 12,2 f. zitiert wird, bezieht sich die Verheißung eines großen *gwy* ausschließlich auf die Mehrung[60]. Man hat also später die Zusage eines großen *gwy* in Gen 12,2 lediglich als Mehrungsverheißung verstanden.

Nun ist allerdings bestritten worden, daß Jes 51,2 Gen 12,1 f. voraussetzt. H. Vorländer führt dagegen an, daß in Gen 12,1 f. der Begriff *qr'* nicht vorkomme. Außerdem fehle in Jes 51,2 die für die jehowistische Abrahamdarstellung in Gen, die er in der Exilszeit ansetzt, charakteristische Landverheißung. Gen 12,1 – 3 gehe *inhaltlich* auf eine ältere Tradition zurück, auf die auch in Jes 51,2 zurückgegriffen werde[61]. Ch. Hardmeier meint ebenfalls, daß wir die Erzählungen im einzelnen nicht kennen, auf die sich Deuterojesaja bezieht[62], und E. Blum stellt zu den Übereinstimmungen zwischen Gen 12,1 f. und Jes 51,2 lapidar fest: »Solche Kongruenzen im theologischen Reden einer geschichtlichen Epoche können eine vielfältige, für uns nicht mehr durchschaubare Genese haben«[63]. Nun ist der Appell an die Hörer, auf Abraham zu schauen, den Jahwe als einzelnen gerufen, gesegnet und zahlreich gemacht hat, in Jes 51,2 nur sinnvoll, wenn sie eine entsprechende Tradition kennen. Dafür kommen die älteren Abrahamüberlieferungen wie die Abraham-Lot-Erzählung nicht in Frage. Es gibt in ihnen keinerlei Anhaltspunkte dafür, daß Jahwe Abraham gerufen, gesegnet oder zahlreich gemacht hat. Schon deshalb ist höchst fraglich, daß hinter Gen 12,1 – 3 eine ältere Tradition steht, nach der Abraham »von seinem Gott berufen war, um mit Hilfe seines Segens Stammvater eines großen Volkes zu werden«[64]. Entscheidend gegen diese Annahme spricht, daß Gen 12,1 – 3 eine rein literarische Bildung ist. Daß Jahwe Abraham gerufen hat, wird deshalb

---

(1981) 27 – 47, 28 Anm. 2, die Punktation des MT bei. Aber der Rückverweis auf Abraham hat m. E. nur Gewicht, wenn die Hörer das Handeln Jahwes an Abraham betrachten sollen, um daraus für sich Zuversicht zu gewinnen. Die Punktation des MT erklärt sich daraus, daß in Gen Abraham die Mehrung verheißen wird, sie sich aber für ihn selbst noch nicht erfüllt hat.

[60] Vgl. dazu Anm. 52.

[61] H. Vorländer, Die Entstehungszeit des jehowistischen Geschichtswerkes, 1978 (EHS.T 109), 54 f.; vgl. auch Th. Römer, 516 Anm. 147.

[62] Ch. Hardmeier, 32. Für ihn ist wesentlich, daß J. Van Seters, Abraham, »die große Nähe der ›jahwistischen‹ Gestaltung der Abrahamsüberlieferung zu Deuterojesaja« festgestellt habe. Deshalb müsse man damit rechnen, daß die uns vorliegende Komposition der Abrahamserzählungen in Gen gleichzeitig mit Deuterojesaja oder sogar unter seinem Einfluß entstanden sei (31 Anm. 7).

[63] E. Blum, Vätergeschichte, 358 f.

[64] So H. Vorländer, 55.

nur verständlich, wenn hier Gen 12,1 vorausgesetzt ist[65]. Aus dieser
Stelle läßt sich erklären, warum Jahwe in Jes 51,2 Abraham als einzelnen
gerufen hat. Er erhält hier ja den Befehl, aus seinem Land und aus seiner
Verwandtschaft und aus seinem Vaterhaus zu gehen. Damit soll er hier
die Gemeinschaft verlassen, in der er bisher lebte. Mit dem Verb qr'
wird also in Jes 51,2 der Auszugsbefehl in Gen 12,1 interpretiert. Mit
ihm hatte Jahwe Abraham gerufen.

Beachtung verdient m. E. auch, daß nach Jes 51,2 Jahwe Abraham
zahlreich gemacht hat. Das kann sich nicht auf die direkte Nachkommenschaft Abrahams beziehen. Im Blick ist hier vielmehr das Volk Israel,
das aus Abraham entstanden ist. Das wird dadurch bestätigt, daß nach
V. 2a für die Hörer Abraham ihr Vater ist und sie von Sara geboren
worden sind. Damit hat aber Jes 51,2 nicht Einzelerzählungen von
Abraham im Blick. Vielmehr wird hier die Verheißung von Gen 12,1 f.
im Lichte ihrer Erfüllung durch die Entstehung Israels aufgenommen.
Verschiedene Überlegungen zeigen somit, daß Jes 51,2 Gen 12,1 f. voraussetzt. Ob der Vers von Gen 12,1 f. direkt literarisch abhängig ist, spielt
dabei keine Rolle. Entscheidend ist, daß in ihm eine Abrahamtradition
vorausgesetzt wird, die nur aufgrund von Gen 12,1 f. entstanden sein
kann.

Dasselbe gilt für Jes 41,8 f.: »Aber du Israel, mein Knecht, Jakob,
den ich erwählt habe, Same Abrahams meines Freundes, der ich dich
ergriffen habe von den Enden der Erde und von ihren entlegenen Teilen
habe ich dich gerufen und ich sagte zu dir: Mein Knecht bist du, ich
habe dich erwählt und nicht verworfen«. Nach H. Vorländer ist freilich
V. 8b, wo der Same Abrahams erwähnt wird, ein Zusatz aus II Chr 20,7,
da V. 8a einen Parallelismus aufweise, V. 8b jedoch nicht[66]. Es läßt sich
jedoch kaum begründen, warum V. 8b aus II Chr 20,7, wo von dem
Samen Abrahams in Zusammenhang mit dem Landbesitz Israels die
Rede ist, nachgetragen worden sein sollte. Außerdem ist die Reihenfolge
Israel – Jakob in V. 8a zu beachten. In dem Komplex Jes 40 – 55 wird
sonst immer Jakob vor Israel genannt[67]. Die Abweichung in 41,8 wird
verständlich, wenn hier auch Abraham erwähnt werden sollte. Eine
Anordnung Jakob – Israel – Same Abrahams wäre schwerlich sinnvoll.
Nun wird Abraham in Jes 40 – 55 sonst nur noch in 51,2 erwähnt. Da
er in diesem Komplex sehr selten vorkommt, wird seine Nennung in
41,8 am ehesten verständlich, wenn in V. 9 auf die Berufung Abrahams

---

[65] Gegen H. Vorländer ist es ohne Bedeutung, daß in Jes 51,2 die Landverheißung keine
Rolle spielt. Wie in Jes 44,2 – 5 geht es hier anscheinend um die Mehrung des Volkes.
Deshalb wird Abraham lediglich unter diesem Gesichtspunkt herangezogen.

[66] H. Vorländer, 53 f.

[67] Jes 40,27; 41,14; 42,24; 43,1.22.28; 44,1.21.23; 45,4; 46,3; 48,12; 49,5 f.

in Gen 12,1 ff. angespielt werden soll[68]. In V. 9 wird der Befehl Jahwes an Abraham von Gen 12,1, seine Heimat zu verlassen, so interpretiert, daß Jahwe Abraham von den entlegenen Teilen der Erde gerufen hat.

Freilich bezieht sich V. 9 formal nicht auf Abraham selbst, sondern auf seinen Samen. Aber K. Elliger stellt mit Recht fest: »Abrahams Same ist nach altsemitischem Wurzeldenken mit Abraham identisch; dessen Erfahrung ist die seine und des Samens Erfahrung ist die des Stammvaters«[69]. Wenn hier in der Anrede eines Heilsorakels, durch die seine Adressaten auf die in V. 10–13 folgenden Zusagen und Ankündigungen vorbereitet werden sollen, Gen 12,1 ff. aufgenommen wird, so wird damit dieses Stück eindeutig als allgemein bekannte Tradition von Abraham vorausgesetzt. Th. Römer meint zwar, daß V. 9 »eher das baldige Ende des Exils im Blick« habe als Gen 12,1 ff.[70]. Dagegen spricht aber der Aufbau des Heilsorakels 41,8–13. In ihm beginnen die Heilszusage und die Ankündigungen für die Zukunft erst mit dem »Fürchte dich nicht« in V. 10. Deshalb kann nicht schon in V. 9 von der Zukunft die Rede sein. Auch in Jes 41,8 f. wird somit die Berufung Abrahams in Gen 12,1 ff. vorausgesetzt und in prophetischer Neuinterpretation aufgenommen.

In der Regel werden Jes 41,8 f. und 51,2 Deuterojesaja zugewiesen. Dann gehörte Gen 12,1–3 bereits um 540 zu einer allgemein bekannten Tradition von Abraham, auf die der Prophet seine Adressaten anreden konnte. Eine nachexilische Entstehung jener literarischen Schicht, zu der Gen 12,1 ff. gehört, müßte mit Sicherheit ausgeschlossen werden. Aber auch ihre Ansetzung in der Exilszeit wäre problematisch, wenn Deuterojesaja im babylonischen Exil wirkte, wie meist angenommen wird. Es ist wesentlich wahrscheinlicher, daß diese Verbindung von Abraham- und Jakobüberlieferungen nicht unter den Deportierten, sondern in Palästina erfolgte. Daß die Exilierten bzw. ihre Nachkommen von Deuterojesaja auf Aussagen über Abraham angesprochen werden können, die mit Gen 12,1 ff. erst bei der Verknüpfung dieser Traditionen entstanden sind, spricht dann dafür, daß diese Verbindung bereits in vorexilischer Zeit entstanden ist und daß auch schon Gen 12,1 ff. zu jenen Überlieferungen gehörte, die die Deportierten zumindest als Wissensstoff in das Exil mitgenommen haben. Allerdings ist in der Forschung gegenwärtig umstritten, welche Worte man Deuterojesaja zuweisen darf und ob er unter den Exilierten oder unter den in der Heimat Verbliebenen wirkte[71]. Deshalb läßt sich auch aus Jes 41,8 f. und 51,2 nicht zwingend beweisen,

[68] Schon aus diesem Grund ist es problematisch, daß R. P. Merendino, Der Erste und der Letzte, 1981 (VT.S 31), 141 f., in V. 9 einen späteren Zusatz sieht.
[69] K. Elliger, Deuterojesaja 1, 1978 (BK XI/1), 139.
[70] Th. Römer, 535 Anm. 271.
[71] Vgl. den Überblick bei O. Kaiser, Einleitung in das Alte Testament, ⁵1984, 271 ff.

daß jene literarische Schicht, zu der Gen 12,1 – 3 gehört, aus vorexilischer Zeit stammt.

Ihre exilisch-nachexilische Ansetzung läßt sich jedoch nicht damit vereinbaren, daß im Dtn oft davon gesprochen wird, daß Jahwe den Vätern das Land zugeschworen hat[72]. Das Alter dieser Stellen wird zwar unterschiedlich beurteilt[73]. Sicher ist m. E. jedoch, daß spätestens der Verfasser des deuteronomistischen Geschichtswerks von Dtn-II Reg (DtrH) diese Formulierung gebraucht hat. Er setzt somit um 550[74] eine Landverheißung an die Patriarchen voraus. Wie zuvor schon J. Van Seters hat freilich neuerdings Th. Römer bestritten, daß sich im Dtn die Landverheißung als Schwur an die Väter ursprünglich auf eine Verheißung an die Patriarchen bezieht. Die ausdrücklichen Erwähnungen von Abraham, Isaak und Jakob in Dtn 1,8; 6,10; 9,5.27; 29,12; 30,20; 34,4 stammen nach ihm erst von der »Endredaktion« des Pentateuch. Zuvor sei bei »den Vätern als Empfänger des Yhwheids … entweder an die erste Exodusgeneration gedacht oder allgemein an die Urahnen in Ägypten«[75]. Nun können hier nicht alle Stellen untersucht werden, an denen nach Th. Römer der Landschwur an die Väter diesen Sinn hat. Im folgenden soll aber exemplarisch gezeigt werden, daß sich seine Deutung für hier wichtige Belege nicht halten läßt.

In Dtn 1,35 wird der Landschwur Jahwes innerhalb der Kundschaftererzählung von Dtn 1,19 – 46 erwähnt: »Keiner unter diesen Männern › ‹[76] soll das gute Land sehen, das ich geschworen habe, zu geben[77] euren Vätern«. Nach Th. Römer ist eine chronologische Unterscheidung von Generationen in Dtn 1 – 3 unmöglich. In 2,14 seien die in 1,35 Angeredeten als gestorben vorausgesetzt. Man dürfe somit nicht nach der Deduktion vorgehen: »Angeredete = Exodus- und Horebgeneration, deren Väter also = Patriarchen«[78]. In Dtn 1,35 solle deutlich gemacht werden, daß die ungehorsame Generation nicht das Land besitzen dürfe, daß aber der Landschwur Jahwes trotzdem nicht ganz hinfällig sei. Hier diene die Erwähnung der Väter somit dazu, die Elemente der Kontinuität

---

[72] Dtn 1,8.35; 6,10.18.23; 7,13; 8,1; 9,5; 10,11; 11,9.21; 19,8; 26,3.15; 28,11; 30,20; 31,7.20; 34,4.

[73] Zu ihrer Einordnung vgl. z. B. H. D. Preuss, Deuteronomium, 1982 (EdF 164), 46 – 61.

[74] DtrH muß m. E. um 550 angesetzt werden. Gegen eine spätere Datierung spricht, daß sein Werk mit der Begnadigung Jojachins schließt (II Reg 25,27 ff.) und daß in ihm weder das Kyrosedikt, noch der Wiederaufbau des Tempels erwähnt werden. Der Verfasser weiß also noch nichts davon, daß Kyros die Babylonier niedergeworfen hat.

[75] Th. Römer, 568 f.; vgl. J. Van Seters, VT 22, 451 ff.

[76] Wie allgemein anerkannt wird, ist »diese böse Generation« ein Zusatz.

[77] Ob auch »zu geben« sekundär ist, kann hier offenbleiben, vgl. die Erwägungen bei Th. Römer, 203.

[78] Th. Römer, 204.

und Diskontinuität innerhalb der Tradition miteinander in Verbindung zu setzen. »In diesem Sinn geht es hier allgemein um die Vorfahren, mit denen Yhwhs Geschichte mit Israel begann«. Denkbar wäre nur noch, daß hier mit den Vätern die erste Exodusgeneration gemeint sei[79].

Tatsächlich redet Mose in Dtn 1–3 die Israeliten unmittelbar vor ihrem Einzug in das Westjordanland als Menschen an, die die Ereignisse vom Exodus an miterlebt haben. Dabei wird nicht zwischen den verschiedenen Generationen unterschieden. Eine solche Differenzierung gibt es nur in der ursprünglichen Fortsetzung von 1,35 in 1,39aα^2.β.b[80], wonach »eure Söhne« in das Land kommen werden. Sie war in diesem Zusammenhang unvermeidbar, weil es hier um den Unterschied zwischen den Menschen, die in der Wüste sterben mußten, und ihren Nachkommen, die in das Land kommen durften, geht. Ansonsten spielt sie aber in Dtn 1–3 keine Rolle. Mit Recht stellt D. E. Skweres zu der Auffassung von dem einheitlichen Israel in Dtn 1–3 fest: »Die wehrfähigen Männer, die in der Wüste sterben mussten (vgl. 2,14–16) unterbrechen diese Kontinuität nicht«[81]. Das kommt auch darin zum Ausdruck, daß diese Männer in 2,14–16, wo die Erfüllung der Ankündigung von 1,35 konstatiert wird, nicht »eure Väter« genannt werden. Vielmehr ist »die ganze Generation der Kriegsleute« (2,14) bzw. es sind »alle Kriegsleute« (2,16) gestorben[82]. Auch in 1,19 ff. werden die Israeliten so angeredet, als ob sie selbst nach dem Bericht der Kundschafter ungehorsam waren, obwohl sie den Exodus erlebt hatten[83]. Dann kann sich »eure Väter« in 1,35 nicht auf die Exodusgeneration beziehen. Wenn sie gemeint wäre, müßte hier nach dem Kontext eindeutig Jahwe »euch« das Land zugeschworen haben. In 1,35 können somit bei »euren Vätern« nur Vorfahren der Exodusgeneration gemeint sein. Bei ihnen kann es sich jedoch auch nicht um Ahnen handeln, denen Jahwe das Land in Ägypten zugeschworen hat. Ein solcher Schwur in Ägypten wird zwar z. B. in Ez 20,6 erwähnt. Aber hier ist dieser Schwur eindeutig der Generation des Exodus zuteil geworden. Es gibt keinen Beleg für die Auffassung, daß Jahwe den Israeliten in Ägypten das Land zugeschworen hat, daß aber erst eine spätere Generation Ägypten verlassen durfte. Deshalb kann sich »eure Väter« in Dtn 1,35 nur auf die Patriarchen beziehen.

---

[79] Th. Römer, 205.

[80] V. 36–39aα^1 ist sekundär, vgl. z. B. J. G. Plöger, Literarkritische, formgeschichtliche und stilkritische Untersuchungen zum Deuteronomium, 1967 (BBB 26), 43.

[81] D. E. Skweres, Die Rückverweise im Buch Deuteronomium, 1979 (AnBib 79), 102.

[82] Diese Beobachtung gilt auch, wenn es sich bei 2,14–16 um einen Zusatz handeln sollte, wie z. B. H. D. Preuss, 46, annimmt. In diesem Punkt folgt dann der Ergänzer dem Grundbestand.

[83] Vgl. 1,27.30.

Nun hat Th. Römer für seine Deutung von Dtn 1,35 auch auf Num 14 und 32 hingewiesen. Nach Num 14,23 hat Jahwe ebenfalls den Vätern das Land zugeschworen. Daß damit die Erzväter gemeint sind, ist nach Th. Römer nicht sicher, weil nach Num 14,16 die Exodusgeneration den Landschwur empfangen habe[84]. In V. 22 f. wird aber klar zwischen den Männern, die Jahwe ungehorsam waren, und ihren Vätern unterschieden. Diese Männer hatten nach V. 22 Jahwes Wirken in Ägypten und in der Wüste erlebt. Wenn nach V. 23a Jahwe nicht ihnen, sondern ihren Vätern das Land zugeschworen hat, so kann sich diese Aussage nur auf eine Landverheißung an ihre Vorfahren beziehen. Dafür kommen dann aber, wie zu Dtn 1,35 gezeigt wurde, nur die Patriarchen in Frage. Da V. 22 f. lediglich so einen Sinn ergibt, kann dagegen nicht angeführt werden, daß Jahwe nach V. 16 der Exodusgeneration das Land zugeschworen hat. Wenn diese Formulierung im strengen Sinn zu verstehen ist, hat in Num 14,11 ff. Jahwe sowohl den Patriarchen als auch der Exodusgeneration das Land zugeschworen. Daß es die Auffassung von einem solchen doppelten Landschwur Jahwes tatsächlich gegeben hat, wird die Analyse von Ex 13,11 bestätigen[85].

Th. Römer weist außerdem darauf hin, daß in der paränetischen Aufnahme der Kundschaftergeschichte in Num 32,8 ff. zwar die Landverheißung an die namentlich genannten Patriarchen erwähnt wird (V. 14), daß diese jedoch nicht als Väter bezeichnet werden. Die Väter sind hier vielmehr die ungehorsame Generation der Kundschafter. Deshalb sei es »zumindest auffallend«, daß in Dtn 1,35 nur von den Vätern die Rede sei. In Num 32,8 ff. wird aber im Unterschied zu Dtn 1–3 für Israel zwischen den Generationen des Exodus und der Landnahme unterschieden. Die Väter haben den Exodus erlebt und sind wegen ihres Ungehorsams in der Wüste gestorben. Das soll in Num 32,8 ff. der folgenden Generation zur Warnung dienen. Wahrscheinlich wird in Num 32,14 die Bezeichnung »Väter« für die Patriarchen nicht gebraucht, weil dieser Begriff die ungehorsame Generation des Exodus bezeichnet. Von ihr sollten die Erzväter abgehoben werden. Daß ihre Namen in Dtn 1,35 nicht erwähnt werden, ist im Blick auf die unterschiedliche Konzeption von Num 32,8 ff. und Dtn 1–3 dann keinesfalls auffallend. In Dtn 1,35 und Num 14,23 ist also mit dem Landschwur an die Väter dasselbe gemeint wie in Num 32,14, wo die Erzväter namentlich genannt werden. Der Landschwur an die Väter bezieht sich in Num 14,23 und Dtn 1,35 eindeutig auf eine Landverheißung an die Patriarchen.

Dasselbe gilt für seine Erwähnung in Dtn 6,23. In der Antwort auf die Frage seines Sohnes von V. 20 soll sich in V. 21 ff. der Israelit mit »wir« bzw. »uns« in die Israeliten einbeziehen, die die Bedrückung, die Zeichen und Wunderzeichen Jahwes in Ägypten und die Herausführung erlebt haben. Mit ihr verfolgte Jahwe nach V. 23b das Ziel, »uns zu bringen, um uns das Land zu geben, das er unseren Vätern geschworen hatte«. Hier werden die Väter deutlich von den Israeliten abgesetzt, die seit der Bedrückung in Ägypten gelebt haben. Daß Jahwe den Vätern das Land zugeschworen hat, kann sich deshalb nur auf eine Landverheißung an die Erzväter beziehen. Th. Römer meint zwar: »Wenn also beim Zielpunkt der Herausführung die Landnahme die Väter ins Spiel kommen, so wird damit noch einmal der Bogen in die Vergangenheit geschlagen und das ›wir‹ kann auf

---

[84] Th. Römer, 204.

[85] Diese Überlegungen gelten unabhängig von der Frage, ob Num 14,11–25 literarisch einheitlich ist. In der Regel wird hier zwischen verschiedenen Schichten unterschieden, vgl. z. B. M. Noth, Das 4. Buch Mose. Numeri, ⁴1982 (ATD 7).

dieser Ebene durch die ›Väter‹ überlagert werden«[86]. Aber das wird der klaren Unterscheidung nicht gerecht, die in diesem Text zwischen dem »wir« und den »Vätern« getroffen wird. Der Bogen zur Vergangenheit würde auch dann geschlagen, wenn Jahwe in V. 23b das Land »uns« zugeschworen hätte.

Auch für Ex 13,5.11 läßt sich die Interpretation von Th. Römer nicht halten. Nach ihm ergibt sich für Ex 13,5 aus der Völkerliste und aus der Beschreibung des Landes als »ein Land, das von Milch und Honig fließt«, daß hier auf Ex 3,8.17 Bezug genommen wird. »Damit kommen wir aber, was unsere Frage nach den Vätern betrifft, nicht zu den Patriarchen, sondern nach Ägypten«[87]. Dagegen spricht aber, daß in 13,3 ff. Mose zu jenem Israel redet, das soeben aus Ägypten ausgezogen ist. Wenn dabei in 13,5 zwischen ihm und seinen Vätern unterschieden wird, dann ist die Exodusgeneration, der Mose nach Ex 3,17 eine Landverheißung übermitteln sollte, nicht mit den Vätern identisch. Das wird dadurch bestätigt, daß nach Ex 3,8.17 Jahwe die Israeliten in ein Land hinaufführen will, das von Milch und Honig fließt. Dieses Land wird hier also den Empfängern der Verheißung zugesagt. Nach 13,5 wird hingegen Jahwe Israel zu dem Land bringen, das »er deinen Vätern geschworen hat, dir zu geben«. Danach wurde also den Vätern das Land nicht für sich selbst verheißen, sondern für ein künftiges Israel. Das ist ein deutlicher Unterschied zu Ex 3,8.17. Auch wenn die Landbeschreibungen in Ex 13,5 weitgehend mit Ex 3,8.17 übereinstimmen, kann deshalb der Schwur Jahwes an die Väter in 13,5 nicht auf diese Zusagen bezogen werden. Vielmehr ist hier wieder eine Landverheißung an die Patriarchen im Blick.

Schon diese Beobachtung zu 13,5 spricht dagegen, daß der Schwur an die Väter in 13,11 anders zu deuten ist. Freilich weicht diese Stelle darin von 13,5 ab, daß in ihr auch von einem Schwur an die Exodusgeneration gesprochen wird: »Wenn dich Jahwe zu dem Land des Kanaanäers bringen wird, wie er dir und deinen Vätern geschworen hat, und es dir gibt«. Nach Th. Römer geht es hier freilich nicht um einen zweifachen Landschwur. »Dir« könne in 13,11 aus »um dir zu geben« in V. 5 direkt in den Schwur hineingenommen sein, »um zu betonen, daß Yhwhs Eid an die Väter alle nachfolgenden Generationen miteinbezieht«[88]. Das setzt jedoch voraus, daß in 13,5 mit den Vätern nicht die Patriarchen gemeint sind. Wie oben gezeigt wurde, läßt sich diese Annahme von Th. Römer nicht halten. Dann ist ernstzunehmen, daß in 13,11 deutlich zwischen der Exodusgeneration (»dir«) und »deinen Vätern« unterschieden wird. Nach dieser Stelle hat also Jahwe das Land der Exodusgeneration *und* den Erzvätern zugeschworen[89]. Als Bezugspunkt für den

---

[86] Th. Römer, 238. Als weitere »›technische‹ Erklärungsmöglichkeiten« für die Erwähnung der Väter in Dtn 6,23 nennt Th. Römer, 238 Anm. 1245: Die Verbindung von »uns zu bringen, um uns zu geben das Land« könne »beinahe ›assoziativ‹ den Väterschwur nach sich gezogen haben.« Wenn Dtn 6,10–13 älter sei, könne die Erwähnung des Väterschwurs in einer ähnlichen Formulierung von dort her zu erklären sein. Setze außerdem der Text ein Generationenproblem voraus, so sei die Erwähnung der Väter sinnvoll, um eine Kontinuität herzustellen. Diese Überlegungen bestätigen jedoch nur, daß der Wortlaut des Textes die Deutung von Th. Römer keinesfalls nahelegt.

[87] Th. Römer, 557.

[88] Th. Römer, 557; vgl. auch J. G. Plöger, 76, nach dem hier das angeredete Objekt als korporative Persönlichkeit gemeint ist.

[89] So z. B. auch N. Lohfink, Die Landverheißung als Eid, 1967 (SBS 28), 110 f.; D. E. Skweres, 180 f.; E. Blum, Vätergeschichte, 375 Anm. 96.

Schwur an die Exodusgeneration kommt hier nur Ex 3,8.17 in Frage. Dabei verdient Beachtung, daß an diesen Stellen nicht von einem Schwur Jahwes die Rede ist. In 3,17 wird die Landverheißung mit »da sprach ich« eingeleitet. Die Verheißungen von Ex 3,8.17 werden also in Ex 13,11 als Schwur Jahwes an die Exodusgeneration interpretiert und mit der Landverheißung als Schwur an die Erzväter in Parallele gesetzt[90].

Als Ergebnis bleibt festzuhalten: Gegen Th. Römer ist die Landverheißung als Schwur an die Väter in Num 14,23; Dtn 1,35; 6,23; Ex 13,5.11 eindeutig nicht auf eine Zusage Jahwes an die Israeliten in Ägypten zu beziehen, sondern auf eine Verheißung an die Erzväter. Schon aus diesen Stellen ergibt sich, daß der Landschwur an die Väter auch in einigen weiteren Belegen so gemeint sein muß. Dtn 1,35 gehört sicher zu dem Grundbestand der Kundschaftererzählung in Dtn 1,19 – 46, die von DtrH stammt. Wenn sich hier der Landschwur an die Väter auf eine Verheißung an die Patriarchen bezieht, dann muß das auch für Dtn 31,7 und Jos 1,6 gelten, die ebenfalls von DtrH formuliert worden sind. Th. Römer will zwar auch in diesen beiden Texten unter den Vätern die Exodusgeneration verstehen[91]. Aber das setzt voraus, daß in Dtn 1,35 mit den Vätern nicht die Patriarchen gemeint sind. Für die von DtrH formulierten Stellen muß der Schwur an die Väter dieselbe Bedeutung haben. Es wäre zudem eigenartig, wenn bei DtrH Mose in Dtn 1 – 3 die Israeliten unmittelbar vor ihrer Landnahme im Westjordanland als Menschen anredet, die den Exodus erlebt haben, in Dtn 31,7 und Jos 1,6 aber die Exodusgeneration von der Generation der Landnahme unterscheidet. Auch das bestätigt, daß in Dtn 31,7 und Jos 1,6 mit den Vätern die Erzväter gemeint sein müssen. Nun ist bei den hier untersuchten Stellen die Datierung teilweise umstritten[92]. Aus den Belegen bei DtrH ergibt sich aber, daß spätestens DtrH um 550 die Auffassung vertrat, daß Jahwe den Erzvätern das Land zugeschworen hat.

Die Landverheißung als Schwur an die Erzväter ist traditionsgeschichtlich sicher jünger als die einfache Zusage des Landes[93]. Wenn sie

---

[90] Mit Recht stellt m.E. N. Lohfink, 111 Anm. 20, die Frage, ob sich nicht auch Stellen wie Num 14,16 und Dtn 31,23, nach denen Jahwe den Israeliten das Land zugeschworen hat, auf Ex 3,8.17 beziehen. Gegen N. Lohfink, 111, ist allerdings die Landverheißung als Schwur Jahwes in Ägypten sicher keine alte Tradition. Das ergibt sich schon daraus, daß in Ex 3,8.17 noch nicht von einem Schwur Jahwes gesprochen wird, vgl. auch E. Blum, Vätergeschichte, 375 Anm. 96.

[91] Th. Römer, 222 ff. (zu Dtn 31,7) und 352 ff. (zu Jos 1,6).

[92] Dtn 6,20 – 24 gehört z.B. nach H. D. Preuss, 49, zur singularischen Grundschicht des Dtn, nach Th. Römer, 239, handelt es sich dagegen um »einen ›dtr‹ oder sogar ›dtr²‹-Text«. Für Ex 13,3 – 16 wird sowohl eine protodeuteronomische, als auch eine Abfassung nach dem deuteronomistischen Geschichtswerk vertreten, vgl. den Überblick über die verschiedenen Positionen bei Th. Römer, 557 Anm. 428. Ohne daß es hier begründet werden kann, sind Ex 13,5.11 m.E. nicht vorexilisch und stammen von verschiedenen Verfassern.

[93] So auch M. Köckert, 170; vgl. L. Perlitt, 68.

als Schwur bezeichnet wird, so spiegelt sich darin die Gefährdung des Landbesitzes. Dadurch war die Frage gestellt, ob diese Verheißung wirklich gültig war. Wenn Jahwe das Land zugeschworen hat, so konnte man sich darauf verlassen, daß Jahwe Israel das Land tatsächlich geben wollte. Diese traditionsgeschichtliche Überlegung läßt sich an einigen Stellen literarisch bestätigen. Es wurde oben bereits darauf hingewiesen, daß sich der Landschwur an die Exodusgeneration in Ex 13,11 auf Ex 3,8.17 bezieht. Dort schwört aber Jahwe nicht, sondern er sagt lediglich das Land zu. In der späteren literarischen Aufnahme wird also in Ex 13,11 aus dieser einfachen Zusage ein Schwur. Nach Gen 24,7 hat Jahwe zu Abraham geredet und ihm geschworen: »Deinem Samen werde ich dieses Land geben«. Das ist ein wörtliches Zitat der Verheißung in 12,7. D. E. Skweres bezieht zwar den Rückverweis in 24,7 auf 15,18[94]. Dagegen spricht aber schon, daß in 15,18 das Verb *ntn* im perf., in 24,7 aber wie in 12,7 im impf. steht. Außerdem wird in 24,7 mit den Worten: »Jahwe, der Himmelsgott, der mich genommen hat aus dem Haus meines Vaters und aus dem Land meiner Verwandtschaft« eindeutig 12,1 aufgenommen. Das bestätigt, daß der Verfasser von 24,7 nicht Gen 15, sondern den Anfang der Darstellung Abrahams in 12,1 ff. im Blick hat. Dabei hat für ihn Jahwe nicht nur wie in 12,7 zu Abraham geredet, sondern er hat ihm das Land sogar zugeschworen. Auch in 24,7 ist somit aus der einfachen Zusage des Landes ein Schwur geworden[95]. An der späten Stelle Gen 26,3b[96] gilt die Landverheißung ebenfalls als Schwur an Abraham. Schließlich hat nach Gen 50,24 Gott Abraham, Isaak und Jakob das Land zugeschworen. Diese Stelle ist schon aus dem Grund jünger als die Landverheißungen in 12,7 und 28,13 f., weil die literarische Schicht, zu der diese Verse gehören, keine Landverheißung an Isaak enthielt. Es besteht somit die deutliche Tendenz, später die Landverheißung dadurch zu verstärken, daß sie zu einem Schwur Jahwes wird.

Deshalb setzt der Landschwur Jahwes an die Erzväter bei DtrH voraus, daß zuvor von einer Landverheißung als einfacher Zusage erzählt wurde. Dabei ist der Plural »Väter« kaum verständlich, wenn eine solche Verheißung nur für einen Patriarchen überliefert wurde. Die älteste Landverheißung an Abraham in Gen 12,7 ist aber, wie in II gezeigt wurde, eine rein literarische Bildung, die zu jener Schicht gehört, die in 28,13 f. auch eine Landverheißung für Jakob enthielt. Deshalb müssen zumindest die literarisch ältesten Belege für die Landverheißung in Gen 12,7 und 28,13 f., in denen sie noch nicht als Schwur gilt, vor DtrH

---

[94] D. E. Skweres, 94 – 96.

[95] Ob in Gen 24,7 »und der mir geschworen hat« literarisch sekundär ist, wie z. B. J. G. Plöger, 69, annimmt, braucht hier nicht erörtert zu werden.

[96] Vgl. dazu II.

angesetzt werden. Man müßte sonst annehmen, daß es eine Überlieferung von einer Landverheißung an die Erzväter gegeben hat, die nicht mehr erhalten ist. Dafür gibt es keinerlei Anhaltspunkte[97]. Überdies wäre zu fragen, warum die Landverheißung in Gen 12,7 und 28,13 f. nicht als Schwur formuliert wurde, wenn diese Stellen jünger sind als DtrH.

Die Landverheißung kann zwar auch in Belegen, die jünger als DtrH sind, als einfache Zusage Gottes formuliert werden. So hat Gott in Lus Jakob das Land für sich und seine Nachkommen (Gen 35,12) bzw. für seine Nachkommen (Gen 48,4) zugesagt. Die Vorlage für die Mehrungs- und Landverheißung an Jakob in 35,11 f., auf die sich 48,4 bezieht, ist jedoch 28,13 f., wo beide einfache Zusagen Jahwes sind. Im Blick auf seine Überlieferung, daß Jakob in Bet-El eine Verheißung empfing, hat der Verfasser anscheinend darauf verzichtet, sie in 35,12 und 48,4 als Schwur zu formulieren. Diese Überlegung wird durch den Anfang von 35,12 bestätigt, wo es heißt: »Und das Land, das ich dem Abraham und dem Isaak gegeben habe«. Das ist ein Rückverweis auf 17,8. Hier sagt Gott dem Abraham das Land Kanaan für sich und seine Nachkommen zu. Diese Landverheißung gehört in Gen 17 zur *bryt* Gottes mit Abraham. Auch für den Verfasser von 35,12; 48,4 war also die Verheißung des Landes eigentlich mehr als eine einfache Zusage[98]. Daß er sie an diesen Stellen trotzdem nicht als Schwur formuliert, beruht darauf, daß er in diesem Punkt seiner Vorlage in 28,13 f. folgen wollte[99]. Die Landverheißung begegnet somit auch noch nach DtrH als einfache Zusage Jahwes. Aber dabei handelt es sich um die Aufnahme einer älteren Tradition. Es ist unvorstellbar, daß die Landverheißung zunächst als Schwur Jahwes galt und erst danach zu einer einfachen Zusage wurde.

Sind aber die Landverheißungen in Gen 12,7 und 28,13 f. sicher älter als DtrH, dann müssen sie aus vorexilischer Zeit stammen. Wie schon erwähnt wurde, sind die Landverheißungen als Schwur Jahwes formuliert worden, weil der Landbesitz Israels gefährdet war. Zwischen der Katastrophe Jerusalems im Jahr 587 und DtrH um 550 haben sich aber die Verhältnisse nicht so grundlegend gewandelt, daß verständlich würde, warum man damals zunächst eine Landverheißung als einfache Zusage Jahwes formuliert haben sollte und sie dann sehr rasch zu einem Landschwur verstärkte. Dann ist jedoch die literarische Schicht, zu der Gen 12,1 – 4a.6a.7 f.; 28,13 f. gehören, noch in vorexilischer Zeit

---

[97] Eine solche Alternative vertritt auch M. Köckert nicht. Er bestreitet vielmehr ausdrücklich (so u. a. 313), daß das Motiv der Väterverheißungen aus der mündlichen Tradition stammt.

[98] Nach der Urkundenhypothese gehören Gen 17; 35,12; 48,4 zu P.

[99] Das wird durch Ex 6,8 bestätigt. Danach hat Jahwe Abraham, Isaak und Jakob das Land zugeschworen. Auch diese Stelle gehört zu P.

entstanden. Den hier vorgetragenen Überlegungen zur Landverheißung
kommt m. E. ein erheblich größeres Gewicht zu als den Argumenten, die
für eine spätere Ansetzung von Gen 12,1 – 3 angeführt werden[100]. Dieses
Ergebnis ist wieder unabhängig davon, welchem Modell man für die
Entstehung des Pentateuch den Vorzug gibt. Für die gegenwärtige Penta-
teuchdiskussion folgt daraus, daß die älteste literarische Schicht in Gen,
in der Abraham- und Jakobüberlieferungen miteinander verknüpft werden, nicht erst in exilisch-nachexilischer Zeit entstanden sein kann, wie
heute in der Forschung zunehmend angenommen wird. Sie ist sicher
älter als DtrH[101]. Es hat bereits vor 587 ein Werk gegeben, das zumindest
eine Darstellung Abrahams und Jakobs enthielt und in dem diese beiden
Erzväter von Jahwe eine Landverheißung erhalten haben.

Für die Entstehung des Pentateuch ist u. a. die Datierung der Verheißungen an die
Erzväter wichtig. Eine Prüfung der Thesen von E. Blum (1984) und M. Köckert ergibt,
daß Gen 12,1 – 4a.6a.7.8; 28,13 f. zu einer literarischen Schicht gehören, die zumindest
Abraham- und Jakobüberlieferungen enthielt, während Gen 13,14 – 17 von 28,13 f. abhängig und literarisch sekundär ist. Die ältesten Belege für eine Landverheißung an die
Erzväter in 12,7 und 28,13 f. werden spätestens von DtrH um 550 vorausgesetzt, da diese
»einfachen« Zusagen älter sind als der Landschwur an die Väter, der sich z. B. in Dtn 1,35
auf eine Verheißung an die Patriarchen bezieht. Es hat dann bereits vor 587 ein Werk
gegeben, das zumindest eine Darstellung Abrahams und Jakobs enthielt. Dieses Ergebnis
ist unabhängig von den verschiedenen Modellen für die Entstehung des Pentateuch.

---

[100] Die These, daß Gen 12,1 – 3 eine ausgebildete Königsideologie voraussetzt, bedarf
m. E. einer Überprüfung. Daß hier Abraham wie der König den Segen an andere
vermittle (so z. B. E. Ruprecht, 180 f.), läßt sich mit V. 3a nicht vereinbaren. Danach
vermittelt nicht Abraham den Segen, sondern *Jahwe* will die Menschen segnen, die
Abraham segnen, vgl. L. Schmidt, ThViat 12, 135 ff. Die Ankündigung in Sach 8,13,
daß die Israeliten ein Segen sein sollen, kann nicht aus der Königsideologie abgeleitet
werden. Hier wird vielmehr die Umkehrung der bestehenden Verhältnisse, daß die
Israeliten ein Fluch unter den Völkern sind, angesagt. Nach dem Stammesspruch in
Dtn 33,23 ist Naftali voll des Segens Jahwes. Gen 12,2b muß somit nicht auf dem
Hintergrund der Königsideologie verstanden werden.

[101] Dagegen setzt z. B. J. Van Seters, In search of history, 1983, 361, seinen Jahwisten erst
nach Dtr an.

El und die Landverheißung in Bet–El

(Die Erzählung von Jakob in Bet–El: Gen 28,11–22)

Die Landverheißungen an die Patriarchen in der Genesis werden in
der Forschung zunehmend als späte literarische Bildungen angesehen[1]. Dagegen geht nach H. Seebass Gen 28,13b auf eine alte Überlieferung zurück, die der Ursprung für das Motiv »Landverheißung
an die Väter« sei[2]. In ihr habe der Gott El Jakob nur das Gebiet
von Bet–El und seiner Umgebung zugesagt. Das ergebe sich eindeutig aus der Formulierung »das Land, auf dem du liegst«. Eine solche
begrenzte Verheißung sei in späterer Zeit undenkbar. Gegen H. Seebass darf aber die Zusage in Gen 28,13b nicht isoliert betrachtet werden. Ihr Wortlaut ist lediglich innerhalb einer Erzählung möglich.
Deshalb kann sie nur alt sein, wenn es eine Erzählung gab, die diese
Verheißung enthielt. Andernfalls wäre die für eine Landverheißung
ungewöhnliche Formulierung[3] dadurch bedingt, daß ein Bearbeiter
diese Zusage in einer ihm tradierten Erzählung verankern wollte[4].

---

[1]Vgl. die Übersichten bei H. Seebass, Gehörten Verheißungen zum ältesten Bestand
der Väter–Erzählungen?, Bib. 64 (1983), 189–210, und L. Schmidt, Väterverheißungen und Pentateuchfrage, ZAW 104 (1992), 1–27,1f. In meinem Aufsatz habe ich aber
gezeigt, daß Gen 12,1–4a.6a.7.8; 28,13f. zu einer bereits vor 587 entstandenen literarischen Schicht gehört. Im folgenden wird die Herkunft des Motivs »Landverheißung an
die Väter« untersucht. Aus Raumgründen kann hier auf die umfangreiche Sekundärliteratur nur in begrenztem Maß eingegangen werden.
[2]H. Seebass, Verheißungen, 196–198; ders., Der Erzvater Israel, BZAW 98, 1966, 23;
ders., Landverheißungen an die Väter, EvTh 37 (1977), 210–229, 212. Nach H. Seebass, Verheißungen, 196ff., stammt V. 13b.14b aus der alten Tradition. Dagegen wies
er ihr früher lediglich »das Land, auf dem du liegst, dir will ich es geben« in V. 13b zu.
Tatsächlich ist V. 14b sicher eine literarische Bildung, vgl. L. Schmidt, Väterverheißungen, 7 Anm. 27.
[3]Nur in Gen 13,15 (»das ganze Land, das du siehst«) ist eine Landverheißung ähnlich
formuliert. Der Abschnitt Gen 13,14–17 ist aber von Gen 28,13f. literarisch abhängig,
vgl. L. Schmidt, Väterverheißungen, 4ff.
[4]So z.B. H.–C. Schmitt, Die nichtpriesterliche Josephsgeschichte, BZAW 154, 1980,
106; C. Westermann, Genesis 2. Genesis 12–36, BK I/2, 1981, 554; E. Blum, Die Komposition der Vätergeschichte, WMANT 57, 1984, 17 Anm. 35; M. Köckert, Vätergott

Nun war seit J. Wellhausen zunächst weithin anerkannt, daß Gen 28,11–22 auf J und E aufzuteilen ist[5]. Als Gottesbezeichnung wird hier Jahwe und Elohim gebraucht. V. 16 und V. 17 sind eine Dublette, da Jakob zweimal die Besonderheit des Ortes ausspricht. Zwischen V. 12 und V. 13 besteht eine Spannung. In V. 12 sieht Jakob im Traum eine Rampe zwischen Erde und Himmel, auf der Gottesboten auf- und niedersteigen. In V. 13 steht dagegen Jahwe bei Jakob und redet zu ihm. Das Suffix von *'lyw* bezieht sich in V. 13a auf Jakob. Sein Gelübde ist mit den Verheißungen nicht vereinbar, da Jakob in V. 20.21a als Bedingung formuliert, was ihm Jahwe in V. 15 zugesagt hat, ohne daß er sich auf diese Zusage bezieht[6]. In der Regel wurden V. 13–16[7].19a[8] J und V. 11.12.17.18.20.21a[9].22 E zugewiesen.

Das ist in zwei Punkten zu modifizieren. V. 22b ist ein Zusatz, da Jakob hier plötzlich Gott anredet[10]. Außerdem ist V. 11 nicht einheitlich. Nachdem bereits in V. 11aα erzählt wurde, daß Jakob an dem Ort, auf den er zufällig traf, übernachtete, kommt die Schilderung, wie er seine Übernachtung vorbereitete und daß er sich an diesem Ort niederlegte (V. 11aβ.γ.b), zu spät. Dann gehört auch V.

---

und Väterverheißungen, FRLANT 142, 1988, 30 Anm. 71; G. Fohrer u.a., Exegese des Alten Testaments, UTB 267, [5]1989, 205; J. van Seters, Prologue to History, Zürich 1992, 299f.; H. J. Boecker, 1. Mose 25,12–37,1. Isaak und Jakob, ZBK.AT 1.3, 1992, 63.

[5]Vgl. z.B. die Übersicht bei A. de Pury, Promesse divine et légende cultuelle dans le cycle de Jacob, EtB, 1975, 33 Anm. 5.

[6]Deshalb können gegen J. van Seters, Prologue, 294, die Verheißungen und das Gelübde nicht gleichzeitig entstanden sein. Außerdem müßte dann in V. 20 statt Elohim Jahwe stehen.

[7]In V. 14b ist das nachklappende »und in deinem Samen« ein Zusatz. Er wird im folgenden nicht berücksichtigt.

[8]E. Otto, Jakob in Bethel, ZAW 88 (1976), 165–190, 168f., rechnet V. 19 zu E. Aber J muß V. 19a enthalten haben. Die umständliche Angabe über den Ort des Altars in 12,8 ist dadurch bedingt, daß die Benennung des Heiligtums Bet–El Jakob vorbehalten bleiben sollte, vgl. L. Schmidt, Väterverheißungen, 11. Falls 28,11ff. auf J und E aufzuteilen ist, stammt auch 12,1–4a.6a.7–8 von J, da dieser Abschnitt zu derselben Schicht wie 28,13f. gehört, vgl. Anm. 1.

[9]Gelegentlich wurde V. 21b mit »der El« statt »Jahwe« zu E gerechnet, so z.B. A. de Pury, Promesse, 44f. Hätte aber Jakob gelobt, daß El zu seinem Gott werden soll, müßte er in V. 20 von El reden. Das Elohim in V. 20 zeigt auch klar, daß das Gelübde literarisch nicht einheitlich ist (gegen C. Westermann, Genesis, 559f.; J. van Seters, Prologue, 293). V. 21b ist wohl vom Jehowisten eingefügt worden. Für ihn gelobte Jakob wegen der Verheißungen, daß er Jahwe als seinen persönlichen Gott anerkennen wird, wenn er wohlbehalten zurückkehrt.

[10]Vgl. G. Fohrer u.a., Exegese, 184 Anm. 182; K. Berge, Die Zeit des Jahwisten, BZAW 186, 1990, 162 Anm. 80. Mit V. 22b führte m.E. der Jehowist V. 21b weiter. Die Anerkenntnis Jahwes wird zur Folge haben, daß Jakob alles, was ihm dieser Gott gibt, verzehntet.

11aα zu J[11]. Es gibt keine andere Erzählung, in der ursprünglich
nach dem Bericht, daß jemand übernachtete, noch mit Narrativen
Ereignisse geschildert wurden, die sich vor der Übernachtung zugetragen haben. In Gen 32,14 folgt zwar auf »da übernachtete er
dort in dieser Nacht« (V. 14a) »da nahm er von dem, was in seine
Hand gekommen war ...« (V. 14b). Aber diese Abfolge geht erst
auf den Jehowisten zurück. Er hat hier die Vorbereitungen Jakobs
auf seine Begegnung mit Esau bei J (32,4–9.14a) mit der elohistischen Version (32,14b–22) verbunden[12]. Sie schloß in V. 22b mit
der Feststellung »Er aber übernachtete in dieser Nacht im Lager«.
Das ist bei dem Jehowisten eine Wiederaufnahme von V. 14a. Erst
für ihn werden also in V. 14b–22a nachholend Ereignisse geschildert, die sich noch vor der Übernachtung Jakobs abgespielt haben.
Damit bestätigt 32,14ff., daß 28,11 nicht einheitlich ist. Der Jehowist hat in diesem Vers J und E in derselben Weise miteinander
verknüpft wie in 32,14ff. Für ihn wird in V. 11aβ.γ nachholend berichtet, was Jakob noch vor seiner Übernachtung getan hat. V. 11b
ist hier eine Wiederaufnahme von »da übernachtete er dort« aus V.
11aα. Sie weicht im Wortlaut ab, weil V. 11b dem Jehowisten bei E
vorgegeben war. Zu J gehören somit V. 11aα.13–16.19a.

Die Aufteilung von 28,11ff. auf J und E wird freilich in neuerer
Zeit aus zwei Gründen bestritten. Gegen sie spreche, daß die für J in
Anspruch genommene Darstellung ein Fragment sei[13]. Dieses Argument ist jedoch methodisch fragwürdig. Dann dürfte man nur zwei
Fassungen annehmen, wenn beide lückenlos aus dem Textbestand
rekonstruiert werden können. Bei parallelen Erzählungen wird man
aber mit der Möglichkeit rechnen müssen, daß der Redaktor teilweise nur den Wortlaut aus jeweils einer Vorlage aufnehmen konnte.

---

[11]So M. Noth, Überlieferungsgeschichte des Pentateuch, Stuttgart 1948, 30, und mit
ausführlicher Begründung K. Berge, Zeit, 150ff. Ein Gegenargument ist nach J. van
Seters, Prologue, 290, Ruth 3,13. Dort folge auf den allgemeineren Befehl »Übernachte
diese Nacht« die speziellere Forderung: »Lege dich bis zum Morgen nieder«. Hier kündigt
aber Boas der Rut zwischen seinen beiden Anweisungen an, was am Morgen geschehen
wird. Er wiederholt also mit »Lege dich bis zum Morgen nieder« seine Aufforderung,
zu übernachten. Damit belegt auch Ruth 3,13, daß Gen 28,11aα und 11b eine Dublette
ist.
[12]Vgl. L. Schmidt, Jakob erschleicht sich den väterlichen Segen, ZAW 100 (1988),
159–183, 180ff.
[13]So z.B. C. Westermann, Genesis, 551f.; R. Rendtorff, Jakob in Bethel, ZAW 94
(1982), 511–523, 518.521; J.-M. Husser, Les métamorphoses d'un songe, RB 98 (1991),
321–342, 322f.; J. van Seters, Prologue, 289. Das gilt zwar nur, wenn man V. 11aα nicht
zu J rechnet. Im anderen Fall fehlt aber vor V. 11aβ aus E, daß Jakob zu dem Ort kam.

Das zeigt z.B. Gen 27,1–45[14]. Für die Annahme von zwei Erzählungen ist es somit nicht erforderlich, daß beide noch vollständig erhalten sind. Der zweite Einwand ist, daß V. 13–16 deutlich von der »elohistischen« Erzählung abhängig und aus ihr herausgesponnen sei. Die Formulierung »das Land, auf dem du liegst« (V. 13b) setze V. 11b voraus, wonach sich Jakob an diesem Ort niederlegte. In V. 15a würden Elemente des Gelübdes aufgenommen[15]. Doch auch diese Argumentation läßt sich m.E. nicht halten, wie im folgenden gezeigt werden soll.

V. 13aα_1 und V. 16 bilden den Rahmen für die Verheißungen Jahwes. In V. 13aα_1 »Und siehe Jahwe stand '*lyw* und sprach« kann sich das Suffix im gegenwärtigen Kontext nur auf die Rampe beziehen, da sie am Ende von V. 12 mit demselben Suffix (*bw*) erwähnt wird. Die folgende Jahwerede setzt aber voraus, daß Jakob als Adressat genannt wurde, denn hier wird Jakob angeredet. Das Suffix in V. 13aα_1 bezog sich somit ursprünglich sicher auf Jakob. Dann kann aber V. 13aα_1 nicht von einem Bearbeiter stammen, dem V. 12 vorgegeben war. Außerdem läßt sich nicht zureichend erklären, warum ein Bearbeiter V. 16 geschaffen haben sollte. Er hätte mit seinen Erweiterungen darstellen wollen, daß Jakob in Bet–El Zusagen Jahwes erhielt. In V. 16 geht es jedoch um die Besonderheit dieses Ortes. Sie wurde aus V. 17 schon hinreichend deutlich. Vor allem läßt sich nicht begründen, warum ein Bearbeiter mit V. 16b »und ich wußte (es) nicht« die Überraschung Jakobs betont haben sollte, daß Jahwe an diesem Ort ist. Hier wird deutlich auf V. 11aα Bezug genommen. Danach traf Jakob zufällig auf jenen Ort und übernachtete dort, von dem er nun in V. 16 überrascht feststellt, daß Jahwe an ihm gegenwärtig ist. V. 11aα und V. 16 sind somit aufeinander angelegt[16]. Der Rahmen für die Verheißungen ist also nicht als Erweiterung einer Erzählung entstanden.

Nach R. Rendtorff und E. Blum gehörte er schon ursprünglich zu der Ätiologie von Bet–El in V. 11–19a. Lediglich V. 13aα_2 (ab »da sprach er«)–15 seien spätere Erweiterungen[17]. V. 13aα_1 und V. 16 seien dagegen in der Ätiologie fest verankert. »Da träumte er« (V. 12) und »Da erwachte Jakob von seinem Schlaf« (V. 16) seien aufeinander bezogen. Die Traumschilderung in V. 12.13aα_1 zeige »eine

---

[14]Vgl. die Analyse bei L. Schmidt, Jakob.
[15]Vgl. z.B. H.–C. Schmitt, Exegese, 106f.; G. Fohrer u.a., Josephsgeschichte, 205.
[16]So mit Recht R. Rendtorff, Jakob, 512; E. Blum, Komposition, 13f.
[17]So auch H. J. Boecker, 1. Mose, 58.

deutliche Klimax: eine Rampe, die bis zum Himmel reicht — Gottesboten, die darauf auf- und niedersteigen — Jahwe selbst, der darauf steht«. Diese Klimax werde in V. 16f. chiastisch wieder aufgenommen: Jahwe — das Gotteshaus — das Himmelstor[18]. Dabei »zieht V. 17 die Folgerung aus dem in V. 16 Erkannten«[19]. Doch dieser Versuch, zwischen V. 16 und V. 17 einen Ausgleich herzustellen, kann nicht überzeugen. In V. 17 stellt Jakob zunächst fest: »Wie furchtbar ist dieser Ort«. Das bleibt deutlich hinter seiner Aussage in V. 16 »Fürwahr Jahwe ist an diesem Ort« zurück. Zudem begründet Jakob in V. 17 mit den Worten »Es ist hier nichts anderes als Gottes Haus und hier ist das Himmelstor«, warum dieser Ort furchtbar ist. Dabei bezieht er sich ausschließlich auf V. 12. Jakob schließt aus der Rampe, daß sich hier das Himmelstor befindet, und aus den auf ihr auf- und niedersteigenden Gottesboten, daß hier Gottes Haus ist. Die Gegenwart Jahwes an diesem Ort, die in V. 16 besonders hervorgehoben wurde, spielt in V. 17 keinerlei Rolle[20]. Das ist ein deutlicher Hinweis, daß V. 17 einmal direkt auf V. 12 folgte. Nach R. Rendtorff und E. Blum fügt sich zwar V. 13aα$_1$ nahtlos in die Traumschilderung ein, weil Jahwe auf der Rampe stehe[21]. Aber diese Deutung läßt sich nicht mit V. 12 vereinbaren. Hier steigen Gottesboten auf der Rampe, die von der Erde bis zum Himmel reicht, auf und nieder. Sie stellen also den Kontakt zwischen Himmel und Erde her. Dann könnte jedoch Jahwe nicht an irgendeiner Stelle der Rampe, sondern höchstens auf ihrer Spitze im Himmel stehen. Da in V. 12 ausdrücklich erwähnt wird, daß diese Spitze bis zum Himmel reichte, müßte es in diesem Fall in V. 13aα$_1$ »auf ihrer Spitze« heißen[22]. Der Rahmen der Verheißungen stammt somit auch nicht aus einer Bet–El–Ätiologie, die V. 12 und V. 17 enthielt[23].

---

[18] R. Rendtorff, Jakob, 512ff.; vgl. E. Blum, Komposition, 10f.

[19] R. Rendtorff, Jakob, 518; ähnlich E. Blum, Komposition, 14.16; H. J. Boecker, 1. Mose, 61.

[20] Ähnlich K. Berge, Zeit, 159f.

[21] So unter Verweis auf Am 7,7 R. Rendtorff, Jakob, 517; E. Blum, Komposition, 21.

[22] So schon J. Wellhausen, Die Composition des Hexateuchs und der historischen Bücher des Alten Testaments, Berlin ³1899, 30.

[23] Nach J.–M. Husser, Métamorphoses, 338ff., wurde in dieser Ätiologie ursprünglich nach V. 11 berichtet, daß Jakob träumte, daß El bei ihm stand und mit ihm redete (V. 12aα*.13aα$_1$ mit El statt Jahwe). Darauf seien V. 16aα.17bα.18.19a gefolgt. Auf einer zweiten Stufe sei das Gelübde zugefügt worden (V. 20–22). Dann seien die Worte Els durch die Jahwerede in V. 13aα$_2$.β.b.14 ersetzt worden, um die Jakob–Überlieferung mit der Abraham–Lot–Erzählung zu verbinden. Danach habe ein deuteronomistischer Bearbeiter V. 15.16aβ.b.17a eingefügt. Die jüngste Erweiterung sei die Traumschilderung

Aus V. 13aα$_1$ und aus V. 16 geht somit eindeutig hervor, daß in 28,11ff. zwei Darstellungen redaktionell miteinander verbunden wurden. Im Unterschied zu E erhielt Jakob bei J Verheißungen Jahwes. Daß Jahwe nach V. 13aα$_1$ bei Jakob stand, ist nur sinnvoll, wenn er im folgenden zu Jakob redete. Im gegenwärtigen Kontext wird zwar in der Zusage »das Land, auf dem du liegst, dir will ich es geben« V. 11b aufgenommen. Diese Formulierung ist aber auch ohne V. 11b möglich. Nach V. 11aα übernachtete Jakob an dem Ort. Das Verb *lyn* kann bereits enthalten, daß man sich zum Schlaf niederlegt, wie z.B. aus Gen 19,2.4 hervorgeht[24]. Zwischen den Zusagen in V. 15 und dem Gelübde Jakobs besteht zwar eine literarische Beziehung. Sie zeigt m.E., daß E die jahwistische Darstellung kannte und V. 15 teilweise in ein Gelübde umwandelte. Aber selbst wenn V. 15 aufgrund des Gelübdes später eingefügt worden sein sollte, ist damit nicht widerlegt, daß in 28,11ff. zwei Fassungen miteinander verbunden sind. Für ihre Existenz sprechen unabhängig von der Beurteilung von V. 15 die oben genannten Argumente.

Zu J gehören also V. 11aα.13–16.19a, zu E V.11aβ.γ.b.12.17.18.20. 21a.22a. In beiden Darstellungen wird Jakob jeweils explizit als Subjekt genannt, um eine Gliederung anzuzeigen. Bei J steht »Jakob« in V. 16. Diese Fassung hat somit zwei Teile. Der erste enthält die Exposition (V. 11aα) und die Erscheinung Jahwes (V. 13–15). Der zweite beginnt in V. 16 mit »da erwachte Jakob von seinem Schlaf«. Das entspricht »da übernachtete er dort« in V. 11aα. Das Übernachten Jakobs ist beendet. Er spricht nun die Erkenntnis aus, die ihm im Schlaf zuteil wurde, und gibt als Konsequenz dem Ort den Namen Bet–El (V. 19a). Bei E steht in V. 18 und V. 20 »Jakob«. Diese Erzählung besteht somit aus den drei Teilen: V. 11aβ.γ.b.12. 17 - V. 18 - V. 20.21a.22a. Hier beginnt mit den Worten Jakobs in V. 17 kein neuer Abschnitt, sondern erst in V. 18. »Da machte sich Jakob früh

---

in V. 12 und V. 17bβ. Diese Rekonstruktion läßt sich nicht halten. So führt z.B. Jakob in V. 17 mit der Feststellung »Es ist hier (*zh*) nichts anderes als Gottes Haus« deutlich seine Worte »Wie furchtbar ist dieser Ort« weiter. J.–M. Husser, Métamorphoses, 337, begründet seine Aufteilung damit, daß in V. 16.17a *hmqwm hzh*, in V. 11.19a aber *hmqwm hhw'* steht. Das ist jedoch eine beabsichtigte Differenzierung. Jakob spricht von *hmqwm hzh*, während sonst *hmqwm hhw'* (V. 11.19a) steht. Dann ist schon V. 16 und V. 17a.bα eine Dublette. Daß V. 16 nicht als Erweiterung entstanden sein kann, habe ich oben gezeigt. Da V. 16 V. 13aα$_1$ voraussetzt, ist V. 17a.bα ohne die Traumschilderung in V. 12 nicht denkbar. Dann ist V. 17 literarisch einheitlich und folgte ursprünglich direkt auf V. 12. Zudem stammen die Verheißungen in 13,14ff. und 28,13f. nicht von demselben Verfasser, da 13,14–17 von 28,13f. literarisch abhängig ist (vgl. Anm. 3).

[24] Vgl. E. B. Oikonomou, Art. *lyn*, ThWAT IV, 1984, 562–567, 564.

am Morgen auf« (V. 18) entspricht »da legte er sich an diesem Ort
nieder« (V. 11b). Der Traum (V. 12) und die Reaktion Jakobs (V.
17) ereignen sich bei E, als sich Jakob niedergelegt hatte[25]. Beide
Erzählungen haben somit eine verschiedene Struktur[26]. Ihr grund-
legender Unterschied besteht freilich darin, daß bei J Jahwe dem
Jakob erschien und zu ihm redete. Daran erkannte hier Jakob, daß
Jahwe an diesem Ort war. Dagegen wurde bei E Jakob die Besonderheit dieses Ortes an der Rampe und an den auf ihr auf- und
niedersteigenden Gottesboten deutlich.

In seiner Darstellung hat E eine Ätiologie des Heiligtums Bet–
El aufgenommen und durch das Gelübde erweitert[27]. Nach E. Otto
redete allerdings auch in dieser Ätiologie Gott zu Jakob. Das ergebe sich aus den drei Versionen der Bet–El–Überlieferung bei J, E
und in Hos 12,5b.7, die literarisch voneinander unabhängig seien[28].
In ihr sei nach V. 12 berichtet worden, daß Gott bei Jakob stand
und ihm eine Beistands- und Rückkehrverheißung gab[29]. Dagegen
spricht aber bereits, daß E. Otto V. 13aα$_1$ in der Substanz zu dieser
Ätiologie rechnet. Das ist, wie oben gezeigt wurde, nicht möglich.
Schon in der Überlieferung des Elohisten muß V. 17 direkt auf V.
12 gefolgt sein.

Außerdem ist Hos 12,5b.7 kein Beleg für eine von Gen 28,11ff.
unabhängige Überlieferung. Die Deutung von Hos 12,5b–7 ist sehr
umstritten[30]. Es ist m.E. daran festzuhalten, daß in V. 7 von einer Rückkehrverheißung und von Mahnungen an Jakob berichtet
wird. Selbst wenn 12,5b.7 von Hosea stammen sollte[31], kann hier
die jahwistische Darstellung vorausgesetzt sein. Gewichtige Gründe

---

[25] Verschiedentlich wurde angenommen, daß es auch bei E vor V. 17 hieß: »Da erwachte
er«, vgl. z.B. J. Wellhausen, Composition, 30 Anm. 1. Aber bei E entsprechen sich »da
träumte er« (V. 12) als Einleitung zu dem Traum und »da fürchtete er sich« (V. 17) als
Einleitung zu den Worten Jakobs.

[26] Die Auffassung von R. Rendtorff und E. Blum, daß V. 12.13aα$_1$ in V. 16f. chiastisch wieder aufgenommen wird, ist für die jehowistische Fassung richtig. Aber eine
Erzählstruktur kann auch redaktionell sein, vgl. dazu L. Schmidt, Jakob, 178.182f.

[27] Zu der abweichenden Auffassung von A. de Pury vgl. z.B. E. Otto, Jakob, 181 Anm.
76, und E. Blum, Komposition, 29ff. In dieser Ätiologie folgte auf V. 18, daß Jakob den
Ort Bet–El nannte. Ob E eine Parallele zu V. 19a enthielt, kann hier offen bleiben.

[28] E. Otto, Jakob, 176ff.

[29] E. Otto, Jakob, 180. Die Zusagen in Gen 28,13b.14 sind dagegen nach E. Otto,
Jakob, 178, erst von J gebildet worden.

[30] Zu der umfangreichen Sekundärliteratur vgl. z.B. Th. Naumann, Hoseas Erben,
BWANT 131, 1991, 101 Anm. 7; W.D. Whitt, The Jacob Traditions in Hosea and their
Relation to Genesis, ZAW 103 (1991), 18–43.

[31] 12,6 gilt meist als sekundär, vgl. Th. Naumann, Erben, 109ff.

sprechen aber dafür, daß 12,5b–7 sekundär ist. Hier erscheint Bet–El
in einem günstigen Licht, weil Jakob an diesem Ort die Verheißung
und die Mahnungen von V. 7 empfangen hat. Bei Hosea wird aber
sonst nirgends Bet–El positiv erwähnt[32]. Für *qwh* und *tmyd* in V.
7 gibt es im Buch Hosea keine weiteren Belege. Auch zu der Mah-
nung »Treue und Recht bewahre« fehlt hier eine direkte Parallele[33].
Die mehrfachen sprachlichen Abweichungen[34] zeigen, daß V. 7 nicht
von Hosea stammt. Auf V. 7 zielt aber V. 5b. Hos 12,5b–7 ist somit eine spätere Ergänzung, in der Gen 28,11ff. aufgenommen und
interpretiert wurde. »Jahwe ist sein Rufname« in V. 6b bezieht sich
auf »ich bin Jahwe« aus Gen 28,13a. Danach erfuhr Jakob in Bet–El
den Namen, mit dem Gott angerufen werden will. Dann bezieht sich
V. 6a »Jahwe aber ist der Gott der Heerscharen« auf Gen 28,12. Für
den Ergänzer wurde an den auf- und niedersteigenden Gottesboten
deutlich, daß Jahwe der Gott der himmlischen Heerscharen ist. Er
setzt also die jehowistische Redaktion in Gen 28,11ff. voraus. Gerade weil Jakob in Bet–El erfahren hatte, daß Jahwe ein mächtiger
Gott ist, der mit dem Namen Jahwe angerufen werden will, erhiel-
ten für ihn Zusage und Mahnungen in V. 7 ihr besonderes Gewicht.
In V. 7a greift er die Rückkehrverheißung aus Gen 28,15a auf. In
V. 7b werden andere Zusagen in Gen 28,15 zu Mahnungen umgestaltet. »Treue und Recht bewahre (*šmr*)« geht auf die Verheißung
»Ich werde dich behüten (*šmr*) überall, wohin du gehst« zurück. Die
Zusage »denn nicht werde ich dich verlassen, bis daß ich tue, was ich
dir gesagt habe« hat der Ergänzer zu der Aufforderung »Hoffe auf
deinen Gott immerdar« abgewandelt. Mit den Ermahnungen wollte
der Ergänzer zeigen, daß das in V. 8f. beschriebene Verhalten des
Volkes dem widersprach, was bereits Jakob geboten worden war.
In der Ätiologie, die E aufnahm, erhielt somit Jakob sicher keine
Verheißungen.

---

[32]Nach W. D. Whitt, Traditions, 25f., geht es in V. 5b um den Abfall Jakobs zu
dem Gott Bet–El, lediglich V. 6 und V. 7 seien sekundär. Selbst wenn man mit W. D.
Whitt, Traditions, 35f., in V. 5b Bet–El als Subjekt versteht, läßt sich seine Deutung
nicht halten, denn dann wäre nicht das Verhalten Jakobs, sondern eine Erwählung
durch Bet–El das Thema. Bet–El ist aber hier Ortsname, wie aus »dort« in V. 5bβ
hervorgeht.
[33]Vgl. z.B. J. Vollmer, Geschichtliche Rückblicke und Motive in der Prophetie des
Amos, Hosea und Jesaja, BZAW 119, 1971, 107f.
[34]Es ist eben nicht nur *tmyd* bei Hosea sonst nicht belegt, wie Th. Naumann, Erben,
109, meint.

Auf eine Ätiologie von Bet–El geht aber auch die jahwistische Bet–
El-Erzählung zurück. Die Jahwerede in V. 13aα$_2$–15 ist zwar überwiegend erst von J geschaffen worden. Mit V. 13b.14 hat J seine
Darstellung von Abraham und Jakob verknüpft[35]. Die Beistands-
und Rückkehrverheißung in V. 15 setzt die Jakob–Esau–Laban-
Erzählungen voraus. Aber die Zusage in V. 13b* »das Land, auf
dem du liegst, dir will ich es geben« war offenbar J vorgegeben, wie
ein Vergleich mit Gen 12,7 zeigt. Der Abschnitt Gen 12,6a.7.8 ist
eine literarische Bildung von J[36]. Nach 12,7 hat Jahwe zu Abraham
gesagt: »Deinem Samen werde ich dieses Land geben«. Hier wird
also Abraham das Land lediglich für seine Nachkommen zugesagt.
Dagegen soll nach 28,13b bereits Jakob das Land erhalten. Für J
handelt es sich zwar nur um den Bereich von Bet–El, wie aus V. 14a
hervorgeht. Danach wird sich Jakob erst in seinen Nachkommen in
die vier Himmelsrichtungen ausbreiten[37]. Aber wenigstens ein Stück
des späteren israelitischen Gebietes soll schon Jakob bekommen. Es
ist keinerlei Grund zu erkennen, warum J daran interessiert gewesen
sein sollte, daß Jakob für sich selbst ein Teil des Landes zugesagt
wurde. Bei J kommt Jakob nach seiner Rückkehr von Laban nicht
wieder nach Bet–El. J berichtet also nichts von einer Einlösung der
Verheißung für Jakob selbst. Dann stammt in 28,13b »das Land,
auf dem du liegst, dir will ich es geben« aus einer J überlieferten
Erzählung. Mit V. 14a brachte J seine Auffassung zur Geltung, daß
das ganze israelitische Gebiet Jakob wie Abraham erst für die Nachkommen verheißen wurde. Die jahwistische Fassung von Jakob in
Bet–El ist also von J erweitert, aber nicht geschaffen worden.

Dafür spricht auch 12,8. Danach hat Abraham zwischen Bet–El
und Ai einen Altar errichtet und den Namen Jahwe angerufen. Der
Ort des Altars bleibt hier ohne Namen. Es muß sich aber um das Heiligtum Bet–El handeln[38]. Aus 12,8 geht hervor, daß J darauf Wert
legte, daß bereits Abraham, mit dem die Heilsgeschichte beginnt,
in Bet–El einen Altar errichtet und den Namen Jahwe angerufen
hatte. Trotzdem erhält bei J erst Jakob in Bet–El Verheißungen und

---

[35] Vgl. L. Schmidt, Väterverheißungen, 15.
[36] Vgl. L. Schmidt, Väterverheißungen, 9ff.
[37] E. Blum, Komposition, 17 Anm. 35, und M. Köckert, Vätergott, 30 Anm. 71, haben
zwar nachdrücklich bestritten, daß sich im Zusammenhang von V. 13b.14 V. 13b nur
auf den Bereich von Bet–El bezieht, vgl. dagegen aber L. Schmidt, Väterverheißungen,
6f.
[38] Vgl. L. Schmidt, Väterverheißungen, 11.

benennt das Heiligtum. Das ist nur verständlich, wenn J eine entsprechende Jakobüberlieferung vorgegeben war, die er in sein Werk
aufnehmen wollte. Damit aber auch Abraham eine Landverheißung
erhält, hat J 12,7 geschaffen. Diese Zusage ergeht hier bei der Orakelterebinthe von Sichem, und darauf baut Abraham dort einen Altar.
Mit diesem Altarbau hat J ebenfalls ein Element der Jakobüberlieferung auf Abraham übertragen. Nach Gen 33,19f. stellte Jakob
bei Sichem einen Altar auf. Diese Verse gehören sicher nicht zu J[39].
Freilich kennt die Jakobtradition keine Landverheißung in Sichem.
Dann ist sie von J in 12,7 aufgrund seiner Bet–El–Überlieferung
gebildet worden.

Das wird durch den Wortlaut der Altarbaunotiz in 12,7b bestätigt.
Danach baute Abraham dort einen Altar »dem Jahwe, der ihm erschienen war«. Diese Formulierung ist für einen Altarbau ungewöhnlich. Es gibt dazu nur in Gen 35,1 eine Parallele[40]. Hier fordert Gott
Jakob auf, nach Bet–El zu ziehen. Dort soll er einen Altar machen
»dem El, der dir erschienen ist, als du vor deinem Bruder Esau
flohst«. Diese Anweisung nimmt Jakob in V. 3 in veränderter Form
auf. 35,1–5.7 werden meist zu E gerechnet[41]. Nach E. Blum zeigt
aber ein Vergleich von V. 2–5 mit Jdc 10,16; I Sam 7,3f. und Jos 24,
daß 35,1ff. von der D–Bearbeitung stammt[42]. Aus der von E. Blum
aufgewiesenen sprachlichen und sachlichen Verwandtschaft von V.
2–5 mit deuteronomistischen Texten geht in der Tat hervor, daß
diese Verse nicht E zugewiesen werden können. Zudem spricht Jakob in V. 3 von dem El, der ihm am Tage seiner Not geantwortet
hat. Hier wird eindeutig die Zusage Jahwes in 28,15 vorausgesetzt.
Schließlich erfüllt Jakob mit dem Abtun der fremden Götter, was er
erst nach dem Jehowisten in 28,21b für den Fall seiner glücklichen
Rückkehr gelobt hat[43]. Daß in V. 3 nicht Jahwe, sondern El steht,

---

[39] Sie werden meist E zugewiesen, vgl. z.B. M. Noth, Überlieferungsgeschichte, 38.
Trotz anderer literarischer Beurteilung geht auch nach E. Blum, Komposition, 64f.,
33,20 auf eine ätiologische Notiz von einem Altarbau Jakobs zurück.

[40] Der ähnlich formulierte Rückverweis auf eine Jahweerscheinung in I. Reg 11,9 ist
keine Parallele, weil es dort nicht um einen Altarbau geht.

[41] Vgl. z.B. die Übersicht bei A. de Pury, Promesse, 531 Anm. 224.

[42] E. Blum, Komposition, 35ff.; vgl. auch H. J. Boecker, 1. Mose, 122f. Nach C. Westermann, Genesis, 668, hat R V. 1–7 unter Aufnahme einer Itinerarnotiz von P in V.
6* gebildet.

[43] Zu 28,21b vgl. Anm. 9. Nach E. Blum, Komposition, 37, »könnte man erwägen, ob
die Abrenuntiation der fremden Götter (35,2.4) der Ankündigung in 28,21b entsprechen
soll«.

ist dadurch bedingt, daß Jakob hier die Anweisung zum Altarbau in V. 1 aufgreift.

In V. 2–5 wird somit V. 1 vorausgesetzt. Daraus ergibt sich aber nicht, daß auch V. 1 nicht von E stammt. Hier wird Jakob nicht geboten, daß er die fremden Götter abtun soll. Deshalb überrascht es, daß Jakob zunächst diese Götter beseitigt, ehe er die Anweisungen Gottes in V. 1 ausführt. Das spricht dafür, daß V. 2–5 später in die elohistische Darstellung eingeschoben wurde. Tatsächlich können V. 1 und V. 7 wegen 28,20ff.* E nicht abgesprochen werden. Hier wird zwar das Gelübde nicht erwähnt. Aber 28,22a ist nur sinnvoll, wenn E berichtete, daß Jakob nach seiner glücklichen Rückkehr nochmals nach Bet–El gekommen ist. Deshalb müssen 35,1.7 zu E gehören[44]. Diese beiden Verse können nicht jünger sein als das Gelübde.

Nach V. 1 soll Jakob »dem El, der dir erschienen ist ...« einen Altar errichten. Daran fällt auf, daß Gott von sich in 3. Pers. redet. Das legt es nahe, daß E hier eine Tradition berücksichtigt, nach der Jakob in Bet-El dem El, der ihm erschienen war, einen Altar baute. Dafür spricht auch, daß E in 35,7 anders formuliert. Nach der dort gegebenen Begründung für den Altarbau und die Benennung des Ortes hat sich »der Elohim« dem Jakob offenbart (*glh* ni.), als er vor seinem Bruder floh. Zudem erwähnt E nur in 35,1, daß Gott einem Patriarchen erschien[45]. Es gab somit eine Tradition, nach der Jakob in Bet–El dem El, der ihm erschienen war, einen Altar baute. Sie kann sich nicht auf die Ätiologie bezogen haben, die E in 28,11ff.* aufnahm. So will zwar E 35,1 verstanden wissen[46]. In der Tradition von diesem Altarbau Jakobs kann das aber nicht der Fall gewesen sein, weil sie voraussetzt, daß El dem Jakob erschien. Dagegen sah in dieser Ätiologie Jakob nur eine Rampe und die auf ihr auf- und niedersteigenden Gottesboten. Außerdem konkurriert der Altarbau Jakobs mit seiner Errichtung der Mazzebe (28,18). Er setzt also

---

[44]E hat zwischen V. 1 und V. 7 berichtet, daß Jakob nach Bet–El kam. Das hat die Endredaktion zugunsten von V. 6a* aus P ausgelassen. Sie gab hier P den Vorzug, weil nach P Gott dem Jakob in Lus erschienen ist (35,6a*.9–13a) und Jakob in 48,3 von dieser Erscheinung berichtet. Durch den Zusatz »das ist Bet–El« hat die Endredaktion in V. 6a Lus ausdrücklich mit Bet–El gleichgesetzt. Von ihr stammt m.E. auch V. 6b. Die Worte »er und alles Volk, das mit ihm war« beziehen sich doch wohl auf V. 2–5.

[45]In 31,13 (E) hat zwar LXX nach »Ich bin der El« zusätzlich zu MT »der dir erschienen ist«. Aber diese Worte sind ein Zusatz, der aufgrund der jetzigen Fassung von 28,11ff. vorgenommen wurde.

[46]Auf die Gründe, warum E den Altarbau nicht als Erfüllung des Gelübdes berichtete, sondern ihn auf einen Befehl Gottes zurückführte, kann hier nicht eingegangen werden.

eine andere Überlieferung voraus, in der El dem Jakob in Bet–El erschienen ist. Das ist ein weiteres Argument, daß J in 28,11ff.* eine mündliche Erzählung aufgenommen hat. Da es zu der Altarbaunotiz in 12,7b nur in 35,1 eine Parallele gibt, hat J 12,7 in Anlehnung an diese Überlieferung gebildet.

Auch die jahwistische Fassung in 28,11ff.* geht somit auf eine Ätiologie des Heiligtums Bet–El zurück, die anscheinend neben der von E aufgenommenen Ätiologie tradiert wurde. Wie aus 35,1 hervorgeht, berichtete sie von El und nicht von Jahwe. Dafür spricht auch, daß Jakob nach 28,19a den Ort Bet–El nannte. Außerdem wird dann verständlich, warum Jahwe seine Rede in 28,13a mit »ich bin Jahwe« beginnt. Bei J stellt sich Jahwe in keiner anderen Verheißung an die Patriarchen zunächst vor. In 28,13 will zwar J unterstreichen, daß der Gott Abrahams und der Gott Isaaks zu Jakob redet. Aber dafür hätte »ich bin der Gott deines Vaters Abraham und der Gott Isaaks« genügt. Daß sich hier Jahwe ausdrücklich als Jahwe bekanntmacht, wird einsichtig, wenn in der Überlieferung von J noch nicht Jahwe sondern El zu Jakob redete und J deutlich machen wollte, daß es Jahwe war, der zu Jakob sprach[47]. In dieser Überlieferung baute Jakob dem El, der ihm erschienen war, einen Altar. Das geht aus 12,7 und 35,1 hervor. Den Altarbau hat J in 12,8 auf Abraham übertragen. Deshalb wurde er von J in 28,11ff.* nicht erwähnt. Es wurde bereits darauf hingewiesen, daß J daran lag, daß schon Abraham das Heiligtum Bet–El gegründet hatte.

Die Ätiologie von Bet–El, die der Darstellung von J in 28,11ff.* zugrundeliegt, schilderte also, daß Jakob[48] zufällig auf diesen Ort traf und dort übernachtete, weil die Sonne untergegangen war (V. 11aα). Da stand El bei ihm und sagte: Das Land, auf dem du liegst, dir will ich es geben (V. 13*). Darauf erwachte Jakob von seinem Schlaf und sagte: Fürwahr El ist an diesem Ort und ich wußte es nicht (V. 16). Dann baute er dort dem El, der ihm erschienen war,

---

[47] Auch 12,8 zeigt, daß J betonen wollte, daß in Bet–El Jahwe verehrt wurde. Danach rief Abraham nach seinem Altarbau den Namen Jahwe an. In 13,18 errichtet dagegen Abraham in Mamre bei J lediglich einen Altar »für Jahwe«. Nur in 12,8 wird bei J nach dem Altarbau der Name Jahwe angerufen. Das ist zwar auch in 26,25aα der Fall, aber diese Stelle ist sekundär, vgl. z.B. M. Noth, Überlieferungsgeschichte, 30.

[48] Der Name Jakob muß ursprünglich in V. 11aα genannt worden sein. J hat auf ihn verzichtet, da sich aus dem Kontext von J ergab, daß es sich um Jakob handelt.

einen Altar[49] und nannte, wie in V. 19a berichtet wird, den Namen
dieses Ortes Bet–El.

Es gab also, wie H. Seebass annimmt, eine mündliche Überlieferung, nach der der Gott El Jakob in Bet–El »das Land, auf dem du
liegst,« zusagte. Gegen H. Seebass belegt aber diese Formulierung
nicht, daß Jakob lediglich das Gebiet von Bet–El und seiner Umgebung verheißen wurde. Für J geht es zwar in V. 13b nur um den
Bereich von Bet–El. Das ergibt sich aus V. 14. Es ist aber möglich,
daß erst J die Zusage auf den Bereich von Bet–El eingegrenzt hat,
weil nach seiner Auffassung das Gebiet der Israeliten Abraham und
Jakob erst für ihre Nachkommen zugesagt wurde. Deshalb muß offen bleiben, welchen Umfang ursprünglich das in 28,13b verheißene
Land hatte. Ohne eine Analyse der gesamten Jakobüberlieferung
läßt sich auch nicht entscheiden, ob die von J aufgenommene Bet–
El–Ätiologie zum »Urgestein« dieser Überlieferung gehört. Daß diese
Erzählung aber relativ alt ist, ergibt sich daraus, daß sie dem Jahwisten tradiert wurde. J hat in ihr El durch Jahwe ersetzt. Außerdem
hat J aufgrund dieser Bet–El–Überlieferung Gen 12,7 gebildet. Für
J wurde schon Abraham das Land für seine Nachkommen zugesagt, weil er der erste Ahnherr Israels war. Die weitere Entwicklung
der Landverheißung kann hier nicht verfolgt werden. Festzuhalten
bleibt, daß das Motiv »Landverheißung an die Väter« nicht rein literarisch entstanden ist. Es hat seinen Ursprung in einer mündlichen
Überlieferung von Jakob in Bet–El. Nach ihr hat der Gott El Jakob
in Bet–El »das Land, auf dem du liegst« zugesagt.

---

[49]Daß Jakob den Altar errichtete, bevor er den Ort benannte, legt die von E aufgenommene Ätiologie nahe. Nach ihr stellte Jakob am nächsten Morgen zunächst den
Stein als Mazzebe auf und gab dann dem Ort den Namen Bet–El. Auch in Gen 35,7
benennt Jakob den Ort, nachdem er dort einen Altar errichtet hat.

Weisheit und Geschichte beim Elohisten

In seinem Aufsatz "Zur Thematik der elohistischen Fragmente im Pentateuch" sieht H. W. Wolff in der Gottesfurcht das Thema des Elohisten: "Auf
Grund der heilsgeschichtlichen Überlieferungen will der Elohist in den Versuchungen seiner Zeit Israel zum neuen Gehorsam und zum neuen Ungehorsam anleiten"[1]. Das werde "am besten in der Zeit des nachelianischen Synkretismus verständlich, in der Israel größten Versuchungen kultischer, politischer und sozialer Art ausgesetzt war"[2]. Die Existenz eines selbständigen
elohistischen Geschichtswerks wird zwar gegenwärtig zunehmend bestritten,
m.E. ist aber daran festzuhalten, daß es diese Quellenschrift gab und daß sie
etwa um 760 entstand[3]. Auch wenn H. W. Wolff mit Recht die große Bedeutung der Gottesfurcht bei E betonte, kann seine Darstellung nicht voll
überzeugen. So ließ er z.B. die Frage offen, "woher der Elohist sein Hauptstichwort 'Gottesfurcht' empfangen hat und was dessen Identität mit einem
Hauptstichwort der Weisheit bedeutet"[4]. Schon J. Becker hatte aber darauf
hingewiesen, daß für diesen Begriff bei E mit dem Einfluß der Weisheit zu
rechnen ist[5]. Wie in der Weisheit ist bei E Gottesfurcht nicht auf die Ahnen
Israels oder auf dieses Volk beschränkt. Auch bei anderen Menschen ist
Gottesfurcht möglich. So zeigt E etwa in Gen 20, daß Abraham zu Unrecht
meinte, daß es in Gerar keine Gottesfurcht gab (V. 11). In Gen 42,18 betont
Josef die Verläßlichkeit seiner Anweisung an die Brüder, für die er hier
noch ein Fremder ist, mit den Worten: "Gott fürchte ich". Deshalb bezieht
sich bei E Gottesfurcht wie in der Weisheit nicht auf Gebote, die Gott Israel
offenbart hat. Es wird als allgemein bekannt vorausgesetzt, wie man sich
ethisch richtig verhält. In Ex 1,15ff fürchten die Hebammen Gott und führen nicht den Befehl des ägyptischen Königs aus, die neugeborenen Knaben

---

1   H. W. Wolff, Zur Thematik der elohistischen Fragmente im Pentateuch, in: Ders.,
     Gesammelte Studien zum Alten Testament, [2]1973, 402-417, 411.
2   H. W. Wolff, 417.
3   Vgl. L. Schmidt, Pentateuch, in: H. J. Boecker u.a., Altes Testament, [4]1993, 90ff.
4   H. W. Wolff, 416f.
5   J. Becker, Gottesfurcht im Alten Testament, 1965, 193ff.

der Hebräerinnen zu töten. Damit verweigern sich bei E die Hebammen einer Anweisung, die allgemein menschlichen Verhaltensnormen widerspricht. Dann kann sich aber E mit der Gottesfurcht nicht gegen einen religiösen Synkretismus wenden. Dagegen spricht auch die Gottesbezeichnung Elohim[6]. Für den Elohisten verehren Israeliten und Nichtisraeliten denselben Gott, wie aus Gen 20 hervorgeht. In diesem Punkt liegt der Elohist ganz auf der Linie der Weisheit.

Die Weisheit war aber bekanntlich nicht an der besonderen Geschichte Gottes mit Israel interessiert. Das ist beim Elohisten offensichtlich anders. Dann stellt sich die Frage, wie E diese Geschichte und die weisheitliche Gottesfurcht einander zugeordnet hat. Für H. W. Wolff ist die elohistische Darstellung dieser Geschichte von dem Thema Gottesfurcht bestimmt: "Seine besondere Geschichte soll Israel verstehen als eine einzige Erprobung der Gottesfurcht"[7]. "Sachlich decken die Verknüpfungen die Führungen Gottes als Gehorsamsproben über weite Zeiträume hin auf"[8]. Als Beispiel nennt H. W. Wolff u.a., daß in Gen 31,13 auf 28,18.20 verwiesen werde: "Diese Verknüpfung rückt aber nun auch Jakob unter die Frage nach dem rechten Gehorsam in der Gelübdeerfüllung"[9]. Aber die Errichtung des Altars in Bet-El wird von E nicht als Erfüllung des Gelübdes dargestellt. Sie wird mit einem Befehl begründet, den Gott Jakob nach seiner Rückkehr von Laban erteilte (Gen 35,1.7)[10]. In Gen 31,13 ist somit allein die Führung Jakobs das Thema. Jakob hatte in seinem Gelübde folgende Bedingungen genannt: "Wenn Gott mit mir sein wird und mich behütet auf diesem Weg, den ich gehe, und mir Brot zu essen und Kleidung anzuziehen gibt und ich wohlbehalten zurückkehre zum Haus meines Vaters" (Gen 28,20.21a). Diese Bedingungen hatte Gott mit Ausnahme der Rückkehr Jakobs bereits erfüllt. Nun will Gott auch noch diese letzte erfüllen. Deshalb fordert er in Gen 31,13b Jakob auf: "Steh auf, geh heraus aus diesem Land und kehre zurück zu dem Land deiner Verwandtschaft". In dem elohistischen Faden der Jakobgeschichte (Gen 28-35*) ist somit die Führung Gottes nicht dem Thema Gottesfurcht untergeordnet. Sie hat hier ein eigenes Gewicht. Deshalb soll im folgenden die Beziehung zwischen weisheitlicher Gottesfurcht und Geschichte beim Elohisten untersucht werden. Dabei ist hier leider eine Erörterung der äußerst kontrovers diskutierten literarkritischen Fragen nicht immer möglich.

---

6   So auch W. H. Schmidt, Einführung in das Alte Testament, [4]1989, 90.

7   H. W. Wolff, 417.

8   H. W. Wolff, 415.

9   H. W. Wolff, 412.

10   Gen 35,1.7 stammt von E, vgl. L. Schmidt, El und die Landverheißung in Bet-El, in: I. Kottsieper u.a. (Hg.), "Wer ist wie du, Herr, unter den Göttern?" (FS O. Kaiser), 1994, 156-168, 165ff.

Die Gottesfurcht spielt in den elohistischen Abrahamerzählungen (Gen 20-22*) eine große Rolle. Wie wichtig hier dieses Motiv E war, geht schon daraus hervor, daß es in der ersten (Gen 20*) und in der letzten (Gen 22*) vorkommt. Nach C. Westermann wird in ihnen freilich Gottesfurcht unterschiedlich gebraucht. Dieser Begriff bezeichne in Gen 20,11 das rechte sittliche Verhalten. Dagegen gehe es in Gen 22,12 um den völligen Gehorsam Abrahams in einer überschweren Probe[11]. Aber H.-C. Schmitt wies zu Recht darauf hin, "daß 'Gottesfurcht' nicht direkt das sittliche Verhalten bezeichnet, sondern als Voraussetzung dafür verstanden ist"[12]. Er verweist dafür auf Ex 20,20. Danach verfolgte bei E Gott mit der Theophanie am Gottesberg für das Volk u.a. die Absicht: "damit seine Furcht auf euch sei, daß ihr euch nicht verfehlt". Hier beschreibt E mit dem Verb אטח das falsche menschliche Verhalten, zu dem es kommt, wenn Gottesfurcht fehlt. Auch in Gen 20,11 und 22,12 bezeichnet Gottesfurcht bzw. gottesfürchtig die richtige innere Einstellung[13]. Wenn Abraham in Gen 20,11 sagt: "Ja, ich dachte, es ist keine Gottesfurcht an diesem Ort, und sie werden mich wegen meiner Frau töten", dann hätte das Fehlen von Gottesfurcht in Gerar für ihn *zur Folge*, daß er wegen seiner Frau umgebracht würde. In Gen 22 prüft Gott mit dem Befehl, Isaak zu opfern, die innere Einstellung Abrahams. Deshalb sagt der Engel in 22,12b: "denn jetzt weiß ich, daß du gottesfürchtig bist, und nicht hast du zurückgehalten deinen einzigen Sohn von mir". Weil Abraham gottesfürchtig war, war er bereit, seinen einzigen Sohn zu opfern. Zwischen "Gottesfurcht" in Gen 20,11 und "gottesfürchtig" in 22,12 besteht somit kein Unterschied.

Die Erzählung von der Gefährdung der Ahnfrau in Gen 20,1b-17[14] hat der Elohist selbst gebildet, wobei er die Varianten in 12,10ff und 26,1ff* als

---

11 C. Westermann, Genesis 2. Genesis 12-36, [2]1989, 443; so auch E. Blum, Die Komposition der Vätergeschichte, 1984, 329. Nach C. Westermann (490f) stammen die elohistischen Abrahamerzählungen nicht von einem Verfasser, sondern wurden einzeln im Lauf der Zeit eingefügt.

12 H.-C. Schmitt, Die Erzählung von der Versuchung Abrahams Gen 22,1-19* und das Problem einer Theologie der elohistischen Pentateuchtexte, BN 34 (1986) 82-109, 93.

13 Das gilt auch für Ex 1,17. Wenn danach die Hebammen Gott fürchteten und die neugeborenen Knaben am Leben ließen, so ist ihre Gottesfurcht der Grund für die Verschonung der Kinder.

14 20,1a stammt von der jehowistischen Redaktion. Vor V. 1b muß Abraham von E eingeführt worden sein. Der Anfang von E ist aber nicht mehr erhalten. V. 18 ist sekundär, wie u.a. der Gottesname Jahwe zeigt. In V. 14 ist "Knechte und Mägde" ein Zusatz, durch den später das Geschenk Abimelechs teilweise an 12,16, wo "und Eselinnen und Kamele" sekundär ist, angeglichen werden sollte. Das geht u.a. aus 21,27 hervor. Die dort erwähnte Gabe Abrahams soll bei E dem Geschenk Abimelechs in 20,14a entsprechen, wie die übereinstimmenden Formulierungen zeigen. In 21,27 werden aber "Knechte und Mägde" nicht erwähnt.

Vorlagen benutzte[15]. Erst bei E begründet Abraham sein Verhalten damit,
daß er dachte, daß in Gerar keine Gottesfurcht ist. In V. 6 und V. 9 beschreibt E mit der Wurzel חטא ein falsches menschliches Tun. Sie kommt in
den Varianten ebenfalls nicht vor. Gott hat Abimelech davor zurückgehalten, sich an ihm zu verfehlen (V. 6), also einen Ehebruch zu begehen. In V.
9 wandelt E den Vorwurf ab, den Abimelech in 26,10 gegen Isaak erhebt.
Er lautet dort: "Was hast du uns da getan? Um ein wenig hätte einer von
dem Volk bei deiner Frau gelegen und du hättest Schuld (אשם) über uns gebracht". Abimelech tadelt also Isaak, daß durch sein Verhalten ein Ehebruch
möglich wurde. Durch ihn hätte er über die Bewohner von Gerar Schuld
gebracht. Diesen Vorwurf verschärft E in 20,9 erheblich. Hier sagt Abimelech zu Abraham: "Was hast du uns getan? Was habe ich mich an dir verfehlt, daß du über mich und über mein Königreich eine große Verfehlung
gebracht hast? Taten, die nicht getan werden dürfen, hast du an mir getan".
Im Unterschied zu 26,10 ist hier für Abimelech nicht erst der vollzogene,
sondern bereits der mögliche Ehebruch eine große Verfehlung. Wie schon
in dem Dialog zwischen Gott und Abimelech in V. 3-7 unterstreicht hier E,
daß Abimelech moralisch untadelig war. Wenn Abimelech in 26,8-11 Isaak
und seine Frau durch einen Todesrechtssatz schützt, dann zieht er damit nur
die notwendige Konsequenz aus seiner Beobachtung, daß die angebliche
Schwester Isaaks dessen Frau ist. Dagegen stellt E Abimelech als Vorbild
dar. Für E gab es also entgegen der Befürchtung Abrahams in Gerar Gottesfurcht[16], ja sein König Abimelech verhielt sich vorbildlich[17].

Das ist einer der Gründe, warum E. Blum die Erzählung in nachexilischer Zeit ansetzt: "In Gen 20 wird der Heide Abimelech sogar als das Paradigma eines Gottesfürchtigen vorgestellt, an dem der Gott Israels bewahrend
handelt"[18]. Aber bereits in der vorexilischen Weisheit konnte ein Nichtisrae-
lit Vorbild sein. Das zeigt die Rahmenerzählung des Buches Hiob. Sie wurde
zwar von einem nachexilischen Bearbeiter erheblich erweitert. Ihr Grund-

---

[15] So auch E. Blum, 405ff. Allerdings rechnet E. Blum Gen 20; 21,22ff* zu einer selbständigen, nachexilischen Abraham-Abimelechgeschichte.

[16] Das unterstreicht E in V. 8 durch die Reaktion der Knechte auf die Mitteilung Abimelechs.

[17] Zugleich hat E in Gen 20 Abraham moralisch entlastet. Hätte es in Gerar keine Gottesfurcht gegeben, hätte Abraham Sara tatsächlich als seine Schwester ausgeben müssen,
um zu überleben. E macht zudem Sara zur Halbschwester Abrahams (V. 12). Auch
durch V. 7, wonach Abraham ein Prophet war, dessen Fürbitte Abimelech braucht, damit er überlebt, entlastet E Abraham. Mit der massiven Kritik, die Abimelech in V. 9 an
Abraham übt, will E nicht Abraham kritisieren, sondern die Untadeligkeit Abimelechs
nachdrücklich unterstreichen (anders z.B. C. Westermann, 397f). Wie Ex 1,15ff* zeigt,
ist für E eine Lüge erlaubt, wenn nur so eine Lebensgefahr abgewendet werden kann.

[18] E. Blum, 410. Auf die weiteren Argumente von E. Blum kann leider hier nicht eingegangen werden. Sie sind m.E. nicht überzeugend.

bestand in Hi 1*; 42,11ff*[19] ist aber vorexilisch[20]. Nach Hi 1,1 war Hiob untadelig, rechtschaffen, gottesfürchtig und fern vom Bösen. Wie in Gen 20,6.9 wird hier menschliches Fehlverhalten mit אטח beschrieben (Hi 1,5.22). Nach 1,5 brachte Hiob jeweils nach einem Festmahl seiner Kinder Brandopfer dar, weil er dachte, daß sich seine Söhne bei ihm vielleicht verfehlt und Gott in ihrem Herzen "gesegnet"[21] hatten. Für Hiob genügte also bereits eine mögliche Verfehlung seiner Söhne, daß er Opfer darbrachte. Damit soll die Untadeligkeit Hiobs unterstrichen werden. Als er seinen gesamten Besitz und seine Kinder verloren hat, wird sein Verhalten in 1,22 zusammenfassend mit den Worten beschrieben: "In all diesem verfehlte sich Hiob nicht und gab nicht Fades gegen Gott". Hiob hätte sich also verfehlt, wenn er Gott Vorwürfe gemacht hätte. Daß Hiob das nicht tat, zeigt, daß er auch in seinem Unglück die richtige innere Einstellung bewahrte, die in 1,1 mit "gottesfürchtig und fern vom Bösen" beschrieben wird. So ist Hiob, der im Land Uz lebte, das Vorbild für einen Menschen, den ein unerklärbares Unglück trifft. Dieser Hiob verehrt ganz selbstverständlich denselben Gott wie die Israeliten. Das ist bei Abimelech in Gen 20 genauso[22]. Daß Abimelech in Gen 20 als Vorbild dargestellt wird, ist somit kein Argument für eine nachexilische Entstehung dieser Erzählung. Daran wird vielmehr - wie schon an dem Begriff Gottesfurcht - deutlich, daß der Elohist stark von weisheitlichen Auffassungen bestimmt ist.

Die Erzählung von der Opferung Isaaks in Gen 22* ist der Schluß und zugleich der Höhepunkt der elohistischen Darstellung Abrahams. Gegen ihre Zuweisung zu E wird u.a. eingewandt, daß - auch abgesehen von dem späten Zusatz V. 15-18[23] - in V. 11 und V. 14 Jahwe gebraucht wird[24]. Aber in V. 11 stand ursprünglich Elohim, das später wegen V. 15-18 durch Jahwe ersetzt wurde. Nach diesem Abschnitt erhielt Abraham wegen seines Gehorsams von *Jahwe* eine Verheißung. Deshalb leitete der Ergänzer seinen Zusatz in V. 15 damit ein, daß der Bote *Jahwes* Abraham zum zweiten Mal

---

19 Zu ihm gehören: Hi 1,1-5.13-19.20a.21aα.22; 42,11aα.b.12b-15(16f?); vgl. zu Hi 1 L. Schmidt, "De Deo", 1976, 165ff.

20 Dafür spricht u.a. Ez 14,12ff, wo Noah, Daniel und Hiob als exemplarische Gerechte erwähnt werden.

21 "Segnen" ist hier ein Euphemismus für "fluchen".

22 Nach O. Kaiser, Grundriß der Einleitung in die kanonischen und deuterokanonischen Schriften des Alten Testaments 1, 1992, 73, ist die "Anerkennung heidnischer Gottesfurcht" in Gen 20 mit dem Jonabuch verwandt. Aber in Jon 1 rufen die heidnischen Matrosen zunächst ihre Götter an (1,5), bevor sie Jahwe fürchten (1,10.16). Von Jahwe haben sie erst durch Jona erfahren (1,9). Das ist ein erheblicher Unterschied zu Gen 20.

23 Vgl. zur Begründung z.B. C. Westermann, 445f.

24 So z.B. E. Blum, 323; T. Veijola, Das Opfer des Abraham - Paradigma des Glaubens aus dem nachexilischen Zeitalter, ZThK 85 (1988) 129-164, 149.

vom Himmel her anrief. Da sich V. 15 auf V. 11 bezieht, wurde dort Elohim durch Jahwe ersetzt. Abgesehen von V. 15 und V. 11 ruft im Pentateuch sonst nur noch in Gen 21,17 ein Bote einen Menschen vom Himmel
her an. Dort heißt er aber "der Bote Elohims". Das entspricht der Gottesbezeichnung Elohim in 21,8ff. Da auch in 22,1-8 Elohim gebraucht wird, bestätigt 21,17, daß in 22,11 ursprünglich "der Bote Elohims" stand.

Der nachklappende Halbvers 14b ist deutlich ein Nachtrag. Durch ihn
soll die Stätte des Opfers Abrahams mit dem Tempelberg in Jerusalem iden-
tifiziert werden[25]. Aber auch schon V. 14a ist sekundär. Der Name, mit dem
Abraham hier den Ort benennt, ist kein wirklicher Ortsname, sondern eine
künstliche Bildung, in der die Worte Abrahams "Gott wird sich ersehen" aus
V. 8 aufgenommen werden. Dann geht aus dem Wechsel der Gottesbezeichnungen zwischen Elohim (V. 8) und Jahwe (V. 14a) hervor, daß V. 14a ein
Zusatz ist, der noch später durch V. 14b ergänzt wurde. Anscheinend war
man später der Meinung, daß Abraham den Ort, an dem er einen Altar gebaut (V. 9) und geopfert hatte (V. 13), benannt haben mußte. Deshalb gab
Abraham nun dem Ort einen Namen, mit dem die Bedeutung des Geschehens festgehalten wurde. Da der Name in V. 14a aber ohne V. 8 nicht
begründet ist, läßt sich die häufig vertretene Auffassung nicht halten, daß
Gen 22 überlieferungsgeschichtlich auf eine Kultätiologie von der Ablösung
eines Kinderopfers durch ein Tieropfer zurückgeht[26]. Der Dialog zwischen
Isaak und Abraham in V. 7f setzt den Befehl Gottes, Isaak zu opfern, in V. 2
voraus. Dann ging es in der Erzählung schon immer darum, daß Gott Abraham auf die Probe stellte. Das spricht auch gegen die Analyse von H. Graf
Reventlow, nach dem Gen 22 auf eine ältere Erzählung von der Rettung des
Sohnes zurückgeht. Wenn Gott schon in ihr Abraham das Opfer seines Soh-
nes befahl und dann dieses Opfer doch nicht wollte[27], kann Gott mit diesem
Befehl nur die Absicht verfolgen, Abraham zu prüfen. Damit sind V. 1a und
V. 12b, die H. Graf Reventlow der Überarbeitung durch den Elohisten zu-

---

25 Vgl. z.B. C. Westermann, 444f. Von diesem Ergänzer könnte auch Morija in V. 2 stam-
    men. Er hätte dann durch dieses Wort eine andere Bezeichnung des Landes ersetzt, vgl.
    C. Westermann, 437. In II Chr 3,1 heißt der Tempelberg Morija.
26 So z.B. H. Gunkel, Genesis, [7]1966, 240ff; M. Noth, Überlieferungsgeschichte des
    Pentateuch, 1948, 126; R. Kilian, Isaaks Opferung, 1970.
27 So H. Graf Reventlow, Opfere deinen Sohn, 1968, 52f; ähnlich C. Westermann, 435,
    nach dem sich aber der Wortlaut dieser Erzählung nicht mehr rekonstruieren läßt. Für C.
    Westermann liegt es nahe, daß die "theologische Erzählung" in Gen 22 auf eine ältere
    Überlieferung zurückgeht, da im Nacherzählen der Vätergeschichten theologische Fragen
    der jeweiligen Gegenwart entfaltet worden seien. Wenn es aber in einer Erzählung keine
    Anzeichen für einen älteren Grundbestand gibt, besteht m.E. kein Grund, mit einer vor-
    gegebenen Überlieferung zu rechnen.

schreibt, in der Erzählung fest verankert. Es gibt somit in dem elohistischen Grundbestand V. 1-13.19 keine Anzeichen für eine ältere Vorlage[28].

Diese Erzählung ist aber auch keine "kontextunabhängige Einzelüberlieferung", wie E. Blum annimmt[29]. Hier wohnt Abraham in Beerscheba (22,19). Das ist nur in elohistischen Texten belegt[30]. In 22,6 lädt Abraham Isaak das Holz auf, Feuer und Messer, die seinen Sohn gefährden könnten, trägt er selbst. Diese Fürsorge des Vaters entspricht dem fürsorglichen Handeln Abrahams an Hagar in 21,14, als er sie wegschicken muß. Gott beginnt seine Rede zu Abraham in V. 1b damit, daß er Abraham mit Namen anruft und dieser antwortet: "Hier bin ich". Diese Form der Gesprächseröffnung, die auch in V. 11 - und ähnlich in V. 7 - vorkommt, ist im Pentateuch nur in elohistischen Texten belegt[31]. Die Charakterisierung Isaaks in V. 2 setzt die Erzählung von der Vertreibung der Hagar in 21,8ff voraus. Nachdem Hagar mit ihrem Sohn vertrieben wurde, ist nun Isaak der einzige Sohn Abrahams. Daß Abraham Isaak liebt, hat der Elohist in 21,8 vorbereitet, wonach Abraham anläßlich der Entwöhnung Isaaks ein großes Festmahl veranstaltete[32]. Dann hat der Elohist die Erzählung von der Opferung Isaaks selbst geschaffen.

Tatsächlich werden hier keine nichtelohistischen Abrahamüberlieferungen als Kontext vorausgesetzt. Entgegen einer verbreiteten Deutung stellt Gott mit seinem Befehl, Isaak zu opfern (V. 2), nicht die Verheißung in Frage, daß Abraham zu einem großen Volk werden soll[33]. Diese Anweisung ist allein deshalb für Abraham überaus hart, weil Isaak nun sein einziger Sohn ist, den er zudem liebt. In 21,12b hatte Gott bei E die Vertreibung der Hagar mit ihrem Sohn damit begründet, daß Abraham in Isaak Same ge-

---

28 Vgl. zur Kritik an den Rekonstruktionen von R. Kilian und H. Graf Reventlow auch J. Van Seters, Abraham in History and Tradition, 1975, 232ff; E. Blum, 320 Anm. 53.

29 E. Blum, 330.

30 Gen 21,31. In 21,14, wonach Hagar in der Wüste von Beerscheba umherirrte, ist ebenfalls vorausgesetzt, daß sich Abraham in Beerscheba aufhielt.

31 Vgl. L. Schmidt, Jakob erschleicht sich den väterlichen Segen, ZAW 100 (1988) 159-183, 169.

32 E. Blum, 314, betont mit Recht, daß 21,8ff auf Gen 22 hin erzählt ist: "Die Vertreibung Ismaels wird zu einem Vorspiel, man möchte fast sagen, zu einer 'Generalprobe' für Gen 22". 21,8ff geht nach E. Blum auf eine ursprünglich selbständige Überlieferung zurück, die später auf Gen 22 ausgerichtet wurde. Aber auch 21,8ff hat der Elohist selbst gebildet, wobei lediglich die Darstellung von J in Gen 16* seine Vorlage war. Das kann hier leider nicht begründet werden.

33 So mit Recht H.-C. Schmitt, 85f; anders z.B. T. Veijola, 141, unter Verweis auf Gen 12,1-3; 15,4-5. In V. 2 erinnert zwar der Befehl zum Aufbruch und die Näherbestimmung des Berges ("den ich dir sagen werde") an Gen 12,1. Da der Elohist J kennt, ergibt sich aber daraus nur, daß er 22,2 in Anlehnung an 12,1 formuliert hat.

nannt werden wird. Wenn Abraham Isaak opfert, wird er ohne einen Nachkommen sterben müssen, der seine genealogische Linie fortsetzt[34].

In der Forschung ist umstritten, ob E nur darstellen wollte, daß Abraham
zum Opfer seines Sohnes bereit war. Verschiedentlich wird wegen V. 5 und
V. 8 angenommen, daß Abraham hoffte, Isaak doch nicht töten zu müssen.
In V. 5 kündigt er den beiden Knechten die Rückkehr mit Isaak an. In V. 8
beantwortet er die Frage Isaaks nach dem Opfertier mit den Worten: "Gott
wird sich ersehen ein Schaf zum Brandopfer". So stellt z.B. H.-C. Schmitt
fest: "Trotz der Erfahrung der Verborgenheit Gottes in dem Opferbefehl
hält Abraham am Vertrauen auf den rettenden Gott fest und hofft, daß Isaak
vor dem Opfertod bewahrt werden kann"[35]. Tatsächlich wird der Dialog
zwischen Isaak und Abraham in V. 7f dadurch besonders hervorgehoben,
daß V. 6b in V. 8b wieder aufgenommen wird. Für den Elohisten drückte
Abraham aber hier schwerlich eine Hoffnung aus. Mit einem Gehorsam, der
erwartet, daß ihm das Letzte doch erspart bleibt, würde Abraham nicht
seine Zukunft völlig preisgeben, wie es Gott von ihm verlangte. Er hat bereits das Messer in der Hand, um Isaak zu töten (V. 10), als ihn der Bote
Elohims anruft. Mit den Worten Abrahams in V. 5 und V. 8 will der Elohist
zeigen, daß Abraham als liebender Vater das Ziel seines schweren Weges
für sich behalten muß. Deshalb sagt er in V. 8: "Gott wird sich ersehen ...",
obwohl für Abraham feststeht, daß sich Gott Isaak zum Opfer ersehen hat.
Diese Antwort "enthält eine Wahrheit, die Abraham selbst noch nicht bewußt ist"[36]. Sie darf ihm nicht bewußt sein, wenn er tatsächlich gottesfürchtig ist. Das wird durch die Worte des Engels in V. 12b bestätigt: "denn jetzt
weiß ich, daß du gottesfürchtig bist und nicht hast du zurückgehalten deinen
einzigen Sohn von mir". Danach erwies sich Abraham dadurch als gottesfürchtig, daß er bereit war, seinen einzigen Sohn zu opfern[37]. Daß Abraham
hoffte, daß ihm dieses Opfer erspart bleibt, läßt sich mit V. 12b nicht vereinbaren. Für E ist Abraham gottesfürchtig, weil er sich völlig Gott unter-

---

34 Daß Abraham durch Isaak zahlreiche Nachkommen haben wird, ergibt sich höchstens in-
    direkt aus 21,13, wonach Gott den Sohn der Hagar zu einem Volk machen wird. Dabei
    verzichtet aber E auf den Begriff "groß". Erst Hagar erfährt in 21,18, daß Gott ihren
    Sohn zu einem großen Volk machen wird. Die Variante "großes Volk" in V. 13 ist eine
    spätere Angleichung an V. 18, da MT in V. 13 eindeutig die lectio difficilior bietet.
35 H.-C. Schmitt, 94; ähnlich z.B. auch E. Blum, 322f; T. Veijola, 160ff.
36 G. v. Rad, Das erste Buch Mose, [9]1972, 191.
37 T. Veijola, 147 Anm. 99, hält V. 12bβ für einen Zusatz aus V. 16. Der Satz füge sich
    schlecht in den Kontext ein und "mir" passe nicht recht in den Mund des Engels. Aber
    der Bote Elohims redet auch in 21,18 im Ich Gottes. Seine Rede in 21,17f ist m.E. kein
    Zusatz (gegen C. Westermann, 418f; H.-C. Schmitt, 97 Anm. 67). Nach Gen 31,11 hat
    der Bote Elohims zu Jakob gesprochen. Er sagt aber in V. 13: "Ich bin der El ...". V.
    12bβ ist notwendig, weil der Engel hier den Grund nennt, warum Abraham gottesfürch-
    tig ist, auch wenn V. 12bβ nicht als Begründung formuliert ist.

ordnet. Das entspricht der Auffassung der Weisheit. Auch in der vorexilischen Beispielerzählung von Hiob verliert Hiob mit seinen Kindern seine
Hoffnung für die Zukunft und er ordnet sich trotzdem Gott unter. Es gibt
aber m.e. in der Weisheit kein Beispiel dafür, daß Gott ohne jede Begründung einem Menschen befiehlt, seine Zukunft selbst zu vernichten, wie das
mit dem Befehl zur Opferung Isaaks in Gen 22 geschieht. Dann müßte sich
aus den anderen elohistischen Abrahamerzählungen ergeben, warum Gott
bei E Abraham dieser schweren Prüfung unterzogen hat. In ihnen stellt E
Abraham und Abimelech als Vorbilder dar[38], die beide denselben Gott verehren. Aber das Verhältnis zu Gott ist bei Abraham enger als bei Abimelech. Das macht der Elohist mit zwei Aussagen deutlich. Zum einen ist
bei ihm Abraham ein Prophet, dessen Fürbitte wirksam ist (20,7.17). Zum
anderen wird Abraham in besonderer Weise der Beistand Gottes zuteil. So
sagt Abimelech in 21,22: "Gott ist mit dir in allem, was du tust". Bei E besteht somit zwischen Gott und Abraham eine besondere Beziehung, Gott hat
aber Abraham auch einer besonders schweren Prüfung unterzogen. Zwischen diesen Darstellungen besteht doch wohl eine innere Verbindung: Weil
Gott Abraham ausgezeichnet hatte, prüfte er bei ihm in außergewöhnlicher
Weise, ob er gottesfürchtig war.

Da der Elohist sein Geschichtswerk mit der Darstellung Abrahams beginnt, ist bei ihm wie bei dem Jahwisten und der Priesterschrift Abraham
der erste Ahnherr Israels. Im Unterschied zu J (Gen 12,1-3.7) und zu P
(Gen 17) erhält aber bei E Abraham keine Verheißung für seine Nachkommen[39]. Er wird von E ausschließlich als einzelner Mensch mit einer besonderen Beziehung zu Gott dargestellt. Da Abraham Hagar mit ihrem Sohn
wegschicken soll (21,8ff), wird nur Isaak seine genealogische Linie fortsetzen. Die späteren Nachkommen kommen hier bei E noch nicht in den Blick.
Mit seinen Erzählungen von dem Verkauf der Erstgeburt an Jakob (Gen
25,29ff*) und der Erschleichung des Erstgeburtssegens durch Jakob (Gen
27,1ff*)[40] macht E deutlich, daß die genealogische Linie, die mit Abraham
begann, allein über Jakob weiterlaufen wird. Im Unterschied zu J (Gen
25,23; 27,29aα.b) geht es auch hier ausschließlich um Jakob selbst.

Das gilt auch für die elohistischen Bestandteile in Gen 28-35*. Hier stellt
E die Führung Jakobs dar, wie aus der Rahmung mit der Traumoffenbarung

---

[38] Das gilt auch für die beiden Erzählungen in Gen 21,8ff und 21,22ff*, auf die hier nicht
      eingegangen werden kann. Gegen C. Westermann, 491, weisen somit die elohistischen
      Abrahamerzählungen doch "klar erkennbare, ausgeprägte Gemeinsamkeiten" auf.

[39] Es gibt keinerlei Anzeichen, daß E in dem nicht mehr erhaltenen Anfang seines Werkes
      von einer solchen Verheißung an Abraham berichtete.

[40] Vgl. zu der Zuweisung von Gen 25,29ff* an E und dem elohistischen Anteil in Gen
      27,1-45 L. Schmidt, Jakob.

in Gen 28,11ff*[41], auf die E in 31,13 ausdrücklich Bezug nimmt, und dem Altarbau in Bet-El (35,1.7) deutlich wird. Nun sagt Jakob in 31,5b seinen beiden Frauen: "Aber der Gott meines Vaters ist mit mir gewesen". Das ist ein Rückverweis auf 28,20: "Wenn Gott mit mir sein wird". Im Unterschied zu 28,20 spricht aber Jakob hier von dem "Gott meines Vaters". Das ist eine formelhafte Wendung, mit der Jakob hier Gott als seinen persönlichen Schutzgott bezeichnet[42]. Im Kontext des Elohisten bezieht sich aber "mein Vater" auf Isaak. Mit dem Beistand, den Gott Jakob bei Laban gewährte, bestätigte Gott somit seine Beziehung zu Isaak. Dieses besondere Gottesverhältnis muß auch Laban erkennen. Nach 31,24 kam Gott zu Laban im Traum und verbot ihm, Jakob Schaden zuzufügen. Als Laban in 31,29 Jakob von seinem Traum berichtet, sagt er: "aber der Gott 'deines'[43] Vaters hat heute nacht zu mir gesagt". Bei E schloß somit Laban aus dem Verbot, Jakob zu schaden, daß Gott "der Gott deines Vaters" ist und deshalb Jakob schützt. Die Rede vom "Vatergott" ist in der alttestamentlichen Weisheitsliteratur nicht belegt. Mit der Formulierung "der Gott meines/deines Vaters" drückt E[44] die besondere Beziehung aus, die zwischen dem Gott, den alle Menschen verehren, und einer bestimmten genealogischen Linie besteht.

Das bestätigt die elohistische Josefsgeschichte in Gen 37-50[45]. Ihr Thema ist "Josef und die Brüder". Nachdem der Elohist in Gen 28-35* von der Führung Jakobs berichtet hatte, erzählt er nun, daß die Familie Jakobs vor dem Hungertod bewahrt wurde. Auch die Josefsgeschichte ist somit eine Führungsgeschichte. Sie beginnt bei E mit den Träumen Josefs (37,5-11*), in denen Josef eine besondere Stellung angekündigt wird. In der Josefsgeschichte überschreitet aber E erstmals den Horizont der Familie. Als Jakob auf dem Weg nach Ägypten ist, sagt ihm Gott in Beerscheba zu, daß er ihn in Ägypten zu einem großen Volk machen und ihn von dort wieder heraufführen wird (46,1aβ-5a*). Auch in der Josefsgeschichte verehren bei E die Menschen nicht verschiedene Götter, sondern Gott. So sagt z.B. der Pharao in 41,39 zu Josef: "Nachdem Gott dir all das kundgetan hat, ist niemand so verständig und weise wie du". Pharao redet von Elohim und nicht von "deinem Gott". Nach 46,1b brachte aber Jakob "dem Gott seines Vaters Isaak" in

---

41 Vgl. zur Quellenscheidung in Gen 28,11ff L. Schmidt, El.

42 Vgl. z.B. P. Weimar, Die Berufung des Mose, 1980, 151f.

43 Statt "eures Vaters" ist hier "meines Vaters" zu lesen, vgl. z.B. H. Gunkel, 347.

44 Gen 31,5.24.29 gehören zu E, vgl. z.B. H. Gunkel, 340ff; M. Noth, Pentateuch, 38.

45 Vgl. zur Josefsgeschichte L. Schmidt, Literarische Studien zur Josephsgeschichte, BZAW 167 (1986) 121ff. An ihrer Aufteilung auf J, E und P meine ich festhalten zu müssen, auch wenn neuere Untersuchungen die Spannungen damit erklären, daß ein Grundbestand später erweitert wurde, so z.B. W. Dietrich, Die Josephserzählung als Novelle und Geschichtsschreibung, 1989; N. Kebekus, Die Joseferzählung, 1990.

Beerscheba Opfer dar. In 46,3 beginnt Gott seine Verheißung mit den Worten: "Ich bin der El, der Gott deines Vaters". Jakob wendet sich also ausdrücklich an den Gott seines Vaters Isaak, und dieser Gott macht ihm Mut
für den Weg nach Ägypten. Gott stellt sich hier aber außerdem als "der El"
vor. Das wird m.E. nur verständlich, wenn sich E hier auch auf Gen 21,33*
bezieht. Danach hatte Abraham in Beerscheba eine Tamariske gepflanzt und
dort den אל עולם angerufen[46]. Dadurch war "der El" bei E in 46,3 der Gott
Isaaks. Bevor also Jakob Palästina verließ, wandte er sich in Beerscheba, wo
einst Abraham und Isaak wohnten, an den Gott, zu dem sein Vater Isaak in
einer besonderen Beziehung stand. Dieser Gott gab ihm eine große Verheißung.

Ihre Erfüllung begann für E anscheinend schon in den Tagen Josefs. Das
legen dessen Worte an die Brüder in 50,20 nahe: "Ihr gedachtet gegen mich
Böses, Gott gedachte es zum Guten, um zu tun, wie es jetzt ist, am Leben zu
erhalten ein zahlreiches Volk (עם)". Daß Josef die Familie Jakobs als "zahlreiches Volk" bezeichnet, spricht dafür, daß E hier eine Beziehung zu der
Verheißung in 46,3 herstellen wollte. Als dann der ägyptische König mit
seinem Befehl an die Hebammen, die neugeborenen Knaben der Hebräerinnen zu töten, die Existenz dieses Volkes gefährdet, fürchten die Hebammen Gott und lassen deshalb die Knaben am Leben (Ex 1,15ff*). In Ex
1,20bα stellt E abschließend fest: "Da wurde das Volk zahlreich"[47]. Die
Mehrungsverheißung an Jakob ging also in Erfüllung.

Mit der Berufung des Mose in Ex 3*[48] leitet Gott die Wende für das
Volk ein. Hier beginnt bei E jene Geschichte, in der Gott für Israel tätig
wird. Das macht der Elohist dadurch deutlich, daß er erstmals und gehäuft
den Begriff "die Israeliten" (בני ישראל, V. 9-11*.13f) verwendet. Auch
wenn nicht auszuschließen ist, daß E vielleicht schon zwischen Ex 1,20 und
Ex 3 "die Israeliten" in einem Abschnitt erwähnte, der nicht mehr erhalten
ist, ist der Gebrauch dieses Begriffs in Ex 3* bei E signifikant[49]. Das gilt
auch für die Worte, mit denen Gott nach der Gesprächseröffnung in V. 4b*
den Dialog mit Mose beginnt. Gott sagt in V. 6: "Ich bin der Gott deines Vaters". Selbst wenn die folgende Näherbestimmung "der Gott Abrahams, der

---

[46] In 21,33 ist "den Namen Jahwes" eine spätere Angleichung an 12,8. Da in 21,33 Abra-
     ham nicht explizit als Subjekt genannt wird, muß dieser Vers ursprünglich direkt auf V.
     31 gefolgt sein, wo berichtet wird, daß Abraham Beerscheba seinen Namen gab. Gegen
     H. Gunkel, 235; u.a.; ist in V. 31a Abraham und nicht "man" das Subjekt.

[47] Ex 1,20bβ ist nach W. H. Schmidt, Exodus 1. Exodus 1-6, 1988, 19, ein redaktioneller
     Zusatz.

[48] Zu E gehören V. 1bβ*.4b*.6.9-11*.12-14, vgl. L. Schmidt, Pentateuch, 90f.

[49] Daß E hier den Begriff "die Israeliten" bewußt gewählt hat, wird dadurch bestätigt, daß
     E z.B. in der Theophanie am Gottesberg (Ex 19,16ff*) nur "das Volk" bzw. "das ganze
     Volk" gebraucht.

Gott Isaaks und der Gott Jakobs" ein Zusatz sein sollte[50], verweist der Elohist hier auf eine theologische Kontinuität. In der Berufung des Mose wird
Gott als der Gott tätig, der bereits zu dem Vater des Mose in einer besonderen Beziehung stand. Dieser Vater gehörte zu den Nachkommen Jakobs und
damit zu jener genealogischen Linie, die mit Abraham begann. In V. 13
greift Mose V. 6a auf. Hier stellt er Gott die Frage, was er den Israeliten
antworten soll, wenn er zu ihnen sagt "Der Gott eurer Väter hat mich zu
euch gesandt" und sie ihn nach dem Namen dieses Gottes fragen. In seiner
Antwort (V. 14) gibt sich Gott als der bekannt, der in intensiver Weise
wirksam ist[51].
    Wie diese Übersicht über die elohistische Darstellung von Abraham bis
zur Berufung des Mose zeigt, steht für den Elohisten nach Abraham die besondere Beziehung Gottes zu den Menschen, die zu jener genealogischen
Linie gehören, die mit Abraham begann, im Zentrum. Sie wird von E nicht
mit einer Verheißung an Abraham begründet. Auch nach Abraham schildert
zwar E ausführlich das Verhalten von Menschen, worauf hier nicht näher
eingegangen werden kann. Aber der Leitfaden seiner Darstellung ist diese
Beziehung, die in der Führung Jakobs, der Bewahrung seiner Familie vor
dem Hungertod und der Berufung des Mose dargestellt wird. Dabei drückt
der Elohist ab Jakob die theologische Kontinuität in der genealogischen Abfolge mehrfach mit der Formulierung "der Gott meines/deines Vaters"
aus[52]. Daß Gott mit den Angehörigen dieser genealogischen Linie eng verbunden ist, zeichnet sie vor den anderen Menschen aus, selbst wenn sich
diese - wie etwa Abimelech - vorbildlich verhalten.
    Nun bringt der Elohist das Thema Gottesfurcht auch in Ex 20,20, wo
Mose dem Volk die Theophanie am Gottesberg deutet, zur Sprache. Bereits
L. Ruppert und H.-C. Schmitt haben darauf hingewiesen, daß zwischen dieser Stelle und der Opferung Isaaks eine Beziehung besteht[53]. Nur in Gen
22,1 und Ex 20,20 benutzt E das Verb נסה pi. In Ex 20,20 erwies sich zwar
das Volk in der Versuchung nicht explizit als gottesfürchtig. Immerhin verfolgte Gott danach mit der Theophanie auch das Ziel "damit seine Furcht auf
euch sei, daß ihr euch nicht verfehlt" (חטא). Die Beziehung zu Gen 22 wird
noch deutlicher, wenn man die elohistische Darstellung der Theophanie in

---

[50] So P. Weimar, 151.
[51] L. Schmidt, Pentateuch, 96.
[52] Vgl. auch Gen 50,17b, wo die Brüder zu Josef sagen: "und nun vergib doch die Auflehn-
      nung der Knechte des Gottes deines Vaters".
[53] L. Ruppert, Das Motiv der Versuchung durch Gott in vordeuteronomischer Tradition,
      VT 22 (1972) 55-63, 61ff; H.-C. Schmitt, 91ff.

Ex 19,16.17.18bβ.19 einbezieht[54]. Abraham soll seinen Sohn auf einem
Berg opfern[55], die Theophanie ereignet sich am Gottesberg. In Gen 22,4 sah
Abraham am dritten Tag den Ort des Opfers von Ferne. Dann kam er doch
wohl noch an diesem Tag an diesen Ort. Nach Ex 19,16 geschah die Theophanie am dritten Tag[56].

Die Verfasserfrage ist für Ex 20,18-21 allerdings umstritten. So hält z.B.
L. Perlitt diesen Abschnitt für eine sekundäre Brücke zwischen dem nachträglich eingefügten Dekalog (Ex 20,1-17) und dem ebenfalls später einge-
schobenen Bundesbuch (Ex 20,22ff)[57]. Tatsächlich wird in 20,18a, wonach
das Volk u.a. auch den Berg rauchen sah, außer der elohistischen Theopha-
nieschilderung auch die meist J zugewiesene Darstellung in 19,18a.bα aufgenommen, nach der der ganze Berg Sinai rauchte, weil Jahwe auf ihn herab-
gestiegen war. Damit geht aus 20,18a eindeutig hervor, daß der Dekalog
kein Bestandteil des elohistischen Werks war[58]. Nach seiner Einfügung wurde dieser Halbvers gebildet, um für die Fortsetzung den Anschluß an 19,19
herzustellen. Eine solche Brücke war aber nur erforderlich, wenn 20,18b-
21 vorgegeben war. Tatsächlich wird in 20,19 nicht vorausgesetzt, daß Gott
den Dekalog verkündet hatte. Dann ist dieser Vers sicher älter als die Einfügung des Dekalogs. Da der Abschnitt 20,18b-21a glatt an 19,19 anschließt,
stammt er von E[59]. Für den Elohisten bestand somit zwischen der Opferung
Isaaks und der Theophanie am Gottesberg eine Analogie.

---

54 So wird m.E. zu Recht der elohistische Anteil in Ex 19,16ff von J. Jeremias, Theopha-
    nie, [2]1977, 195, bestimmt. In V. 18bβ stand bei E "das ganze Volk" statt "der ganze
    Berg" vgl. J. Jeremias, 102 Anm. 1.

55 Der Elohist vermeidet es in Gen 22 offenbar bewußt, dem Leser mitzuteilen, um welchen
    Berg es sich handelte. Nach V. 2 soll Abraham seinen Sohn opfern "auf einem der
    Berge, den ich dir sagen werde". Nach V. 3 ging Abraham "zu dem Ort, den ihm Gott
    gesagt hatte" (vgl. auch V. 9). Zwischen V. 2 und V. 3 hat also Gott Abraham den Berg
    genannt. Aber ihn kannte nur Abraham.

56 Der dritte Tag kommt bei E allerdings auch sonst vor (vgl. z.B. Gen 42,18). Angesichts
    der sonstigen Beziehungen zu Gen 22 dürfte aber auch diese Übereinstimmung kein Zu-
    fall sein.

57 L. Perlitt, Bundestheologie im Alten Testament, 1969, 91 Anm. 4.

58 Anders z.B. G. Fohrer, Einleitung in das Alte Testament, [12]1979, 167.

59 So z.B. auch M. Noth, Das zweite Buch Mose, [8]1988, 135. In V. 18b stand bei E nicht
    "da sah das Volk", sondern "da fürchtete sich das Volk". Freilich werden V. 18b.19
    häufig E abgesprochen, vgl. z.B. J. Jeremias, 195; E. Zenger, Die Sinaitheophanie,
    1971, 66f.212f; F.-L. Hossfeld, Der Dekalog, 1982, 172ff. Nach E. Zenger, Israel am
    Sinai, 1982, 133, gehört nur V. 20 zu E, V. 18.19.21a zu R[P]. Die gegen die Zuweisung
    von V. 18b.19 zu E genannten Argumente sind aber nicht überzeugend. Der Wechsel
    zwischen Elohim mit und ohne Artikel ist in anderen elohistischen Texten belegt, vgl.
    z.B. Gen 20,3.6; 22,1.8; Ex 1,17.20; 3,13f. Im Unterschied zu Ex 20,19 hatte nach Dtn
    5,23ff Gott bereits zu dem Volk geredet. Dann ist Dtn 5,23ff jünger als Ex 20,18ff (so
    z.B. auch L. Perlitt, 82). Die Wiederaufnahme von V. 18bβ in V. 21a ist ein literarisches
    Stilmittel, das E auch in Gen 22,6b-8 verwendet. Ex 20,20 kann nicht direkt auf 19,19

Sie kann allerdings erst nach einer Interpretation von Ex 20,20 genauer bestimmt werden. Danach verfolgte Gott mit der Theophanie am Gottesberg eine doppelte Absicht. Er wollte das Volk versuchen und er wollte erreichen, daß "seine Furcht auf euch (wörtlich: auf euren Angesichtern) sei, daß ihr euch nicht verfehlt". Nach E. Blum ergibt freilich die Übersetzung von נסה mit "versuchen" hier keinen Sinn, "worin sollte Israel durch die Theophanie geprüft werden?". Das Verb habe an dieser Stelle die Bedeutung "eine Erfahrung machen lassen"[60]. Sie ist aber m.E. für keinen anderen Beleg wahrscheinlich[61]. Zudem wird im Rahmen des elohistischen Werkes durchaus verständlich, worin Gott das Volk mit der Theophanie prüfte. Der Elohist hat bekanntlich die Transzendenz Gottes betont. Bei ihm erscheinen Gott oder sein Bote dem Menschen nicht mehr auf der Erde. Es gibt davon jedoch eine Ausnahme: Am Gottesberg wird Gott in einmaliger Weise auf der Erde präsent. So heißt es in der elohistischen Darstellung der Berufung des Mose am Gottesberg: "Da verhüllte Mose sein Gesicht, denn er fürchtete sich, Gott anzuschauen" (Ex 3,6b). An keinem anderen Ort hätte Mose Gott sehen können. Während Mose an der Anrede durch Gott (Ex 3,4b*.6a) die unmittelbare Gegenwart Gottes bewußt wurde, machte sie Gott dem Volk mit der Theophanie deutlich. Mit ihr war Gott gekommen. Deshalb führte nach Ex 19,17 Mose das Volk aus dem Lager "Gott entgegen". Hier heißt es aber außerdem: "und sie stellten sich auf am Fuß des Berges". Das Volk bestieg somit nicht den Berg. Mit den Worten: "und sie standen von Ferne" unterstreicht E in 20,18bβ.21a, daß sich das Volk von der Theophanie auf dem Berg fernhielt. E betont also, daß sich das Volk nicht Gott nahte. Daraus geht hervor, worin für E Gott das Volk mit der Theophanie versuchte. Gott wollte prüfen, ob das Volk den Abstand zu ihm einhält. Der Elohist sah darin offenbar eine schwere Prüfung, da er den Begriff נסה nur in Gen 22,1 und Ex 20,20 verwendet. Das ist bei ihm darin begründet, daß das Volk hier die unmittelbare Gegenwart Gottes erlebt. Diese einmalige Erfahrung hätte anscheinend dazu führen können, daß es den Berg besteigt, um Gott ganz nahe zu sein. Doch das Volk hält den Abstand zu Gott ein. Es reagiert auf die Theophanie mit wachsender Furcht (19,16b.18bβ; 20,18bα) und steht von Ferne (20,18bβ.21a). Daß das Volk die Nähe Gottes als bedrohlich empfindet, wird auch aus seinen Worten an Mose in 20,19 deutlich: "Rede du mit

---

gefolgt sein, da sonst für die Worte "Fürchtet euch nicht" der Bezugspunkt fehlen würde. Sie setzen V. 18b.19 voraus. Nach E. Zenger, Sinaitheophanie, 66, bleibt V. 18b hinter 19,18bβ zurück. In 20,18b folgt aber auf "da 'fürchtete sich' das Volk" "und sie schwankten". Damit wird hier die Furcht des Volkes als außergewöhnlich groß beschrieben.

60   E. Blum, 329 Anm. 108.

61   Vgl. H.-C. Schmitt, 91 Anm. 42.

uns und wir wollen hören, aber nicht rede Gott mit uns, damit wir nicht
sterben". Im Unterschied zu Menschen, zu denen Gott im Traum redet (Gen
20,3ff u.ö.), hält es das Volk für todbringend, wenn es von Gott in der
Theophanie angesprochen wird. Hier möchte es Mose als Mittler. Da Gott
Mose geantwortet hatte (19,19), weiß das Volk, daß er das Reden Gottes
überleben wird. Gott hat also mit der Theophanie geprüft, ob das Volk den
Berg besteigt oder zu ihm Abstand hält[62].

Nach H.-C. Schmitt ist allerdings "Versuchung" bei E anders zu bestim-
men. Er schließt aus Gen 22,1 und Ex 20,20: "Versuchung durch Gott ereignet sich da, wo der Mensch angesichts der Erfahrung des verborgenen
Gottes das Vertrauen auf die Leben schenkende Macht Gottes zu verlieren
droht"[63]. Es gibt aber in der elohistischen Darstellung keinerlei Anhaltspunkte, daß Gott mit der Theophanie ein solches Vertrauen prüfen wollte.
Dagegen spricht zudem die zweite Absicht, die Gott mit ihr nach Ex 20,20
verfolgte: "damit seine Furcht auf euch sei, daß ihr euch nicht verfehlt". An
der Theophanie, die bei ihm große Furcht hervorrief, sollte das Volk erkennen, daß die Gottesfurcht, durch die man Verfehlung meidet, seine innere
Einstellung zu sein hat[64]. Das Volk soll also an der Gottesfurcht nicht trotz
der Theophanie[65], sondern gerade wegen ihr festhalten. Wenn die Theophanie hier Gottesfurcht bewirkt, dann ist die Gottesfurcht für den Elohisten in
dem Unterschied zwischen Gott und Mensch begründet. Das dürfte der Auffassung der Weisheit entsprechen. Auch inhaltlich bestimmt der Elohist hier
Gottesfurcht ganz im Sinne der Weisheit, da sie bewirkt, "daß ihr euch nicht
verfehlt". Aber im Unterschied zur Weisheit hat bei dem Elohisten Gott
selbst Israel auf besondere Weise die Notwendigkeit der Gottesfurcht vor
Augen gestellt. Die Theophanie am Gottesberg war für E ein einmaliges Geschehen, das sich nicht wiederholen würde.

Worin bestand dann für den Elohisten die Analogie zwischen der Versuchung Abrahams und der des Volkes? Nach L. Ruppert geht aus der Erzählung vom goldenen Kalb in Ex 32 hervor, daß der Elohist zeigen wollte, daß
sich das Volk anders als Abraham verhalten habe: "Israel hat sich eben nicht
wie sein Ahnherr Abraham unter die Gottesfurcht gestellt; es hat also - im
Gegensatz zu ihm - die Probe nicht bestanden"[66]. Selbst wenn man von der
Frage absieht, ob E in Ex 32 vertreten ist, kann diese Interpretation nicht
richtig sein. Nach Ex 20,20 hat Gott das Volk mit der Theophanie versucht.

---

[62] So z.B. auch M. Noth, Das zweite Buch Mose, 135; J. Becker, 198.

[63] H.-C. Schmitt, 94.

[64] Ähnlich sieht J. Becker, 198, hier die Beziehung zwischen "numinoser" Furcht und
"sittlicher" Gottesfurcht.

[65] So H.-C. Schmitt, 93f.

[66] L. Ruppert, 63.

Dann hat das Volk diese Prüfung bestanden. Nun enthält bereits die elohistische Darstellung der Berufung des Mose einen Hinweis auf ein künftiges
Geschehen am Gottesberg. Hier kündigt Gott Mose als das Zeichen für seine
Berufung an: "Wenn du das Volk aus Ägypten herausführst, werdet ihr Gott
dienen auf diesem Berg" (Ex 3,12bβ). In der Forschung wird freilich meist
bestritten, daß bei E das Zeichen darin bestand. Es könne sich bei ihm nicht
um ein künftiges Ereignis gehandelt haben, da es Mose für die Herausführung Gewißheit geben solle. In V. 12bβ rede Gott von sich in 3.Pers. Zudem
sei hier der Wechsel zwischen "du" und "ihr" auffällig[67]. Da jedoch ein Zeichen fester Bestandteil des Berufungsschemas ist, nach dem E Ex 3,9-12*
gestaltet hat[68], muß E ein Zeichen erwähnt haben. Warum dieses Zeichen
später durch V. 12bβ ersetzt worden sein sollte, läßt sich nicht befriedigend
erklären. So ist es z.B. nach M. Noth offen, ob es versehentlich ausfiel oder
weggelassen wurde, weil es mit der Darstellung von J unvereinbar war[69].
Das sind aber reine Vermutungen, bei denen vorausgesetzt wird, daß E ein
anderes Zeichen erwähnt haben müsse. Aber Gott kann hier bei E kein Zeichen geben, durch das Mose jetzt über den Auftraggeber vergewissert wird,
weil Mose schon längst weiß, daß Gott mit ihm redet. Deshalb besteht das
Zeichen bei E in einem Erfüllungszeichen[70]. Der Wechsel zwischen "du"
und "ihr" ist in V. 12bβ notwendig, weil Mose das Volk herausführen soll,
aber Mose und das Volk Gott dienen werden. Zwar bleibt es auffällig, daß
Gott hier von sich in 3.Pers. spricht. Aber allein mit diesem Argument kann
V. 12bβ E nicht abgesprochen werden, zumal die Theophanie am Gottesberg
bei E ein gottesdienstliches Geschehen ist[71]. Der Elohist hat somit die Herausführung aus Ägypten mit dem "Gottesdienst" am Gottesberg verknüpft.
Damit versucht Gott mit der Theophanie jenes Volk, das in der Befreiung
aus Ägypten seine Zuwendung erfahren hat. Darin besteht die Analogie zu
Abraham. Wie Gott einst Abraham, zu dem er in einer besonderen Beziehung stand, einer schweren Prüfung unterzog, so versuchte er am Gottesberg das Volk, das er aus Ägypten befreit hatte. Weil Abraham und dieses
Volk in besonderer Weise die Zuwendung Gottes erfahren haben, werden
sie von Gott einer außergewöhnlichen Prüfung unterzogen, ob sie sich Gott
unterordnen, wie es jedem Menschen zukommt. Es ist schwerlich Zufall,
daß bei E gerade Abraham und das Volk nach seiner Herausführung von

---

[67] Vgl. z.B. M. Noth, Das zweite Buch Mose, 29; W. H. Schmidt, Exodus, 130.
[68] Vgl. z.B. W. H. Schmidt, Exodus, 123ff.
[69] So M. Noth, Das zweite Buch Mose, 29.
[70] Ein Erfüllungszeichen wird z.B. in I Sam 2,34 Eli angekündigt.
[71] Nach Ex 19,3a (E) stieg Mose hinauf zu Gott. Dann hat er bei E von Gott vor der Theo-
      phanie Anweisungen erhalten. Das spricht dafür, daß ein Grundbestand in 19,10-15, wo
      es um kultische Vorbereitungen geht, von E stammt, so z.B. auch J. Jeremias, 195.

Gott versucht werden. Mit Abraham begann jene besondere genealogische Linie, die auf das Volk Israel zuläuft. Mit der Berufung des Mose - und damit mit der Herausführung aus Ägypten - wurde Gott erstmals für dieses Volk tätig. Am Anfang der Väter- und am Anfang der Volksgeschichte wurde also von Gott geprüft, ob sich ihm jene Menschen unterordnen, denen er sich zugewandt hatte. Im Unterschied zur Versuchung Abrahams geht es aber Gott bei der Theophanie am Gottesberg auch um das künftige Verhalten Israels. Mit ihr hat Gott diesem Volk die Notwendigkeit der Gottesfurcht nachdrücklich vor Augen gestellt. Sie ist nun für Israel in einer besonderen einmaligen Erfahrung mit Gott begründet.

Die Fortsetzung von E nach Ex 20,21a kann hier nicht weiterverfolgt werden. Schon aus den dargestellten Beobachtungen ergeben sich aber Folgerungen für das Problem von Weisheit und Geschichte beim Elohisten. Der Elohist vertritt die weisheitliche Auffassung, wie sie z.B. in der ursprünglichen Rahmenerzählung des Buches Hiob belegt ist, daß sich die Gottesverehrung aller Menschen auf Elohim bezieht und daß die Gottesfurcht für alle Menschen die richtige innere Einstellung ist. Durch sie vermeidet es der Mensch, daß er sich verfehlt. Wenn der Elohist diese Gesichtspunkte bereits am Anfang seines Werkes in Gen 20*[72] betont und auch in Gen 21,22ff* Abimelech als Vorbild zeichnet, wollte er anscheinend unterstreichen, daß die Gottesfurcht kein Spezifikum Israels ist. Die Sonderstellung Israels, an der der Elohist im Unterschied zur alttestamentlichen Weisheitsliteratur festhält, beruht für ihn darauf, daß mit Abraham eine genealogische Linie begann, zu der Gott in einer besonderen Beziehung stand. Diese Linie mündet in das Volk Israel, für das Gott mit der Berufung des Mose die besondere Beziehung zu seinen Vätern bestätigte. Damit hat die Heilsgeschichte, die der Elohist in eigener Weise entwickelt[73], ein selbständiges Gewicht. Ihr ist das Thema Gottesfurcht so zugeordnet, daß jene Menschen, die die besondere Zuwendung Gottes erfahren haben, ihrerseits von jener Gottesfurcht bestimmt sein müssen, die nicht von einer besonderen Gottesbeziehung abhängig ist. Gott hat zwar dem Volk in der Theophanie auf dem Gottesberg die Notwendigkeit der Gottesfurcht nachdrücklich vor Augen gestellt. Aber nicht durch sie unterscheidet sich Israel von anderen Menschen, sondern durch seine besondere Beziehung zu Gott. So betont der Elohist auf dem Hintergrund der Weisheit die Besonderheit jener Geschichte, die mit Abraham begann.

---

[72] Der verlorene Anfang von E vor Gen 20* dürfte recht kurz gewesen sein, da ihn die jehowistische Redaktion sonst kaum völlig übergangen hätte.

[73] Das bestätigt, daß E eine eigene Quellenschrift ist.

Die Darstellung Isaaks in Genesis 26,1-33 und ihr Verhältnis zu den Parallelen in den Abrahamerzählungen

I

Während in der Genesis sonst Isaak lediglich als Sohn Abrahams oder als der Vater von Jakob und Esau in den Blick kommt, steht in Gen 26,1-33 seine Gestalt im Zentrum. Über Verfasser und Alter dieser Darstellung und über ihre Beziehung zu den parallelen Erzählungen von Abraham in Gen 20 und 21,22ff werden freilich in der Forschung unterschiedliche Auffassungen vertreten. So war z.B. M. Noth der Meinung, daß bereits der Jahwist den Grundbestand dieser Darstellung geschaffen hat: "J hat hier kompendiumartig mit Hilfe eines durchgehenden Erzählungsfadens alles das zusammengefaßt, was die ihm bekannte erzählende Überlieferung von Isaak zu sagen wußte"[1]. Auch nach Chr. Levin stammt Gen 26 im wesentlichen von J, den er freilich erst in der Zeit des Exils ansetzt. Die beiden Episoden von Isaak und Abimelech in V. 1ff* und V. 17ff* seien aber "ein Bruchstück aus einer größeren Quelle, vermutlich einer Sammlung von Isaakerzählungen"[2]. Dagegen war nach C. Westermann Gen 26* noch nicht im Werk des Jahwisten enthalten. Es handle sich um eine geschlossene literarische Komposition, die zunächst für sich tradiert und erst nachträglich in den Zusammenhang eingefügt wurde. Das geht nach C. Westermann daraus hervor, daß Gen 26* den Zusammenhang zwischen den Erzählungen von der Geburt von Jakob und Esau in Gen 25,19-28 und der Erschleichung des Erstgeburtssegens durch Jakob in Gen 27 unterbricht[3]. Auch für E. Blum, der eine Urkundenhypothese ablehnt, geht Gen 26* auf eine selbständige Isaakdarstellung aus der judäischen Königszeit zurück. Sie sei erst in der Exilszeit mit den

---

1   M. Noth, Überlieferungsgeschichte des Pentateuch, 1948, 114.

2   Chr. Levin, Der Jahwist, 1993 (FRLANT 157), 202.

3   C. Westermann, Genesis 2. Genesis 12-36, [2]1989 (BK I/2), 516.

anderen Erzväterüberlieferungen verbunden worden. Das zeige sich u.a. darin, daß in Gen 26* das Interesse an der regionalen Abgrenzung zu den Philistern eine große Rolle spiele[4]. Dagegen hält J. van Seters Gen 26* für eine rein literarische Bildung des Jahwisten, den er in der Exilszeit ansetzt. Als Vorlage habe J die parallelen Abrahamerzählungen in 12,10ff; 20 und 21,22ff* benutzt[5]. Eine ähnliche Position vertritt I. Fischer. Nach ihr ist Gen 26* eine rein schriftliche Komposition, durch die der Verfasser die Abraham- und Jakoberzählungen miteinander verbinden wollte. "Isaak wird als genealogisches Bindeglied zwischen den Herkunftstraditionen des Südens und des Nordens, als Sohn Abrahams und gleichzeitig Vater Jakobs, mit einem eigenen Erzählstück abgehoben"[6].

Schon dieser keineswegs vollständige Überblick[7] zeigt, wie weit im Augenblick die Auffassungen über die Entstehung von Gen 26* auseinandergehen. Deshalb sollen im Folgenden dieser Abschnitt und seine Beziehung zu den parallelen Abrahamerzählungen erneut untersucht werden. Dabei werden sich aus der Analyse auch Folgerungen für die gegenwärtig äußerst kontrovers diskutierte Frage nach der Entstehung des Pentateuch[8] ergeben.

II

Gen 26 beginnt mit der Erzählung von der Gefährdung der Ahnfrau (V. 1-11). Sie ist eine Parallele zu den Abrahamerzählungen in 12,10ff und 20. In der Forschung ist wohl allgemein anerkannt, daß in Gen 20 eine jüngere Weiterbildung des Erzählstoffs vorliegt. Umstritten ist dagegen, ob 12,10ff oder ein Grundbestand in 26,1ff die älteste Fassung enthält oder ihr zumindest am nächsten steht. Bei dieser Diskussion werden zwei methodische Grundsätze für die Bestimmung des Verhältnisses zwischen parallelen Überlieferungen gegeneinander ausgespielt. Die Vertreter der Auffassung, daß 12,10ff älter ist, berufen sich darauf, daß diese Version härter ist. Hier kommt z.B. Sara in das Haus des Pharao, während in Gen 26 nichts "passiert". Hier ist es lediglich eine Möglich-

---

4   E. Blum, Die Komposition der Vätergeschichte, 1984 (WMANT 57), 301ff.349.354f.

5   J. van Seters, Abraham in History and Tradition, 1975, 183ff; ders., Prologue to History, 1992, 268.

6   I. Fischer, Die Erzeltern Israels, 1994 (BZAW 222), 223. Den Verfasser setzt I. Fischer, 343ff, in der Zeit zwischen dem Untergang des Nordreichs 722 und der Katastrophe Jerusalems 587 an.

7   Vgl. auch die Übersicht bei H. Schmid, Die Gestalt des Isaak, 1991 (EdF 274), 37ff.

8   Vgl. z.B. die Übersicht bei L. Schmidt, Zur Entstehung des Pentateuch, VF 40/1 (1995) 3-28.

keit, daß die Ehe des Ahnherrn gebrochen wird[9]. Für das höhere Alter der Isaakversion wird u.a. angeführt, daß Erzählstoffe häufig von der weniger bekannten auf die bekanntere Gestalt übertragen werden. Da nur Gen 26 spezifische Isaaküberlieferungen enthalte, sei Isaak gegenüber Abraham die unbekanntere Person[10]. Oft werden beide Gesichtspunkte miteinander kombiniert. Man nimmt dann an, daß die drastischere Fassung in 12,10ff zwar älter sei, daß sie aber zunächst von Isaak und Abimelech von Gerar erzählt wurde[11].

Auch wenn man die Verheißungen in 26,3b-5 ausklammert, die erst im Umkreis der Endredaktion des Pentateuch eingefügt wurden[12], setzt freilich die Isaakversion in V. 1aβ.2aβ.b.7bβ.γ 12,10ff voraus. Diese Stellen sind jedoch m.E. eindeutig literarisch sekundär, wie im Folgenden gezeigt werden soll. Zwischen V. 7a.bα und V. 7bβ.γ besteht deutlich eine Spannung. In V. 7a.bα wird *über Isaak* berichtet, daß er seine Frau als seine Schwester ausgab, als ihn die Männer des Ortes nach seiner Frau fragten, weil er sich fürchtete zu sagen "meine Frau". Darauf folgt in V. 7bβ unvermittelt "damit nicht mich töten die Männer des Ortes wegen Rebekka". Das ist ein außerordentlich harter Übergang von der dritten in die erste Person Isaaks. K. Berge erklärt diese Inkongruenz damit, daß der Verfasser hier von 12,12 und 20,11 abhängig sei. Dort spricht Abraham in direkter Rede die Befürchtung aus, daß man ihn tötet[13]. Das ist

---

9   So z.B. H. Gunkel, Genesis, [7]1966, 225f.

10 So u.a. M. Noth, 114; R. Kilian, Die vorpriesterlichen Abrahamsüberlieferungen, 1966 (BBB 24), 214.

11 Vgl. z.B. K. Koch, Was ist Formgeschichte?, [5]1989, 153ff; F. Crüsemann, "... er aber soll dein Herr sein", in: F. Crüsemann/H. Thyen, Als Mann und Frau geschaffen, 1978 (Kennzeichen 2), 15-106, 72; W. Thiel, Genesis 26 - eine Segensgeschichte des Jahwisten, in: P. Mommer u.a. (Hg.), Gottes Recht als Lebensraum (FS H.J. Boecker), 1993, 251-263, 256. Das hatte bereits H. Gunkel, 226, erwogen.

12 Vgl. etwa L. Schmidt, Pentateuch, in: H.J. Boecker u.a., Altes Testament, [5]1996, 88-109, 107f. M. Noth, 30.115, und E. Blum, 298f, rechnen zwar auch die Landverheißung in V. 3bα zum literarischen Grundbestand. Aber der Plural "Länder" ist für das Gebiet Israels sonst nur in der Chronik belegt (I Chr 13,2; II Chr 11,23; 34,33). Der Abschnitt V. 3b-5 ist somit durchgehend jünger als die Priesterschrift. Er kann deshalb gegen E. Blum, 362ff, auch nicht der von E. Blum vertretenen D-Bearbeitung zugewiesen werden.
Von diesem Ergänzer stammt nach I. Fischer, 178, auch schon die Zusage des Segens in V. 3aβ. Aber der Segen Jahwes für Isaak ist für die Darstellung in Gen 26* konstitutiv, wie aus V. 12 und V. 29 hervorgeht.

13 K. Berge, Die Zeit des Jahwisten, 1990 (BZAW 186), 104; ähnlich J. van Seters, Abraham, 178.

jedoch nicht überzeugend. In den beiden anderen Fassungen wird nicht erwähnt, daß die Männer des Ortes nach der Frau des Ahnherrn fragten. Selbst wenn die Isaakversion von 12,10ff und 20 abhängig sein sollte, hat somit ihr Verfasser V. 7a.bα selbständig formuliert. Dann ist nicht einsichtig, warum er die Begründung für die Furcht Isaaks nicht seinem Kontext anpaßte. Für E. Blum besteht zwischen V. 7a.bα und V. 7bβ.γ keine Spannung, weil V. 7bβ.γ ein innerer Monolog Isaaks sei[14]. Aber da der Übergang zu diesem Monolog nicht formal gekennzeichnet wird, muß es sich bei ihm um einen Nachtrag handeln[15]. Ein Späterer vermißte hier eine Begründung für die Furcht Isaaks. Da Abraham seine Angst in 12,11f begründet hatte, trug er eine entsprechende Überlegung, die Isaak für ihn bei sich anstellte, nach. Dann wurde in der Erzählung aber ursprünglich auch nicht der Name der Ahnfrau genannt[16]. Er steht zwar nochmals in V. 8. Aber in aller Regel werden in Erzählungen die Namen der Personen angegeben, wenn sie erstmals erwähnt werden. So steht in 12,11 und 20,2 der Name der Ehefrau Abrahams bereits bei ihrer Einführung. Der Name "Rebekka" kommt in V. 8 somit zu spät. Er wurde hier wohl ergänzt, als V. 7bβ.γ eingefügt wurde. Auch die Jahwerede in V. 2.3a ist literarisch nicht einheitlich. In V. 2b fordert Jahwe Isaak auf: "Wohne in dem Land, das ich dir sagen werde". In V. 3aα sagt er dann: "Weile als Fremdling in diesem Land". Diese Anweisung überrascht, denn nach V. 2b erwartet man nicht, daß Jahwe Isaak nun befiehlt, in dem Land zu bleiben, in dem er sich bereits aufhält. Zudem ist der Befehl an Isaak in V. 2b.3aα ungewöhnlich kompliziert formuliert. Warum sagt Jahwe nicht sofort, daß Isaak "in diesem Land" als Fremdling bleiben soll? E. Blum bestreitet freilich, daß zwischen V. 2b und V. 3aα eine Spannung besteht. Nach ihm handelt es sich um zwei verschiedene Aufforderungen. In V. 2b verlange Jahwe von Isaak zunächst, sich in dem Land niederzulassen, das ihm Jahwe nennen wird. Hier gehe es um den Aufenthalt im Land Kanaan. In V. 3aα fordere Jahwe dann Isaak auf, vorübergehend in dem Land der Philister zu bleiben. Es sei hier mit "in diesem Land" gemeint[17]. Für diese

---

14 E. Blum, 302 Anm. 6.

15 So z.B. auch R. Kilian, 207; P. Weimar, Untersuchungen zur Redaktionsgeschichte des Pentateuch, 1976 (BZAW 146), 85f. Beide verweisen zusätzlich darauf, daß in der Antwort Isaaks an Abimelech in V. 9b מות und nicht wie in V. 7bβ הרג gebraucht wird. Entscheidend ist aber, daß der Monolog Isaaks aus der Konstruktion herausfällt.

16 So auch P. Weimar, 85f.

17 E. Blum, 299.

Interpretation bietet aber der Text keinen Anhaltspunkt. Aus ihm geht nicht hervor, daß sich die Aufforderungen in V. 2b und V. 3aα auf verschiedene Gebiete beziehen. Dafür kann nicht angeführt werden, daß in V. 2b שכן, in V. 3aα aber גור gebraucht wird, wie K. Berge gezeigt hat[18].

Deshalb muß die Jahwerede ursprünglich kürzer gewesen sein. Sie lautete nach K. Berge: "Ziehe nicht hinab nach Ägypten, wohne in diesem Land". Ein Redaktor habe diese Anweisung erweitert, weil er hervorheben wollte, daß Gerar nicht der Wohnsitz der Väter war, sondern daß Isaak dort als Fremdling weilte[19]. Nun entspricht aber gerade der Befehl in V. 3aα insofern der Erzählung, weil Isaak in ihr in Gerar ein Fremdling ist. Er wird in V. 7a von den Männern des Ortes und in V. 10f von dem Volk ausdrücklich unterschieden. Dann ist V. 2b sekundär. Auf V. 2b ist aber das Verbot in V. 2aβ angelegt, daß Isaak nicht nach Ägypten hinabziehen soll. Für G. Schmitt wird es freilich in V. 3aα vorausgesetzt. Die ausdrückliche Weisung in Gerar "zu wohnen, ist nur sinnvoll gegenüber einer Absicht oder einem Gedanken, statt dessen weiterzuziehen"[20]. Nun bleibt zwar Isaak in Gerar (V. 6), weil ihm Jahwe geboten hatte, daß er in diesem Land als Fremdling weilen soll. Aber aus V. 1b läßt sich nicht entnehmen, daß er *nach Ägypten* weiterziehen wollte. Die Einfügung von V. 2b wird m. E. nur verständlich, wenn von diesem Ergänzer auch das Verbot in V. 2aβ stammt. Er wollte mit V. 2aβ.b begründen, warum Isaak bei der Hungersnot nicht wie Abraham nach Ägypten hinabzog. Das hatte Jahwe Isaak ausdrücklich verboten. Isaak sollte in dem Land wohnen, das ihm Jahwe sagen wird. In V. 3a spielt dieser Unterschied zwischen Abraham und Isaak keine Rolle. Hier geht es lediglich darum, daß Jahwe Isaak anwies, "in diesem Land" als Fremdling zu weilen und daß er Isaak Beistand und Segen zusagte. Erst der Ergänzer hat im Blick auf 12,10ff mit V. 2aβ.b einen Kontrast zwischen Isaak und Abraham hergestellt. Dann stammt von diesem Ergänzer auch der Rückverweis auf die frühere Hungersnot in den Tagen Abrahams in V. 1aβ.γ. Mit ihm soll V. 2aβ.b vorbereitet werden. Nur dadurch hat dieser Rückverweis eine Funktion. Auch die Bezeichnung Abimelechs als "der König der Philister" wurde in V. 1b und V. 8 erst später eingefügt. Das kann freilich erst nach der Analyse von Gen 20 begründet werden[21].

---

18 K. Berge, 81.

19 K. Berge, 82.

20 G. Schmitt, Zu Gen 26,1-14, ZAW 85 (1973) 143-156, 145 Anm. 7. Auch W. Thiel, 257, und I. Fischer, 178, sehen in V. 3aα die ursprüngliche Fortsetzung von V. 2a.

21 Vgl. dazu S. 200.

Nach P. Weimar und Chr. Levin ist außerdem V. 10 eine sekundäre Angleichung an die Parallelen in 12,18 und 20,9[22]. P. Weimar hält die beiden unmittelbar aufeinander folgenden Reden Abimelechs in V. 10 und V. 11 für eine
"auffällige Dopplung". Die vorwurfsvolle Frage Abimelechs an Isaak in V. 10a
sei in dieser Fassung "nicht recht begründet". Aber V. 10 und V. 11 sind keine
Doppelung, weil sich Abimelech an verschiedene Adressaten wendet: in V. 10
an Isaak, in V. 11 an das Volk. Zudem wird erst durch V. 10 verständlich,
warum Abimelech in V. 11 den Ahnherrn und seine Frau mit einem Todesrechtssatz schützt[23]. Abimelech untersagt, daß dieser Mann und seine Frau
angerührt werden, weil durch die Lüge Isaaks die Gefahr bestand, daß jemand
von dem Volk mit der Frau des Ahnherrn die Ehe brach. Diese Gefahr erklärt
auch zureichend, warum Abimelech in V. 10a an Isaak eine vorwurfsvolle Frage
richtet. V. 10 gehört somit sicher zum Grundbestand.

Als erstes Ergebnis ist somit festzuhalten: Die eindeutigen Hinweise und
Anspielungen auf 12,10ff in V. 1aβ.γ.2aβ*.b.7bβ.γ und der Name Rebekka in
V. 8 sind literarisch sekundär. Zwischen der Isaak- und der Abrahamversion in
12,10ff wurde somit erst später eine Beziehung hergestellt.

Für die Frage, in welchem Verhältnis die beiden Fassungen zueinander
stehen, muß zunächst 12,10ff untersucht werden. Wie nahezu allgemein anerkannt ist, ist diese Version als einzelne Erzählung entstanden und zunächst für
sich tradiert worden. Das ergibt sich daraus, daß sie in sich abgeschlossen ist.
Umstritten ist freilich, wo die Einzelerzählung endete. Oft wird 12,20 als der
ursprüngliche Schluß angesehen. Dann wäre 13,1 eine redaktionelle Überleitung
zu der folgenden Erzählung von der Trennung Lots von Abraham in 13,2ff*[24].
Dagegen vertrat z.B. H. Gunkel die Abgrenzung 12,10-13,1*. Lediglich die
Worte "und Lot mit ihm" seien in 13,1 eine redaktionelle Klammer[25]. Für diese
Auffassung sprechen zwei Beobachtungen. Mit 13,1 besteht zwischen der Exposition und dem Schluß der Erzählung eine Entsprechung. In 12,10 heißt es "da
zog Abram nach Ägypten hinab", in 13,1 "da zog Abram aus Ägypten herauf...".
Zum anderen zog Abraham nach 13,1* in den Negeb herauf. Das entspricht
12,9, wo berichtet wird, daß Abraham in den Negeb zog. Die Notiz in 12,9 kann
aber nur im Blick auf 13,1* entstanden sein, damit Abraham nach seinem

---

22   P. Weimar, 87f; Chr. Levin, 206.

23   So z.B. auch E. Blum, 302 Anm. 6.

24   So z.B. R. Kilian, 16f; P. Weimar, 4ff; K. Koch, 141ff; E. Blum, 307ff; K. Berge, 99ff;
     I. Fischer, 119f.

25   H. Gunkel, 172.

Aufenthalt in Ägypten wieder in das Gebiet zurückkehrt, in dem er schon zuvor gewesen war. Wenn 13,1* in der Einzelerzählung von 12,10ff nicht enthalten war, ist es unverständlich, warum Abraham in 12,9 in den Negeb wandert. In diesem Fall hätte diese Einzelerzählung ohne weiteres an 12,8 angeschlossen werden können, wo sich Abraham an einem Ort zwischen Betel und Ai aufhält. Wie die Josefsgeschichte in Gen 37ff zeigt, konnte man auch von Menschen, die in Mittelpalästina lebten, erzählen, daß sie nach Ägypten hinabzogen. Die Erzählung in 12,10ff endete also mit 13,1* (ohne "und Lot mit ihm")[26].

Sie wird von den meisten Forschern mit Recht als weitgehend einheitlich angesehen. Zusätze sind lediglich V. 16bγ, "und sein Haus" in V. 17a und V. 17b. In V. 16b wird die Aufzählung der Tiere durch "und Knechte und Mägde" unterbrochen. Das wird am besten verständlich, wenn die Erwähnung der Eselinnen und Kamele in V. 16bγ ein Nachtrag ist[27]. In V. 17a kommt "und sein Haus" zu spät. Es müßte direkt nach "Pharao" genannt werden. Dieser Zusatz wurde wohl in Anlehnung an 20,18 eingefügt, wo das Haus des Abimelech erwähnt wird. Das spricht dafür, daß auch die Begründung in V. 17b "wegen Saray, der Frau Abrams" gleichzeitig nachgetragen wurde, da sie abgesehen von den Namensformen wörtlich mit 20,18b übereinstimmt[28]. Für die Erzählung ist diese Begründung nicht notwendig, da sich bereits aus den in ihr geschilderten Ereignissen ergibt, daß Jahwe den Pharao wegen Sara schlug.

Gelegentlich wird freilich mit weiteren Ergänzungen gerechnet. So hält z.B. R. Kilian V. 13bα und V. 16 für Zusätze des Jahwisten. Mit ihnen wolle J den in 13,2 erwähnten Reichtum Abrahams vorbereiten. In V. 13bα hoffe Abraham auf Profit, wenn sich Sara als seine Schwester ausgibt. Damit weise V. 13bα über die Erzählung hinaus, da es nach V. 12b und V. 13bβ Abraham darum gehe, sein Leben zu retten. Dasselbe gelte für V. 16[29]. Dabei übersieht aber R. Kilian, daß in 12,20 und 13,1* ausdrücklich der Besitz Abrahams erwähnt wird. Hier

---

26 In 13,3f kehrt Abraham an den Ort von 12,8 zurück. Diese beiden Verse sind aber literarisch sekundär. In meinem Aufsatz "Väterverheißungen und Pentateuchfrage" (oben S. 110ff) habe ich gezeigt, daß die Verheißung in 13,14-17 literarisch ein Zusatz ist, mit dem die Verheißung an Jakob in 28,13f später auf Abraham übertragen wurde. Da Jakob diese Verheißung in Betel empfing, sollte sie Abraham ebenfalls in Betel erhalten. Deshalb verlegte der Ergänzer durch 13,3f den Schauplatz der Trennung Lots von Abraham an das Heiligtum von Betel, wo Abraham nach 12,8 einen Altar gebaut hatte.

27 Vgl. die Begründung bei R. Kilian, 8.

28 So auch P. Weimar, 11; Chr. Levin, 141.

29 R. Kilian, 6ff.

wird somit V. 16 vorausgesetzt. Abraham darf mit allem abziehen, was ihm der Pharao für Sara gegeben hat. Außerdem zerstört R. Kilian durch die Ausscheidung von V. 16 den Aufbau der Erzählung. Sie ist klar gegliedert. Auf die Exposition in V. 10 folgt in V. 11-13 eine erste Szene. Sie wird in V. 11 mit "und es geschah, als er sich nahte, um nach Ägypten zu kommen" eingeleitet. Die zweite Szene besteht aus V. 14-16. Sie beginnt in V. 14a mit den Worten: "und es geschah, als Abram nach Ägypten kam". Dadurch wird sie von der ersten Szene abgehoben. Zu der dritten Szene gehören V. 17-20. Mit der Inversion in V. 16a wird das Ende der zweiten Szene markiert. Ohne V. 16 würden die Narrativketten in V. 14b.15 in V. 17 nahtlos weitergeführt. Die Gliederungssignale in V. 11a und V. 14a zeigen jedoch, daß in der Erzählung die einzelnen Szenen formal voneinander abgehoben werden. Auch deshalb muß V. 16 zum Grundbestand gehören. Auf die dritte Szene folgt in 13,1* der Schluß, der der Exposition in 12,10 entspricht. Die Analyse von R. Kilian beruht ausschließlich auf der *Voraussetzung*, daß die Erzählung ursprünglich nicht die beiden Motive der Lebenserhaltung und der Lebenssteigerung Abrahams enthalten haben kann[30]. Es wird noch zu zeigen sein, daß sie hier durchaus miteinander vereinbar sind.

Die Voraussetzung von R. Kilian teilt freilich auch P. Weimar[31]. Deshalb sind nach ihm V. 16b* und der Schluß von V. 20 "und alles, was ihm gehörte" redaktionelle Erweiterungen im Blick auf 13,2. P. Weimar rechnet jedoch V. 13bα und V. 16a zum Grundbestand. Er bestreitet, daß es hier darum geht, daß Abraham großen Besitz erhält. Nach V. 13bα wolle Abraham lediglich ein gesichertes und ungestörtes Leben gewinnen. Dieser Gedanke werde in V. 13bβ "und meine Person lebe um deinetwillen" nur mit anderen Worten wiederholt und verdeutlicht. Mit V. 16a habe Abraham dann zunächst dieses Ziel erreicht[32]. Aber V. 16a kann nur den Sinn haben, daß der Pharao die Lebensqualität Abrahams um Saras willen steigerte. Das sichere und ungestörte Leben hatte sich Abraham bereits dadurch erworben, daß sich Sara als seine Schwester ausgeben sollte. Dann gibt es keinerlei Grund V. 16b von V. 16a abzutrennen. Da die Formulierung "Gutes tun" noch nicht enthält, worin die Lebenssteigerung

---

30 Als weiteres Argument nennt R. Kilian, 7, nur die Inversion in V. 16. Wenn man sie als literarisches Stilmittel ansehe, könne V. 16 nicht ursprünglich sein, da 12,10ff auf eine mündliche Überlieferung zurückgehe. Dieses Argument relativiert aber R. Kilian, 7 Anm. 29, selbst.

31 P. Weimar, 8ff.

32 P. Weimar, 8f.

Abrahams bestand, wird sie in V. 16b* beschrieben[33]. Nun wird in V. 16a V. 13bα aufgenommen. Dann drückt Abraham in V. 13b die Hoffnung aus, daß sein Leben um Saras willen gesteigert und erhalten wird, wenn sie sich als seine Schwester ausgibt. Schon in dem Grundbestand der Erzählung sind somit die beiden Motive der Steigerung und der Rettung des Lebens Abrahams fest verankert. Außer der redaktionellen Klammer "und Lot mit ihm" in 13,1 sind lediglich 12,16bγ, "und sein Haus" in V. 17a und V. 17b spätere Erweiterungen[34].

Da die Fassung von der Gefährdung der Ahnfrau in 12,10ff zunächst als einzelne Erzählung tradiert wurde, können für ihre Interpretation nicht die anderen Abrahamüberlieferungen herangezogen werden. Ihre Absicht muß aus ihr selbst erhoben werden. Dabei werden in der Forschung im Wesentlichen zwei Positionen vertreten[35]. Nach der einen ist in der Erzählung Abraham ein Held. Für diese Interpretation ist die Auslegung von H. Gunkel repräsentativ. Er kommt zu dem Ergebnis: "Die Erzählung verherrlicht die Klugheit des Vaters, die Schönheit und Selbstaufopferung der Mutter und besonders die treue Hülfe Jahves"[36]. Nach der anderen Auffassung wird dagegen in der Erzählung das Verhalten Abrahams kritisiert. Sie wird z.B. von F. Crüsemann, E. Blum und I. Fischer vertreten[37]. Nach ihnen besteht der Skopus der Erzählung darin, daß Jahwe Sara rettet. Jahwe "handelt in seiner Eigenschaft als Anwalt der Unterdrückten für Sara"[38]. Dazu stehe das Verhalten Abrahams in scharfem

---

33 So auch E. Blum, 307 Anm. 1.

34 Dagegen rechnet Chr. Levin, 141, zum Grundbestand nur: V. 10a.bα.11-13a.bβ.14. 15aβ.b.17a*.18.19aβ.b.20. Aber V. 10bβ ist in der Erzählung fest verankert, weil die Hungersnot besonders schwer sein muß, wenn Abraham nach Ägypten zieht. V. 15aα ist keine Dublette zu V. 14bα, wie Chr. Levin meint. Schon im Grundbestand ging man offenbar davon aus, daß es in Ägypten einer Mitteilung der hohen Beamten bedarf, damit der Pharao von der Schönheit der Sara erfährt. Nicht einsichtig ist auch die Auffassung von Chr. Levin, daß sich V. 19aα mit V. 18b stößt. In V. 18b wirft der Pharao Abraham vor, daß er ihm nicht sagte, daß es sich um seine Frau handelt, in V. 19aα, daß er seine Frau als seine Schwester ausgab. Beides ist nebeneinander durchaus sinnvoll. Ansonsten sprechen die gegen die Auffassungen von R. Kilian und P. Weimar genannten Argumente auch gegen die Rekonstruktion von Chr. Levin.

35 Vgl. dazu die Überblicke bei P. Weimar, 17ff; I. Fischer, 134.

36 H. Gunkel, 173.

37 F. Crüsemann, 71-76; E. Blum, 308ff; I. Fischer, 122ff.

38 I. Fischer, 130; vgl. F. Crüsemann, 75f; E. Blum, 309. Nach E. Blum ist auch zu berücksichtigen, daß Sara die Stammutter des Volkes war, so daß "damit schon in der Einzelerzählung für den Hörer die Zukunft des *Volkes* auf dem Spiele stand".

Kontrast, weil der Ahnherr seine Frau preisgegeben habe. So stellt z.B. I. Fischer u.a. fest: Sara "ist ausschließlich stummes Opfer der Willkür ihres Mannes, auf deren Kosten seine Probleme gelöst werden. Daß sie dabei der Gefahr des Ehebruchs mit einem Fremden ausgesetzt wird, zeigt das Ausmaß der Preisgabe"[39].

Nun zeigt die Version in Gen 20, in der Abraham in 20,11f entschuldigt wird, daß das Verhalten des Ahnherrn später als problematisch angesehen wurde. Aus 12,10ff läßt sich aber m.E. nicht entnehmen, daß hier Abraham kritisiert wird. Dagegen sprechen bereits 12,20 und 13,1*. Danach durfte Abraham alles behalten, was er von dem Pharao für Sara bekommen hatte. Wenn die Erzähler das Verhalten Abrahams negativ bewertet hätten, hätte sich Abraham durch sein verwerfliches Tun bleibenden Reichtum erworben. Das kann man sich schwer vorstellen. Außerdem spricht die Darstellung in der dritten Szene in V. 17a*.18-20 gegen die Deutung, daß Jahwe zugunsten der von ihrem Mann verratenen Frau eingegriffen habe. Der Pharao wirft hier Abraham vor, daß er ihm nicht sagte, daß es sich um seine Frau handelt, sondern sie als seine Schwester ausgab (V. 18.19a). In V. 19b sagt er dann: "Und nun, siehe deine Frau, nimm und geh". Mit seinen Vorwürfen betont der Pharao, daß er unwissentlich in das Recht Abrahams als Ehemann eingegriffen hat, als er dessen Frau zur Frau nahm. Deshalb gibt er nun die Frau zurück. Damit stellt er das Recht des Ehemanns wieder her. Dann hat aber Jahwe den Pharao geschlagen (V. 17a*), weil er das Recht Abrahams als Ehemann der Sara verletzt hat[40]. In Gen 20 wird dieses Recht Abrahams ausdrücklich als Grund für das Eingreifen Gottes genannt. Hier sagt Gott in 20,3 zu Abimelech: "Siehe, du mußt sterben wegen der Frau, die du genommen hast, wo sie doch eine Ehefrau ist". Hier will Gott eindeutig nicht eine Not der Sara wenden, sondern das Recht Abrahams wieder herstellen. Damit wird aber in 20,3 lediglich ausdrücklich festgestellt, was unausgesprochen auch in 12,17a* der Grund für das Eingreifen Jahwes ist. Das zeigen die Worte des Pharao in V. 18f mit aller Deutlichkeit. Für die Erzähler befand

---

39 I. Fischer, 135.

40 Für I. Fischer, 131, geht freilich aus V. 17b hervor, daß Jahwe in V. 17a* nicht für Abraham, sondern für Sara eingreift. Wer V. 17b als Zusatz ausscheide, eliminiere die Spitze der Erzählung. In V. 17b heißt es aber: "wegen Saray, *der Frau Abrams*". Daß Sara hier ausdrücklich als die Frau Abrahams bezeichnet wird, zeigt, daß auch für den Verfasser von V. 17b Jahwe eingriff, weil Sara die Frau Abrahams war. Selbst wenn V. 17b entgegen der hier vertretenen Auffassung nicht sekundär sein sollte, schlug also in der Erzählung Jahwe den Pharao, weil Sara die Ehefrau Abrahams war.

sich Sara also nicht in einer Notlage, als sie der Pharao zur Frau genommen hatte. Das ergibt sich auch aus den Worten Abrahams in V. 11-13. Hier rechnet Abraham damit, daß ihn die Ägypter wegen seiner schönen Frau töten werden, Sara aber am Leben lassen (V. 12b). Es steht also das Leben Abrahams auf dem Spiel. Dagegen ist die Zukunft der Sara nicht gefährdet. Sie wird leben, auch wenn Abraham umgebracht wird. In Gefahr ist also nur Abraham. Deshalb kann er in V. 13 Sara auffordern, sich als seine Schwester auszugeben. Eine gemeinsame Zukunft kann es in Ägypten für Abraham und Sara nicht geben, weil die Ägypter Abraham töten werden, wenn sie erfahren, daß Sara seine Frau ist. Abraham und Sara werden aber überleben, wenn sich Sara als seine Schwester ausgibt. I. Fischer meint zwar: "Sara hat also die Probleme Abrahams zu lösen, ohne daß damit *ihre* Zukunft bedacht würde"[41]. Aber das ist falsch, weil es um das Überleben in Ägypten geht, das für Sara nicht bedroht ist. Die Erzählung will also nicht darstellen, daß Jahwe Sara rettete, weil sie von Abraham in eine Notlage gebracht wurde.

Dann hat grundsätzlich H. Gunkel mit seiner Auslegung Recht. Das soll nun im Einzelnen gezeigt werden. In seiner Rede an Sara beschreibt Abraham zunächst in V. 11b.12 die Situation, die sie in Ägypten erwartet. Die Ägypter werden wegen der Schönheit der Sara ihren Ehemann Abraham umbringen. Die Voraussetzung ist, daß ein Ägypter Sara dem Abraham nicht einfach wegnehmen kann. Auch die Ehe des Fremdlings ist in Ägypten geschützt. Das bestätigen die Worte des Pharao in V. 18f. Er hätte Sara nicht zur Frau genommen, wenn er gewußt hätte, daß sie die Ehefrau Abrahams ist. Sara ist jedoch nur unantastbar, solange Abraham lebt. Die Ägypter können es zwar nicht wagen, Abraham seine Frau wegzunehmen, sie können ihn aber töten. Da er als Fremdling in Ägypten weilen wird, ist dort sein Leben anscheinend nicht geschützt. Wenn Abraham tot ist, ist seine Ehefrau für einen Ägypter frei. So besteht für Abraham wegen der Schönheit der Sara in Ägypten eine lebensgefährliche Situation. Abraham zeigt sich jedoch dieser vorausschaubaren Lage gewachsen, ja er will sie zu seinem Vorteil nutzen. Wenn sich Sara als seine Schwester ausgibt, wird es Abraham sogar um ihretwillen gut gehen und er wird sein Leben retten (V. 13). Als angebliche Schwester Abrahams kann Sara von einem Ägypter geheiratet werden. Da Abraham der einzige Verwandte Saras ist, wird er dann für Sara den Brautpreis erhalten. Daß diese Erwägung hinter der Aufforderung Abrahams in V. 13 steht, zeigt V. 16. Die Geschenke, die hier Abraham für Sara erhält, sind doch wohl als Brautpreis zu verstehen. Mit der Möglichkeit,

---

41 I. Fischer, 127.

daß er Sara zurückbekommen könnte, rechnet Abraham nicht. Aber seine Ehe wird in Ägypten nicht fortbestehen, auch wenn sich Sara nicht als seine Schwester ausgibt. In diesem Fall würde Abraham getötet werden. So macht Abraham aus einer für ihn äußerst bedrohlichen Situation klug das Beste[42].

In der zweiten Szene in V. 14-16 wird dann erzählt, daß das eintrat, was Abraham bei seiner Aufforderung an Sara in V. 13 erwartet hat. Sara ist freilich so außerordentlich schön, daß sie nicht ein beliebiger Ägypter zur Frau nimmt, sondern der Pharao. Dadurch fällt auch der Brautpreis sehr reichlich aus, den Abraham in V. 16 für Sara erhält. So ist der Fremdling Abraham nun um Saras willen zu einem reichen Mann geworden, Sara aber ist die Frau des Pharao. Daß sie damit in großer Gefahr schwebt, ist, wie schon erwähnt wurde, nicht die Meinung der Erzähler[43].

Die dritte Szene in V. 17a*.18-20 beginnt damit, daß Jahwe den Pharao mit großen Schlägen schlug, da er unwissentlich mit der Heirat der Sara das Recht ihres Ehemannes Abraham verletzt hat. Darauf ruft der Pharao Abraham. Er wirft ihm vor, daß er ihm nicht sagte, daß die angebliche Schwester in Wahrheit seine Frau ist. Darauf sagt der Pharao in V. 19b: "Und nun, siehe deine Frau, nimm und geh". Für den Pharao hat sich Abraham als ein gefährlicher Mann erwiesen, weil es durch seine Lüge dazu kam, daß Jahwe den Pharao mit großen Schlägen schlug. Deshalb gibt er nicht nur die Frau zurück, sondern schickt außerdem Abraham aus Ägypten weg. Daß der Imperativ "geh" diesen Sinn hat, zeigt V. 20. Danach ordnete der Pharao Männer ab, die Abraham, seine Frau und alles, was ihm gehörte, geleiteten. Dadurch will der Pharao sicherstellen, daß Abraham Ägypten verläßt[44]. Der Pharao verzichtet sogar auf eine Rückgabe des Brautpreises für Sara, weil er nur daran interessiert ist, daß er Abraham schleunigst los wird.

Nun wird freilich gerade mit V. 18-20 die Auffassung begründet, daß in der

---

42 Nach C. Westermann, 191, weiß Abraham, daß er mit der Preisgabe seiner Frau "schwere Schuld auf sich lädt". Davon läßt die Erzählung aber nichts erkennen.

43 Nach H. Gunkel, 171, geht es freilich Sara im Unterschied zu Abraham schlecht, weil es für eine israelitische Ehefrau ein großer Schimpf wäre, im Harem des Pharao zu verschwinden. Aber vom Duktus der Erzählung her stellt C. Westermann, 192, für Abraham und Sara zu V. 16 mit Recht fest: "beide leben und beiden geht es gut". Dagegen hat I. Fischer, 129, eingewandt, daß der Pharao nach V. 16a nur Abraham um der Sara willen/auf ihre Kosten Gutes erweise. Aber wenn Sara sogar von dem Herrscher Ägyptens zur Frau genommen wird, geht es auch ihr gut.

44 H. Gunkel, 172, versteht V. 20 als Anordnung eines Geleitschutzes für Abraham, damit kein Unrecht geschieht. Aber es liegt m.E. näher, daß die Männer dafür sorgen sollen, daß Abraham gewiß Ägypten verläßt.

Erzählung das Verhalten Abrahams mißbilligt und der Pharao äußerst positiv gezeichnet werde. So meint z.B. C. Westermann: "Der Vorwurf des Pharao ist berechtigt..., und Abraham wird durch diesen Vorwurf beschämt"[45]. Aber Abraham wollte doch mit seiner Aufforderung an Sara in V. 13 erreichen, daß sie ein Ägypter heiraten kann. Dann wird Abraham durch die vorwurfsvollen Fragen des Pharao nicht beschämt. Auf sie kann Abraham nicht antworten, weil er beabsichtigte, was ihm nun der Pharao vorwirft. Die Erzähler wollen also hier nicht Abraham kritisieren. Die Vorwürfe des Pharao sollen vielmehr zeigen, daß Sara tatsächlich in Ägypten als die Schwester Abrahams ausgegeben wurde und mit ihnen wird außerdem begründet, warum der Pharao Sara zurückgibt. I. Fischer meint allerdings: "V. 19b.20 stellen nun (nach V. 16) eindeutig klar, daß die Angst des Mannes, die Ägypter könnten die Rechte eines Fremdlings mißachten, unbegründet war"[46]. Aber Abraham ging ja davon aus, daß die Ägypter nicht absichtlich seine Ehe brechen würden. Deshalb befürchtete er, wegen Sara getötet zu werden. Auch daß der Pharao Abraham ungestraft läßt, beruht nicht auf seinem Großmut[47]. Jahwe hatte ihn geschlagen, weil er unwissentlich das Recht Abrahams verletzt hatte. Jahwe war also für Abraham eingetreten. Deshalb kann der Pharao Abraham für seine Lüge nicht bestrafen. Er müßte sonst befürchten, daß Jahwe ihn erneut schlägt. Dem Pharao bleibt somit nur, Abraham mit Frau und Besitz auszuweisen. Es gibt für ihn keine Alternative. Für Abraham bedeutet es keinen Nachteil, daß er Ägypten wieder verlassen muß. Die Erzähler gingen sicher davon aus, daß sich Abraham nur vorübergehend in Ägypten aufhalten wollte. Es gibt somit keine Anhaltspunkte dafür, daß in V. 18-20 Abraham kritisiert und der Pharao positiv dargestellt wird.

Die dritte Szene in V. 17a*.18-20 zeigt vielmehr, daß das Geschehen für Abraham einen guten Ausgang nahm, während der Pharao geschädigt wurde. Abraham erhielt seine Frau zurück und er durfte sogar die reichen Geschenke behalten, die er für Sara bekommen hatte. Der Pharao wurde dagegen von Jahwe mit großen Schlägen geschlagen. Er mußte die sehr schöne Frau zurückgeben, die er guten Glaubens geheiratet hatte, und er verlor auch den Brautpreis, den er für sie bezahlt hatte, weil er nach dem Eingreifen Jahwes nur noch Abraham loswerden wollte. Dann wird in dieser Erzählung der Pharao verspottet. Unter diesem Gesichtspunkt steht auch das Eingreifen Jahwes in V. 17a*. Es markiert zwar für die Ereignisse den Wendepunkt. Wenn Jahwe den Pharao

---

45 C. Westermann, 194.

46 I. Fischer, 134.

47 Gegen I. Fischer, 134.

nicht geschlagen hätte, wäre Sara die Frau des Pharao geblieben. Aber das Eingreifen Jahwes ist nicht der Skopus der Erzählung. Sonst könnte Jahwe nicht nur in V. 17a* erwähnt werden. In der Erzählung werden vielmehr Abraham und der Pharao einander gegenübergestellt[48]. Während der Pharao Schaden nahm, wußte sich Abraham in einer lebensgefährlichen Situation zu helfen und sie sogar zu seinem Vorteil zu nutzen. Durch den Einfall, daß sich seine Frau als seine Schwester ausgeben soll (V. 13) und dadurch, daß er sie selbst als seine Schwester bezeichnete (V. 19a), rettete er nicht nur sein Leben, sondern erlangte überdies Reichtum, den er behalten durfte, als dem Pharao die wirkliche Beziehung zwischen Abraham und Sara bekannt wurde. So werden in der Erzählung der ohnmächtige, aber kluge Abraham und der mächtige Pharao, der am Ende doch "der Dumme" ist, einander gegenübergestellt. Die Erzählung rühmt die Klugheit Abrahams und verspottet den Pharao[49].

Daß der Pharao in der Erzählung zum Gegenstand des Spottes wird, ist nur verständlich, wenn sie bereits die Exodustradition voraussetzt. In der Forschung wurde schon des öfteren darauf hingewiesen, daß zwischen 12,10ff und der Exodusüberlieferung eine Beziehung besteht[50]. Dabei wird freilich 12,10ff in der Regel als Rettungserzählung gedeutet. So stellt z.B. E. Blum fest: "In mancherlei Hinsicht ist die Episode demnach als Präfiguration des späteren Exodus gestal-

---

48 Das hat P. Weimar, 21, mit Recht betont. In seiner Interpretation verzeichnet er freilich die Absicht der Erzählung. Nach ihm soll an Abraham gezeigt werden, daß durch "Vertrauen auf die eigene Klugheit Sicherheit nicht zu gewinnen" ist. Das positive Gegenbild sei der Pharao, der durch die Entlassung von Abraham und Sara "sein 'Vertrauen' auf Jahwes Macht bezeugt". Für diese Deutung bietet m.E. der Text keinerlei Anhaltspunkte.

49 Dagegen spielt Sara eine rein passive Rolle. Es wird nicht einmal berichtet, daß sie die Aufforderung Abrahams, sich als seine Schwester auszugeben, befolgt hat. Dann rühmt die Erzählung nicht die "Selbstaufopferung der Mutter", wie H. Gunkel, 173, meint. Da in der Erzählung Abraham und der Pharao einander gegenübergestellt werden, kann man sie gegen I. Fischer nicht als Erzelternerzählung bezeichnen. Abraham hat gegenüber Sara eindeutig die dominierende Rolle, wie es der damaligen patriarchalischen Gesellschaftsstruktur entspricht. Mit dem Begriff "Erzelternerzählungen" trägt I. Fischer moderne Gesichtspunkte ein, die zumindest dieser Erzählung nicht gerecht werden. Das gilt freilich auch für die "klassische" Bezeichnung "Gefährdung der Ahnfrau", wie oben gezeigt wurde. Sie beruht auf dem Kontext. Nach den Verheißungen in 12,1-3.7 gefährdet Abraham nun mit der Preisgabe seiner Frau die Erfüllung dieser Zusagen Jahwes, vgl. z.B. die Auslegung von G. v. Rad, Das erste Buch Mose. Genesis, [9]1972 (ATD 2-4), 127ff.

50 Vgl. z.B. P. Weimar, 20; E. Blum, 309f.

tet, als ein Stück Heilsgeschichte am Anfang der Geschichte Israels"[51]. Das ist
jedoch, wie oben gezeigt wurde, nicht der Sinn von 12,10ff. Hier geht es nicht
um Heilsgeschichte, sondern um die Verspottung des Pharao. Dahinter steht
aber offenbar die Überlieferung von der Bedrückung in Ägypten. Durch sie
entstand anscheinend ein "Feindbild" von dem Herrscher Ägyptens, das dazu
führte, daß er mit dieser Erzählung verspottet wird. Damit läßt sich aber diese
Fassung nicht von dem Pharao ablösen. Gerade die dritte Szene kann nur so
erzählt werden, wenn der Pharao das Gegenüber des Ahnherrn ist. Das bedeutet
aber überlieferungsgeschichtlich: Der Handlungsinhalt von 12,10ff ist an Abraham und den Pharao gebunden. Er kann nicht von Isaak und Abimelech erzählt
werden, wie man oft angenommen hat[52]. Dann ist entweder 12,10ff die älteste
Version von der Gefährdung der Ahnfrau oder die ursprüngliche Fassung ist in
26,1ff* enthalten.

Für die Priorität von 26,1ff* sprechen zunächst zwei Beobachtungen am
Text. In 12,10ff sind zwar die beiden Motive, daß Abraham sein Leben retten
und steigern will, unlösbar miteinander verbunden. Trotzdem bleibt es eigenartig, daß Abraham sein Verhalten nicht nur wie Isaak mit seiner Todesangst
begründet. Vor allem fällt aber auf, daß die Fassung in 12,10ff trotz der klaren
Gliederung und der Geschlossenheit der Darstellung eine Spannung enthält. Die
erste Szene in V. 11-13 läuft darauf hinaus, daß sich Sara als die Schwester
Abrahams bezeichnen soll. Obwohl Abraham diese Aufforderung an Sara breit
begründet, wird im Folgenden nicht berichtet, daß sich Sara als die Schwester
Abrahams ausgab. Das erwähnt auch der Pharao nicht, als er Abraham Vorwürfe macht. Er behauptet vielmehr in V. 19a, daß Abraham seine Frau als seine
Schwester bezeichnete. Das ist m.E. ein deutlicher Hinweis darauf, daß 26,1ff*
älter ist, da hier lediglich Isaak selbst seine Frau als seine Schwester ausgibt.

Freilich ist diese Variante durch die Jahwerede in V. 2aα.β*.3a in die

---

51 E. Blum, 309. Anspielungen und Hinweise auf die Exodustradition seien: "Auch
    Abraham und Sara gehen wegen einer Hungersnot nach Ägypten, auch wegen Sara
    wird Pharao mit Plagen geschlagen (נגע auch in Ex 11,1), auch Abraham und sein
    Gefolge werden aus Ägypten 'entlassen' (שלח Pi.; Leitwort in Ex 5ff)". Dabei werden
    aber die Unterschiede nicht genügend berücksichtigt. שלח pi. wird in Gen 12,20 in
    einem anderen Sinn gebraucht als in Ex 5ff. Es bedeutet in Gen 12,20 "geleiten", in
    Ex 5ff dagegen "entlassen" (so auch P. Weimar, 13 Anm. 42). Ex 11,1 stammt erst
    von dem Jehowisten, vgl. L. Schmidt, Beobachtungen zu der Plagenerzählung in Ex
    7,14-11,10, 1990 (StB 4), 53f. Gen 12,10ff ist aber erheblich älter, da der Jehowist
    m.E. erst nach 587 anzusetzen ist, vgl. L. Schmidt, Beobachtungen, 75ff. Der Begriff
    נגע in Gen 12,17 stammt dann nicht aus der älteren Exodusüberlieferung.

52 Vgl. oben S. 169.

gesamte Darstellung Isaaks in Gen 26* eingebunden. Es gibt aber deutliche Indizien dafür, daß sie ursprünglich für sich tradiert wurde. In ihr greift Jahwe nicht in das Geschehen ein. Damit spielt hier der Beistand, den Jahwe in V. 3a Isaak zusagt, zumindest explizit keine Rolle. Dieser Zusage widerspricht außerdem das Verhalten Isaaks, wenn er befürchtet, daß er wegen seiner Frau sterben muß. Der Kontrast zwischen der Zusage Jahwes und der Furcht Isaaks wird aber im weiteren Verlauf nicht aufgegriffen. Auch zwischen der Formulierung in V. 6, wonach Isaak in Gerar blieb (יׁשׁב), und der Anweisung Jahwes in V. 3aα, daß Isaak in diesem Land als Fremdling weilen soll (גור), besteht eine Spannung. Mit V. 6 soll nun berichtet werden, daß Isaak den Befehl Jahwes befolgte. In aller Regel wird aber der Ausführungsbericht zu einem Befehl mit demselben Verb formuliert. Aus den genannten Beobachtungen geht hervor, daß die Jahwerede eine literarische Bildung ist, durch die später die Einzelerzählung von der Gefährdung der Ahnfrau zu einem Baustein der literarischen Komposition in Gen 26* gemacht wurde. Auch diese Erzählung stammt somit aus der mündlichen Überlieferung.

Ihre Abgrenzung auf der vorliterarischen Stufe ist umstritten. Nun ist m.E. mit V. 11 deutlich ein Abschluß erreicht. Weil Abimelech den Ahnherrn und seine Frau unter den Schutz eines Todesrechtssatzes gestellt hat, können beide fortan ohne Gefahr gemeinsam in Gerar leben[53]. Der Bericht über den Reichtum Isaaks in V. 12-14 ist bereits auf die Ausweisung des Ahnherrn aus Gerar in V. 16 angelegt, die ihrerseits die Streitigkeiten über Brunnen in V. 17ff einleitet[54]. M. Noth und H.J. Boecker rechnen V. 7-11 zu der Erzählung[55]. Aber in V. 7 wird V. 6 vorausgesetzt, da Isaak in V. 7 nicht namentlich erwähnt wird und aus V. 7 nicht hervorgeht, daß es sich bei dem Ort um Gerar handelt. Daß V. 6 älter als die Jahwerede ist, legt sich auch dadurch nahe, daß für den Aufenthalt Isaaks in V. 6 das Verb יׁשׁב, in dem Befehl Jahwes aber גור gebraucht wird. Auf diesen Unterschied wurde bereits oben hingewiesen. In V. 1aα.b* wird erzählt, daß Isaak wegen einer Hungersnot zu Abimelech nach Gerar ging. Damit wird hier begründet, warum sich Isaak in Gerar aufhielt. Das spricht

---

53 Nach P. Weimar, 87, endete diese Überlieferung ursprünglich mit V. 9. Aber in ihr muß berichtet worden sein, wie Abimelech auf die Begründung, die Isaak hier für sein Verhalten gibt, reagierte, vgl. zur Kritik an P.Weimar auch z.B. E. Blum, 302 Anm. 6; K. Berge, 103-105; I. Fischer, 181.

54 Dagegen rechnen z.B. H. Gunkel, 301; W. Thiel, 255, V. 12-14* und K. Koch, 140, V. 12f noch zu dieser Erzählung von der Gefährdung der Ahnfrau.

55 M. Noth, 115f; H.J. Boecker, 1.Mose 25,12-37,1. Isaak und Jakob, 1992 (ZBK.AT 1,3), 32ff.

dafür, daß V. 6 ursprünglich direkt auf V. 1aα.b* folgte, so daß die Erzählung mit V. 1aα.b* begann[56]. Dagegen hat H.J. Boecker eingewandt, daß eine Reise Isaaks nach Gerar wegen einer Hungersnot im Land wenig sinnvoll sei, da auch Gerar zu dem Land gehörte, so daß auch hier Hungersnot herrsche. In V. 1aα werde somit 12,10ff vorausgesetzt[57]. Schon K. Berge hat aber mit Recht ausgeführt: "ein Aufenthalt nahe einer Stadt schützt auf jeden Fall besser vor Dürre als eine Wanderung in einer Steppenlandschaft"[58]. In V. 17ff zieht Isaak als Halbnomade umher, ehe er in Beerscheba seßhaft wird. Es spricht nichts dagegen, daß auch in der Isaakversion von der Gefährdung der Ahnfrau Isaak als Halbnomade vorgestellt wird, der wegen einer Hungersnot bei Abimelech in Gerar Zuflucht sucht. Zu der vorliterarischen Fassung gehören hier somit: V. 1aα.b*.6.7a.bα.8*-11[59].

Diese Erzählung besteht aus zwei Teilen. Zu dem ersten gehören V. 1aα.b*. 6.7a.bα: Es gab eine Hungersnot in dem Land. Darauf ging Isaak zu Abimelech nach Gerar und blieb in Gerar. Als ihn die Männer des Ortes nach seiner Frau fragten, gab er sie als seine Schwester aus, weil er sich fürchtete zu sagen: Meine Frau. Der Grund für die Angst Isaaks wird hier noch nicht genannt. Er wird aus seiner Rede zu Abimelech in V. 9 deutlich. Dort begründet Isaak, daß er seine Frau als seine Schwester ausgab, mit den Worten: "Ja, ich dachte, damit ich nicht wegen ihr sterbe". Isaak befürchtete also, wegen seiner Frau sterben zu müssen. Diese Angst war nicht darin begründet, daß seine Frau besonders schön war. Das wird in dieser Fassung nicht erwähnt. Tatsächlich kann in ihr die Frau Isaaks nicht auffallend schön gewesen sein. Sonst wäre es unverständlich, daß die Frau lange Zeit (V. 8) nicht von einem der Männer des Ortes begehrt wird. Dann gibt hier Isaak seine Frau als seine Schwester aus, weil er davon ausgeht,

---

56 Nach P. Weimar, 84f, kann V. 6 nicht mit V. 1aα.b verbunden werden. Dafür läßt sich aber höchstens anführen, daß die erneute Nennung Isaaks in V. 6 nach V. 1aα.b* überflüssig ist. Das reicht aber nicht zu, um die Stellen verschiedenen Schichten zuzuweisen. Vielleicht ist "Isaak" in V. 6 von dem Verfasser der Jahwerede eingefügt worden, um den Wechsel des Subjekts zwischen ihr und V. 6 zu verdeutlichen. Es wird später noch gezeigt werden, daß die Variante in 12,10ff voraussetzt, daß bereits in der Isaakversion die Hungersnot erwähnt wurde.

57 H.J. Boecker, 32. Für J. van Seters, Abraham, 177, ist das ein Hinweis darauf, daß die Fassung in Gen 26 von 12,10ff und 20 literarisch abhängig ist.

58 K. Berge, 96 Anm. 13. Nach K. Berge, 107, ist zwar die Version in Gen 26 von 12,10ff und 20 literarisch abhängig, aber das begründet K. Berge mit anderen Überlegungen.

59 So u.a. R. Kilian, 208.

daß seine Frau begehrt wird, weil sie die Ehefrau eines Fremden ist. Deshalb
lassen die Männer nach seiner Antwort Isaak und seine Frau in Ruhe. Als
Schwester des Fremdlings hat sie keine besondere Attraktivität. Für C. Westermann und I. Fischer zeigt sich freilich darin, daß niemand auf die Frau Isaaks
ein Auge wirft, daß es sich um eine konstruierte Erzählung handelt. Die Frage
der Männer sei hier ein blindes Motiv. So schreibt z.B. I. Fischer: "Die Spannung, die durch die Erkundungsfrage der Männer des Ortes erzeugt wird, findet
in der Erzählung keine Fortsetzung, da niemand Rebekka begehrt"[60]. Aber diese
Spannung wird eben bereits mit der Antwort Isaaks aufgelöst. Isaak ging wegen
der Hungersnot nach Gerar. Das war in der Erzählung offenbar ein gefährliches
Abenteuer, da Isaak damit rechnen mußte, daß dort die Ehefrau eines Fremdlings die Begehrlichkeit der einheimischen Männer weckt. Auch in Gerar war
man sich aber bewußt, daß die Ehe des Fremden nicht angetastet werden durfte.
Deshalb mußte er sterben, wenn man seine Frau haben wollte. Dieses Problem
hat Isaak durch seine Lüge gelöst.

Damit begründet die Erzählung die Todesfurcht Isaaks auf eigene Weise.
Sie unterscheidet sich darin charakteristisch von der Fassung in 12,10ff. Dort will
man Sara wegen ihrer Schönheit zur Frau haben. Daß ein Mann eine schöne
Frau begehrt, ist im Alten Testament oft belegt[61]. Singulär ist es dagegen, daß
ein Mann in Lebensgefahr ist, weil seine Frau als Ehefrau des Fremdlings
besonders attraktiv ist. Die Furcht Isaaks läßt sich m.E. nur so verstehen. Dann
ist aber die Frage der Männer des Ortes in V. 7a hier kein "blindes" Motiv. In
ihr und in der Antwort Isaaks bringt die Erzählung vielmehr zum Ausdruck, daß
die kanaanäische Stadtbevölkerung sexuell lasterhaft ist. In anderer Ausprägung
hat diese Auffassung auch in der Sodomerzählung (Gen 19*) ihren Niederschlag
gefunden, wo die Bewohner Sodoms die Männer vergewaltigen wollen, die bei
Lot Gastrecht genießen[62]. Mit seiner Lüge hat Isaak die Lebensgefahr abgewendet, in die er durch die Frage der Männer des Ortes nach seiner Frau geraten
war.

Damit stellte sich aber für die Erzähler ein neues Problem: Isaak hätte nun
seine Frau verlieren können, weil sich ein Bewohner Gerars mit der angeblichen
Schwester Isaaks einließ. Dieses Problem wird in dem zweiten Teil der Erzählung in V. 8*-11 gelöst. ויהי am Anfang von V. 8 markiert deutlich einen

---

60   I. Fischer, 176 u.ö.; vgl. C. Westermann, 518.

61   Vgl. z.B. nur II Sam 11,2; 13,1.

62   Vgl. M. Noth, 208. M. Noth geht freilich davon aus, daß die Frau Isaaks schön war.

Einschnitt[63]. Nach langer Zeit entdeckte Abimelech, daß Isaak in Wirklichkeit mit der Frau verheiratet war (V. 8*). Er stellte deshalb Isaak zur Rede. Dieser begründete seine Lüge damit, daß er befürchtete, wegen seiner Frau zu sterben (V. 9). Darauf warf Abimelech Isaak vor: "Was hast du uns da angetan?". Diesen Vorwurf begründete er mit den Worten: "Um ein wenig hätte einer von dem Volk bei deiner Frau gelegen und du hättest Schuld über uns gebracht"(V. 10). Verschiedentlich hält man den Vorwurf Abimelechs für überzogen. Die bloße Möglichkeit des Ehebruchs, von der Abimelech in V. 10b spreche, sei keine zureichende Begründung für die massive Beschuldigung Isaaks in V. 10a. Sie entspricht den Worten des Herrschers in 12,18 und 20,9. Dort sei aber der Vorwurf gegen den Ahnherrn berechtigt, weil er durch seine Lüge das Eingreifen Gottes provoziert hatte. Damit gehe aus V. 10 hervor, daß die Isaakfassung von den beiden anderen Versionen abhängig sei[64]. Das ist jedoch nicht überzeugend. In V. 10b zeigt Abimelech auf, daß Isaak mit seiner Lüge ihn und die Bewohner von Gerar in Gefahr brachte. Sie hätten kollektiv für die Schuld gehaftet, die entstanden wäre, wenn sich jemand mit der Frau Isaaks eingelassen hätte. Daß es nicht dazu kam, ändert nichts daran, daß Isaak mit seinem Verhalten die Bevölkerung Gerars tatsächlich gefährdet hat. Der Vorwurf Abimelechs ist somit durchaus berechtigt. Er schützt dann mit dem Todesrechtssatz in V. 11 Isaak und seine Frau. Abimelech verbietet hier, die Frau anzutasten, damit nicht jemand unwissentlich Ehebruch begeht. Daß er aber außerdem untersagt, den Ahnherrn anzurühren, zeigt, daß Abimelech selbst mit der Möglichkeit rechnet, daß ein Bewohner Gerars einen Fremdling tötet, weil die Frau gerade als Ehefrau des Fremden attraktiv ist. Damit bestätigt V. 11 die oben vertretene Auffassung, daß in dieser Version Isaak in Gerar befürchten mußte, daß man dort seine Frau begehren könnte, weil sie die Ehefrau eines Fremden war.

Die Analyse bestätigt, daß die Isaakversion eine ursprünglich selbständige Erzählung ist. Ihr Inhalt läßt sich folgendermaßen zusammenfassen: Wegen einer Hungersnot ging Isaak zu Abimelech nach Gerar. Dort gab er seine Frau als seine Schwester aus, weil er befürchtete, daß man die Ehefrau des Fremden begehrt und er deshalb sterben muß. Als Abimelech nach langer Zeit entdeckte, daß die Frau die Ehefrau Isaaks war, reagierte er entsetzt und warf Isaak vor, daß er durch sein Verhalten die Bevölkerung gefährdet hat. Abimelech schützte dann Isaak und seine Frau mit einem Todesrechtssatz.

---

63 In dieser Erzählung ist ויהי in V. 8 das einzige formale Gliederungssignal. Deshalb läßt sie sich m.E. nicht weiter untergliedern.

64 So z.B. G. Schmitt, 146; I. Fischer, 185.

Nun wird in V. 8 deutlich mit Humor berichtet, wie Abimelech erkannte, daß die Frau nicht die Schwester, sondern die Ehefrau Isaaks war. Das zeigt, daß es sich bei der Erzählung um eine Schwankgeschichte handelt[65]. Sie hat zwar den ernsten Hintergrund, daß der Aufenthalt in einer kanaanäischen Stadt wegen der sexuellen Lasterhaftigkeit der Bewohner als bedrohlich angesehen wird. Aber es wird doch offenbar mit Vergnügen erzählt, wie Isaak die Gefahr für sein Leben abgewendet hat und Abimelech den Ahnherrn und seine Frau schützte, nachdem er die tatsächliche Beziehung zwischen den beiden zufällig entdeckte. Auch die Worte Abimelechs in V. 10 sprechen nicht dagegen, daß es sich um eine Schwankgeschichte handelt[66]. Die Erzählung setzt durchgehend voraus, daß man auch in Gerar keinen Ehebruch riskieren konnte. G. Schmitt betont zwar zu V. 10b mit Recht: "Hier muß ein Schuldverhalten der Gemeinschaft gegenüber der Gottheit gemeint sein"[67]. Aber dieses "theologische" Element ändert nichts daran, daß die Erzählung einen rein profanen Charakter hat. Das zeigt sich daran, daß Gott nicht in die Ereignisse eingreift. Daß die Menschen an bestimmte Normen gebunden sind, die allgemeine Gültigkeit beanspruchen können, gehört für die Erzähler zu den selbstverständlichen Voraussetzungen des "weltlichen" Geschehens. Wenn hier im Unterschied zu den beiden anderen Fassungen Gott nicht in das Geschehen eingreift, so geht daraus mit aller Deutlichkeit hervor, daß die Isaakversion nicht als Abschwächung anderer Überlieferungen von der Gefährdung der Ahnfrau entstanden ist. Im anderen Fall müßte man erklären können, warum dann später bewußt darauf verzichtet wurde, von einem Eingreifen Gottes zu erzählen. Das ist von den Vertretern der Auffassung, daß diese Isaakversion eine jüngere Variante ist, nicht begründet worden. Es lassen sich dafür m.E. auch keine zureichenden Argumente anführen.

Man kann zudem an einigen Punkten zeigen, daß diese Isaakfassung die Basis für 12,10ff war. Beide Versionen beginnen mit den Worten: "Und es war eine Hungersnot im Land". In 12,10bβ heißt es aber zusätzlich: "denn schwer

---

65 Das vermutet auch G. Schmitt, 148f. Freilich rechnet er hypothetisch damit, daß in der ursprünglichen Isaakversion der Ahnherr auf die Vorhaltungen Abimelechs in V. 9a mit der Lüge antwortete, daß seine Frau auch seine Halbschwester ist (Gen 20,12). "Die Erzählung könnte damit geendet haben, daß Isaak der Boden nun doch zu heiß wird und er Gerar verläßt". Das ist eine reichlich phantasievolle Rekonstruktion, die sich mit dem Textbefund nicht vereinbaren läßt.

66 Für G. Schmitt, 148, besteht dagegen "ein spürbarer Unterschied zwischen der schwankhaften Stimmung von v. 8 und dem tiefen Ernst von v. 10f."

67 G. Schmitt, 145.

war die Hungersnot im Land". Es ist nicht einsichtig, warum die Hungersnot nicht schon in 12,10a als schwer beschrieben wird, wenn bereits in der ursprünglichen Fassung eine schwere Hungersnot der Grund dafür war, daß der Ahnherr den bisherigen Bereich, in dem er sich aufhielt, verließ. Ausgangspunkt war also nur, daß es eine Hungersnot im Land gab. Sie mußte freilich schwer sein, wenn der Ahnherr ihretwegen nach Ägypten hinabzog. Daß die Hungersnot in 12,10bβ nachholend als schwer beschrieben wird, zeigt somit, daß der Ahnherr ursprünglich nicht in Ägypten seine Frau als seine Schwester ausgab. Mit der Verlegung des Schauplatzes nach Ägypten hängt es offensichtlich auch zusammen, daß Sara in 12,10ff eine schöne Frau ist. Nur in dieser Erzählung wird erwähnt, daß Sara schön war. Die Auffassung der Isaakversion, daß in Gerar die Ehefrau des Fremdlings begehrenswert war, ließ sich anscheinend nicht auf Ägypten übertragen. Deshalb fürchtet in 12,10ff Abraham um sein Leben, weil Sara schön ist. Sie muß hier sogar besonders schön sein (12,14f), weil sie der Pharao zur Frau nehmen soll. Es läßt sich nicht erklären, warum in 26,1ff* nicht erwähnt wird, daß die Frau Isaaks schön war, wenn 12,10ff älter sein sollte. Wie hätte man später auf einen solchen Lobpreis der Ahnfrau bewußt verzichten können? Ein deutlich jüngeres Element ist außerdem, daß Abraham in 12,13 Sara auffordert, sich als seine Schwester auszugeben. Darauf wurde bereits oben hingewiesen. In 12,10ff muß auch Sara die Ehe verleugnen, weil sie von dem Pharao geheiratet wird. Damit wird sie vorübergehend von Abraham getrennt. Deshalb hätte sich anscheinend für die Erzähler die Frage gestellt, warum Sara dem Pharao nicht sagte, daß sie die Frau Abrahams war. Das tat sie nicht, weil eben Abraham zu ihr gesagt hatte, daß sie sich als seine Schwester bezeichnen soll. In den genannten Punkten ist die Fassung in 26,1ff* eindeutig älter. Dann ist aber die Variante in 12,10ff auch darin jünger, daß der Herrscher die Ehefrau des Ahnherrn heiratete und von Jahwe geschlagen wurde. Gegenüber 26,1ff* wurde die Gefahr, daß der Ahnherr seine Frau verliert, gesteigert, damit der Pharao geschädigt wird.

Im Folgenden sollen die verschiedenen Argumente, daß die Isaakversion in 26,1ff* die älteste Fassung der Erzählung von der Gefährdung der Ahnfrau ist, zusammengefaßt werden. Beide Varianten in 12,10ff* und 26,1ff* sind als einzelne Erzählungen entstanden. Da überlieferungsgeschichtlich in der Regel ein Stoff später eher von der selteneren auf die bekanntere Gestalt übertragen wurde als umgekehrt, gab ursprünglich Isaak seine Frau als seine Schwester aus. Dafür spricht auch, daß in 26,1ff* anders als in 12,10ff* der Name der Frau noch im ältesten schriftlichen Bestand nicht erwähnt wird. Dagegen heißt die Frau Isaaks in der Geburtsgeschichte von Jakob und Esau in 25,21ff und in der

Erzählung von der Erschleichung des Erstgeburtssegens durch Jakob in 27,1ff
Rebekka. Die Namenlosigkeit der Frau in 26,1ff* legt es dann nahe, daß diese
Erzählung relativ alt ist. Auch ihr rein profaner Charakter zeigt, daß sie älter als
12,10ff ist[68], da sich nicht erklären läßt, warum man auf ein Eingreifen Jahwes
verzichtet haben sollte, wenn es in einer früheren Fassung vorgegeben war. Der
Aufriß in 12,10ff läßt sich von dem Schauplatz Ägypten und von dem Gegenüber Abraham-Pharao nicht ablösen. Hier zeigen auch die beiden Motive, daß
Abraham sein Leben retten und steigern will, und die Spannung, daß Abraham
Sara auffordert, sich als seine Schwester auszugeben, daß aber später der Pharao
behauptet, daß Abraham selbst seine Frau als seine Schwester bezeichnet hat,
daß 26,1ff* älter ist. In dieser Version gibt nur Isaak seine Frau als seine Schwester aus, weil er befürchtet, daß er ihretwegen sterben muß. An manchen Einzelheiten wird ebenfalls deutlich, daß die Isaakversion die Basis für 12,10ff war. Mit
dieser jüngeren Variante soll der Pharao verspottet werden. Für die Priorität der
Isaakfassung sprechen somit zahlreiche Argumente[69].

Die dritte Variante in Gen 20 ist von beiden anderen Fassungen abhängig.
Ihr Anfang ist freilich nicht mehr erhalten. Zwischen V. 1a und V. 1b besteht
eine erhebliche Spannung, da das Gebiet zwischen Kadesch und Schur, in dem
sich Abraham nach V. 1β aufhielt, erheblich südlicher liegt als Gerar, wo
Abraham nach V. 1b als Fremdling weilte. Dann ist V. 1a eine redaktionelle
Überleitung zwischen der Abraham-Lot-Erzählung in Gen 18f* und der Erzählung von der Gefährdung der Ahnfrau in 20,1bff[70]. Der Redaktor knüpft mit
"von dort" in V. 1aα locker an die Abraham-Lot-Erzählung an, in der Abraham
in Mamre wohnt. Schur und Kadesch werden auch in der Hagarerzählung in
Gen 16,7b.14b erwähnt. Anscheinend ging der Redaktor davon aus, daß sich
Abraham zunächst in jenem Gebiet aufgehalten haben mußte, in das Hagar
geflohen war, wenn er von Mamre aufbrach. Da der Redaktor den Anfang der
Erzählung durch V. 1a ersetzt hat, muß offen bleiben, ob sich Abraham auch in

---

68 So z.B. auch M. Noth, 115; R. Kilian, 213f.

69 Dagegen sind die drei Erzählungen in 12,10ff; 20 und 26,1ff* nach R. Kilian, 212,
    Varianten einer gemeinsamen Grundtradition. Aber schon H. Schulz, Das Todesrecht
    im Alten Testament, 1969 (BZAW 114), 99ff, hat mit Recht darauf hingewiesen, daß
    man die Gefährdung der Ahnfrau von bestimmten Personen und einem bestimmten
    Ort bzw. Land erzählt haben muß. Die Skepsis von F. Crüsemann, 72, die anschei-
    nend E. Blum, 310, teilt, ob die Frage nach einer 'Urfassung' hier sinnvoll ist, ist
    m.E. unbegründet, da der Prozeß der Überlieferungsbildung noch nachgezeichnet
    werden kann.

70 Vgl. R. Kilian, 190.

ihr wegen einer Hungersnot in Gerar aufhielt.

Die Erzählung endete ursprünglich mit V. 17, da V. 18 sicher sekundär ist. Dafür nannte bereits H. Gunkel die entscheidenden Argumente: "der Grund, daß keine Kinder geboren wurden, lag nach dem Vorhergehenden nicht nur in den Weibern. Sprachlich ist der Zusatz an dem יהוה (Sam אלהים) kenntlich"[71]. Dagegen sehen E. Blum und I. Fischer in V. 18 den Schluß der Erzählung[72]. Nach I. Fischer kann der Wechsel zwischen der sonst in der Erzählung gebrauchten Gottesbezeichnung Elohim zu Jahwe "damit erklärt werden, daß JHWH, der Gott Israels, der Geber der Fruchtbarkeit ist"[73]. Damit ist aber nicht erklärt, warum der Verfasser nur in V. 18 den Gottesnamen gebraucht haben sollte. Daß er in Sam in V. 18 durch Elohim ersetzt wird, zeigt, daß der Wechsel der Gottesbezeichnungen zwischen V. 17 und V. 18 teilweise schon in der Textüberlieferung als sehr hart empfunden wurde. Außerdem müßte mit überzeugenden Argumenten aufgewiesen werden, warum nach V. 17 nicht nur die Frauen, sondern auch Abimelech geheilt werden mußte, wenn lediglich die Frauen unfruchtbar waren[74]. V. 18 stammt somit von einem Ergänzer, der erläutern wollte, worin die Krankheit bestand. Zu der dritten Variante gehören somit V. 1b-17.

Dieser Abschnitt wird meist als weitgehend einheitlich angesehen[75]. Einige Forscher nehmen aber einen erheblichen Wachstumsprozeß an. Dabei kommen sie im Einzelnen zu verschiedenen Ergebnissen[76]. Sie stimmen aber darin überein, daß die jetzige Fassung unterschiedliche Auffassungen darüber enthält, ob Abimelech mit Sara sexuell verkehrte oder nicht. Abimelech müsse mit Sara die Ehe vollzogen haben, wenn ihm Gott in V. 3 den Tod ankündige. Deshalb lasse

---

71 H. Gunkel, 224f.

72 E. Blum, 405ff; I. Fischer, 152.

73 I. Fischer, 152 Anm. 149.

74 Nach C. Westermann, 402, stand die Aussage von V. 18 ursprünglich zwischen V. 2b und V. 3. Dafür gibt es aber m.E. keinerlei Anhaltspunkte.

75 Vgl. z.B. H. Gunkel, 220ff; M. Noth, 38; C. Westermann, 386ff; E. Blum, 405 Anm. 1.

76 R. Kilian, 190ff; P. Weimar, 55ff; Th. Seidl, "Zwei Gesichter" oder zwei Geschichten? Neuversuch einer Literarkritik zu Gen 20, in: M. Görg (Hg.), Die Väter Israels (FS J. Scharbert), 1989, 305-325; Chr. Levin, 173ff; I. Fischer, 137ff. Während R. Kilian die Spannungen darauf zurückführt, daß der Elohist eine ihm mündlich tradierte Erzählung bearbeitete, wird sonst angenommen, daß ein schriftlicher Grundbestand später erweitert wurde. Auf eine Auflistung der verschiedenen Ergebnisse soll hier verzichtet werden.

sich V. 3 nicht damit vereinbaren, daß Abimelech nach V. 4a.6aβ.b Sara nicht antastete. Das ist die *Voraussetzung* dieser Analysen. Sie gilt als so selbstverständlich, daß sie nicht mehr hinterfragt wird[77].

Nun ist aber der Dialog zwischen Gott und Abimelech in V. 3-7 eine kunstvoll gestaltete Komposition, die durch eine Aufteilung in verschiedene Schichten zerstört wird. Dadurch werden außerdem Zusammenhänge zerrissen, die für die Erzählung wesentlich sind. Das soll im Folgenden gezeigt werden. Für Th. Seidl und Chr. Levin folgte der Anfang von V. 7 "und nun gib die Frau des Mannes zurück" ursprünglich direkt auf V. 3[78]. In V. 3 kündigt aber Gott Abimelech unbedingt den Tod an. Diese Ankündigung modifiziert er in V. 7. Sie gilt nun nur für den Fall, daß Abimelech die Frau nicht zurückgibt. Das ist lediglich dann verständlich, wenn Gott in V. 7 einen Einwand berücksichtigt, den Abimelech gegen die unbedingte Ankündigung in V. 3 erhoben hatte. Deshalb rechnet I. Fischer den Einwand Abimelechs in V. 5aα, der mit "und er sprach" aus V. 4b eingeleitet worden sei, zum Grundbestand. Aus ihm stamme auch die Einleitung der Gottesrede in V. 6aα*[79]. Dabei übersieht I. Fischer jedoch, daß die Antwort Gottes in V. 7 schwerlich mit "und nun" begonnen haben kann. Mit diesem "und nun" leitet vielmehr Gott eine Folgerung aus dem ein, was er unmittelbar zuvor gesagt hat. Dann muß aber zumindest V. 6aα dem Grundbestand zugewiesen werden. Zu ihm gehört auch V. 5b, da sich Gott auf diese

---

77   Sie wird auch von K. Koch, 151f, geteilt. Für ihn ergibt sich aus den Worten Abimelechs in V. 9 "Du hast eine große Sünde über uns gebracht", daß Abimelech einen Ehebruch beging. Die Fassung in Gen 20 gehe somit auf Vorstufen zurück, die 12,10ff näherstünden als der jetzige Wortlaut. Sie hätten noch nicht die Entschuldigung Abrahams in V. 12 enthalten. Außerdem sei in ihnen Sara als besonders schöne Frau beschrieben worden. Das sei ausgefallen, weil Sara nach dem jetzigen Genesiszusammenhang schon alt war. Im Unterschied zu anderen Analysen verzichtet aber K. Koch darauf, die Vorstufen im Einzelnen zu rekonstruieren.

78   Th. Seidl, 315f; Chr. Levin, 173f.

79   I. Fischer, 143. Dagegen kann sich für Th. Seidl, 315, dieser Hinweis Abimelechs auf ein Gespräch mit Abraham nicht auf V. 2 beziehen, da dort nur "von einer allgemeinen Deklaration Abrahams über die Identität Saras die Rede war". Das sei ein "erstes Kriterium" für eine Trennung zwischen V. 2f und V. 6f. Damit konstruiert Th. Seidl aber künstlich eine Spannung. Wenn Abraham nach V. 2 Sara in Gerar als seine Schwester ausgab, kann der Verfasser in V. 5 voraussetzen, daß er das auch Abimelech mitteilte.

Worte Abimelechs bezieht[80].

V. 5aβ ist ebenfalls keine spätere Erweiterung. Es wurde zwar zuvor nicht berichtet, daß Sara Abraham als ihren Bruder bezeichnete. Aber es ist für diese Erzählung charakteristisch, daß in ihr immer wieder nachholend auf frühere Ereignisse oder Gedanken verwiesen wird. Das wird im Einzelnen noch gezeigt werden. In einer Fassung, in der Sara von dem fremden Herrscher geheiratet wird, mußte Sara Abraham als ihren Bruder ausgeben, weil man sonst gefragt hätte, warum Sara dem Herrscher nicht mitteilte, daß sie bereits verheiratet war. Darauf wurde bereits oben zu 12,10ff hingewiesen. Mit V. 5aβ unterstreicht Abimelech seine subjektive Unschuld: Nicht nur Abraham bezeichnete Sara als seine Schwester, sondern sogar sie selbst gab Abraham als ihren Bruder aus[81]. Deshalb hatte Abimelech nicht wissen können, daß die Frau bereits verheiratet war. V. 5 und V. 6aα gehören somit sicher zum Grundbestand.

Das gilt aber auch für V. 4a.6aβ.b, wie aus V. 17b hervorgeht. Danach heilte Gott Abimelech, seine Frau und seine Mägde, daß sie gebaren. Hier wird vorausgesetzt, daß Abimelech eine Krankheit hatte, die den Geschlechtsverkehr verhinderte. Diese Krankheit Abimelechs und der Frauen hat aber in der Erzählung nur eine Funktion, wenn der Verfasser mit ihr erklärte, warum Abimelech Sara nicht antasten konnte. Durch V. 17b wird somit nachholend deutlich gemacht, wie es Gott verhinderte, daß Abimelech Sara berührte (V. 6b)[82]. Auch für P. Weimar besteht zwischen V. 4a.6aβ.b und V. 17b eine Bezie-

---

80 So P. Weimar, 60f. Nach I. Fischer, 143, kann V. 5b nicht zum Grundbestand gehören, weil hier zwischen objektiv und subjektiv sündigem Tatbestand unterschieden werde. "Der Stoff der Geschichte lebt jedoch davon, daß er eine solche Differenzierung nicht kennt. Wie anders wäre sonst die Ahndung des Vergehens am arglosen fremden Herrscher durch Gott zu verstehen?" Aber bereits der Einwand Abimelechs in V. 5aα setzt die Unterscheidung zwischen objektiver und subjektiver Schuld voraus. Sonst könnte Abimelech gegen die Todesankündigung in V. 3 nicht mit Erfolg einwenden, daß Abraham seine Frau als seine Schwester bezeichnete.

81 Daß Sara Abraham als ihren Bruder bezeichnete, wird in V. 5aβ mit היא גם הוא besonders betont. Das ist offenbar Absicht des Verfassers. Deshalb muß gegen BHS und C. Westermann, 388, MT beibehalten werden.

82 So z.B. auch H. Gunkel, 224. Nach R. Kilian, 197.199, bestrafte Gott freilich mit der Krankheit im Grundbestand den vollzogenen Ehebruch. Das wäre jedoch höchstens denkbar, wenn ursprünglich zwischen V. 2 und V. 3 erzählt wurde, daß Abimelech und die Frauen erkrankten. Das nimmt zwar R. Kilian an. Es läßt sich aber nicht erklären, warum später das Eintreten der Krankheit ausgefallen sein sollte. Für I. Fischer, 152, bringt der Grundbestand in V. 17b.18 "einen vollkommen neuen Gedanken ein". Sie nennt aber keinen Grund für diesen Vorgang, der in einer

hung. Er rechnet aber diese Stellen zu einer umfangreichen Bearbeitungsschicht in Gen 20[83]. Das läßt sich jedoch nur mit der Voraussetzung begründen, daß im Grundbestand Abimelech Sara angetastet haben *muß*[84].

Nun erfolgt in V. 17b die Heilung auf die Fürbitte Abrahams hin (V. 17a). Sein Gebet wird in V. 7a vorbereitet. Hier werden freilich die Worte "denn er ist ein Prophet und er wird für dich bitten" verschiedentlich ebenfalls dem Grundbestand abgesprochen und einem Bearbeiter zugewiesen, der auch V. 17a eingefügt habe[85]. Tatsächlich fällt auf, daß Gott in V. 7a das Überleben Abimelechs nicht nur mit der Rückgabe der Frau, sondern auch mit der Fürbitte des Propheten Abraham verknüpft. Aber schon V. 15 wird nur verständlich, wenn Gott Abraham als Propheten bezeichnet hat. In V. 14* wird erzählt, daß Abimelech Abraham Kleinvieh und Rinder[86] schenkte und ihm seine Frau Sara zurückgab. Mit den Geschenken will Abimelech das Unrecht wieder gutmachen, das er Abraham zufügte, als er Sara nahm. In V. 15 erlaubt Abimelech dann Abraham, sich auszusuchen, wo er künftig im Land Abimelechs wohnen will. Hier geht es eindeutig nicht um eine Wiedergutmachung des Schadens. Mit der Freizügigkeit, die er Abraham gewährt, erweist Abimelech vielmehr Abraham eine große Ehre. Diese Ehrung setzt aber voraus, daß Abimelech Abraham als einen besonderen Mann ansieht. Sonst ist nicht einzusehen, warum er sich in dieser Erzählung nicht auf eine großzügige Wiedergutmachung des Schadens beschränkt. Dann ehrt Abimelech in V. 15 Abraham, weil ihm Gott in V. 7a

---

Erzählung sehr eigenartig wäre, sondern sie geht einfach davon aus, daß im Rahmen des Tun-Ergehens-Zusammenhangs die Unfruchtbarkeit den vollzogenen Ehebruch voraussetzt. Aber Abimelech hatte die Rechte eines Ehemannes verletzt (V. 3b), als er Sara nahm. Das ist ein ausreichender Grund für die Krankheit.

83 P. Weimar, 67. Dagegen meint Th. Seidl, 319, zu V. 17b: "Die oft behauptete Beziehung zu Elohims Eingreifen in V. 6d.e hat kein lexematisches und noetisches Fundament". Er weist deshalb V. 17 einer zweiten Ergänzungsschicht zu (Th. Seidl, 323). Nun besteht zwar zwischen V. 4a.6aβ.b und V. 17b keine begriffliche Beziehung, auf der "noetischen" Ebene ist sie aber eindeutig gegeben.

84 Nach P. Weimar, 59, wäre nach V. 4a die Reaktion Abimelechs in V. 5* unverständlich. Das ist jedoch nicht der Fall, wie unten gezeigt werden wird (vgl. auch die Kritik von E. Blum, 405 Anm. 1).

85 R. Kilian, 198; Th. Seidl, 317; Chr. Levin, 180; I. Fischer, 143.

86 In V. 14a ist "und Knechte und Mägde" ein Zusatz, durch den die Geschenke Abimelechs an 12,16b* angeglichen werden sollten. Nach 21,27a nahm Abraham Kleinvieh und Rinder und gab sie Abimelech. Dieses Geschenk soll den Gaben entsprechen, die Abraham in 20,14a von Abimelech erhielt, vgl. III. Dann wurde aber hier die Erwähnung von Knechten und Mägden später eingefügt.

mitgeteilt hat, daß Abraham ein Prophet ist. In V. 7a werden also schon ursprünglich V. 15 und V. 17a vorbereitet.

Wenn man diese Funktion der umstrittenen Worte in V. 7a beachtet und
den nachholenden Stil der Erzählung berücksichtigt, besteht m.E. kein Anlaß
in V. 1b-8 mit späteren Zusätzen zu rechnen. Die Exposition der Erzählung,
die nicht mehr vollständig erhalten ist, steht in V. 1b.2. Abraham weilte als
Fremdling in Gerar und gab seine Frau als seine Schwester aus (V. 1b.2a). Der
Grund für dieses Verhalten wird nachholend in V. 11 genannt. Darauf sandte
Abimelech und "nahm" Sara (V. 2b). Warum Abimelech Sara begehrte, wird
nicht erwähnt. Das zeigt, daß es dem Verfasser ausschließlich um die ethischen
Probleme geht, die sich für ihn aus dem Verhalten Abrahams und Abimelechs
ergaben. Dann mußte er nicht erzählen, daß Sara besonders schön war[87]. Mit
dem "Nehmen" muß in V. 2b gemeint sein, daß Abimelech Sara heiratete[88].

In der ersten Szene, zu der V. 3-8 gehören, kündigt Gott Abimelech zunächst den Tod an, weil die Frau bereits verheiratet ist. Für diese Ankündigung
kommt es nicht darauf an, daß Abimelech Sara nicht antasten konnte. Entscheidend ist vielmehr, daß er durch die Heirat der Sara das Eigentumsrecht des
Ehemannes an dieser Frau verletzt hat. Im Folgenden ist es aber wichtig, daß
sich Abimelech Sara nicht genaht hatte. Deshalb wird dieses Faktum in V. 4a
nachholend festgestellt. In V. 4b.5 beteuert Abimelech dann seine Unschuld[89].
Er kann sich hier natürlich nicht darauf berufen, daß er sich Sara nicht genaht
hatte, weil sie ja seine Ehefrau sein sollte. Deshalb erwähnt er in V. 5 lediglich,
daß er von Abraham und Sara getäuscht wurde und subjektiv unschuldig ist. In
V. 6 erkennt Gott an, daß Abimelech subjektiv unschuldig war, als er Sara
nahm. Deshalb hat Gott es verhindert, daß Abimelech Sara anrührte. Wie das
geschah, kann der Leser erst aus V. 17 entnehmen. Aus den Ausführungen
Gottes in V. 6 geht hervor, daß Abimelech sterben müßte, wenn er Sara angerührt hätte. Seine subjektive Unschuld würde nicht verhindern, daß er sterben
muß. Der sexuelle Umgang mit einer verheirateten Frau führt zwangsläufig

---

87   Für die Fassung in Gen 20 läßt sich somit begründen, warum hier die Schönheit
     Saras keine Rolle spielt.

88   Es heißt zwar in V. 2b nicht, daß Abimelech Sara zur Frau nahm. Aber eine Ehe-
     schließung kann bereits mit der Formulierung ausgedrückt werden, daß ein Mann
     eine Frau nahm, vgl. z.B. Ex 2,1; Hos 1,3.

89   Die Frage in V. 4b, ob Gott ein gerechtes Volk tötet, fügt sich durchaus in den
     Zusammenhang ein. Wie z.B. H. Gunkel, 222, gezeigt hat, ist ihr Sinn, "daß Abime-
     lech es für selbstverständlich hält, daß der Zorn Gottes nicht nur über die Person des
     Königs, sondern über das ganze Volk kommen wird; ebendasselbe in 7.8.9".

dazu, daß man sein Leben verliert. Das ist die Überzeugung des Verfassers, die er in V. 3-6 entfaltet. Sie wird von jenen Exegeten übersehen, die annehmen, daß Abimelech in einem Grundbestand mit Sara sexuell verkehrte. Für den Verfasser reicht aber die subjektive Unschuld nicht zu, damit man bei vollzogenem Ehebruch dem Tod entgeht. In V. 7 stellt Gott dann Abimelech vor die Alternative: Rückgabe der Frau und Leben oder Behalten der Frau und Tod, da Abimelech nun weiß, daß Sara bereits mit einem anderen Mann verheiratet ist. Außerdem erfährt Abimelech hier, daß Abraham ein Prophet ist, der für ihn beten wird, wenn er seine Frau zurückgibt. Mit V. 8 endet die erste Szene: Abimelech teilte seinen Knechten mit, was ihm Gott gesagt hatte. "Da fürchteten sich die Männer sehr". Mit diesen Worten zeigt der Verfasser auf, daß in Gerar nicht nur Abimelech Gott fürchtet. Das ist wichtig, weil nach V. 11 Abraham annahm, daß es in Gerar keine Gottesfurcht gibt und man ihn wegen seiner Frau töten wird. Diese Befürchtung wird durch das Verhalten der Männer widerlegt[90]. Würde in Gerar nur Abimelech Gott fürchten, dann hätte Abraham tatsächlich Angst haben müssen, daß man ihn dort wegen seiner Frau umbringt. V. 8 erfüllt somit in der Erzählung eine wichtige Funktion[91].

Zumindest im Wesentlichen ist auch das Gespräch zwischen Abimelech und Abraham in V. 9-13 einheitlich. Es wird freilich verschiedentlich auf einen Grundbestand und Erweiterungen aufgeteilt. Das wird für die Rede Abimelechs in V. 9 und V. 10 damit begründet, daß beide Verse eine vollständige Redeeinleitung enthalten. In ihr werden jeweils die Namen "Abimelech" und "Abraham" genannt. Nicht einig ist man sich aber darüber, ob die Worte Abimelechs in V. 9 oder in V. 10b dem Grundbestand zuzuweisen sind[92]. Bei diesen Rekonstruktionen wird nicht berücksichtigt, daß die Rede Abimelechs zwei Teile hat. In V.

---

90 So z.B. auch C. Westermann, 396.

91 Sie wird von I. Fischer, 144, übersehen. Nach ihr stammt V. 8 mit Ausnahme von "da machte sich Abimelech früh am Morgen auf" von einem Bearbeiter, "da der Hofstaat des fremden Herrschers in dieser Version keine Funktion hat". Nach P. Weimar, 62f, ist V. 8 in seiner Gesamtheit eine redaktionelle Bildung.

92 R. Kilian, 198, und I. Fischer, 145ff, halten V. 10 für jünger. Da Abimelech Abraham in V. 9 vorwerfe, daß er über ihn und über sein Königreich eine große Verfehlung gebracht hat, müsse hier Abimelech mit Sara die Ehe gebrochen haben. Dagegen ist nach P. Weimar, 63f, und Th. Seidl, 321, die Frage in V. 10b ursprünglich. Die Rede Abimelechs in V. 9 stamme von demselben Ergänzer wie V. 6aβ, da an beiden Stellen die Wurzel חטא gebraucht werde. Nach P. Weimar ist V. 9b ein noch späterer Zusatz. Chr. Levin, 173ff, rechnet lediglich die beschuldigende Frage "Was hast du uns getan" in V. 9a* zum Grundbestand. Er sei später in drei Stufen erweitert worden.

9 macht er Abraham Vorwürfe, in V. 10 fragt er ihn nach dem Grund für sein Verhalten. Die neue Redeeinleitung in V. 10a hat somit die Funktion, die beiden Teile voneinander abzuheben. Mit ihr kann also nicht begründet werden, daß die Rede Abimelechs nicht einheitlich ist[93].

Schon aufgrund der beiden Varianten ist zu erwarten, daß Abimelech in dieser Fassung Abraham Vorwürfe machte. Da in ihr überdies die subjektive Unschuld Abimelechs in V. 3-6 besonders betont wird, legt es sich erst recht nahe, daß Abimelech das Verhalten Abrahams kritisierte. Die Beschuldigung "Was hast du uns getan", mit der Abimelech in V. 9 seine Rede beginnt, entspricht den Fragen des Pharao (12,18) und Abimelechs (26,10) in den Varianten. Sie wird in V. 9a mit den Worten weitergeführt: "und was habe ich mich an dir verfehlt, daß du eine große Verfehlung über mich und mein Königreich gebracht hast?". Hier fällt zwar auf, daß Abraham über Abimelech und sein Reich eine große Verfehlung brachte, obwohl es Gott nach V. 6aβ verhinderte, daß sich Abimelech an ihm verfehlte. Aber für Abimelech war es bereits eine große Verfehlung, daß er Sara nahm, weil er dadurch sich und die Bevölkerung seines Reiches in Lebensgefahr brachte (V. 3-7)[94]. Diese Frage Abimelechs ist rhetorisch. Er erwartet auf sie keine Antwort, da klar ist, daß er sich nicht an Abraham verfehlt hat. Den rhetorischen Charakter seiner Frage unterstreicht Abimelech mit V. 9b: "Taten, die nicht getan werden dürfen, hast du an mir getan". V. 9 enthält also ausschließlich Vorwürfe an Abraham. In ihnen betont Abimelech, daß er Abraham keinen Anlaß zu seiner Lüge gab. Dann kann die Antwort Abrahams in V. 11 nicht direkt auf V. 9 gefolgt sein. Sie setzt vielmehr die Frage Abimelechs in V. 10b voraus: "Was hast du gesehen, daß du diese Sache getan hast". Hier möchte nun Abimelech den Grund für das Verhalten Abrahams erfahren. Da er sich selbst nicht an Abraham verfehlt hat, will er wissen, was Abraham in Gerar gesehen hat[95], daß er Sara als seine Schwester ausgab. Darauf antwortet Abraham in V. 11: Er nahm an, daß es an diesem Ort keine

---

93 In V. 10a müßten zwar Abimelech und Abraham nicht namentlich erwähnt werden. Aber als einziges Argument reicht die Nennung der Namen für die Annahme von Erweiterungen nicht zu.

94 P. Weimar, 63f, und Th. Seidl, 318, beziehen "eine große Verfehlung" auf die Lüge Abrahams. Das ist falsch, vgl. I. Fischer, 146, die mit Recht auf 26,10 verweist. Dort hätte Isaak eine große Schuld über die Bewohner Gerars gebracht, wenn es zum Ehebruch gekommen wäre.

95 C. Westermann, 387, übersetzt V. 10b: "Was hast du denn damit beabsichtigt...". Abimelech möchte aber nicht die Absicht Abrahams, sondern den Grund für sein Verhalten erfahren.

Gottesfurcht gibt, so daß er wegen seiner Frau getötet wird. Frage und Antwort sind durch das Wortspiel יראת אלהים - מה ראית miteinander verknüpft[96]. Schon in V. 1b enthält die Erzählung ein Wortspiel. Es gibt somit keinen Grund, in V. 9f mit verschiedenen Schichten zu rechnen.

Auch die Auffassung läßt sich nicht halten, daß die Antwort Abrahams ursprünglich nur aus V. 11 bestand. Ihre Vertreter nehmen an, daß V. 12, wonach Sara immerhin die Halbschwester Abrahams war, ein Zusatz zur Rechtfertigung Abrahams ist. Von demselben Bearbeiter stamme V. 16[97], da hier V. 12 vorausgesetzt ist, wenn Abimelech gegenüber Sara Abraham als ihren Bruder bezeichnet[98]. Die Argumente, mit denen V. 12 dem Grundbestand abgesprochen wird, sind fragwürdig. Es ist zwar richtig, daß das geschwisterliche Verhältnis zwischen Abraham und Sara erfunden wurde, um Abraham zu entlasten[99]. Aber dafür kann auch der Verfasser der Erzählung verantwortlich sein. Nach Chr. Levin zeigt die Einleitung mit וגם, daß V. 12 ein Nachtrag ist[100]. Das ist nicht überzeugend. Der Nachweis dürfte kaum gelingen, daß Weiterführungen einer Rede, die mit וגם beginnen, generell sekundär sind[101]. Für I. Fischer ist V. 12 mit V. 11 unvereinbar, da V. 11 "eine blamable Rechtfertigungsrede des Erzvaters" sei[102]: "Aus einem religiös verbrämten und, wie sich erweist, unbegründeten

---

96 Die Frage מה ראית ist sonst nur im nachbiblischen, rabbinischen Judentum belegt. Sie ist für E. Blum, 416, und I. Fischer, 147, ein Hinweis, daß die Erzählung (so E. Blum) bzw. die Bearbeitung in V. 10 (so I. Fischer) spät ist. Aber die Formulierung der Frage ist dadurch bedingt, daß ein Wortspiel mit der Antwort Abrahams beabsichtigt ist.

97 In V. 16b ist zu lesen: ואת כלו נכחת = und du bist in allem gerechtfertigt, vgl. u.a. H. Gunkel, 224.

98 R. Kilian, 199; P. Weimar, 65f; Chr. Levin, 179f; I. Fischer, 148ff.

99 Chr. Levin, 179; I. Fischer, 148. Das betonte schon H. Gunkel, 223, der aber in V. 12 keinen Zusatz sah. Der Geschlechtsverkehr zwischen Halbgeschwistern wird in Lev 18,9.11; 20,17; Dtn 22,17 verboten. Das spricht gegen eine exilische oder nachexilische Ansetzung von V. 12 (gegen I. Fischer; Chr. Levin) oder der ganzen Erzählung (gegen E. Blum). E. Blum, 416 Anm. 16, verweist zwar auf die rabbinische Überlieferung, nach der die Söhne Jakobs außer Josef ihre Zwillingsschwester heirateten. Diese sehr späten Belege können aber m.E. den Einwand gegen eine exilisch-nachexilische Datierung von V. 12 nicht entkräften.

100 Chr. Levin, 179.

101 Für P. Weimar, 65, sind in Gen 20 alle גם-Aussagen sekundär. Das hat die obige Analyse von V. 4-6 nicht bestätigt.

102 I. Fischer, 169, vgl. auch 161f.

Vorurteil heraus hat er Angst, wegen seiner Frau umzukommen"[103]. Damit hat
I. Fischer die Intention von V. 11 - und der Erzählung überhaupt - völlig ver-
kannt. Im Unterschied zu den beiden anderen Versionen begründet Abraham in
V. 11 sein Verhalten ethisch-religiös mit der Befürchtung, daß es in Gerar keine
Gottesfurcht gibt. Damit macht der Verfasser doch deutlich, daß das Leben
Abrahams tatsächlich gefährdet gewesen wäre, wenn es in Gerar keine Gottesfurcht gegeben hätte. Mit V. 11 wird die Aussage Abimelechs in V. 9b korrigiert, daß Abraham an ihm Taten tat, "die nicht getan werden dürfen". Sie
stimmt eben nur unter der Voraussetzung, daß es Gottesfurcht gibt. Mit V. 11
entschuldigt also der Verfasser Abraham, weil der Ahnherr nicht wissen konnte,
daß es in Gerar Gottesfurcht gibt.

   Man wird m.E. der Erzählung nur gerecht, wenn man berücksichtigt, daß ihr
Verfasser Abimelech nicht auf Kosten Abrahams aufwerten will. Er stellt Abimelech als vorbildlichen Menschen dar, aber er kritisiert Abraham nicht. Die
Vorwürfe Abimelechs in V. 9 sollen lediglich zeigen, daß Abimelech untadelig
war. Damit Abraham nicht abgewertet wird, läßt ihn der Verfasser in V. 11 sein
Verhalten ausdrücklich ethisch-religiös begründen. Dem gleichen Zweck dient
es, daß Abimelech und die Frauen nach der Fürbitte des Propheten Abraham
geheilt werden (V. 7a.17). Zu dieser Tendenz paßt hervorragend, daß Abraham
nach V. 12 nicht ganz gelogen hat, als er Sara als seine Schwester ausgab. In V.
16 stellt der Verfasser nochmals das vorbildliche Verhalten Abimelechs heraus.
Der König sorgt hier dafür, daß Sara in allem gerechtfertigt ist, so daß an ihr
kein Makel haften bleibt. Damit entspricht V. 16 genau dem Bild, das der
Verfasser zuvor von Abimelech gezeichnet hat. Das spricht nicht gerade dafür,
daß V. 16 sekundär ist.

   Dagegen könnte V. 13 später eingefügt worden sein[104]. In V. 11 dachte
Abraham, daß "an diesem Ort" keine Gottesfurcht ist. Nach V. 13 sollte aber
Sara an jedem Ort, an den Abraham und sie auf ihrer Wanderschaft kommen,
Abraham als ihren Bruder ausgeben. Hier wird somit V. 11 verallgemeinert.
Zudem wird in V. 13 betont, daß Sara ihre Ehe verleugnen sollte. Daß sie das
tat, wird zwar in V. 5aβ erwähnt. Für die Erzählung ist es aber wesentlich, daß
Abraham Sara als seine Schwester bezeichnete. In V. 13 könnte später die
Aufforderung Abrahams in 12,13, daß sich Sara als seine Schwester ausgeben
soll, mit 20,5aβ kombiniert worden sein. Ein sicheres Urteil ist allerdings m.E.

---

103 I. Fischer, 171.

104 V. 13 halten z.B. P. Weimar, 65; Th. Seidl, 323; Chr. Levin, 180; I. Fischer, 148f, für
     jünger als V. 12.

nicht möglich, weil der Anfang der Erzählung nicht mehr erhalten ist, wie die redaktionelle Überleitung in V. 1a zeigt. Deshalb ist es wohl nicht auszuschließen, daß in der eigenartigen Aussage von V. 13, wonach Gott Abraham aus seinem Vaterhaus "*umherirren ließ*", der verlorene Anfang aufgenommen wird und daß bereits der Verfasser der Erzählung V. 13 unter Berücksichtigung der Variante in 12,10ff* formuliert hat. Wie in der Analyse gezeigt wurde, sind also in 20,1b-17 lediglich "und Knechte und Mägde" in V. 14a und eventuell V. 13 sekundär.

Die Erzählung in 20,1bff geht im Unterschied zu den beiden anderen Fassungen nicht auf eine mündliche Überlieferung zurück, sondern sie ist eine literarische Bildung[105]. Das ergibt sich bereits aus den zahlreichen Nachholungen. Sie sind zumindest in diesem Maß in einer mündlichen Erzählung nicht vorstellbar. Deutlich ist auch, daß der Verfasser die Variante in 12,10ff* voraussetzt. Aufgrund dieser Fassung hat er in V. 3-7 die Unschuld des fremden Herrschers zum Thema gemacht, der die Frau des Ahnherrn nahm, ohne zu wissen, daß sie bereits verheiratet war[106].

Der Verfasser kannte aber auch die Isaakversion. Abimelech und Gerar kommen in den älteren Abrahamüberlieferungen nicht vor. Warum hat sie der Verfasser gewählt? Wenn ich recht sehe, wird diese Frage von jenen Forschern nicht gestellt, die eine literarische Abhängigkeit von 26,1ff* von Gen 20* annehmen[107]. Sie ist aber wesentlich. Es ist unwahrscheinlich, daß der Verfasser das Geschehen von 12,10ff ohne Anhalt an einer Überlieferung auf Abimelech und Gerar übertragen hat, zumal Gerar sonst im Alten Testament nur selten erwähnt wird[108]. Diese Übertragung wird nur verständlich, wenn der Verfasser auch die Variante in 26,1ff* kannte. Tatsächlich bot sie einen Anhaltspunkt für das positive Bild, das er in 20,1bff von Abimelech zeichnet. Hier schützt der Herrscher Isaak und seine Frau, nachdem er entdeckt hat, daß Isaak mit seiner angeblichen Schwester verheiratet war. Aufgrund dieser Variante machte der Verfasser Abimelech in 20,1bff zu einem vorbildlichen Menschen. Seine Untadeligkeit demonstriert hier Abimelech u.a. mit seinen Vorwürfen gegen Abraham in 20,9. Zwischen den Worten Abimelechs in 20,9a und 26,10 besteht eine

---

105 So z.B. auch J. van Seters, Abraham, 175; C. Westermann, 390; I. Fischer, 228.

106 Schon die Betonung der Unschuld Abimelechs spricht gegen die Auffassung von P. Weimar, 104ff, daß der von ihm in Gen 20 rekonstruierte Grundbestand älter ist als 12,10ff.

107 J. van Seters, Abraham, 171ff; C. Westermann, 389f; K. Berge, 96ff; I. Fischer, 216ff.

108 Gen 10,19; II Chr 14,12f und vielleicht I Chr 4,39, falls hier mit LXX statt "Gedor" "Gerar" zu lesen ist.

Beziehung. Er sagt in 20,9a: "Was hast du *uns* getan und was habe ich mich an dir verfehlt, daß du über mich und mein Königreich eine große Verfehlung gebracht hast?" In 26,10 wirft er Isaak vor: "Was hast du *uns* da getan? Um ein wenig hätte einer von dem Volk bei deiner Frau gelegen und du hättest Schuld über uns gebracht". In der Isaakversion ist es ein tragendes Element der Darstellung, daß der Ehebruch eines Einzelnen Abimelech und die Bevölkerung Gerars gefährden würde. Aus diesem Grund reagiert hier Abimelech entsetzt, als er entdeckt, welche Beziehung tatsächlich zwischen Isaak und der Frau besteht. Dagegen hat es in 12,10ff* keine Folgen für die Ägypter, daß Sara in das Haus des Pharao genommen wurde. Jahwe schlägt darauf lediglich den Pharao mit großen Schlägen (12,17a*). Deshalb sagt der Pharao in 12,18 zu Abraham: "Was hast du *mir* da getan?". Die Auffassung in 20,1bff, daß Abimelech mit seinem Verhalten nicht nur sich selbst, sondern auch sein Königreich gefährdet hat, geht somit auf die Version in 26,1ff* zurück. Der Verfasser hat in 20,9a 26,10 abgewandelt[109] und dabei die Untadeligkeit Abimelechs betont. Daß der Verfasser auch die Isaakversion kannte, zeigt zudem ein Vergleich zwischen 20,2a und 26,7a.bα. Nur in diesen beiden Fassungen wird bereits am Anfang berichtet, daß der Ahnherr seine Frau als seine Schwester ausgab. In 20,2a wird das lediglich festgestellt. Danach sagte Abraham von seiner Frau Sara: Sie ist meine Schwester. Nach 26,7a.bα antwortete Isaak dagegen auf die Frage der Männer des Ortes nach seiner Frau mit der Auskunft: Sie ist meine Schwester, weil er sich fürchtete zu sagen: Mein Frau. Hier wird also ein Anlaß für die Lüge des Ahnherrn genannt, und sie wird damit begründet, daß Isaak Angst hatte, die Wahrheit zu sagen. Dann ist 20,2a eine Zusammenfassung von 26,7a.bα. Eine umgekehrte Abhängigkeit ist hier sicher ausgeschlossen[110]. Wenn der Verfasser

---

109 Dagegen ist z.B. für J. van Seters, Abraham, 181, 26,10 von 20,9 abhängig. Die logische Abfolge von Vorwürfen Abimelechs und Antwort des Ahnherrn in 20,9ff werde in 26,9f völlig zerstört, weil Abimelech den Ahnherrn nach dessen Antwort in 26,9 in V. 10 nochmals beschuldige. Der Zusammenhang in 26,9f ist aber folgerichtig. Hier will Abimelech von Isaak zunächst den Grund für sein Verhalten erfahren. Nach dessen Antwort macht er ihm dann in V. 10 einen Vorwurf.

110 Anders J. van Seters, Abraham, 178f. Die Formulierung "die Männer des Ortes" in 26,7a sei nur verständlich, wenn in 20,11.13 מקום vorgegeben war, da in 26,7a "die Männer von Gerar" oder etwas Ähnliches zu erwarten sei. Aber in Gen 38,21f und Jdc 19,16 wird ebenfalls der Ausdruck "die Männer des Ortes" gebraucht, obwohl in Gen 38,14 und Jdc 19,16 zuvor der Name des Ortes genannt wurde. Für K. Berge, 98f, ist es unverständlich, daß der Verfasser in Gen 20 die Formulierung "die Männer des Ortes" vermeidet, wenn sie ihm in 26,7a vorgegeben war. Sie ist aber in 20,8 gar nicht möglich, weil sich hier "die Männer" nicht auf die Gesamtheit der Männer in

von 20,1bff die Isaakversion kennt, geht auf sie ebenfalls zurück, daß Abraham in 20,11 gegenüber Abimelech sein Verhalten mit der Angst um sein Leben begründet. In 26,9 und 20,11 beginnt der Ahnherr seine Rede jeweils mit den Worten: "Ja, ich dachte". Die Todesangst drückt Abraham in 20,11b freilich in Anlehnung an 12,12 aus: "und sie werden mich töten". Die Begründung "wegen meiner Frau" entspricht sachlich der in 26,9b "wegen ihr". Da in der Erzählung von 20,1bff Elemente aus beiden Varianten miteinander kombiniert werden, lagen sie dem Verfasser schriftlich vor.

Nun wird in 20,2 Abimelech "der König von Gerar" genannt. Dann wurde in der dem Verfasser vorliegenden Isaakversion Abimelech noch nicht als "der König der Philister" bezeichnet. Nach 20,15 darf sich Abraham aussuchen, wo er im Land Abimelechs wohnen will. Damit wird hier vorausgesetzt, daß Abimelech nicht nur über Gerar und die unmittelbare Umgebung dieses Ortes herrschte. Daß für den Verfasser Abimelech tatsächlich über ein weiteres Gebiet König war, wird die Analyse von 21,22ff in III bestätigen. Dann läßt sich aber nicht erklären, warum der Verfasser nicht die Bezeichnung "der König der Philister" übernahm, wenn sie ihm in 26,1ff* vorgegeben war. Aus Gen 20,2 ergibt sich somit, daß "der König der Philister" erst später in 26,1b.8 eingefügt wurde[111].

Das Ergebnis der Analyse der drei Erzählungen von der Gefährdung der Ahnfrau lautet somit: Die älteste Version ist die Isaakfassung in 26,1aα.b* (ohne "der König der Philister").6.7a.bα.8* (ohne "der König der Philister" und "Rebekka").9-11. Sie stammt aus der mündlichen Überlieferung. Auf sie geht auch die Variante in 12,10ff* zurück. Hier wurde die Gefährdung der Ahnfrau auf Abraham und den Pharao übertragen, weil der Pharao wegen der Tradition von der Bedrückung in Ägypten verspottet werden sollte. Dagegen ist die Fassung in 20,1bff schriftlich entstanden. Sie ist von beiden Varianten literarisch abhängig. Der Verfasser der Darstellung in Gen 26* hat die Isaakversion durch die Jahwerede in V. 2aα.β* ("und er sprach").3a in sein Werk integriert. Die Rückverweise und Anspielungen auf 12,10ff in V. 1aβ.γ.2aβ*.b.7bβ.γ sind dagegen erst später eingefügt worden. Auf diesen Bearbeiter geht auch "Rebekka" in V.

Gerar, sondern auf die Knechte Abimelechs bezieht. Daß in 20,11b "die Männer des Ortes" stehen müßte, wenn 26,7a vorgegeben war, ist doch wohl ein Geschmacksurteil.

111 So auch R. Kilian, 202f. Daß es sich bei dieser Bezeichnung um einen Zusatz handelt, läßt sich freilich nicht damit begründen, daß sie für die Zeit Isaaks wohl ein Anachronismus wäre. Das hat P. Weimar, 80 Anm. 239, mit Recht betont. Vielmehr spricht Gen 20,2 dagegen, daß sie in dem Grundbestand enthalten war (so P. Weimar) oder von J eingefügt wurde (so M. Noth, 116 Anm. 305).

8 zurück[112]. Eine späte Erweiterung aus dem Umkreis der Endredaktion des Pentateuch sind die Zusagen Jahwes in V. 3b-5.

III

Die in Gen 26 auf die Erzählung von der Gefährdung der Ahnfrau in V. 12-33 folgende Darstellung Isaaks enthält ebenfalls einige spätere Erweiterungen. Aus dem Umkreis der Endredaktion des Pentateuch stammen V. 24.25aα. Nach V. 23.25aβ zog Isaak hinauf nach Beerscheba und schlug dort sein Zelt auf. Dieser Zusammenhang wird durch V. 24.25aα unterbrochen[113]. Auch in V. 24 begründet Jahwe wie in V. 5 seine Zusage mit dem Gehorsam Abrahams ("um Abraham, meines Knechtes, willen"). Daraus geht hervor, daß der Einschub von demselben Ergänzer stammt, der V. 3b-5 einfügte. Er greift in V. 24 in verkürzter Form die Verheißung in V. 3aβ-5 in der von ihm erweiterten Fassung auf. Dabei verzichtet er auf die Landverheißung, weil er die Vätergeschichte nach dem Schema gliedert, daß jedem Erzvater zu Beginn Land und Mehrung, am Ende aber nur noch die Mehrung zugesagt wurde[114]. Mit dem Altarbau Isaaks in Beerscheba und seiner Anrufung des Namens Jahwes (V. 25aα) stellt er eine Parallele zwischen Abraham (21,33) und Isaak her[115].

Sekundär sind auch V. 15 und V. 18. Sie wurden später wegen der Abrahamvariante in 21,22ff eingefügt[116]. Nach J. van Seters und I. Fischer gibt es allerdings keinen Grund, die beiden Verse wegen ihrer Rückverweise auf die

---

112 Der Zusatz "der König der Philister" in V. 1b.8 kann erst bei der Analyse von 26,12ff eingeordnet werden.

113 Vgl. z.B. H. Gunkel, 303.

114 Vgl. dazu im Einzelnen L. Schmidt, Pentateuch, 107f.

115 E. Blum, 301.335, weist freilich V. 24 seiner D-Bearbeitung und V. 25aα seiner älteren exilischen Komposition der Vätergeschichte zu. Dann ist jedoch nicht einsichtig, warum V. 25aα nicht nach V. 25aβ eingefügt wurde. In 12,8 ist die Abfolge: Aufschlagen des Zeltes - Altarbau - Anrufung des Namens Jahwes. Daß Isaak in 26,25a den Altar baut, bevor er sein Zelt aufschlägt, kann nur durch V. 24 bedingt sein. Diese Zusage Jahwes sollte Isaak nach dem Ergänzer in Beerscheba erhalten, ehe er sich dort niederließ. Auf sie reagierte der Ahnherr mit dem Bau des Altars und der Anrufung des Namens Jahwes.

116 Das ist weithin anerkannt, vgl. z.B. J. Wellhausen, Die Composition des Hexateuchs und der historischen Bücher des Alten Testaments, [3]1899, 20f; H. Gunkel, 302; M. Noth, 30; E. Blum, 301f; W. Thiel, 258; Chr. Levin, 205.

Zeit Abrahams auszuscheiden, da 26,15ff von 21,22ff literarisch abhängig sei[117].
Aber V. 15 und V. 18 erweisen sich schon durch ihre Stellung im Kontext als
Zusätze, da sie deutlich den Zusammenhang unterbrechen. Zudem hat bereits
J. Wellhausen darauf hingewiesen, daß sich V. 18 nicht mit V. 19f vereinbaren
läßt[118]. In V. 19 graben die Knechte Isaaks einen bisher unbekannten Brunnen.
Ihm gibt Isaak in V. 20 den Namen Esek, den er damit begründet, daß die
Hirten Gerars wegen dieses Brunnens mit ihm gezankt hatten. Den Brunnen hat
somit nicht schon Abraham gegraben und benannt. Das wäre aber nach V. 18 zu
erwarten. V. 15 und V. 18 wurden offenbar eingefügt, weil nach 21,22ff bereits
Abraham den Brunnen in Beerscheba gegraben hatte, den nach 26,25b.32 erst
die Knechte Isaaks gruben. Außerdem gab nach 21,31 Abraham dem Ort den
Namen Beerscheba, nach 26,33a nannte Isaak den Brunnen 'Schwur'[119]. Der
Ergänzer ging anscheinend davon aus, daß sich in 21,31 der Name auch auf den
Brunnen bezog. Er mußte also inzwischen zugeschüttet und dann in der Zeit
Isaaks aufs Neue gegraben und mit seinem früheren Namen benannt worden
sein. Wurde aber V. 18 wegen des Brunnens in Beerscheba eingefügt, dann ist
dieser Vers eine Art Überschrift zu den folgenden Brunnennotizen. Der Ergänzer war der Auffassung, daß alle Brunnen, die in V. 19ff erwähnt werden, bereits
zur Zeit Abrahams gegraben und benannt worden waren[120]. Das widerspricht
eindeutig V. 19-22 und V. 32.33a.

Ohne V. 15 und V. 18 wäre aber V. 14b im literarischen Grundbestand von
Gen 26 die einzige Stelle, in der die Bezeichnung "Philister" gebraucht würde.
Das ist kaum vorstellbar. V. 14b setzt vielmehr den Zusatz "der König der
Philister" in V. 1b.8 voraus. Mit V. 14b soll die Ausweisung Isaaks aus Gerar in
V. 16 vorbereitet werden. Aber V. 16 läßt sich ohne Schwierigkeiten an V. 14a
anschließen. Mit den Worten Abimelechs "denn du bist viel mächtiger als wir"
wird hier die Ausweisung des Ahnherrn zureichend begründet. V. 14b dürfte von
jenem Ergänzer stammen, der auch V. 15 und V. 18 einfügte[121]. In dem Grundbestand von Gen 26* wurden also Philister durchgehend nicht erwähnt. Erst ein

---

117 J. van Seters, Abraham, 190; I. Fischer, 220f.

118 J. Wellhausen, 20f.

119 In 26,33 ist die Punktation von שבעה falsch. Wegen V. 31 muß Isaak bei dem
    Verfasser den Brunnen "שְׁבָעָה = Schwur" und nicht "שִׁבְעָה = sieben" genannt haben.

120 Nach V. 18 haben die Philister die Brunnen erst nach dem Tode Abrahams zuge-
    schüttet. Damit trägt der Ergänzer 21,27b.32 Rechnung, wonach Abraham und
    Abimelech miteinander einen Bund schlossen und schworen. Zu Lebzeiten Abrahams
    haben sich also für den Ergänzer die Philister an diesen Eid gehalten.

121 Auch nach R. Kilian, 254, ist V. 14b sekundär.

Späterer war der Auffassung, daß es Isaak mit Philistern zu tun hatte. Für den Ergänzer reichte das Einflußgebiet der Philister zur Zeit Abrahams und Isaaks bis nach Beerscheba, da sie nach V. 15.18 auch den dort in den Tagen Abrahams gegrabenen Brunnen zugeschüttet hatten. Auf diese Auffassung über die Philister wird bei der Analyse von 21,22ff zurückzukommen sein. Da die Rückverweise auf die Tage Abrahams in V. 15.18 V. 1aβ.γ entsprechen, dürften V. 14b.15.18 und die Bezeichnung Abimelechs als "der König der Philister" von jenem Ergänzer eingefügt worden sein, auf den auch die Rückverweise und Anspielungen auf 12,10ff in V. 1aβ.γ.2aβ*.b.7bβ.γ zurückgehen.

Sekundär ist auch V. 33b. In V. 33a benennt Isaak den Brunnen und nicht den Ort. Es wird nicht klar, warum die Stadt ihren Namen von dem Brunnen erhielt[122]. Zudem wird bereits in V. 23 Beerscheba erwähnt. Das wäre m.E. sehr ungewöhnlich, wenn für den Verfasser der Ortsname erst auf den Schwur zurückging, den Isaak und Abimelech mit seinen Begleitern leisteten[123].

Mit weiteren Ergänzungen rechnet Chr. Levin[124]. Nach ihm sind in V. 26-31 V. 27b.28* (ab "zwischen uns und zwischen dir") und V. 29aβ.γ später eingefügt worden. In V. 28 sei "und wir wollen einen Bund mit dir schließen" eine Dublette zu "Es soll doch ein Eid zwischen uns sein". V. 29aβ.γ erweise sich durch "die plumpe Anknüpfung וכאשר" als Zusatz. Mit ihm hänge sachlich V. 27b zusammen. Nun rechnet aber auch Chr. Levin V. 16 zum Grundbestand. Nach V. 26 ging also Abimelech, der ihn aus Gerar ausgewiesen hatte, mit zwei Begleitern zu Isaak. Damit steht dieser Besuch in Kontrast zu dem Verhalten Abimelechs in V. 16. Das macht der Verfasser mit V. 27 deutlich. Die Frage Isaaks "Warum seid ihr zu mir gekommen?" wäre überflüssig, wenn Isaak nicht im Folgenden darauf hinweisen würde, daß er aus Gerar weggeschickt worden war[125]. V. 27b ist somit im Kontext fest verankert. Das gilt dann auch für V.

---

122 Ein ähnlicher Zusatz wie 26,33b ist 28,19b. Nach 28,19a gab Jakob dem Ort, an dem ihm eine Gottesoffenbarung zuteil wurde, den Namen Betel. Durch 28,19b "aber Lus war der Name der Stadt früher" hat ein Späterer aus der Benennung des heiligen Ortes eine Namensgebung der Stadt gemacht.

123 Das bestätigt Gen 12,8. Danach baute Abraham einen Altar zwischen Betel und Ai. Das Heiligtum hat hier noch keinen Namen, weil es nach 28,19a erst Jakob Betel nannte.

124 Chr. Levin, 204f.

125 Nach P. Weimar, 98 Anm. 301, ist V. 27 ein Zusatz, der deutlich mit V. 14 zusammenhänge. P. Weimar weist u.a. V. 26.28-31 einer ersten, V. 14.27 einer zweiten Redaktion von Gen 26* zu. Aber V. 27 bezieht sich nicht auf V. 14b, sondern auf V. 16, wie die Erwähnung der Ausweisung Isaaks zeigt. Daß Abimelech und seine

29aβ.γ, wo Abimelech und seine Begleiter ihr früheres Verhalten beschönigen, das Isaak in V. 27 angesprochen hatte. In V. 28 ist die Erwähnung des Bundesschlusses keine Doppelung zu dem Eid, sondern eine Präzisierung. Der Abschnitt V. 26-31 ist also einheitlich[126]. Chr. Levin hält auch V. 23.25aβ.b.32.33 für einen Zusatz. Die Erzählung in V. 26ff* habe bereits mit V. 31 ihr Ziel erreicht. "Nicht שבע, sondern אלה und ברית sind in V. 26-31 die Stichworte"[127]. Dabei hat aber Chr. Levin übersehen, daß es in V. 31aβ heißt: "Da schworen sie einer dem anderen". Darauf bezieht sich V. 33a, wonach Isaak den Brunnen 'Schwur' nannte. Dieser Name wird also in der Erzählung von dem Vertrag durchaus vorbereitet. Außerdem ist das Graben und die Benennung der Brunnen in V. 17ff* der Leitfaden der Darstellung. Sie bilden auch den Rahmen für das Abkommen in V. 26ff (V. 25b.32.33a). Isaak hält jeweils in den Namen der Brunnen fest, was geschehen ist: Die Bestreitung seines Rechts an den ersten beiden Brunnen (V. 20f), die Eröffnung eines Lebensraumes für ihn mit dem dritten Brunnen (V. 22) und bei dem vierten Brunnen schließlich den Abschluß eines Vertrages mit Menschen, die ihm einst feindlich gesonnen waren (V. 33a). Es handelt sich somit um eine bewußte Komposition, die nicht zerstört werden darf[128]. In 26,12-33 gehören somit zu dem literarischen Grundbestand: V. 12-14a.16.17.19-23.25aβ.b.26-33a.

Im Unterschied zu 26,17ff* sind in der Abrahamversion von 21,22ff die beiden Themen "Streit um einen Brunnen" und "Abmachung mit Abimelech" miteinander verzahnt. In der Forschung wird aber des öfteren bestritten, daß diese Verbindung ursprünglich ist[129]. Dafür werden vor allem folgende Argumente genannt: Durch V. 25f wird der Zusammenhang zwischen V. 22-24.27 unterbrochen. In V. 28-30 wird das Thema des geraubten Brunnens wieder

---

Begleiter Isaak hassen, setzt nicht V. 14b voraus. Für den Verfasser ergab sich ihr Haß vielmehr daraus, daß Isaak aus Gerar weggeschickt worden war.

126 Ein Zusatz könnte lediglich "zwischen uns und zwischen dir" in V. 28aβ sein, so z.B. H. Gunkel, 304; anders C. Westermann, 515, der auf II Sam 21,7 verweist. Dort folgt auf "wegen des Schwures Jahwes, der zwischen ihnen war" als Präzisierung "zwischen David und zwischen Jonatan, dem Sohn Sauls".

127 Chr. Levin, 205.

128 Im übrigen ergibt sich nach Chr. Levin, 205, aus Gen 28,10, "daß Beerscheba schon in der vorjahwistischen Überlieferung als Wohnsitz Isaaks galt". Dann ist aber doch wohl zu erwarten, daß dieser Wohnsitz schon vor 28,10 erwähnt wurde. Das ist jedoch nur in 26,23ff* der Fall.

129 Vgl. z.B. H. Gunkel, 233ff; R. Kilian, 250ff; G. v. Rad, 187f; J. van Seters, Abraham, 183ff; C. Westermann, 423ff; E. Blum, 411ff; Chr. Levin, 174f.

aufgenommen, obwohl bereits in V. 27 erzählt wird, daß Abraham und Abimelech einen Bund schlossen. Damit sei schon in V. 27 der Höhepunkt der Erzählung erreicht. In V. 32a wird dann nochmals von dem Bundesschluß berichtet.
Wegen dieser Spannungen sei zwischen zwei Schichten zu unterscheiden: A V.
22-24.27 und B V. 25f.28-30. Umstritten sind V. 31-34[130]. Für die beiden Schichten werden drei Modelle vertreten. H. Gunkel wies sie den beiden Quellenschriften J und E zu. A stamme aus E, B aus J[b][131]. Dagegen hat hier für R.
Kilian und G. v. Rad der Elohist zwei Erzählungen aus der mündlichen Überlieferung miteinander verbunden[132]. Nach dem dritten Modell wurde ein literarischer Grundbestand später erweitert. Ihn sieht J. van Seters in B. Der Jahwist
habe ihn in der Zeit des Exils durch den Bundesschluß zwischen Abraham und
Abimelech ergänzt[133]. Andere halten dagegen A für die Grundlage. B sei eine
von A abhängige Ergänzungsschicht[134].

Die Überprüfung dieser Modelle ergibt zunächst, daß die rekonstruierte
Schicht B nicht ohne die Darstellung in A existiert haben kann. Das wird an V.
28f besonders deutlich. Danach stellte Abraham 7 Lämmer für sich (לבדהן bzw.
לבדנה). Hier wird offensichtlich V. 27a vorausgesetzt, wonach Abraham Kleinvieh und Rinder nahm und sie Abimelech gab. Mit der Formulierung "für sich"
werden die Lämmer von den Tieren unterschieden, die Abraham in V. 27a
Abimelech schenkte. Ohne V. 27a ist es unverständlich, warum Abraham die

---

130 H. Gunkel, 233; R. Kilian, 257ff; G. v. Rad, 187, rechnen V. 31 zu A, V. 32 zu B.
    Nach C. Westermann, 423ff, gehört V. 31* zu B und V. 32* zu A (ähnlich J. van
    Seters, Abraham, 184; Chr. Levin, 174f). E. Blum, 411ff, hält V. 34 für die ursprüngli-
    che Fortsetzung von V. 27 in A. Die unterschiedlichen Beurteilungen von V. 33f
    sollen hier nicht aufgelistet werden.

131 H. Gunkel, 233ff.

132 R. Kilian, 262; G. v. Rad, 187f. Nach R. Kilian, 260, enthielt die Erzählung B ur-
    sprünglich ebenfalls die Benennung von Beerscheba. Da sie V. 31a entsprochen habe,
    sei sie von E ausgelassen worden. Jünger als E sei die Angabe "das Land der Phili-
    ster" in V. 32b (R. Kilian, 254).

133 J. van Seters, Abraham, 184ff. Von diesem Jahwisten stamme auch 26,12-33.

134 C. Westermann, 423ff; E. Blum, 413; Chr. Levin, 175. Mit Recht weist E. Blum, 413
    Anm. 14, darauf hin, daß freilich bei C. Westermann nicht ganz deutlich wird, ob B
    als Ergänzung von A entstand oder für sich tradiert wurde. Nach C. Westermann,
    427, ist V. 31b "ein harmonisierender Zusatz", der ursprünglich nicht mit V. 31a
    zusammengehörte. Dann müßte B zunächst für sich überliefert worden sein. Ande-
    rerseits stellt C. Westermann, 424, fest: "Sowohl in Gn 26 wie Gn 21 sind die einzel-
    nen Texte nicht selbständige Erzählungen ..., sondern Szenen in einem größeren
    literarischen Zusammenhang".

Lämmer "für sich" stellte. Dieses Ergebnis wird durch V. 25f bestätigt. V. 25 beginnt mit "וירכבה". Die Verbform zeigt hier an, daß es sich bei V. 25f um eine Nachholung handelt[135]. Bevor Abraham sagte: "Ich schwöre" (V. 24), hatte er Abimelech wegen des geraubten Brunnens zur Rede gestellt, worauf dieser versicherte, daß er davon bisher nichts wußte. Nach R. Kilian markiert וירכבה allerdings keine Nachholung. Er meint vielmehr: "Die Verbform kann so zum Ausdruck bringen, daß dem Bundesschluß, der den Brunnen Scheba betrifft, längere und wohl auch wiederholte ... Brunnenstreitigkeiten vorausgegangen waren". Das lasse sich aus V. 25 nicht mehr ohne Weiteres entnehmen, weil der Verfasser von B vor allem den Namen Beerscheba "aus der einmaligen Einigung der Streitenden" ableiten wollte[136]. Aber davon ist in V. 28-30 nichts zu erkennen. Die 7 Lämmer sollen für Abraham ein Zeugnis sein, daß er *diesen Brunnen* gegraben hat (V. 30). "Diesen Brunnen" bezieht sich hier eindeutig auf den "Wasserbrunnen, den die Knechte Abimelechs geraubt hatten" in V. 25b. Dann geht es durchgehend um den einen Brunnen, den man Abraham weggenommen hatte. Das geht auch daraus hervor, daß "Brunnen" in V. 25b im Singular steht. Es kann somit keine Rede davon sein, daß es nach V. 25 längere und wiederholte Brunnenstreitigkeiten zwischen Abraham und Abimelech gab. Zudem kann mit V. 25 keine Erzählung begonnen haben, in der es vor allem um die Lösung eines Brunnenstreites gegangen sein müßte. In diesem Fall hätte doch wohl zunächst berichtet werden müssen, daß Abraham einen Brunnen grub und daß er ihm von den Knechten Abimelechs geraubt wurde, ehe der Ahnherr Abimelech zur Rede stellte[137]. In der Schicht B wird somit durchgehend A vorausge-

---

135 Sam hat zwar hier den Narrativ. Da aber MT die lectio difficilior bietet, ist MT beizuhalten. Selbst wenn man der Lesart des Sam folgen würde, setzt aber V. 25 V. 22-24 voraus, wie im Folgenden gezeigt werden wird.

136 R. Kilian, 251.

137 Das gilt unabhängig davon, ob man - wie z.B. R. Kilian - B für eine selbständige Erzählung hält oder mit J. van Seters, Abraham, 313, annimmt, daß B ursprünglich die Fortsetzung von 20,1-17 war. H. Gunkel, 234, hat dieses Problem klar erkannt. Nach ihm ist deshalb der Anfang von J[b] (= B) nicht mehr erhalten. In ihm müsse erzählt worden sein, daß die Knechte Abrahams Brunnen gruben, die ihnen die Leute von Gerar wegnahmen. Bei J[b] habe V. 25f von einem wiederholten Vorgang berichtet: So oft sich Abraham bei Abimelech beklagte, habe dieser versichert, daß er von der Sache nichts wisse. H. Gunkel, 235, betont außerdem mit Recht, daß ursprünglich V. 28 nicht direkt auf V. 26 gefolgt sein kann. Die Redaktion habe ausgelassen, was in J[b] zwischen den beiden Versen erzählt wurde. Auch gegen diese Rekonstruktion spricht aber z.B., daß sich die Erwähnung des Brunnens in V. 30 auf V. 25b bezieht, so daß es sich bei V. 25 nur um einen einmaligen Vorgang handeln

setzt.

Nun gibt es andererseits aber auch Indizien dafür, daß schon in dem Grundbestand von 21,22ff die beiden Themen "Streit um einen Brunnen" und "Bundesschluß" miteinander verbunden waren. In V. 23 fordert Abimelech Abraham auf,
ihm bei Gott zu schwören und Abraham sagt in V. 24 zu, daß er schwören will.
Hier ist שבע ni. der zentrale Begriff. Das wird am ehesten verständlich, wenn
in dieser Erzählung der Ortsname Beerscheba auf den Vertrag zwischen Abraham und Abimelech zurückgeführt wurde[138]. Tatsächlich wird in V. 31 der Name
damit begründet, daß "dort sie beide geschworen haben". In V. 31 wird aber
auch die Episode mit den 7 Lämmern vorausgesetzt. In ihr geht es ja um den
Brunnen, der Abraham geraubt worden war. Auf sie geht also in dem Namen
das Element באר zurück. Dagegen ist die Zahl 7 bei den Lämmern lediglich
eine Anspielung auf das Namenselement -scheba. Es wird in V. 31b damit
begründet, daß Abraham und Abimelech dort geschworen haben. Da, wie oben
gezeigt wurde, bereits V. 23f auf die Ätiologie von Beerscheba angelegt sind, ist
V. 31b keine spätere Erweiterung. Dann geht aus V. 31 hervor, daß die beiden
Schichten A und B nicht voneinander getrennt werden können.

Das wird dadurch bestätigt, daß in V. 32 zumindest V. 32b sekundär ist.
Danach kehrten Abimelech und sein Heerführer Pichol in das Land der Philister
zurück. Nun wird Pichol zwar auch in V. 22 erwähnt. Aber er wurde dort erst
später eingefügt. Er hat in V. 22ff keine Funktion. Aus den Suffixen in V. 23,
die sich ausschließlich auf Abimelech beziehen, ergibt sich, daß in V. 22f ursprünglich nur Abimelech redete. Auch die Formulierung "sie beide" in V. 27b
und V. 31b zeigt, daß sich im Grundbestand lediglich Abraham und Abimelech
gegenüberstanden. "Und Pichol, sein Heerführer" wurde später wegen der
Isaakversion in 26,26ff in 21,22 eingefügt[139]. Eine spätere Angleichung an diese
Variante ist auch V. 32b. Hier dürfte schon der Ergänzer außer Abimelech auch
Pichol erwähnt haben. Nach 26,31b entließ Isaak Abimelech und seine Begleiter
und sie gingen von ihm in Frieden. 21,32b weist zwar in seinem Wortlaut keine
Beziehung zu 26,31b auf. Trotzdem ist es wahrscheinlich, daß V. 32b eingefügt
wurde, weil in 26,31b berichtet wurde, daß Abimelech und seine Begleiter Isaak
verlassen haben.

---

kann. Im übrigen ist es m.E. schwer vorstellbar, daß die Redaktion die von H.
Gunkel für J^b postulierte Fassung so drastisch verändert haben sollte.

138 So z.B. R. Kilian, 250.

139 So z.B. auch H. Gunkel, 234; C. Westermann, 425; E. Blum, 417f. Warum der
Ergänzer nicht auch den in 26,26ff noch erwähnten Ahusat einfügte, läßt sich wohl
nicht mehr klären.

Daß es sich bei 21,32b um einen Zusatz handelt, zeigen drei weitere Beobachtungen. In V. 22 wird nicht berichtet, daß Abimelech zu Abraham kam. Es
wird vielmehr sofort erzählt, was er zu Abraham sagte. Dann ist es unwahrscheinlich, daß der Verfasser von der Rückkehr Abimelechs erzählte. Gewichti-
ger ist, daß in V. 32b "das Land der Philister" erwähnt wird. Das läßt sich mit
dem literarischen Kontext von 21,22ff nicht vereinbaren. In 21,22ff ist die
Variante von der Gefährdung der Ahnfrau in 20,1bff vorausgesetzt. Nur deshalb
kann Abimelech in V. 23 von der Huld sprechen, die er Abraham erwiesen hat.
Nun wird jedoch Abimelech in 20,2 als "der König von Gerar" bezeichnet. Es
wurde bereits oben in II darauf hingewiesen, daß dann die Bezeichnung
Abimelechs als "der König der Philister" zur Zeit des Verfassers von Gen 20* in
26,1b.8 noch nicht enthalten gewesen sein kann. Daß aber Abimelech in V. 32b
in das Land der Philister zurückkehrt, setzt voraus, daß er "der König der
Philister" ist. V. 32b stimmt somit nicht damit überein, daß nach 20,2 Abimelech
der König von Gerar war. Schließlich geht auch aus V. 33 hervor, daß V. 32b
sekundär ist. In V. 33 ist Abraham das Subjekt. Sein Name wird aber nicht
explizit genannt. Das wäre aber nach V. 32b eigentlich erforderlich, wie Sam
und LXX bestätigen. Sie haben in V. 33 "Abraham". Hier ist jedoch MT sicher
ursprünglich. Es läßt sich nicht erklären, wie der Name des Ahnherrn später
ausgefallen sein sollte[140]. Damit setzt V. 33 voraus, daß Abraham in V. 31a den
Ort Beerscheba nannte. In der Wendung קרא כן על ist das Subjekt freilich oft
keine bestimmte Person. Deshalb wird es auch in V. 31a häufig mit "Deshalb
nennt (nannte) man ..." wiedergegeben[141]. In Gen 29,35; 30,6 wird aber mit
קראה כן על jeweils die Benennung eines Sohnes Jakobs durch seine Mutter
eingeleitet. Es spricht somit nichts dagegen, daß in 21,31a Abraham das Subjekt
der Namensgebung ist[142]. Verschiedene Beobachtungen zeigen somit, daß V. 32b
ein Zusatz ist. Nach J. Wellhausen folgte V. 33 ursprünglich auf V. 32a. Für ihn

---

140 Gegen E. Blum, 335 Anm. 17. Nach E. Blum, 335, ist V. 33 älter als 21,22ff. Dieser
     Vers gehöre zu der exilischen Komposition der Vätergeschichte. Er sei in ihr auf
     21,21 gefolgt. Gegen diese Auffassung spricht aber bereits, daß dann in 21,33 der
     Name Abraham genannt werden müßte, wie E. Blum annimmt, da zwischen 21,21
     und 21,33 das Subjekt wechselt.

141 Vgl. z.B. H. Gunkel, 235; C. Westermann, 422; W. Zimmerli, 1. Mose 12-25. Abra-
     ham, 1976 (ZBK.AT 1,2), 104.

142 Eine mit כן על eingeleitete Ätiologie enthält zwar in der Regel keinen begründenden
     כי-Satz wie 21,31. Er ist aber möglich, wie Gen 11,9; 32,33 zeigen (vgl. R. Kilian,
     253). Mit V. 31b wollte der Verfasser eben deutlich machen, daß das Element
     -scheba bei Beerscheba nicht auf die Zahl 7, sondern darauf zurückgeht, daß Abra-
     ham und Abimelech dort geschworen haben.

wird mit V. 32a die Begründung für den Namen Beerscheba in V. 31b weitergeführt[143]. So dürfte V. 32a in der Tat zu verstehen sein[144]. Weil aber in V. 32a im
Unterschied zu V. 31b ("dort") ausdrücklich Beerscheba genannt wird, legt es
sich m.E. nahe, daß auch V. 32a von jenem Ergänzer stammt, der V. 32b einfügte[145]. Der Verfasser des Grundbestandes bezog sich in V. 31b mit dem Verb
"schwören" auf den in V. 27b berichteten Bundesschluß. Dagegen kam es dem
Ergänzer anscheinend darauf an, daß Abraham und Abimelech damals einen
Bund geschlossen hatten. Deshalb nahm er mit V. 32a V. 27b auf. Vor allem
wollte dieser Ergänzer aber betonen, daß Beerscheba nicht zu dem Herrschafts-
gebiet Abimelechs gehörte. Da für ihn anscheinend Abimelech der König der
Philister war, ließ er in V. 32b Abimelech und Pichol zu dem Land der Philister
zurückkehren. V. 33 folgte somit ursprünglich direkt auf V. 31[146].

V. 34 erweist sich schon dadurch als Zusatz, daß nach diesem Vers Abraham
viele Tage "*in dem Land der Philister*" als Fremdling weilte. Damit wird auch hier
vorausgesetzt, daß Abimelech der König der Philister war. Allerdings kann V. 34
nicht von jenem Ergänzer stammen, der V. 32 einfügte, weil in V. 34 Beerscheba zu dem Herrschaftsbereich Abimelechs gehört. Aus dem Unterschied zwischen V. 32 und V. 34 geht hervor, daß man später die Formulierung am Ende
von V. 23 ‏ועם הארץ אשר גרת בה‎ verschieden verstanden hat. Der Verfasser
von V. 32 bezog den Relativsatz auf die Vergangenheit ("in dem du als Fremdling geweilt hast"), der Ergänzer von V. 34 auf die Gegenwart ("in dem du als
Fremdling weilst"). Grammatisch sind beide Deutungen möglich[147]. Der Zusatz
in V. 34 dürfte älter sein als V. 32. Es ist kaum denkbar, daß ein Späterer
Abraham sich lange Zeit im Land der Philister aufhalten ließ, nachdem in V. 32

---

143 J. Wellhausen, 18.

144 Auch in 26,15.18 wird z.B. ein vorzeitiges Perfekt durch einen Narrativ weitergeführt.

145 So z.B. auch M. Noth, 38.

146 V. 33b "und er rief dort den Namen Jahwes als ‏אל עולם‎" ist deutlich überfüllt.
Hier ist "Jahwe" ein Zusatz (so z.B. auch M. Noth, 38 Anm. 130; R. Kilian, 256). Das
ergibt sich zum einen daraus, daß in dem Grundbestand von 20,1ff und 21,22ff der
Gottesname fehlt. Zum anderen wird in 46,3 auf 21,33 Bezug genommen. Dort sagt
Gott in Beerscheba zu Jakob: "Ich bin der El, der Gott deines Vaters". Damit wird
vorausgesetzt, daß in 21,33 Jahwe noch nicht enthalten war. Dagegen dürfte "den
Namen" entgegen meiner Auffassung in "Weisheit und Geschichte beim Elohisten",
Anm. 46, ursprünglich sein. Mein Assistent Dr. Fechter hat mich darauf hingewiesen,
daß in erzählenden Texten ‏קרא‎ für die gottesdienstliche Verehrung immer mit ‏בשם‎
gebraucht wird (vgl. z.B. Gen 4,26; 12,8; I Reg 18,24ff).

147 Vgl. E. Blum, 411 Anm. 7.

berichtet wurde, daß Abimelech und Pichol in das Land der Philister zurückkehrten. Daß in V. 34 Beerscheba zu dem Land der Philister gerechnet wird[148],
entspricht den Erweiterungen in 26,15.18. Wie bereits oben erwähnt wurde,
setzen sie voraus, daß Beerscheba zumindest zu dem Einflußbereich der Philister
gehörte, da danach die Philister auch den Brunnen von Beerscheba zugeschüttet
hatten. Vermutlich wurde V. 34 gebildet, um deutlich zu machen, daß zwischen
dem Befehl, Isaak zu opfern, in 22,1 und den zuvor berichteten Ereignissen
längere Zeit verstrichen war. In der Hagarerzählung von 21,8ff wird Hagar von
Abraham weggeschickt, als Isaak entwöhnt worden war. An sie knüpft 21,22
locker an: "Und es geschah in jener Zeit". Das kann so verstanden werden, daß
es bald nach dem Weggang der Hagar zu der in 21,22ff berichteten Begegnung
zwischen Abraham und Abimelech kam. 22,1 beginnt mit den Worten: "Und es
geschah nach diesen Begebenheiten". Das ist wieder ein lockerer Anschluß an
das zuvor Erzählte. In 22,1ff ist aber Isaak erheblich älter als in 21,8ff. Er geht
mit seinem Vater zu Fuß zu der Stätte, die Abraham von Ferne gesehen hat,
und er trägt das Holz für das Brandopfer (22,4ff). V. 34 wurde also später
eingefügt, um den zeitlichen Abstand zwischen den Ereignissen in 21,8-33* und
22,1ff zu betonen[149].

Der Abschnitt 21,22-34 ist somit weitgehend einheitlich[150]. Zu dem Grundbestand gehören V. 22* (ohne "und Pichol, sein Heerführer").23-31[151].33* (ohne

---

148 Der Zusatz in V. 34 entspricht insofern dem Grundbestand, als auch in ihm Beer-
     scheba anscheinend zu dem Herrschaftsbereich Abimelechs gehört. Da sich Abraham
     in 21,22ff* in Beerscheba befindet, muß es sich bei dem Brunnen, den nach V. 25b
     die Knechte Abimelechs Abraham geraubt haben, um einen Brunnen an diesem Ort
     handeln. Dann setzt der Übergriff seiner Knechte voraus, daß Abimelech auch über
     Beerscheba herrscht.

149 Für Chr. Levin, 174, stand 21,34 als Abschluß der Ahnfrauerzählung ursprünglich
     direkt nach 20,15. "Daraus folgt, daß die Vertragsszene 21,22-24.27.32b ein späterer
     Einschub ist". Dagegen spricht jedoch schon, daß die Formulierung "das Land der
     Philister" in 21,34 nicht damit vereinbar ist, daß Abimelech in 20,2 als "der König von
     Gerar" bezeichnet wird. Zudem wird in 20* und 21,22ff* dieselbe Auffassung von
     Abimelech vertreten, wie im Folgenden gezeigt werden wird. Dann gibt es keinen
     Grund, die beiden Erzählungen verschiedenen Verfassern zuzuweisen.

150 Das ist schon verschiedentlich vertreten worden, vgl. die Angaben bei E. Blum, 411
     Anm. 1, und 413 Anm. 15.

151 M. Noth, 38, hält V. 27b für einen Zusatz. Aber ohne V. 27b würde nicht berichtet,
     daß Abraham seine Zusage in V. 24 eingelöst hat. V. 31b setzt somit V. 27b voraus.

"Jahwe"[152]). Er wurde zunächst durch V. 34 erweitert. Später wurde noch V. 32 und "Pichol, sein Heerführer" in V. 22 eingefügt.

Diese Erzählung kann nur schriftlich entstanden sein. Die Rede Abimelechs in V. 22f setzt die Variante von der Gefährdung der Ahnfrau in Gen 20* voraus, die - wie in II gezeigt wurde - eine literarische Bildung ist. Außerdem sind die beiden Themen "Streit um einen Brunnen" und "Bund zwischen Abraham und Abimelech" hier in einer Weise miteinander verzahnt, die lediglich schriftlich möglich ist. Schon die nachholende Einführung des Brunnenstreites in V. 25 ist in einer mündlichen Überlieferung schwer vorstellbar. Das gilt erst recht für die Wiederaufnahme dieses Themas in V. 28-30, nachdem bereits in V. 27 von dem Bundesschluß berichtet wurde. Weitere Kennzeichen für eine literarische Entstehung sind z.B., daß in V. 22 nicht berichtet wird, daß Abimelech zu Abraham kam und daß hier offen bleibt, woran Abimelech erkannte, daß Gott in allem, was der Ahnherr tat, mit Abraham war.Beides müßte eigentlich in einer Erzählung erwähnt werden. Aber der Verfasser berichtet nur, was ihm wichtig ist[153].

Da er für Gen 20* außer 12,10ff auch 26,1ff* benutzte, liegt es nahe, daß für 21,22ff* ebenfalls der literarische Grundbestand der Isaakfassung seine Vorlage war. Auch wenn in der Forschung umstritten ist, ob hier zwischen den Varianten eine literarische Beziehung besteht, hält man die Isaakversion von den Brunnenstreitigkeiten und dem Vertrag mit Abimelech meist für älter als die Abrahamparallele[154]. Dagegen spricht nach I. Fischer "die harmonischere Einbettung der Beerscheba-Etymologie in die Geschichte von Brunnenstreitig-

---

152 Ob dieser Zusatz von einem der beiden Ergänzer stammt, kann hier nicht entschieden werden.

153 Das zeigte sich schon in Gen 20 daran, daß der Verfasser nicht begründet, warum Abimelech Sara nahm, vgl. oben S. 193. Da nicht berichtet wird, daß Abimelech zu Abraham gekommen ist, nimmt freilich E. Blum an, daß die Handlung in Schicht A ursprünglich in Gerar spielte. 21,22ff* habe direkt an 20,18 angeschlossen. Auch dann bleibt aber offen, woran Abimelech erkannte, daß Gott "in allem", was er tat, mit Abraham war. Zudem können die von E. Blum postulierten Schichten A und B eben nicht voneinander getrennt werden. Wenn aber schon ursprünglich Beerscheba der Ort der Handlung war, läßt sich die Auffassung von E. Blum nicht halten, daß es eine nachexilische "Abraham-Abimelech-Geschichte" gab, zu der ein Grundbestand in Gen 20 und 21,22ff gehörte.

154 Vgl. z.B. M. Noth, 121; C. Westermann, 424; E. Blum, 414f; H. J. Boecker, 39; Chr. Levin, 174f. Dagegen ist nach J. van Seters, Abraham, 184ff, die Schicht B mit dem geraubten Brunnen in 21,22ff* älter als die Isaakvariante. Das setzt wieder die m.E. verfehlte Aufteilung auf die Schichten A und B voraus.

keiten und Schlichtungsvertrag für eine überlieferungsgeschichtliche Verankerung des Erzählten im Abrahamkreis"[155]. Diese Auffassung scheitert aber schon
daran, daß man dann nicht erklären kann, warum der Verfasser der Isaakvariante die enge Verbindung von Brunnenstreit und Vertrag nicht übernommen hat.
Unklar bliebe in diesem Fall auch, warum er in 26,26ff außer Abimelech noch
Pichol und Ahusat zu Isaak kommen läßt. Dagegen läßt sich begründen, warum
der Verfasser von 21,22ff* diese beiden Personen hier nicht erwähnt, wenn die
Isaakfassung seine Vorlage war. Mit Abraham und Abimelech geht es um jene
beiden Gestalten, die schon in Gen 20* eine Rolle spielten. Der Verfasser will
in 21,22ff* das gute Verhältnis zwischen beiden darstellen. Unter diesem Gesichtspunkt hat er seine Vorlage umgestaltet.

Der Wunsch nach einem Vertrag mit Isaak geht in 26,26ff darauf zurück,
daß sich die Einstellung Abimelechs zu dem Ahnherrn geändert hat. Er hatte
Isaak aus Gerar weggeschickt (26,16). Jetzt aber soll Isaak mit ihm und seinen
Begleitern einen Bund schließen, weil sie gesehen haben, daß Jahwe mit dem
Ahnherrn ist (26,28f). Dagegen muß in 21,22ff* Abimelech sein Verhalten nicht
beschönigen. Er verweist hier mit Recht auf die Huld, die er Abraham erwiesen
hat. In 20,15 stellte er es Abraham frei, wo der Ahnherr im Land Abimelechs
wohnen wollte. Abimelech war somit schon früher dem Ahnherrn wohl gesonnen. In 26,19-21 wird Isaak das Recht an zwei Brunnen im Tal von Gerar
bestritten. Der Verfasser macht daraus in 21,22ff* den Raub eines Brunnens in
Beerscheba, weil er mit dem Brunnenstreit und dem Vertrag den Namen Beerscheba auf Abraham zurückführen wollte. Auch in der Angelegenheit des
Brunnens zeichnet er Abimelech positiv. Nach 21,26 hat Abimelech erst jetzt
erfahren, daß seine Knechte Abraham einen Brunnen geraubt haben. Dabei
betont Abimelech ausdrücklich, daß ihm Abraham davon bisher nichts gesagt
hatte. Er hätte also den Brunnen längst zurückgegeben, wenn ihn Abraham
schon früher auf den Raub angesprochen hätte. Daß der Verfasser die Worte
Abimelechs so verstanden wissen will, wird daran deutlich, daß Abraham mit
Abimelech einen Bund schließt, bevor er das Thema des Brunnens wieder
aufgreift[156]. Aber der Verfasser schildert auch Abraham in leuchtenden Farben.
Abraham schenkt in 21,27a Abimelech Kleinvieh und Rinder. Die Formulierungen entsprechen hier 20,14a*, wo Abimelech dem Ahnherrn Kleinvieh und

---

155 I. Fischer, 220.

156 Die Antwort Abimelechs in V. 26 ist also nicht "ausweichend", wie z.B. C. Wester-
    mann, 426, meint.

Rinder gibt[157]. Dann will Abraham mit diesem Geschenk zeigen, daß er an Abimelech entsprechend der Huld handelt, die ihm Abimelech erwiesen hatte. Nach dem Bundesschluß gibt Abraham Abimelech noch zusätzlich 7 Lämmer, um zu beweisen, daß ihm der geraubte Brunnen gehört (V. 28-30). Das ist eigentlich überflüssig, da Abimelech schon in V. 26 akzeptiert hatte, daß Abraham den Brunnen zu Recht beansprucht. Aber Abimelech soll sich nicht allein auf die Worte Abrahams verlassen müssen. So stellt der Verfasser in 21,22ff* Abraham und Abimelech als zwei Gestalten dar, die sich vorbildlich verhalten. Dafür benutzte der Verfasser die Isaakfassung in Gen 26* als Vorlage. Sie wurde ihm bereits schriftlich tradiert. Nur die Notiz in V. 33*, nach der Abraham in Beerscheba eine Tamariske pflanzte und dort den Namen des אל עולם anrief, geht nicht auf Gen 26* zurück.

Die Themen "Brunnenstreit" und "Vertrag mit Abimelech" wurden also ursprünglich von Isaak erzählt. Nun hat der Verfasser des literarischen Grundbestandes von Gen 26* in V. 1ff* die Erzählung von der Gefährdung der Ahnfrau aus der mündlichen Tradition in sein Werk aufgenommen, wie in II gezeigt wurde. Deshalb stellt sich die Frage, ob er für seine Darstellung in V. 12ff* ebenfalls mündliche Überlieferungen benutzte. Verschiedentlich wird allerdings angenommen, daß er bereits auf eine Isaakkomposition zurückgreifen konnte[158]. So waren z.B. in V. 12-14 nach W. Thiel V. 12a.14a dem Jahwisten, von dem der literarische Grundbestand stamme, vorgegeben. J habe V. 12b.13 in ihn eingefügt. Es falle auf, "daß der Rekurs auf den Segen Jahwes (12b) erst hinter der Mitteilung von der ausgezeichneten Ernte Isaaks (12a) erfolgt, obwohl doch offensichtlich gemeint ist, daß der große landwirtschaftliche Erfolg Isaaks auf dem Segen Gottes beruht"[159]. Aber warum wurde dann V. 12b nicht als Begründungssatz formuliert, sondern mit einem Narrativ an V. 12a angeschlossen? Dieser Narrativ zeigt, daß mit V. 12b nicht V. 12a begründet werden soll.

---

157 Auf die Entsprechung zwischen 20,14a* und 21,27a verweist z.B. auch R. Kilian, 252.

158 Vgl. z.B. K. Koch, 161; P. Weimar, 95ff; W. Thiel, 251; Chr. Levin, 201ff. Nach ihnen gehörte zu dieser Komposition auch die Erzählung von der Gefährdung der Ahnfrau. Das ist aber ausgeschlossen, da sie erst durch die Jahwerede in V. 2aα.β*.3a in einen größeren Zusammenhang eingebettet wurde. Diese Rede rechnen aber die genannten Autoren nicht zu der älteren Isaakkomposition. Daß es eine solche Darstellung Isaaks gegeben haben könnte, erwägt auch H. Schmid, 38. Er meint freilich zu Gen 26*: "Will man ein Wachstum der Komposition annehmen, so sind die Isaak eigentümlichen Stücke (V. 12-14.16-17.19-22; vielleicht mit dem ursprünglich in Rechobot geschlossenen Vertrag V. 26-31) der Kern".

159 W. Thiel, 259. Nach P. Weimar, 92, gehen V. 12b.13 auf eine erste Redaktion von Gen 26 zurück.

Vielmehr ist V. 12b die Einleitung zu V. 13.14a[160]. Weil Jahwe Isaak segnete, wurde er sehr groß und bekam Kleinvieh, Rinder und eine zahlreiche Dienerschaft. In V. 12-14a besteht somit ein glatter Zusammenhang, der gegen die Annahme einer kürzeren Vorlage spricht. Außerdem bezieht sich schon V. 12a deutlich auf den Befehl Jahwes in V. 3aα, den W. Thiel J zuschreibt. Mit der Formulierung "in jenem Land" wird hier bewußt "in diesem Land" in V. 3aα aufgenommen. Isaak sät nun in jenem Land, von dem ihm Jahwe sagte, daß er dort als Fremdling weilen soll. Dann stammt der Abschnitt V. 12-14a durchgehend von dem Verfasser des literarischen Grundbestandes. Er markiert mit V. 12a den Beginn einer neuen Szene. Isaak lebt nun ungefährdet in Gerar und erzielt eine große Ernte[161]. Daß er aber zu einem bedeutenden und reichen Mann wird, geht darauf zurück, daß ihn Jahwe segnet. In der Erzählung von der Gefährdung der Ahnfrau hatte Jahwe seine Beistandszusage von V. 3aβ erfüllt, nun macht er auch seine Segensverheißung wahr. Nach W. Thiel wurde auch V. 16 von J in die ältere Vorlage eingefügt, die lediglich V. 14b und V. 17 enthalten habe. V. 16 beziehe sich inhaltlich auf V. 13[162]. Nun wurde aber oben nachgewiesen, daß V. 14b sekundär ist. Da jedoch begründet werden muß, warum Isaak nicht in Gerar blieb, ist V. 16 unverzichtbar. Doch selbst bei einer abweichenden Beurteilung von V. 14b läßt sich die Auffassung von W. Thiel nicht halten, da aus V. 12-14a keine ältere Vorlage rekonstruiert werden kann.

Das sieht auch Chr. Levin. Er unterscheidet aber trotzdem zwischen einer "Vorjahwistischen Quelle (J^Q)" und der "Jahwistischen Redaktion (J^R)". Auf J^Q gehe zurück: V. 1aα.b.7a.bα.8.9.11.17.19-21.26.27a.28* (ohne "wir haben gewiß gesehen, daß Jahwe mit dir ist und sagten").29aα.30-31[163]. Auch wenn man mit einer lockeren Verknüpfung einzelner Episoden rechnet, bereitet diese Rekonstruktion erhebliche Probleme. V. 17 kann schwerlich direkt auf V. 11 gefolgt sein, da dann eine Begründung fehlt, warum Isaak Gerar verließ. Vor allem aber kann von dem Vertrag nicht in dieser Weise berichtet worden sein. Da Chr.

---

160 So schon H. Gunkel, 301f.

161 Ob die hundertfache Ernte "eine ungeheure Übertreibung" (so z.B. H. Gunkel, 302) oder eine "doch real denkbare Möglichkeit" (so H. J. Boecker, 36) ist, kann hier offen bleiben.

162 W. Thiel, 259. Dagegen rechnet P. Weimar, 96, V. 12a.16.17 zu dem älteren Grundbestand. Aber V. 16 läßt sich keinesfalls an V. 12a anschließen, sondern hier wird V. 13.14a vorausgesetzt. Die bedeutende Stellung Isaaks und sein Reichtum sind die Voraussetzung dafür, daß Abimelech in V. 16 feststellen kann, daß Isaak sehr viel mächtiger geworden ist als die Bewohner von Gerar.

163 Chr. Levin, 202ff.

Levin die Hinweise Abimelechs und seiner Begleiter auf Jahwe in V. 28f der Redaktion des Jahwisten zuweist, hätte dessen Quelle einfach berichtet, daß die Männer zu Isaak kamen, um einen Vertrag zu schließen, in dem sich der Ahnherr verpflichtete, ihnen keinen Schaden zuzufügen. Warum sie ein solches Abkommen wollten, wäre in der Quelle offen geblieben. Das ist m.E. recht unwahrscheinlich. Dies gilt umso mehr, als in J^Q unmittelbar zuvor in V. 19-21 berichtet worden wäre, daß die Hirten von Gerar Isaak das Recht an zwei Brunnen bestritten, die seine Knechte gegraben hatten. Dann *muß* doch erzählt werden, warum die führenden Leute von Gerar jetzt mit Isaak einen Vertrag schließen wollen. Die Hinweise auf Jahwe in V. 28f sind also für die Darstellung konstitutive Elemente. In ihnen wird aber die Jahwerede in V. 3a aufgenommen. Es hat somit keine Isaakkomposition gegeben, in der diese Rede fehlte.

Erst der Verfasser des literarischen Grundbestandes hat also die ihm überlieferte Erzählung von der Gefährdung der Ahnfrau mit V. 12-33a* weitergeführt. Es ist freilich unwahrscheinlich, daß er dieses Stück völlig frei geschaffen hat. Für den Bundesschluß in V. 26-31 griff er anscheinend eine Überlieferung auf[164]. Dafür spricht, daß hier außer Abimelech noch Pichol und Ahusat erwähnt werden. Da die Begleiter Abimelechs in Gen 26* sonst nicht vorkommen, hat der Verfasser sie schwerlich als Partner des Vertrags "erfunden". Daß dieser Bund auf eine Überlieferung zurückgeht, legt auch V. 31 nahe. Danach haben beide Parteien einander geschworen. Nach V. 29 wollten aber Abimelech und seine Begleiter, daß sich Isaak einseitig verpflichtet. Zwischen V. 29 und V. 31 besteht somit eine Spannung. Sie weist auf eine Überlieferung hin, in der sich Isaak und Abimelech samt seinen Begleitern gegenseitig verpflichteten, sich keinen Schaden zuzufügen[165]. Der Wortlaut dieser Überlieferung kann aber nicht mehr ermittelt werden, weil der Verfasser V. 26-31 von seiner Intention her formuliert hat: Isaak war aus Gerar weggeschickt worden, nun aber müssen selbst Abimelech und seine Begleiter konstatieren, daß Jahwe an Isaak getan hat, was er ihm in V. 3a zugesagt hatte. Der zuvor Abimelech unterlegene Isaak, der Gerar verlassen mußte (V. 16f), ist nun den führenden Leuten von Gerar überlegen, so daß sie von Isaak eine eidliche Zusage erreichen wollen. Der

---

164 So z.B. auch H. Gunkel, 304f; H. Schmid, 49ff.

165 An welchem Ort in dieser Überlieferung das Abkommen geschlossen wurde, läßt sich m.E. nicht mehr ermitteln. Erst der Verfasser von Gen 26* hat den Bundesschluß mit dem Brunnen 'Schwur' in Beerscheba in Beziehung gesetzt (V. 32.33a). H. Schmid, 47, hält es für "sehr erwägenswert, aber nicht beweisbar", daß der Abschluß des Vertrags ursprünglich in Rehobot lokalisiert wurde. Damit wird aber m.E. die Erwähnung von Rehobot in V. 22 überfrachtet.

Verfasser bezieht sich in V. 26ff mehrfach auf seine vorangegangene Darstellung Isaaks. Wegen der Hungersnot ging Isaak zu Abimelech nach Gerar (V. 1*). Nach V. 26 gingen Abimelech und seine Begleiter zu ihm von Gerar. In V. 27 fragt Isaak nach dem Grund ihres Kommens und weist auf seine Vertreibung aus Gerar hin. Damit macht der Verfasser deutlich, wie überraschend der Besuch der Männer für Isaak ist. In ihrer Antwort in V. 28f nehmen sie am Anfang ("wir haben gewiß gesehen, daß Jahwe mit dir ist") und am Ende, wo sie Isaak den Gesegneten Jahwes nennen, die beiden Zusagen Jahwes in V. 3a auf. Sie bilden somit für diese Rede den Rahmen. In V. 29 beziehen sich die Männer mit den Worten "wie wir dich nicht angerührt haben" auf den Befehl Abimelechs in V. 11, wonach jeder getötet werden sollte, der Isaak und seine Frau anrührt. Mit der Fortsetzung "und wie wir an dir nur Gutes getan und dich in Frieden weggeschickt haben" wollen sie den Vorwurf Isaaks entkräften, daß sie ihn hassen. Sie beschönigen hier ihr früheres Verhalten, weil sie inzwischen erkennen mußten, daß ihnen Isaak überlegen ist. Die Darstellung in V. 26-31 setzt somit den Kontext voraus.

Das gilt auch für das "Itinerar" und die Brunnennotizen in V. 17.19-23.25aβ.b.32.33a. Für C. Westermann hat der Verfasser hier eine Vorlage aufgegriffen[166]. Das ist jedoch m.E. unwahrscheinlich. Das Auffinden und die Benennung des Brunnens in V. 32.33a setzt deutlich V. 26-31 voraus. In V. 32 knüpft der Verfasser mit "und es geschah an jenem Tag" an V. 31 an. Nur aus V. 26ff ergibt sich, warum Isaak den Brunnen 'Schwur' nannte[167]. Freilich ist es möglich, daß der Verfasser für die Brunnennotizen in V. 19-22 auf Überlieferungen zurückgriff. In den Erzväterüberlieferungen wurde ursprünglich nur bei Isaak von dem Graben von Brunnen und dem Streit um sie berichtet. In der vorpriesterlichen Erzählung von der Trennung Lots von Abraham (Gen 13*) ist zwar ein Streit zwischen den Hirten Lots und den Hirten Abrahams der Grund dafür, daß Abraham Lot auffordert, sich von ihm zu trennen (13,7a.8f). Es wird jedoch nicht erwähnt, daß die Hirten wegen eines Brunnens stritten. Zudem zeigen die Erzählungen von der Gefährdung der Ahnfrau und dem Vertrag, daß schon die mündliche Überlieferung von Beziehungen zwischen Isaak und Gerar berichtete. Damit stimmt überein, daß nach Gen 26,19-21 die beiden Brunnen Esek und Sitna, um die die Hirten von Gerar mit Isaak stritten, im Tal von

---

166 C. Westermann, 520.

167 Nach C. Westermann, 520, hat der Verfasser in V. 32f ein Itinerar umgestaltet. Aber damit setzt C. Westermann die Existenz eines solchen Itinerars voraus.

Gerar lagen[168]. Das spricht dafür, daß der Verfasser Überlieferungen kannte,
nach denen Isaak bzw. seine Knechte bestimmte Brunnen gruben, bei denen
Isaak für Esek und Sitna sein Recht bestritten wurde. Aber diese Überlieferungen lassen sich nicht mehr im Einzelnen rekonstruieren, da die Wandernotizen
in V. 17fff* von dem Verfasser des literarischen Grundbestands stammen. Er beschreibt hier den Weg Isaaks von Gerar nach Beerscheba. Anscheinend war ihm
vorgegeben, daß sich Isaak in Beerscheba aufhielt. Da durch V. 17ff* die Überlieferungen von einem Aufenthalt Isaaks in Gerar und in Beerscheba miteinander verknüpft werden, ist dieser Abschnitt von dem Verfasser der Isaakdarstellung in Gen 26* gebildet worden. Das wird dadurch bestätigt, daß die Brunnennotizen auf diesen Kontext bezogen sind. Die ersten beiden Brunnen mußte
Isaak aufgeben, weil ihm sein Recht an ihnen von den Hirten von Gerar bestritten wurde (V. 19-21). Isaak konnte aber einen weiteren Brunnen graben, der
ihm nicht bestritten wurde. So erwies sich an diesem Brunnen, daß Jahwe
tatsächlich mit Isaak war. Deshalb begründete Isaak in V. 22 den Brunnennamen
Rehobot mit den Worten: "denn jetzt hat (es) Jahwe uns weit gemacht und wir
sind fruchtbar im Land". Dem entspricht, daß nach V. 28f Abimelech und seine
Begleiter von dem Beistand Jahwes für Isaak redeten und ihn den Gesegneten
Jahwes nannten[169]. Der Verfasser erklärt also mit V. 22, wie Abimelech und
seine Begleiter die besondere Stellung Isaaks erkannt haben. Die Brunnennotiz
in V. 32.33a führt dann V. 22 weiter. Mit der Benennung 'Schwur' hält Isaak
fest, daß sogar Leute, die ihn früher gehaßt haben, mit ihm ein Abkommen
schlossen.

Während der Verfasser V. 12-14a.16, wo er berichtet, daß Isaak in Gerar
reich und von dort ausgewiesen wurde, ohne Anhalt an einer Tradition geschaffen hat, griff er anscheinend in V. 17ff* für die Brunnennotizen und den Vertrag auf Überlieferungen zurück. Er gab sie aber nicht in ihrem Wortlaut wieder, sondern er gestaltete auch hier die Darstellung selbst. Darin unterscheidet
sich dieser Abschnitt von der Erzählung von der Gefährdung der Ahnfrau in V.
1ff*, für die die dem Verfasser vorgegebene Überlieferung rekonstruiert werden
kann. Dieser verschiedene Umgang mit den Überlieferungen ist dadurch bedingt,
daß der Verfasser zeigen wollte, wie Jahwe seine Zusagen des Beistandes und

---

168 Die genauere Lage der Brunnen Esek, Sitna und Rehobot konnte bisher nicht
   ermittelt werden.

169 In den beiden Hinweisen auf Jahwe werden in V. 28f möglicherweise die Worte
   Isaaks in V. 22 aufgenommen. "Wir haben gesehen, daß Jahwe mit dir ist" könnte
   sich auf "denn jetzt hat (es) Jahwe uns weit gemacht" beziehen, "du bist jetzt der
   Gesegnete Jahwes" auf "wir sind fruchtbar im Land".

des Segens in V. 3a für Isaak eingelöst hat. Für den Verfasser zeigte die ihm tradierte Erzählung von der Gefährdung der Ahnfrau, daß Jahwe mit Isaak war. Deshalb hat er sie lediglich durch die Jahwerede erweitert, in der er mit den beiden Verheißungen in V. 3a das Thema seiner Darstellung Isaaks angab. Im Folgenden hätte aber für den Verfasser eine wörtliche Wiedergabe der Überlieferungen anscheinend seinen Leitgedanken nicht zum Ausdruck gebracht. Deshalb formulierte er hier selbst. Worauf es ihm dabei ankam, zeigt der Abschnitt V. 26ff, der den Höhepunkt und Schluß der Darstellung Isaaks in Gen 26* bildet. Danach mußten sogar Menschen, die Isaak früher feindlich gesonnen waren, erkennen, daß ihnen Isaak überlegen ist, weil Jahwe mit Isaak war und ihn segnete[170]. Der Verfasser will hier somit betonen, daß selbst Gegner Isaaks dessen besondere Stellung akzeptiert haben.

Dadurch hat aber 26,26ff eine deutliche Beziehung zu der Verheißung Jahwes an Abraham in 12,1-3. Hier geht aus V. 3a hervor, daß die überwiegende Mehrheit der Menschen die Sonderstellung Abrahams (= Israels) anerkennen wird, wenn Jahwe die Zusage an Abraham in V. 2 erfüllt haben wird. Das Verhalten Abimelechs und seiner Begleiter zu Isaak ist hier somit ein Modell für die Haltung, die die Mehrzahl der Menschen nach der Realisierung der Verheißung an Abraham zu Israel einnehmen wird[171]. Nur aus 12,1-3 wird verständlich, warum der Verfasser in 26,26ff das Gewicht darauf legt, daß Abimelech und seine Begleiter die Überlegenheit Isaaks anerkannt haben, weil Jahwe zu dem Ahnherrn eine besondere Beziehung hatte. Wenn der Verfasser aber 26,26ff bewußt als Modell gestaltet hat, wie sich andere Menschen nach der Erfüllung der Verheißung von 12,2f zu Israel verhalten werden, kann der

---

170 Dagegen geht es nach E. Blum, 303, in Gen 26* "in erster Linie" um die territoriale Abgrenzung zu den Philistern. Der Vertrag in V. 26ff bestätige Beerscheba als israelitischen Ort. Diese Interpretation läßt sich auch unabhängig davon, daß die Philister im Grundbestand nicht erwähnt wurden, nicht halten. Das Thema von V. 26ff ist eindeutig nicht die territoriale Abgrenzung, sondern die Anerkenntnis der Überlegenheit Isaaks durch Abimelech und seine Begleiter. Da Jahwe schon mit dem Brunnen Rehobot Isaak einen Lebensraum eröffnet hat (V. 22), muß Beerscheba nicht als israelitischer Ort bestätigt werden. Die oben vertretene Interpretation der Brunnennotizen in V. 19-22 zeigt, daß es dem Verfasser auch hier nicht um eine Abgrenzung von Gebieten geht.

171 Vgl. dazu meinen Aufsatz "Überlegungen zum Jahwisten", oben S. 35. H. W. Wolff, Das Kerygma des Jahwisten (1964), in: Ders., Gesammelte Studien zum Alten Testament, ²1973 (TB 22), 345-373, 364, hat mit Recht darauf hingewiesen, daß auch zwischen 26,12b.13 und 12,2 eine Beziehung besteht. An beiden Stellen folgt auf das Segnen Jahwes eine Aussage mit dem Verb גדל.

literarische Grundbestand in Gen 26 nicht als selbständige Darstellung Isaaks entstanden sein. Es gibt auch keinerlei Anzeichen dafür, daß erst ein späterer Bearbeiter die Überlieferungen von Isaak unter diesem Leitgedanken zusammenfaßte. Dagegen spricht im übrigen auch, daß in den jüngeren literarischen Schichten der Genesis Isaak lediglich als Sohn Abrahams oder als Vater von Jakob und Esau in den Blick kommt. Die eigenständigen Isaaküberlieferungen hatten somit offenbar später ihre Bedeutung verloren. Der literarische Grundbestand in Gen 26 stammt also von jenem Verfasser, der 12,1-3 gebildet hat. Die Isaakkomposition war schon ursprünglich Bestandteil einer größeren Geschichtsdarstellung. Da m.E. daran festzuhalten ist, daß es ein jahwistisches Geschichtswerk gegeben hat, hat der Jahwist die Isaakkomposition in Gen 26* gebildet.

Verschiedentlich wird freilich angenommen, daß bei J Gen 26* vor der Erzählung von der Geburt Jakobs und Esaus in 25,21ff stand. Dafür werden im Wesentlichen zwei Argumente genannt: Gen 26* unterbreche den Zusammenhang zwischen 25,21-28 und der Erzählung, wie sich Jakob den Erstgeburtssegen erschlich (Gen 27). Außerdem setze die Isaakversion von der Gefährdung der Ahnfrau voraus, daß die Frau noch kinderlos war. Die Endredaktion habe Gen 26* umgestellt, weil sie den Aufriß der Priesterschrift zugrundegelegt habe, in der nach der Einführung Isaaks in 25,19f von der Geburt der beiden Söhne berichtet wurde[172]. Nun hat aber H.J. Boecker darauf hingewiesen, daß Gen 26* und 27* durch das Stichwort "Segen" miteinander verbunden sind[173]. In Gen 26* wird Isaak der Beistand und der Segen Jahwes zuteil. In Gen 27* segnet Isaak Jakob. Damit gibt er hier als der Gesegnete Jahwes den Segen weiter, der ihm zuteil wurde. Da somit zwischen Gen 26* und 27* eine thematische Verbindung besteht, dürfte schon J seine Isaakdarstellung unmittelbar vor Gen 27* eingeordnet haben. Bei J besteht zwischen 25,21ff und 27,1a ein erheblicher zeitlicher Abstand. In 25,27f berichtet J von der unterschiedlichen Lebensweise von Jakob und Esau und der besonderen Beziehung, die Vater und Mutter jeweils zu einem Sohn hatten. In 27,1a heißt es: "Und es geschah, als Isaak alt geworden war und seine Augen erloschen waren vom Sehen". In der Zwischen-

---

172 So z.B. J. Wellhausen, 28; W. Thiel, 252f. Das wird auch von H.J. Boecker, 27, erwogen. Für die Umstellung spricht nach J. Wellhausen auch, daß dann klar ist, an welchem Ort Rebekka in 25,22 Jahwe befragt. Es sei das Heiligtum von Beerscheba, das Isaak in 26,25aα stiftet. Aber 26,25aα wurde, wie oben gezeigt wurde, erst später eingefügt.

173 H.J. Boecker, 27f. Er ist freilich der Auffassung, daß Gen 26* nachträglich vor Gen 27 eingeordnet wurde. Es ist aber nicht einzusehen, warum erst ein Späterer diese thematische Verbindung hergestellt haben sollte.

zeit haben sich bei J jene Ereignisse zugetragen, von denen er in Gen 26* erzählt. Anscheinend empfand es J nicht als Problem, daß die Frau noch kinderlos gewesen sein mußte, als sie Isaak als seine Schwester ausgab.

Für die Darstellung Isaaks in 26,12-33 und die teilweise parallele Abrahamversion in 21,22-34 ergibt sich somit: In 26,12ff gehören zu dem schriftlichen Grundbestand: V. 12-14a.16.17.19-23.25aβ.b.26-33a. Von dieser Darstellung ist 21,22ff literarisch abhängig. Dessen Verfasser hat hier die Themen "Vertrag mit Abimelech" und "Brunnenstreit" miteinander verbunden und auf Abraham übertragen. Er zeichnet Abimelech und Abraham als vorbildliche Gestalten. Von diesem Verfasser stammen: 21,22* (ohne "und Pichol, sein Heerführer"). 23-31.33* (ohne "Jahwe"). Auf einen Bearbeiter, der Abimelech für den König der Philister hielt, gehen 21,34 und 26,14b.15.18 zurück. Ein Späterer fügte in 21,22ff* V. 32 und in V. 22 "und Pichol, sein Heerführer" ein, um diese Fassung an 26,26ff anzugleichen. 26,24.25aα ist eine Erweiterung aus dem Umkreis der Endredaktion des Pentateuch. Weitere Zusätze, deren Einordnung offen gelassen werden mußte, sind "Jahwe" in 21,33 und die ätiologische Notiz 26,33b.

Der literarische Grundbestand in 26,12ff geht nicht auf eine ältere Isaakkomposition zurück, sondern wurde von dem Jahwisten verfaßt. Dabei benutzte J mündliche Überlieferungen. Ihr Wortlaut läßt sich jedoch hier nicht mehr rekonstruieren, weil J die Darstellung durchgehend selbst unter dem Gesichtspunkt gestaltet hat, daß Jahwe mit Isaak war und ihn segnete. Den Höhepunkt bildet der Vertrag mit Abimelech und seinen Begleitern in 26,26ff. Er ist ein Modell für die Erfüllung von Gen 12,1-3, da hier die einstigen Gegner Isaaks dessen Sonderstellung anerkennen. J hat seine Darstellung Isaaks in Gen 26* unmittelbar vor Gen 27* eingeordnet, weil Isaak in Gen 27* als der Gesegnete Jahwes Jakob segnet.

IV

Die Untersuchung der Isaakdarstellung in Gen 26* und der parallelen Abrahamerzählungen ermöglicht Rückschlüsse auf die Entstehung des Pentateuchs. Für Gen 26* konnte die Auffassung von M. Noth bestätigt werden, daß hier erst der Jahwist aufgrund verschiedener mündlicher Überlieferungen eine fortlaufende Darstellung Isaaks geschaffen hat. J sind zuzuweisen: V. 1aα.b*(ohne "der König der Philister").6.7a.bα.8*(ohne "der König der Philister" und "Rebekka").9-14a.16.17.19-23.25aβ-33a. Auch wenn hier die Basis der Untersuchung für eine genaue Datierung von J zu schmal ist, zeigt bereits Gen 26*, daß entgegen der Auffassung, die z.B. J. van Seters und Chr. Levin vertreten, J nicht erst in der

Zeit des Exils angesetzt werden kann. Die Isaaküberlieferungen, die J hier
benutzte, müssen relativ alt sein, da im Alten Testament Isaak sonst nie als
eigenständige Gestalt in den Blick kommt. Daß Isaak bald an Bedeutung verloren haben muß, wird daran deutlich, daß man schon in der mündlichen Überlieferung das Motiv von der Gefährdung der Ahnfrau in 12,10ff von Isaak auf
Abraham übertrug. Es ist charakteristisch, daß in 12,10ff Abraham und nicht
Isaak der Gegenspieler des Pharao ist. Wenn aber nur J noch auf eigenständige
Isaaküberlieferungen zurückgreifen konnte, muß dieses Werk erheblich vor 587
entstanden sein[174].

Die Darstellung des Jahwisten in Gen 26* ist durchgehend älter als die
parallelen Abrahamerzählungen in Gen 20 und 21,22ff. Sie sind mit Ausnahme
von 21,33* eine literarische Neugestaltung der Isaakversionen von J, für die der
Verfasser in Gen 20* außerdem 12,10ff als schriftliche Vorlage benutzte. Diese
Texte sind wesentlich einheitlicher, als es verschiedentlich in der Forschung
angenommen wird. In Gen 20 sind lediglich V. 1a, "und Knechte und Mägde" in
V. 14a, V. 18 und vielleicht V. 13 sekundär. Bereits der Verfasser des literarischen Grundbestandes hat in 21,22ff die beiden Themen "Vertrag mit Abimelech" und "Brunnenstreit" miteinander verbunden. Erweiterungen des Grundbestandes sind: "und Pichol, sein Heerführer" in V. 22, V. 32, "Jahwe" in V. 33 und
V. 34. Die beiden Abrahamerzählungen gehörten ursprünglich zu einem eigenen
literarischen Werk, das für sich tradiert wurde. Das geht schon daraus hervor,
daß in Gen 20 der Anfang der Erzählung von der Gefährdung der Ahnfrau nicht
mehr erhalten ist, sondern durch die redaktionelle Klammer in V. 1a ersetzt
wurde. Erst durch sie hat ein späterer Redaktor eine Verbindung zu der Abraham-Lot-Erzählung in Gen 18f hergestellt. Daß diese Abrahamerzählungen nicht
als Erweiterungen des jahwistischen Werks entstanden sind, wird auch daran
deutlich, daß die Rückverweise auf 21,22ff* in 26,15.18 entgegen der Auffassung
des Grundbestandes in 21,22ff* voraussetzen, daß es Abraham mit Philistern zu
tun hatte. Die Analyse der Isaakdarstellung in Gen 26* und ihrer Parallelen in
Gen 20*; 21,22ff* stützt somit die neuere Urkundenhypothese, nach der es
außer der Priesterschrift auch die beiden Quellenschriften des Jahwisten und des
Elohisten gegeben hat. Die Abrahamerzählungen in Gen 20* und 21,22ff*
stammen also von E. Bei den Vertretern der neueren Urkundenhypothese ist

---

174 J ist m.E. in der Zeit Salomos anzusetzen, vgl. zur Begründung vor allem "Israel ein
    Segen für die Völker?", oben S. 1ff, und "Überlegungen zum Jahwisten", oben S. 18ff.

freilich umstritten, ob E von J literarisch abhängig ist[175]. Diese Frage muß nach der hier vorgelegten Untersuchung eindeutig bejaht werden. Diese elohistischen Abrahamerzählungen enthalten auch Hinweise darauf, daß E in vorexilischer Zeit angesetzt werden muß[176]. Gegen eine Datierung nach 587 sprechen 20,12, wonach Sara die Halbschwester Abrahams war[177], und 21,33*. Danach pflanzte Abraham in Beerscheba eine Tamariske und rief dort den Namen des אל עולם an. Das "dort" ist auf die Tamariske zu beziehen. Abraham stiftete also in Beerscheba eine Kultstätte mit einem Baum, an der Gott als אל עולם angerufen wurde[178]. Daß man es später für nötig hielt, durch die Einfügung von "Jahwe" diese Gottesbezeichnung mit dem Gottesnamen gleichzusetzen, zeigt, daß 21,33* nicht erst in exilisch-nachexilischer Zeit entstanden sein kann. Zudem hätte man in jener Epoche m.E. auch schwerlich Abraham den Kultort dadurch begründen lassen, daß er einen Baum pflanzte. Es wurde oben bereits darauf hingewiesen, daß ein Bearbeiter aus dem Umkreis der Endredaktion des Pentateuch mit 26,25aα eine Parallele zwischen Isaak und der Abrahamnotiz in 21,33 herstellen wollte[179]. Für ihn hat aber Isaak in Beerscheba einen Altar gebaut und nur den Namen Jahwes angerufen. In dieser Bearbeitung aus spätnachexilischer Zeit wird eine Tendenz greifbar, die für die kanonisch gewordene Literatur der gesamten exilisch-nachexilischen Epoche charakteristisch sein dürfte. 20,12 und 21,33* sind somit gewichtige Argumente dafür, daß E vor 587 angesetzt werden muß.

Die Darstellung Isaaks in Gen 26* wurde später mit den Zusätzen V.

---

175 Diese Frage wird z.B. bejaht von O. Kaiser, Grundriß der Einleitung in die kanonischen und deuterokanonischen Schriften des Alten Testaments 1. Die erzählenden Werke, 1992, 76. Freilich ist nach O. Kaiser, 75, die Isaakversion von der Gefährdung der Ahnfrau in Gen 26 von Gen 20 abhängig. Für W. H. Schmidt, Einführung in das Alte Testament, [5]1995, 56, besteht dagegen zwischen J und E keine literarische Beziehung.

176 Dagegen ist nach O. Kaiser, 70ff, das elohistische Geschichtswerk in frühnachexilischer Zeit entstanden.

177 Vgl. oben Anm. 99.

178 C. Westermann, 428, bestreitet zwar, daß hier von der Stiftung eines Kults berichtet wird: "Abraham ist kein Kultstifter". Aber die Tamariske soll doch offenbar eine heilige Stätte markieren und die Gottesbezeichnung אל עולם ist nur hier in der Erzväterüberlieferung belegt. Zu beachten ist m.E. auch, daß nach Gen 46,1aβ.b (E) Jakob in Beerscheba "dem Gott seines Vaters Isaak" Opfer darbrachte. Hier setzt E eine besondere Kultstätte in Beerscheba voraus. Sie wurde nach 21,33* von Abraham gestiftet.

179 Vgl. oben S. 201.

1aβ.γ.2aβ*.b.7bβ.γ.14b.15.18 zu Abrahamerzählungen in Beziehung gesetzt. In ihnen wird sowohl auf 12,10ff als auch auf 21,22ff* verwiesen. Deshalb dürften sie von dem Jehowisten stammen, der die Werke von J und E miteinander verbunden hat. Erst der Jehowist war also der Meinung, daß es bereits die Ahnherrn Abraham und Isaak mit Philistern zu tun hatten. Deshalb fügte er ebenfalls die Bezeichnung Abimelechs als "der König der Philister" in 26,1b.8 ein.

Auch nach dem Jehowisten wurden noch Erweiterungen vorgenommen, in denen die verschiedenen Parallelversionen aneinander angeglichen wurden. Das zeigt die Einfügung von 21,32, die durch den Zusatz "und Pichol, sein Heerführer" in 21,22 vorbereitet wird. Auch die Erweiterung 12,17a*("und sein Haus").b dürfte nicht von dem Jehowisten stammen, da hier der Zusatz 20,18 vorausgesetzt wird. Abgesehen von 26,3b-5 und 26,24a.25aα, die von einem Bearbeiter aus dem Umkreis der Endredaktion des Pentateuch stammen, lassen sich somit einige Erweiterungen nur schwer einordnen. Für die Frage der Entstehung des Pentateuch ist aber wichtig, daß Gen 26* und die parallelen Abrahamerzählungen in Gen 20 und 21,22ff zeigen, daß es die Quellenschriften des Jahwisten und des Elohisten gegeben hat und, daß E von J literarisch abhängig ist.

Diachrone und synchrone Exegese
am Beispiel von Exodus 3-4

I

In der Pentateuchforschung werden gegenwärtig nicht nur verschiedene Modelle für seine Entstehung vertreten[1], sondern es ist bereits umstritten, ob man von einer synchronen Beschreibung seiner größeren Zusammenhänge oder von ihrer diachronen Analyse auszugehen hat. So betont z.B. R.N. Whybray: "The only *fact* available to us is the text of the Pentateuch itself in all its complexity"[2]. Daraus ergibt sich für ihn, daß die Erzählungen des Pentateuch ausschließlich synchron in ihrer Endgestalt zu interpretieren sind[3]. Der Pentateuch sei das Werk eines Verfassers aus der Mitte des 6. Jh.s. Er habe verschiedene Überlieferungen benutzt, die er aber grundlegend überarbeitete[4]. Die weit überwiegende Mehrheit der Forscher hält freilich daran fest, daß der Pentateuch offensichtlich literarisch nicht einheitlich ist. Für den Ausgangspunkt seiner Analyse gibt es jedoch auch dann zwei unterschiedliche Ansätze. Nach dem einen, der vor allem in neuerer Zeit vertreten wird, ist von den großen Redaktionen oder Kompositionen auszugehen, die die Endgestalt des Pentateuch geprägt haben. Sie seien zunächst synchron zu beschreiben und in ihrem Inhalt zu erfassen, ehe nach einer möglichen Vorgeschichte der Texte und der Traditionen, die sie enthalten, gefragt werden könne. So stellt R. Smend für die Entstehung des Alten Testaments generell den Grundsatz auf: "Ausgangspunkt sind die fertigen lit. Größen: das AT selbst und seine Teile. Von ihnen aus wird jeweils zurückgefragt: über die Redaktionen zu den von ihnen verwandten schriftl. Quellen und von dort zu den Stoffen und Formen, die wiederum diesen

---

1 Vgl. z.B. den Überblick bei L. Schmidt, Zur Entstehung des Pentateuch, VF 40/1 (1995) 3-28.

2 R.N. Whybray, Introduction to the Pentateuch, 1995, 27.

3 R.N. Whybray, Introduction, 133ff. Für das Verständnis des Deuteronomiums und der anderen Gesetze sind dagegen nach R.N. Whybray, Introduction, 85-132, auch die diachronen Aspekte ihrer Entstehung und Entwicklung zu berücksichtigen.

4 R.N. Whybray, The Making of the Pentateuch, 1987 (JSOT.S 53), 221ff.

zugrundeliegen"[5]. Dieser Auffassung hat sich u.a. H.-C. Schmitt angeschlossen[6]. E. Blum lehnt zwar einen Ansatz bei den Redaktionen ab, weil dieser zu einseitig literarkritisch ausgerichtet sei. Er vertritt aber m.E. keine grundsätzlich andere Position, wenn er die Bedeutung der großen Kompositionen hervorhebt: "Auszugehen ist von den umfassenden kompositionellen Zusammenhängen, mithin von den Kontexten und Gestaltungen, welche den komplexen Gesamttext formativ konstituieren". Dabei geht es nach E. Blum nicht um die Rekonstruktion etwaiger Vorlagen; "vielmehr verdienen diese mehr oder weniger 'am Ende' stehenden Überlieferungsbildungen aus eigenem Recht alle Aufmerksamkeit und Konzentration"[7]. Solche umfassenden Überlieferungsbildungen seien eine priesterliche Komposition (KP) und die in sie integrierte deuteronomistische Komposition (KD).

Dagegen vertrat die klassische Pentateuchkritik einen anderen Ansatz. Auch für sie war selbstverständlich die Endgestalt des Pentateuch die Basis. Aber ihre Vertreter analysierten zunächst die Texte diachron, um ihre Entstehung und weitere Überlieferung zu rekonstruieren. Erst danach kamen die großen Redaktionen als Synthese verschiedener Vorlagen in den Blick. Hier war somit die diachrone Untersuchung die Voraussetzung für eine synchrone Beschreibung der Redaktionen. Freilich galt das Interesse vor allem der literarkritischen und überlieferungsgeschichtlichen Analyse. Die Redaktionen und die Endgestalt des Pentateuch wurden nur am Rand berücksichtigt. Dabei beschränkten sich die Untersuchungen in der Regel auf die Fragen, welche Texte von den Redaktoren stammen und wie sie ihre Vorlagen miteinander verbunden haben[8]. Das ist aber keine notwendige Folge des Ansatzes bei der diachronen Analyse, sondern ergab sich aus der forschungsgeschichtlichen Situation, in der der literarkritischen und überlieferungsgeschichtlichen Rekonstruktion der Anfänge der Überlieferung ein besonderes Gewicht beigemessen wurde.

G. Fischer stellt freilich zu einer Interpretation, die von der Quellenscheidung ausgeht, kritisch fest: "In einem solchen Fall ist es nicht nötig, ja sogar

---

5   R. Smend, Die Entstehung des Alten Testaments, [4]1989 (ThW 1), 11.

6   H.-C. Schmitt, Redaktion des Pentateuch im Geiste der Prophetie, VT 32 (1982) 170-189, 172f; ders., Tradition der Prophetenbücher in den Schichten der Plagenerzählung Ex 7,1-11,10, in: V. Fritz u.a.(Hg.), Prophet und Prophetenbuch (FS O. Kaiser), 1989 (BZAW 185), 196-216, 196-199.

7   E. Blum, Studien zur Komposition des Pentateuch, 1990 (BZAW 189), 4.

8   Vgl. z.B. H. Holzinger, Einleitung in den Hexateuch, 1893, 476ff; M. Noth, Überlieferungsgeschichte des Pentateuch, 1948, 11ff.35ff.

überflüssig, sich weiter um den Aufbau des vorliegenden Textes zu bemühen - gibt er ja doch nur die Organisation eines aus verschiedenen Quellen und Redaktionen zusammengesetzten Gemisches wieder"[9]. Diese Position haben in der Tat H. Greßmann und G. Fohrer vertreten. Für H. Greßmann ist die Rekonstruktion der ursprünglichen Zusammenhänge mit einer archäologischen Grabung vergleichbar, bei der die verschiedenen Schichten abgetragen werden. Die Forderung, auch den jetzigen Zusammenhang zu würdigen, sei prinzipiell abzulehnen. Sie besage, daß der Forscher "seine Ausgrabungen wieder zuschütten, ja sogar, daß er den wiederhergestellten Trümmerhaufen würdigen und den Wirrwarr sinnvoll erklären solle. Die Wissenschaft hat mit einer solchen Aufgabe nichts zu tun"[10]. G. Fohrer stellt fest: "So ist der jetzige Text des Hexateuchs nicht mehr als ein Notbehelf, von dem ausgehend man schleunigst zu den ursprünglichen Erzählungssträngen zurückkehren muß, so weit sie erhalten sind"[11]. Solche Auffassungen sind aber nicht nur theologisch problematisch, weil der Pentateuch in seiner Endgestalt zu dem jüdischen und christlichen Kanon gehört. Sie lassen sich bereits unter rein literarischen Gesichtspunkten nicht halten, da die Redaktionen eigene literarische Werke geschaffen haben, die dann auch als solche auszulegen sind. Es ist heute wohl allgemein anerkannt, daß nicht nur die Vorlagen, sondern auch die Redaktionen und die Endgestalt des Pentateuch Gegenstand der Interpretation zu sein haben[12]. Daß das auch dann möglich ist, wenn man von der literarischen Rekonstruktion ausgeht, zeigen exemplarisch die von P. Weimar und W.H. Schmidt vorgelegten Analysen von Ex 3f[13].

Für die Beibehaltung des Ansatzes der klassischen Pentateuchkritik bei der diachronen Analyse spricht m.E., daß Textkomplexe, die aus verschiedenen literarischen Schichten bestehen, erst voll verständlich werden, wenn man berücksichtigt, welche Vorlagen die Redaktionen aufgenommen haben. W.H. Schmidt stellt mit Recht fest: "Von eher wenigen, nämlich sprachlich eindeutig bestimmbaren Ausnahmen abgesehen, sind die Redaktionen in der Regel *nicht*

---

9   G. Fischer, Jahwe, unser Gott, 1989 (OBO 91), 3.

10   H. Greßmann, Mose und seine Zeit, 1913 (FRLANT 18), 22f.

11   G. Fohrer, Überlieferung und Geschichte des Exodus, 1964 (BZAW 91), 5f.

12   Vgl. z.B. W.H. Schmidt, Elementare Erwägungen zur Quellenscheidung im Pentateuch (1991), in: Ders., Vielfalt und Einheit alttestamentlichen Glaubens 1, 1995, 115-138, 132ff.

13   P. Weimar, Die Berufung des Mose, 1980 (OBO 32); W.H. Schmidt, Exodus 1. Exodus 1-6, 1988 (BK II/1), 100ff.

unmittelbar zugänglich; eine Einsicht in ihre Arbeit - mit der Abgrenzung ihrer Ergänzungen - ist weithin erst mit oder nach der Analyse des gesamten Textes möglich"[14]. Arbeitsweise und Aussageintention der Redaktionen werden also gerade daran deutlich, wie sie ihre Vorlagen aufnehmen und gegebenenfalls interpretieren. R. Smend räumt ein, "daß gelegentlich nicht gleich deutlich wird, wie sich die jeweils jüngeren Schichten auf die älteren beziehen, sie auslegen und korrigieren", wenn man von der Endgestalt und den Redaktionen ausgeht. Dieses Vorgehen habe aber den Vorteil, daß die Textbasis sicherer sei[15]. In seiner Beschreibung der Endredaktion und der vorpriesterschriftlichen Redaktion des Pentateuch setzt aber R. Smend faktisch durchgehend eine diachrone Analyse der Texte voraus. So stellt er z.B. im Rahmen der Endredaktion die Quellenscheidung in der Sintfluterzählung (Gen 6,5-9,17) dar und zeigt, wie die Endredaktion J und P miteinander verbunden hat[16]. Hier - wie auch sonst - ist die neuere Urkundenhypothese die Grundlage, von der aus R. Smend im einzelnen die Arbeitsweise der Redaktionen beschreibt. Bei E. Blum spielen ebenfalls diachrone Gesichtspunkte eine größere Rolle, als es nach seinen programmatischen Ausführungen zu erwarten ist. Nach ihnen müßte E. Blum die jüngere priesterliche Komposition vor KD analysieren. Er geht aber umgekehrt vor: "Aus Gründen der *Darstellung* ... setzen wir deshalb nicht, wie es dem skizzierten methodischen Gefälle entspräche, mit der 'jüngeren', umfassenderen Komposition ein, sondern halten uns sozusagen an die geschichtliche Abfolge"[17]. Aber m.E. setzt E. Blum in seiner Beschreibung der priesterlichen Komposition auch sachlich seine Analyse von KD voraus. Er möchte zeigen, daß und wie sich die jüngere Komposition in unterschiedlicher Weise auf KD bezieht[18]. Das ist nur möglich, weil E. Blum zunächst die deuteronomistische Komposition abgegrenzt und beschrieben hat. Im übrigen untersucht E. Blum im Rahmen seiner Analyse der Kompositionen verschiedentlich, auf welche Überlieferungen sie zurückgegriffen haben, weil auch für ihn solche diachronen Beobachtungen die Eigentümlichkeiten der Kompositionen deutlich machen[19]. Die Unsicherheitsfaktoren sind zwar bei einer diachronen Analyse größer als bei einer synchronen Be-

---

14 W.H. Schmidt, Erwägungen, 124.

15 R. Smend, 11.

16 R. Smend, 41ff.

17 E. Blum, Studien, 5.

18 E. Blum, Studien, 221ff.

19 Vgl. etwa die Analyse der priesterlichen Plagen bei E. Blum, Studien, 250ff.

schreibung. Sie sind freilich auch hier beträchtlich, sobald man hinter die Endgestalt des Pentateuch zurückgeht. So zeichnen R. Smend, H.-C. Schmitt und E. Blum jeweils ein verschiedenes Bild von den Redaktionen bzw. Kompositionen, weil sie unterschiedliche Modelle zur Entstehung des Pentateuch vertreten. Aber auch wenn das Risiko größer sein mag, ist die diachrone Analyse der synchronen Beschreibung vorzuordnen, weil sich m.E. ohne Ermittlung der diachronen Tiefenstruktur literarisch uneinheitliche Texte und Zusammenhänge nicht zureichend interpretieren lassen. Das soll im folgenden zunächst für die jehowistische Fassung von Ex 3,1-4,17 gezeigt werden. Sie wird deshalb diachron analysiert, ehe wichtige Aspekte der jehowistischen Redaktion dargestellt werden. Danach soll an dem Abschnitt Ex 4,20b-23, in dem die Plagenerzählung von Ex 7-11 vorweg gedeutet wird, noch kurz aufgewiesen werden, wie der Verfasser die Plagen interpretiert hat. Auch hier wird sich ergeben, daß erst durch eine diachrone Analyse der Text voll verständlich wird.

II

Die Vertreter der neueren Urkundenhypothese sind übereinstimmend der Auffassung, daß sich aus Ex 3,1-4,17 zwei Darstellungen rekonstruieren lassen, die von dem Jahwisten und dem Elohisten stammen. Dagegen halten J. Van Seters und E. Blum diesen Abschnitt für weitgehend literarisch einheitlich. J. Van Seters weist ihn einem späten Jahwisten zu, der in der Zeit des Exils erstmals eine umfassende Darstellung der Frühgeschichte Israels geschrieben habe. Lediglich 4,17 sei von einem priesterlichen Bearbeiter dieses Werkes hinzugefügt worden[20]. Nach E. Blum sind 3,15 und 4,13-16 spätere Erweiterungen[21]. Ansonsten sei der Text aber literarisch einheitlich. Er sei von der deuteronomistischen Komposition gebildet worden, die hier älteres Traditionsgut verarbeitet habe[22].

Nun gibt es in diesem Komplex aber signifikante Spannungen, die sich nur literarkritisch erklären lassen. Das wird an 3,7-17 besonders deutlich. Dafür sollen hier nur die drei m.E. wichtigsten Argumente genannt werden, auf die die

---

20   J. Van Seters, The Life of Moses, 1994 (Contributions to Biblical Exegesis and Theology 10), 35ff.

21   E. Blum, Studien, 23 Anm. 65 und 27f.

22   E. Blum, Studien, 40ff.

Vertreter einer Aufteilung auf J und E auch immer wieder hingewiesen haben[23]. Zum einen wechseln die Gottesbezeichnungen Jahwe und Elohim. In V. 7f und V. 16f spricht Jahwe, in V. 11-14, von denen sich V. 9 und V. 10 nicht trennen lassen, wird dagegen Elohim gebraucht. E. Blum hat bestritten, daß ein solcher Wechsel literarkritisch relevant sein muß[24]. Tatsächlich räumen auch Vertreter der neueren Urkundenhypothese ein, daß in einigen Texten des Jahwisten Elohim gebraucht wird, obwohl bei ihm der Gottesname Jahwe zu erwarten wäre. Das wohl bekannteste Beispiel ist die Erzählung von dem Kampf Jakobs am Jabbok in Gen 32,23ff, die J zuzuweisen ist, obwohl hier in V. 31 Elohim steht[25]. Auch wenn es einige Ausnahmen von der Regel gibt, daß J von Gen 2,4b an den Gottesnamen Jahwe gebraucht hat, sind die unterschiedlichen Gottesbezeichnungen trotzdem literarkritisch wichtig. Das wird dadurch bestätigt, daß mit ihnen häufig weitere Unterschiede verbunden sind[26]. So ist es auch in Ex 3,7ff. Hier wird - das ist das zweite Argument - die Aufgabe des Mose unterschiedlich beschrieben. Nach V. 7f und V. 16f will Jahwe selbst die Israeliten aus Ägypten heraufführen. Das soll Mose den Ältesten Israels ankündigen. Dagegen erhält Mose in V. 10-12 den Auftrag, die Israeliten aus Ägypten herauszuführen. Er ist also hier nicht, wie in dem Faden mit Jahwe, der Bote, der den Israeliten das Handeln Jahwes ankündigen soll, sondern Elohim beruft ihn zum Führer für den Auszug der Israeliten. Der dritte Grund für eine literarische Aufteilung besteht darin, daß für die Befreiung aus Ägypten verschiedene Verben gebraucht werden. In V. 8 und V. 17 kündigt Jahwe an, daß er die Israeliten aus Ägypten heraufführen (עלה hi.) wird. Dagegen soll sie Mose nach V. 10 und V. 12 von dort herausführen (יצא hi.). Durch diese verschiedenen Verben wird jeweils ein unterschiedlicher Horizont eröffnet. Bei "Herauffüh-ren" ist bereits das palästinische Kulturland als Ziel in dem Blick, da man aus

---

23 Vgl. z.B. M. Noth, Das zweite Buch Mose. Exodus, [8]1988 (ATD 5), 22ff; F. Kohata, Jahwist und Priesterschrift in Exodus 3-14, 1986 (BZAW 166), 15ff; W.H. Schmidt, BK, 107ff; L. Schmidt, Pentateuch, in: H.J. Boecker u.a., Altes Testament, [5]1996, 98ff.

24 E. Blum, Die Komposition der Vätergeschichte, 1984 (WMANT 57), 471ff; ders., Studien, 25; ähnlich z.B. auch R.N. Whybray, Making, 63ff.

25 Vgl. zu Gen 32,23ff meinen Beitrag "Der Kampf Jakobs am Jabbok", oben S. 38ff. Auch in der Josefsgeschichte des Jahwisten (Gen 37ff*) wird überwiegend Elohim gebraucht, vgl. L. Schmidt, Literarische Studien zur Josephsgeschichte, BZAW 167 (1986) 125-297. Das ist in beiden Fällen dadurch bedingt, daß J hier Überlieferungen aufnahm und ihre Gottesbezeichnungen nicht änderte.

26 So auch R. Smend, 40.

Ägypten nach Palästina heraufzieht. Bei "Herausführen" ist der Horizont enger. Es geht nur darum, daß die Israeliten unter Führung des Mose Ägypten verlassen dürfen.

Für eine Quellenscheidung wird in der Regel auch darauf hingewiesen, daß V. 9 eine Dublette zu V. 7 ist[27]. Sie ist freilich nach E. Blum von dem Verfasser beabsichtigt, wie aus II Sam 7,27-29 und Jos 14,10-12 hervorgehe, wo mit "und nun" ebenfalls kein Gedankenfortschritt eingeleitet werde[28]. Ob man V. 9 tatsächlich als bewußt geschaffene Redundanz verstehen *kann*[29], ist aber unwesentlich, da schon aus den drei oben genannten Beobachtungen m.E. klar hervorgeht, daß V. 7f und V. 16f nicht von demselben Verfasser stammen[30]. Auf diese Argumente geht J. Van Seters in seiner Analyse nicht ein. Damit ist aber seine Auffassung, daß der Komplex Ex 3,1-4,16 literarisch einheitlich ist, ein Postulat. Wenn man nicht grundsätzlich bestreiten will, daß Texte literarisch uneinheitlich sein können, läßt sich Ex 3,7-17 nicht einem Verfasser zuweisen.

Das gilt auch für 3,1-6. Hier zeigt der Wechsel von Jahwe zu Elohim zwischen V. 4a und V. 4b eine Naht an. Schon Sam und LXX haben ihn als so hart empfunden, daß sie ihn auf unterschiedliche Weise beseitigten. Dann ist MT eindeutig die lectio difficilior[31]. Nach E. Blum hat freilich der Verfasser von

---

27 Vgl. z.B. W.H. Schmidt, BK, 107.

28 E. Blum, Studien, 23.

29 Das bestreitet S. McEvenue, The Speaker(s) in Ex 1-15, in: G. Braulik u.a. (Hg.), Biblische Theologie und gesellschaftlicher Wandel (FS N. Lohfink), 1993, 220-236, 227 Anm. 18.

30 Im übrigen kommt der Auftrag an Mose in V. 16f nach V. 13f eigentlich zu spät. In V. 13a sagt Mose: "Wenn ich zu den Israeliten komme und zu ihnen sage: Der Gott eurer Väter hat mich zu euch gesandt". Danach sandte Gott bereits Mose zu den Israeliten. In V. 16a erhält aber Mose den Auftrag: "Geh und versammle die Ältesten Israels". Das ist nur sinnvoll, wenn Mose nicht schon zuvor zu den Israeliten gesandt wurde. Tatsächlich wird in V. 16f V. 9-14 nicht vorausgesetzt. Das übersieht J. Buchholz, Die Ältesten Israels im Deuteronomium, 1988 (GAT 36), 45f. Er hält V. 16f für eine spätere Fortschreibung von V. 1-15, da es in V. 16f keine positiven Argumente für eine Zuweisung an J gebe. Der einzige Gedankenfortschritt bestehe darin, daß hier "das bisher bereits Bekannte noch einmal ausdrücklich den Ältesten Israels verkündet wird" (46). Das stimmt nicht, da V. 16f direkt an V. 7f anknüpft. J. Buchholz wird m.E. bei seiner Auffassung von dem Interesse geleitet, die Erwähnungen der Ältesten in der Auszugsüberlieferung durchgehend als spät zu erweisen.

31 Für J. Van Seters, 36, ist die Bezeugung der Gottesbezeichnungen in V. 4 "so erratic in the versions here as to make this criterion quite uncertain". Aber nach dem Prinzip der lectio difficilior ist MT eindeutig ursprünglich. Gelegentlich weisen schon abwei-

3,1ff die Gottesbezeichnung Elohim in V. 4b und V. 6 bewußt gewählt. Mit ihr wolle er unterstreichen: "Daß nämlich Mose in den Bereich des Göttlichen, Numinosen, Heiligen geraten ist"[32]. Ein solcher Versuch, die Gottesbezeichnung in V. 4b und V. 6 sachlich zu erklären, wäre jedoch nur berechtigt, wenn es in Ex 3,1-4,17 keine weiteren markanten Spannungen gäbe, die eine literarische Schichtung anzeigen. Da das in 3,7ff aber der Fall ist, stammt V. 4b von einem anderen Verfasser als V. 2.3.4a.5, die in V. 7f.16f vorausgesetzt werden[33]. Zu diesem Faden mit Jahwe gehört auch nicht V. 6. Das geht nicht nur aus der Gottesbezeichnung Elohim in V. 6b hervor, sondern ergibt sich auch daraus, daß V. 6 nicht glatt an V. 5 anschließt. In V. 5 wird Mose befohlen, seine Sandalen auszuziehen, in V. 6 verhüllt er aber sein Gesicht. Zudem wird in V. 2-4a die Wurzel ראה als Leitwort gebraucht, in V. 6 steht dagegen für "sehen" נבט hi.

In Ex 3,1-17 sind also zwei literarische Darstellungen enthalten, die sich sowohl durch die verschiedenen Gottesbezeichnungen Jahwe und Elohim als auch durch den unterschiedlichen Auftrag, den Mose erhält, deutlich voneinander abheben. Die ursprünglichen Fassungen von J und E hat m.E. W.H. Schmidt im wesentlichen zutreffend bestimmt. Danach stammen V. 1a*.bα.2-4a.5.7.8a*.16*.17a* aus J, V. 1bβ*.4b*(ohne "mitten aus dem Dornstrauch").6.9-12a.13f aus E[34]. Diese Aufteilung ist freilich in zwei Punkten zu modifizieren. E hat in V. 9-12 die Berufung des Mose nach dem Berufungsschema gestaltet, das auch für Gideon (Jdc 6,11ff), Saul (I Sam 9,16ff) und Jeremia (Jer 1,4-10) belegt

---

chende Lesarten der Versionen auf literarkritische Probleme hin.

32 E. Blum, Studien, 25.

33 Nach P. Weimar, 199ff, hat erst die jehowistische Redaktion die Berufung des Mose durch die Erscheinung im Dornbusch ergänzt. Sie wird aber in 3,16 vorausgesetzt, wonach Mose den Ältesten sagen soll: "Jahwe, der Gott eurer Väter ist mir erschienen".

34 Zur genaueren Abgrenzung und Begründung vgl. W.H. Schmidt, BK, 110ff. Gegen die Zuweisung von V. 6b an E ist eingewandt worden, daß hier die Theophanie im Dornstrauch vorausgesetzt werde, da sich Mose nur dann fürchten könne, Gott anzuschauen (F. Kohata, 17f; E. Blum, Studien, 26). Aber bei E ist Gott auf dem Gottesberg in einzigartiger Weise präsent (vgl. z.B. Ex 19,3a). Diese Gegenwart wird Mose bewußt, als sich ihm Gott in V. 6a als "der Gott deines Vaters" vorstellt. Deshalb fürchtet sich Mose, Gott anzuschauen. V. 6b ist somit bei E auch ohne eine besondere Theophanie möglich.

ist[35]. Es ist ein konstitutiver Bestandteil dieses Schemas, daß der Berufene ein
Zeichen erhält. In V. 12a kündigt Gott Mose auch ein Zeichen an. Meist wird
aber bestritten, daß bei E das Zeichen in dem Gottesdienst am Berg bestand (V.
12b). Das Zeichen könne nicht ein künftiges Ereignis gewesen sein, da es Mose
die Gewißheit geben solle, daß ihn Gott gesandt habe[36]. Nun weiß aber bei E
Mose bereits, daß Gott mit ihm redet. Deshalb kann er hier kein Zeichen
erhalten, das ihn jetzt vergewissert, daß ihn Gott gesandt hat. Das ist der Grund,
warum ihm Gott in V. 12b ein "Erfüllungszeichen" zusagt. Nach der Befreiung
aus Ägypten wird Mose an dem Gottesdienst am Berg erkennen, daß er tatsächlich von Gott mit der Herausführung der Israeliten beauftragt worden war. V.
12b stammt somit von E[37].

Von größerem Gewicht für das Verständnis der elohistischen Version ist
freilich die Frage, ob Mose bereits in ihr den doppelten Auftrag erhielt, zu
Pharao zu gehen und die Israeliten aus Ägypten herauszuführen[38]. Die Sendung
des Mose zu Pharao bereitet in einer selbständigen Quellenschrift E Probleme,
da sich E in Ex 5 und in der vorpriesterlichen Plagenerzählung (Ex 7,14ff*)
nicht nachweisen läßt[39]. Das kann nicht nur dadurch bedingt sein, daß E lücken-
haft erhalten ist. In diesem Fall wären hier wenigstens Fragmente von E zu
erwarten. Da seine Sendung zu Pharao undenkbar ist, wenn Mose nicht später
mit dem Pharao verhandelte, müßte die elohistische Version einem Bearbeiter
der jahwistischen Fassung zugewiesen werden, wenn Mose schon in ihr ur-

---

35 Vgl. W.H. Schmidt, BK, 123ff. Nach J. Van Seters, 42ff, stammt das Berufungssche-
    ma in Jdc 6,11ff und I Sam 9,16ff von DtrH. Dagegen spricht jedoch, daß in dem
    Schema anders als bei DtrH die Not nicht mit der Sünde des Volkes begründet wird,
    vgl. L. Schmidt, Menschlicher Erfolg und Jahwes Initiative, 1970 (WMANT 38), 46.
    Auch nach H.-C. Schmitt, Das sogenannte vorprophetische Berufungsschema, ZAW
    104 (1992), 202-216, ist das Schema vordeuteronomistisch.

36 So z.B. M. Noth, ATD, 29; W.H. Schmidt, BK, 130; F. Kohata, 21f.

37 Zur näheren Begründung vgl. meinen Aufsatz "Weisheit und Geschichte beim
    Elohisten", oben S. 150ff.

38 Gegen Chr. Levin, Der Jahwist, 1993 (FRLANT 157), 330, besagt V. 10 nicht, daß
    Mose zu Pharao gehen soll, um die Israeliten aus Ägypten herauszuführen. In seinem
    Einwand unterscheidet Mose in V. 11 zwischen dem Befehl, zu Pharao zu gehen,
    und der Anweisung, die Israeliten aus Ägypten herauszuführen. Mose erhält somit in
    V. 10 tatsächlich einen doppelten Auftrag.

39 Vgl. L. Schmidt, Beobachtungen zu der Plagenerzählung in Ex 7,14-11,10, 1990 (StB
    4).

sprünglich auch beauftragt wurde, zu Pharao zu gehen[40]. Nun zeigt aber schon
V. 13f, daß Mose bei E in V. 10 nur den Auftrag erhielt, die Israeliten aus
Ägypten herauszuführen. In V. 10 und in V. 13f werden für die Sendung des
Mose verschiedene Adressaten genannt. In V. 10 sendet ihn Gott zu Pharao,
nach V. 13f wurde er aber zu den Israeliten gesandt. Dann sind "daß ich dich
zu Pharao sende" in V. 10 und der erste כי-Satz in dem Einwand des Mose von
V. 11 spätere Zusätze, die im Blick auf Ex 5 und die Plagenerzählung eingefügt
wurden[41].

Auch aus V. 15 geht hervor, daß die elohistische Darstellung nicht als
Erweiterung des J-Fadens entstanden ist. Die Redeeinleitung "da sagte Gott
nochmals zu Mose" und die variierte Aufnahme von V. 14b in V. 15a zeigen,
daß es sich bei V. 15 um einen Zusatz handelt, durch den V. 14 mit V. 16

---

40 So weist z.B. Chr. Levin, 330ff, den hier zu E gerechneten Bestand sukzessiv entstandenen Fortschreibungen zu. Dabei verteilt er Texte auf verschiedene Hände, die
eindeutig zusammengehören. So ist etwa nach ihm V. 11-12aα jünger als V. 10. Aber
der Einwand des Mose und die Zusage des Beistandes Gottes dürfen nicht von der
Beauftragung in V. 10 getrennt werden, da sie zu dem Berufungsschema gehören.
Es gibt keinerlei Anzeichen dafür, daß dem Abschnitt V. 9-12 nicht von vornherein
dieses Schema zugrundelag. Nach Chr. Levin, 331, setzt die Frage des Mose nach
dem Namen Gottes in V. 13 seine Sendung zu den Ältesten in V. 16 voraus. Das ist
nicht richtig, da sich Mose hier auf den Auftrag zur Herausführung der Israeliten in
V. 10 bezieht. V. 14b ist gegen Chr. Levin, 331, keine nachträgliche Erläuterung zu
V. 13.14a, sondern die notwendige Fortsetzung. Mose hatte in V. 13 die Frage
gestellt, was er den Israeliten sagen soll, wenn sie ihn nach dem Namen des Gottes
ihrer Väter fragen. Diese Frage wird erst mit V. 14b beantwortet. Die neue Redeeinleitung soll hier eine Gliederung anzeigen. Diese Funktion hat eine solche Einleitung
auch in den Reden von Gen 20,9f; 43,29; 47,3b.4. Diese Stellen sind m.E. literarisch
einheitlich. Für B. Renaud, La figure prophétique de Moïse en Exode 3,1-4,17, RB
93 (1986) 510-534, 513f, zeigen freilich die neue Redeeinleitung und der Ausdruck
בני ישראל, der nur in späten Schichten belegt sei, daß V. 13f später überarbeitet
wurden. Bei E habe Mose sich für sich selbst nach dem Namen Gottes erkundigt.
Aber m.E. hat schon J den Ausdruck "die Israeliten" gebraucht, vgl. Ex 1,9.12;
14,10b*. Es besteht somit kein Grund, die jetzige Fassung von V. 13f E abzuspre-
chen.

41 Das hatte schon M. Noth, ATD, 28, erwogen; vgl. auch F. Kohata, 20f. In Jdc 6,14
beauftragt Jahwe zunächst Gideon, Israel aus der Hand Midians zu retten. Danach
sagt er: "Habe ich dich nicht gesandt?" Die Sendung besteht hier in dem Rettungs-
auftrag. Ähnlich wird in Ex 3,12-14 der Auftrag zur Herausführung der Israeliten in
V. 10 mit dem Begriff "senden" aufgenommen.

verklammert werden sollte[42]. Es ist kaum vorstellbar, daß V. 16 jemals direkt auf
V. 14b folgte. Nachdem Mose nach V. 14b den Israeliten sagen soll "אהיה hat
mich gesandt", kann er nicht unmittelbar danach den Ältesten Israels mitteilen
sollen "*Jahwe, der Gott eurer Väter, ist mir erschienen*". Der Gottesname würde
völlig überraschend erwähnt. Daß die jahwistische und die elohistische Fassung
zunächst unabhängig voneinander tradiert wurden, bestätigen zwei weitere
Überlegungen. Der Auftrag an Mose bei E unterscheidet sich grundlegend von
dem bei J, ohne daß zwischen beiden Aufträgen eine Beziehung hergestellt wird.
Das ist bei einem Bearbeiter kaum denkbar. Außerdem läßt sich nicht begründen, warum ein Bearbeiter, dem V. 7f vorlag, in V. 9 nochmals berichtet haben
sollte, daß Jahwe/Elohim die Not der Israeliten zur Kenntnis genommen hat.

    Nach H.-C. Schmitt ist freilich die jahwistische Schicht in Ex 3 eine Bear-
beitung der elohistischen Fassung[43]. Das läßt sich aber nicht damit vereinbaren,
daß V. 15 deutlich eine spätere redaktionelle Klammer zwischen V. 14 und V.
16 ist. Außerdem bezieht sich Jahwe in seinem Auftrag an Mose in V. 16f
lediglich auf seine Ankündigung in V. 7f. Das wird nur verständlich, wenn
ursprünglich V. 16f unmittelbar auf V. 7f folgte. Beide Stücke waren wohl durch
"und nun" am Anfang von V. 9 miteinander verbunden. Der Auftrag an Mose in
V. 16f ist die Folgerung, die Jahwe aus seinen Worten in V. 7f zieht. Zu beachten ist auch, daß V. 2-4a.5 einen fortlaufenden Zusammenhang bilden, in dem
V. 4b nicht vorausgesetzt wird. Der J-Faden ist somit keine Bearbeitung von E.
Die Darstellungen von J und E wurden also erst von dem Jehowisten miteinander verbunden. In Blick auf seine Redaktion ist festzuhalten: Dem Jehowisten
lagen für die Berufung des Mose die J- und die E-Fassung vor, die sich in ihren
Aussagen erheblich unterschieden: Bei J sollte Mose den Ältesten Israels
ankündigen, daß Jahwe die Israeliten aus Ägypten heraufführen wird. Mose ist
hier der Bote, der den Israeliten das Wirken Jahwes ankündigt. Dagegen wurde
Mose bei E zum Führer der Israeliten berufen, der sie aus Ägypten herausführen soll. Mose wurde also ursprünglich in Ex 3,9-12 nicht zum Propheten berufen, wie z.B. J. Van Seters annimmt[44].

    In Ex 3,18-4,17 sind J und E nicht mehr vertreten. In dem m.E. literarisch

---

42   So auch W.H. Schmidt, BK, 132; F. Kohata, 22f.

43   H.-C. Schmitt, Redaktion, 185-187.

44   Nach J. Van Seters, 44, hat hier der späte Jahwist das Berufungsschema in eine
     prophetische Berufungserzählung transformiert. Das schließt J. Van Seters aber
     daraus, daß Mose in V. 10 zu Pharao gesandt wird. Diese Sendung ist jedoch, wie
     oben gezeigt wurde, ein Zusatz.

einheitlichen Abschnitt 3,18-22[45] befiehlt Jahwe Mose zunächst, zusammen mit den Ältesten zu dem König von Ägypten zu gehen und ihm mitzuteilen, daß sie Jahwe in der Wüste opfern wollen. Danach informiert Jahwe Mose über die künftigen Ereignisse bis zur Entlassung der Israeliten. Dieses Stück kann erst sehr spät entstanden sein, da es in Ex 5ff nicht vorausgesetzt wird. So ist z.B. die Klage des Mose in Ex 5,22f unverständlich, wenn Jahwe ihm bereits bei seiner Berufung angekündigt hatte, daß der König von Ägypten[46] die Israeliten nicht zu dem Opfer ziehen lassen wird. Auch die Antwort Jahwes auf diese Klage in 6,1 setzt voraus, daß Jahwe nicht schon in 3,19f angekündigt hatte, daß er machtvoll gegen Ägypten vorgehen wird. Mit seiner Ankündigung, daß der Pharao durch eine starke Hand die Israeliten entlassen, ja sie sogar aus seinem Land vertreiben wird, teilt Jahwe hier Mose offensichtlich etwas Neues mit. Auf seine Ankündigung in 6,1 bezieht sich Jahwe in 11,1. Hier gibt Jahwe Mose bekannt, daß er nun über Pharao und Ägypten noch eine Plage bringen wird und daß Pharao dann die Israeliten entlassen, ja sogar vertreiben wird. Auch in 11,1 wird somit 3,18ff nicht vorausgesetzt. Die "Beraubung" der Ägypter, die in 3,21f vorhergesagt wird, ist in der Exodusüberlieferung ein sehr spätes Motiv[47]. Deshalb ist es besonders signifikant, daß in 11,2f keine Beziehung zu 3,21f hergestellt wird. Die Anweisung an Mose in 11,2, daß die Israeliten silberne und goldene Gefäße fordern sollen, enthält keinerlei Hinweis, daß sie nun ausführen sollen, was Jahwe bereits in 3,21f Mose vorhergesagt hatte. Dem späten Verfasser von 3,18-22 lag somit die Darstellung in Ex 5ff zumindest im wesentlichen schon vor[48].

---

45 3,18-22 wird verschiedentlich auf mehrere Hände aufgeteilt, vgl. die Angaben bei P. Weimar, 54 Anm. 102 und 55 Anm. 105, und die eigene Lösung von P. Weimar, 378. Da der Abschnitt aber keine Spannungen enthält, stammt er von einem Verfasser, so z.B. auch W.H. Schmidt, BK, 142f.

46 3,18-20 kann schon deshalb nicht ganz oder teilweise J oder dem Jehowisten zugewiesen werden, weil hier für den ägyptischen Herrscher "der König von Ägypten" gebraucht wird. In Ex 1,8 heißt es zwar: "Da stand auf ein neuer König *über* Ägypten". Aber J und der Jehowist nennen diesen König im folgenden "Pharao".

47 Vgl. L. Schmidt, Plagenerzählung, 55.

48 Allerdings wird in Ex 5 nicht berichtet, daß Mose zusammen mit den Ältesten zu Pharao kam. Deshalb wird 3,18ff oft ganz oder teilweise für älter gehalten als 4,13-16 und die Erwähnungen Aarons in Ex 5 (so z.B. P. Weimar, 378; E. Blum, Studien, 27f). Gegen diese Lösung sprechen aber die oben genannten Beobachtungen. Daß in 3,18 Mose mit den Ältesten zu dem König von Ägypten gehen soll, könnte dadurch bedingt sein, daß Aaron erst in 4,13ff eingeführt wird. Durch 3,18 sollen die Worte,

Zur theologischen Auffassung in diesem Abschnitt stellt E. Blum mit Recht fest: "So bringt die detaillierte Vorhersage in 3,18ff. ein Prophetenverständnis zum Ausdruck, das in Am 3,7 seine begriffliche Formulierung gefunden hat und mit Recht als deuteronomistische Konzeption gilt"[49]. Das beweist aber gegen E. Blum nicht, daß 3,18ff vorpriesterlich ist, denn die gleiche Konzeption liegt auch in Gen 15,13-16 vor[50]. Hier kündigt Jahwe Abraham die künftigen Ereignisse an. Dabei setzt auch dieser Abschnitt voraus, daß im Rahmen der Exodusüberlieferung bereits von der "Beraubung" der Ägypter berichtet wurde, denn nach V. 14 werden die Nachkommen Abrahams mit großem Besitz aus dem Volk, dem sie dienen mußten, ausziehen. Das deuteronomistische Prophetenverständnis wurde also später auf Abraham und Mose übertragen. Sie gelten in Gen 15,13ff und Ex 3,18ff als die Vertrauten Jahwes, denen Jahwe mitgeteilt hat, was in Zukunft geschehen wird. Damit soll nicht nur gezeigt werden, daß die Beziehung zwischen Jahwe und Abraham oder Mose besonders eng war. Es geht vor allem um den Aufweis, daß Jahwe die künftigen Ereignisse vorhergesehen und daß er sie in seinem Heilsplan bereits berücksichtigt hat. Deshalb sagt Jahwe in Ex 3,18ff Mose im einzelnen voraus, was bis zur Entlassung der Israeliten geschehen wird.

In 4,1ff erhebt Mose zunächst den Einwand, daß man ihm nicht glauben, sondern sagen wird: "Nicht ist dir Jahwe erschienen". Darauf darf Mose ursprünglich zwei Verwandlungswunder ausführen, die seine Botschaft beglaubigen sollen (4,1-4.6-8)[51]. Dieser Abschnitt schließt direkt an 3,17a* an[52]. Er setzt die

---

die in 5,3 an Pharao gerichtet werden, in der Berufung des Mose verankert werden. Sie setzen mehrere Sprecher voraus, wie der Plural "wir" bzw. "uns" zeigt. Da Aaron erst später eingeführt wird, hatte für den Verfasser von 3,18ff Jahwe anscheinend zunächst angeordnet, daß Mose zusammen mit den Ältesten zu dem ägyptischen Herrscher gehen soll.

49 E. Blum, Studien, 33.

50 Dieser Abschnitt ist m.E. erst im Umkreis der Endredaktion des Pentateuch entstanden. Das kann hier nicht begründet werden.

51 Gegen W.H. Schmidt, BK, 190, und J. Van Seters, 50, ist 4,1-9 nicht einheitlich. Das dritte Zeichen in V. 9 unterscheidet sich bereits dadurch von den beiden anderen Wundern, daß es Mose nicht ausprobieren kann. Das ist aber offenbar für die ersten zwei Wunder wichtig. Jahwe läßt sie Mose schon jetzt ausführen, damit Mose gewiß ist, daß er sie auch vor dem Volk tun kann. Außerdem besteht nur zwischen diesen beiden Zeichen eine enge formale und sachliche Beziehung: "Zuerst ist nur ein Gegenstand betroffen, dann die Person selbst" (W.H. Schmidt, BK, 189). Ihre Darstellung in V. 2-4.6f läßt sich freilich nach W.H. Schmidt, BK, 189, relativ leicht von dem Kontext isolieren. Daraus zieht er den Schluß: Sie "bildeten ... vermutlich bereits in der mündlichen Überlieferung eine Einheit". Aber diese Wunder können

elohistische Fassung der Berufung des Mose nicht voraus. Der Einwand des Mose in 4,1 hat keine Beziehung zu dem Berufungsschema, da in ihm der Berufene seine persönliche Eignung bestreitet. In 4,1 wendet aber Mose ein, daß die Hörer ihm nicht glauben werden, daß ihm Jahwe erschienen ist. Dieser Einwand steht freilich in Spannung zu der Darstellung des Jahwisten in Ex 3*. J erzählt hier von der Theophanie im Dornstrauch, weil die Erscheinung Jahwes die Zuverlässigkeit der Worte Jahwes unterstreicht. Dagegen wird die Theophanie in 4,1 mit einer prophetischen Vision gleichgestellt, von der die Hörer eines Propheten bestreiten können, daß sie ihm zuteil wurde. Das ist im Alten Testament singulär[53]. Dann ist 4,1ff* eine spätere Erweiterung der Darstellung von J. Sie lag freilich dem Jehowisten bereits vor[54]. Wie im folgenden noch zu zeigen sein wird, hat er in 4,13-16 und 4,27ff* Aaron als Sprecher des Mose zu dem Volk eingeführt. Auch bei dem Jehowisten sollte aber Mose die Zeichen ausführen, wie 4,17 zeigt. Das wird freilich in 4,27ff nicht deutlich. Hier wird in V. 30b von der Ausführung der Zeichen berichtet. Nach V. 30a muß man aber eigentlich annehmen, daß in V. 30b Aaron das Subjekt ist. Diese Unklarheit läßt sich

---

nicht von dem Rahmen in V. 1.(5) 8 getrennt werden, weil nur aus ihm hervorgeht, warum sie Jahwe Mose befiehlt. Die beiden Wunder stammen somit nicht aus der mündlichen Überlieferung, sondern sie sind eine literarische Bildung des Verfassers von 4,1ff*. Dann zeigen die Unterschiede zu V. 9, daß dieser Vers eine spätere Fortschreibung ist. Sie setzt zumindest die jehowistische Umgestaltung der Verpestung der Wasser des Nils zu einer Verwandlung der Nilwasser in Blut in 7,14ff* voraus (vgl. dazu L. Schmidt, Plagenerzählung, 4ff). In alttestamentlichen Erzählungen kommt verschiedentlich ein Motiv dreimal vor (so z.B. I Sam 19,18ff; II Reg 1,9ff). Damit Mose dem Volk drei Zeichen geben kann, wurde V. 9 hinzugefügt. Auch in I Sam 10,2ff ist das dritte Zeichen für Saul (V. 5.6.10-13a) ein späterer Zusatz, vgl. L. Schmidt, Erfolg, 63ff. Sekundär ist auch 4,5. Das geht u.a. daraus hervor, daß hier im Unterschied zu V. 1 und V. 8 großes Gewicht darauf gelegt wird, daß Jahwe "der Gott ihrer Väter" ist. Vielleicht geht 4,5 auf den Jehowisten zurück. Die Formulierung "Jahwe, der Gott ihrer Väter, der Gott Abrahams, der Gott Isaaks und der Gott Jakobs" kommt ähnlich in 3,15a vor. 3,15 stammt von dem Jehowisten, wie noch zu zeigen sein wird.

52 Für W.H. Schmidt, BK, 180, ermöglicht zwar erst die Ankündigung in 3,18a, daß die Ältesten auf die Stimme des Mose hören werden, seinen Einwand in 4,1. Es ist aber schwer vorstellbar, daß Mose noch bezweifelt, daß seine Botschaft von den Israeliten aufgenommen wird, wenn ihm Jahwe zuvor in 3,18ff mitgeteilt hat, wie die Ereignisse ablaufen werden. 4,1 läßt sich ohne Schwierigkeiten an 3,17a* anschließen.

53 Vgl. im einzelnen meinen Aufsatz "Überlegungen zum Jahwisten", oben S. 18ff.

54 Dagegen hält W.H. Schmidt, BK, 192, 4,1-16 für literarisch einheitlich.

nur so erklären, daß dem Jehowisten V. 30b bereits vorlag. Er stellte V. 30a voran und übersah, daß nun in V. 30b Mose ausdrücklich als Subjekt genannt werden müßte[55].

Der Abschnitt 4,10-17 wird in der Forschung sehr unterschiedlich beurteilt. So sind z.B. nach E. Blum und Chr. Levin V. 13-16 jünger als V. 10-12[56]. Aber W.H. Schmidt hat mit Recht darauf hingewiesen, daß der Einwand des Mose in V. 10, wo er von seiner Unfähigkeit zu reden spricht, darauf abzielt, daß Jahwe Aaron zum Sprecher des Mose zu dem Volk macht[57]. In diesem Zusammenhang ist auch V. 17 fest verankert, da hier in Verbindung mit V. 16 die Aufgabenverteilung für Mose und Aaron vor dem Volk festgelegt wird. Aaron soll für Mose zu dem Volk reden (V. 16), aber die Ausführung der Zeichen ist weiterhin Aufgabe des Mose (V. 17). Nun wird in 4,15f und 7,1f das Verhältnis zwischen Mose und Aaron so ähnlich beschrieben, daß zwischen beiden Texten eine literarische Beziehung bestehen muß. Manchmal wird die These vertreten, daß 4,15f von 7,1f abhängig ist[58]. W.H. Schmidt hat aber m.E. überzeugend begründet, daß P in Ex 7,1f Ex 4,15f abgewandelt hat[59].

In 4,10ff werden die durch 4,1ff* erweiterte jahwistische Darstellung von der Berufung des Mose und die elohistische Version vorausgesetzt. Mit dem Einwand des Mose in 4,10, daß er nicht reden kann, wird auf seinen Auftrag für die Ältesten in 3,16f* Bezug genommen. Zugleich wird hier aber auch sein Einwand in 3,11* weitergeführt, denn Mose betont auch in 4,10, daß er für die ihm übertragene Aufgabe ungeeignet ist. In der Zusage Jahwes von 4,12 "und ich werde mit deinem Mund sein" wird die Beistandszusage in 3,12 "Ja, ich werde mit dir sein" fortgeschrieben. Sie bezieht sich nun auf die Unfähigkeit des Mose zu reden. Diese Linie wird in 4,15 weitergeführt, wo Jahwe Mose zusichert, daß er mit seinem und mit Aarons Mund sein wird. Da in 4,10-17 die erweiterte Fassung von J und die Version von E vorausgesetzt werden und da der Abschnitt älter ist als die Priesterschrift, stammt er von dem Jehowisten. Es wird später noch zu zeigen sein, daß die jehowistische Darstellung in Ex 5ff* ohne 4,10-17 nicht denkbar ist.

---

55 Vgl. zur Analyse von 4,27-31 L. Schmidt, Pentateuch, 100.

56 E. Blum, Studien, 27f; Chr. Levin, 333; so auch noch L. Schmidt, Überlegungen, oben S. 24.

57 W.H. Schmidt, BK, 190f.

58 So z.B. P. Weimar, 351ff; Chr. Levin, 333.

59 W.H. Schmidt, BK, 194f; auf seine ausführliche Argumentation sei hier verwiesen.

Zunächst sollen aber einige, m.E. wichtige Aspekte der jehowistischen Redaktion in 3,1-4,17* dargestellt werden[60]. Der Jehowist hat hier seine Vorlagen recht geschickt miteinander verbunden. Er setzt aber neue Akzente. Bei E wurde Mose beauftragt, die Israeliten aus Ägypten herauszuführen. Dieser Auftrag ist umfassender als der, den Mose bei J erhielt, denn hier soll Mose lediglich den Ältesten ankündigen, daß Jahwe die Israeliten aus Ägypten heraufführen wird. Deshalb stellte der Jehowist 3,9ff* vor 3,16f. In V. 16 soll aber Mose den Ältesten sagen: "Jahwe, der Gott eurer Väter, ist mir erschienen...". Danach konnte Mose Gott nicht mehr die Frage stellen, was er den Israeliten antworten soll, wenn sie ihn nach dem Namen des Gottes ihrer Väter fragen. Deshalb mußte auch V. 13f (E) vor V. 16 stehen. Damit wurde aber eine Brücke zwischen V. 14 und V. 16 notwendig. Sie hat der Jehowist mit V. 15 hergestellt. Damit gibt bei ihm Gott bei der Berufung des Mose den Israeliten seinen Namen Jahwe bekannt. Das überrascht zunächst im Rahmen des Jehowisten, da er die Darstellung der Erzväter bei J in sein Werk aufgenommen hat. Hier kannten aber bereits die Patriarchen den Gottesnamen Jahwe. So hatte z.B. Abraham "dem Jahwe, der ihm erschienen war" einen Altar gebaut (Gen 12,7). Abraham hatte auch den Namen Jahwes angerufen (Gen 12,8). Bei seiner Erscheinung in Bet-El hatte Jahwe zu Jakob gesagt: "Ich bin Jahwe, der Gott deines Vaters Abraham und der Gott Isaaks" (Gen 28,13)[61]. Dagegen konnten bei E die Israeliten nach dem Namen des Gottes ihrer Väter fragen, weil E den Gottesnamen zuvor noch nicht gebraucht hatte. Seine Kenntnis wird allerdings nach P. Weimar hier vorausgesetzt. Es gehe bei der Frage nach dem Namen in Ex 3,13 um "'Sinn und Bedeutung des Namens', den man als solchen bereits kennt"[62]. Tatsächlich beantwortet Gott bei E diese Frage mit einer Deutung des Gottesnamens Jahwe (V. 14a). Aber sowohl die Frage in V. 13 als auch der Auftrag an Mose in V. 14b werden m.E. nur verständlich, wenn in V. 13 nicht nach der Deutung eines schon bekannten Namens, sondern nach dem Namen

---

60 Auf den Jehowisten gehen wahrscheinlich auch die Zielangaben und die Völkerlisten in 3,8.17 zurück, vgl. W.H. Schmidt, BK, 137ff. Darauf kann hier nicht eingegangen werden.

61 Im Rahmen der neueren Urkundenhypothese werden diese Stellen allgemein J zugewiesen, vgl. z.B. M. Noth, ÜPent., 29f.

62 P. Weimar, 46f.

selbst gefragt wird[63]. Aus V. 15 geht hervor, daß auch der Jehowist V. 13f in dieser Weise verstanden hat. Dann war er der Auffassung, daß die Erzväter den Gottesnamen kannten, daß er aber Mose und seiner Generation unbekannt war. Das konnte der Jehowist tatsächlich annehmen, weil "Jahwe" in Ex vor Ex 3,16 nur in der jahwistischen Fassung von Ex 3,1ff* vorkommt. Hier steht der Gottesname aber nicht in Reden, sondern nur in erzählenden Abschnitten. Für den Jehowisten hat also Gott bei der Berufung des Mose der Exodusgeneration seinen Namen Jahwe offenbart, den bereits die Patriarchen kannten. Damit vertritt der Jehowist eine neue Auffassung von der Kenntnis des Jahwenamens, die sich für ihn aus seinen Vorlagen ergab. Sie wurde später von der jüngeren Priesterschrift weitergebildet. Auch in ihr offenbart Jahwe bei der Berufung des Mose seinen Namen Jahwe, den Erzvätern war er aber als אל שדי erschienen (Ex 6,2f).

Aus V. 15 ergibt sich außerdem, daß der Jehowist die Sendung des Mose in V. 13f anders verstanden hat als E. Bei E wurde Mose zu den Israeliten gesandt, um sie aus Ägypten herauszuführen. Da V. 15 bei dem Jehowisten den Auftrag Jahwes in V. 16f vorbereitet, wird bei ihm Mose zu den Israeliten gesandt, weil er ihnen eine Botschaft Jahwes überbringen soll. Dadurch entsteht zwar die Spannung, daß von einem solchen Auftrag vor V. 16 nichts berichtet wird. 4,13.28 bestätigen aber, daß der Jehowist 3,13-15 so verstanden wissen wollte. In 4,13 sagt Mose zu Jahwe: "Sende doch, wen du senden willst". Da es in 4,10-12 darum geht, daß Mose unfähig ist zu reden, lehnt es Mose in V. 13 ab, den Redeauftrag auszuführen, den er von Jahwe erhalten hatte. In 4,28 teilt Mose Aaron alle Worte Jahwes mit, "mit denen er ihn gesandt hatte und alle die Zeichen, die er ihm befohlen hatte". Danach besteht die Sendung des Mose darin, daß er die Worte Jahwes weitergeben soll. Das zeigt auch 3,10. Der Jehowist hat hier in seine Vorlage aus E die Worte "daß ich dich zu Pharao sende" eingefügt. Deshalb erweiterte er in V. 11 den Einwand des Mose durch "daß ich zu Pharao gehe und". Während bei J Mose erst in 7,14ff* zu Pharao gesandt wurde, wird er bei dem Jehowisten bei seiner Berufung zu Pharao

---

63 P. Weimar, 377, weist V. 14b R[P] zu. Es gibt aber m.E. keinen Grund V. 14b von V. 13.14a abzutrennen, vgl. oben Anm. 40. Gerade weil dem Jehowisten V. 14b vorlag, wurde V. 15 als Brücke zu V. 16 notwendig. P. Weimar, 344f, rechnet allerdings auch V. 15 zu R[P], weil es zu V. 15b in nachexilischen Psalmen Entsprechungen gibt. Auch wenn V. 15b tatsächlich spät sein sollte, kann aber V. 15a dem Jehowisten nicht abgesprochen werden, weil sonst bei ihm V. 14 und V. 16 beziehungslos nebeneinander stehen würden.

gesandt. Damit hat der Jehowist die Auseinandersetzungen zwischen Jahwe und Pharao bereits in der Berufung des Mose verankert. Er bereitet also schon hier das zentrale Thema seiner Darstellung in Ex 5ff* vor. Wenn aber der Begriff "senden" bei dem Jehowisten vor allem einen Redeauftrag für Mose beschreibt, dann wird bei ihm Mose zum Führer des Volkes *und* zum Propheten berufen.

Wie wichtig dem Jehowisten gerade das prophetische Wirken des Mose ist, zeigt der von ihm gebildete Abschnitt 4,10-17. Hier greift der Jehowist aus dem Berufungsschema die Elemente "Einwand des Berufenen" und "Versicherung des Beistandes Gottes" auf, er bezieht sie aber auf den Redeauftrag des Mose. So wendet Mose jetzt ein, daß er kein Mann von Worten ist (4,10), und Jahwe sagt ihm in 4,12 zu, daß er mit seinem Mund sein wird. Nun gibt es zwischen 4,10ff und der Erzählung von der Berufung Jeremias in Jer 1,4-10 einige Gemeinsamkeiten. Hier wendet auch Jeremia gegen den Auftrag ein, daß er zum Reden unfähig ist (V. 6). Diesen Einwand weist Jahwe zurück und sagt ihm seinen Beistand zu (V. 7f). Auch dazu, daß Jahwe seine Worte Jeremia in den Mund legt (V. 9), gibt es in Ex 4,15 eine Parallele: Mose soll die Worte Aaron in den Mund legen. Da diese Elemente in den anderen prophetischen Berufungserzählungen fehlen, ist nach J. Van Seters Ex 4,10ff von Jer 1,4ff literarisch abhängig. Eine umgekehrte Abhängigkeit sei ausgeschlossen, da sich Jer 1,4ff ohne Rückgriff auf Ex 4,10ff erklären lasse[64]. Es ist jedoch sehr unwahrscheinlich, daß zwischen beiden Texten eine literarische Beziehung besteht, da die Motive, in denen sie übereinstimmen, unterschiedlich formuliert sind. Das liegt für Einwand und Beistandszusage auf der Hand. Es gilt aber auch für die Aussage, daß die Worte in den Mund gelegt werden. In Jer 1,9 wird dafür נתן gebraucht, in Ex 4,15 שׂים[65]. Die beiden Texte müßten in ihren Formulierungen stärker übereinstimmen, wenn sie voneinander literarisch abhängig wären. Die Ähnlichkeiten zwischen Ex 4,10ff und Jer 1,4ff sind dann so zu erklären, daß die Verfasser der beiden Texte unabhängig voneinander das Berufungsschema aufgegriffen haben. Es war dem Jehowisten durch die elohistische Fassung in 3,9ff* bereits für die Berufung des Mose literarisch vorgegeben. Da es ihm in 4,10ff um die prophetische Funktion des Mose geht, wendet Mose nun ein, daß er nicht reden kann, und Jahwe gibt ihm darauf eine Beistandszusage für seinen Mund.

Nach dem Kontext bezieht sich Mose bei seinem Einwand auf den Redeauftrag in 3,16f. Dazu paßt freilich nicht, daß Jahwe in 4,12 zu ihm sagt: "und ich

---

64   J. Van Seters, 58f.

65   In vergleichbaren Zusammenhängen steht nur noch in Dtn 18,18 נתן, sonst שׂים, vgl. Num 22,38; 23,5.12; Jes 51,16; 59,12.

werde dich unterweisen, was du reden sollst". Mose weiß ja längst, was er den Ältesten sagen soll. Diese Aussage wird somit nur verständlich, wenn der Jehowist hier eine grundsätzliche Aussage über das Reden des Mose macht, die über den konkreten Auftrag in 3,16f hinaus gültig ist. Wenn Mose künftig im Auftrag Jahwes auftritt, wird er immer reden, was ihn Jahwe gelehrt hat. Das gilt auch für Aaron, der Mose nach dessen erneutem Einwand in V. 13 in V. 14-16 als sein Sprecher zu dem Volk zugesagt wird. Deshalb dehnt der Jehowist in V. 15b die Zusage von V. 12 auf Aaron aus: "und ich werde mit deinem und mit seinem Mund sein und euch unterweisen, was ihr tun sollt". Freilich unterstellt der Jehowist Aaron der Autorität des Mose. Er überträgt in V. 16b das Verhältnis zwischen Jahwe und einem Propheten auf die Beziehung zwischen Mose und Aaron. Mose wird für Aaron zum Elohim sein. Mit dieser Aussage geht der Jehowist bis an den Rand des Möglichen, weil er anscheinend nachdrücklich betonen will, daß Mose eine einzigartige Stellung zukam. So wird bei dem Jehowisten Mose zu dem prophetischen Führer der Israeliten[66] berufen, der aber zugleich alle Propheten überragt.

Der Jehowist setzt in Ex 5ff* seine Darstellung der Berufung des Mose voraus[67]. An einigen Stellen wird hier unvermittelt von Jahwe- in Moserede übergegangen. So spricht in 7,14-17a Jahwe, in 7,17b aber heißt es: "Siehe ich werde schlagen mit dem Stab, der in meiner Hand ist...". Das ist eindeutig Moserede. In der Plage der Viehpest in 9,1-7 soll Mose zunächst im Namen Jahwes die Entlassung des Volkes fordern, in V. 3-5 steht aber Jahwe in 3.Pers. Auch die Ankündigung der letzten Plage in 11,4-8a wechselt plötzlich von Jahwe- (V. 4-6) zu Moserede (V. 7.8a). Dieser eigenartige Personenwechsel ist anscheinend bei dem Jehowisten möglich, weil eben Mose im Auftrag Jahwes immer das redet, was ihm Jahwe mitgeteilt hat, wie es Jahwe Mose in 4,10ff zusagte. Deshalb muß der Jehowist nicht mehr zwischen Jahwe- und Moserede

---

66 Ähnlich B. Renaud, 530ff. Nach ihm stammt diese Deutung des Mose von einer deuteronomistischen Redaktion, die J und E zusammenarbeitete. Ihr weist B. Renaud, 527f, ebenfalls 3,18-22 zu. Auch ansonsten weicht B. Renaud in seiner Literarkritik teilweise von der hier vertretenen Auffassung ab. So wurde nach ihm z.B. Mose schon bei E auch zu Pharao gesandt. Dann wäre Mose bei E freilich nicht nur der Führer des Volkes, wie B. Renaud, 518, meint.

67 Für die literarische Analyse von Ex 5,1-6,1; 7,8-11,10 muß hier auf L. Schmidt, Plagenerzählung, verwiesen werden.

unterscheiden[68]. Von 4,10ff her wird auch verständlich, daß Mose und Aaron in 5,1 zu Pharao sagen: "So spricht Jahwe, der Gott Israels...", obwohl der Jehowist nicht berichtet, daß ihnen Jahwe diese Botschaft aufgetragen hat. Zudem kann Aaron hier nur erwähnt werden, weil er in 4,13ff eingeführt wurde, auch wenn er in 5,1 nicht wie dort der Sprecher des Mose zu dem Volk ist. Auf 5,1 bezieht sich Mose in seiner Klage von 5,22f. Er sagt in V. 23: "Seitdem ich gekommen bin zu Pharao, zu reden in deinem Namen...". Im Namen Jahwes hatten Mose und Aaron in 5,1 gesprochen. Am Ende von V. 22 stellt Mose die Frage: "Wozu denn hast du mich gesandt?". Sie setzt die jehowistische Erweiterung des Auftrags in 3,10 "daß ich dich zu Pharao sende" voraus. Aus 4,13ff wird verständlich, daß in 5,22f nur Mose zu Jahwe redet, obwohl in 5,1 auch Aaron von Pharao die Entlassung des Volkes gefordert hatte. Dort bleibt der direkte Kontakt zu Jahwe Mose vorbehalten. Er soll die Worte, die er von Jahwe empfängt, Aaron in den Mund legen.

In seiner Darstellung der ersten Plage in 7,14ff* bezieht sich der Jehowist auf Ex 5 und auf die Berufung des Mose. Er hat hier die Plage des Jahwisten von der Verpestung der Wasser des Nils zu einem Verwandlungswunder umgestaltet: Mose schlägt die Wasser des Nils mit dem Stab und sie werden zu Blut. Diese Plage wird bei dem Jehowisten von Jahwe angeordnet, weil Pharao bisher der Entlassungsforderung von 5,1 nicht nachgekommen ist (7,16b). Von dem Stab heißt es in 7,15b: "und den Stab, der zur Schlange verwandelt wurde, sollst du in deine Hand nehmen". Das ist ein Rückbezug auf 4,2-4. Wie sich Mose für seine Botschaft an die Israeliten durch Verwandlungswunder legitimieren konnte, so will Jahwe durch ein Verwandlungswunder, das Mose ausführt, sich selbst für die Entlassungsforderung und Mose als Überbringer dieser Forderung gegenüber Pharao ausweisen[69]. Diese Intention des Jehowisten dürfte der Grund

---

68   Auf diesem Hintergrund ist der Wechsel dann zumindest teilweise sachlich bedingt. In 7,17b spricht Mose selbst, weil er das Wunder ausführt. In 9,3 steht "die Hand Jahwes", weil der Jehowist eine Steigerung zu 7,14ff* anzeigen will. Der Jehowist hat die Viehpest in Analogie zu 7,14ff* gebildet, vgl. L. Schmidt, Plagenerzählung, 20ff. Diese Plage wird nicht von der Hand des Mose, sondern von der Hand Jahwes bewirkt. Weil der Jehowist hier bewußt Jahwe in 3.Pers. gebraucht, sind dann auch V. 4 und V. 5 Moserede. 11,8a ist Moserede, weil es hier um Mose geht. So ist nur offen, warum der Jehowist 11,7 als Moserede gestaltet hat.

69   Nach W.H. Schmidt, Exodus 2,1. Exodus 7ff, 1995 (BK II,2,1), 380f, hat erst die Endredaktion des Pentateuch in 7,14ff* die Plage des Jahwisten zu einer Verwandlung der Nilwasser in Blut umgestaltet. Seine Argumente sind aber m.E. nicht überzeugend. So wendet er z.B. gegen eine Zuweisung an den Jehowisten ein, daß

sein, warum bei ihm die Wasser des Nils in Blut verwandelt werden.

Schließlich gibt es auch zwischen der vom Jehowisten gebildeten Ankündigung der Tötung der Erstgeburt in 11,4-8a und seiner Darstellung der Berufung des Mose Beziehungen. Es fällt auf, daß Mose diese Plage detailliert ankündigt, obwohl ihm Jahwe in 11,1 nur mitgeteilt hatte, daß er noch eine Plage über Pharao und Ägypten bringen wird. Aber da Jahwe Mose unterweist, was er reden soll (4,12), ist für den Jehowisten klar, daß Mose mit 11,4ff eine Botschaft Jahwes weitergibt. In 11,8a sagt Mose voraus, daß die Diener Pharaos nach dieser Plage vor ihm niederfallen werden. Das bedeutet, daß sie Mose als dem bevollmächtigten Sprecher Jahwes Ehre erweisen. Damit hat hier für den Jehowisten Mose eine einzigartige Stellung. Das ist mit 4,16 vergleichbar, wo die Autorität des Mose gegenüber Aaron besonders hervorgehoben wird. Wichtig ist auch, daß nach V. 8a die Diener sagen werden: "Zieh heraus, du und das ganze Volk, das hinter dir her ist". Hier ist Mose der Führer der Israeliten. In 3,10 wurde Mose beauftragt, die Israeliten aus Ägypten herauszuführen. Nach 11,8a wird er aufgefordert werden, an der Spitze der Israeliten auszuziehen. Auch zwischen 3,10 (vgl. auch 3,12) und 11,8a besteht somit eine Beziehung. Das wird noch deutlicher, wenn man die Verhandlungen zwischen Pharao und Mose beim Jahwisten in 8,21ff; 10,7ff und 10,24ff vergleicht. Hier schließt sich Mose jeweils mit "wir" oder "uns" mit dem Volk zusammen. Auch der Pharao unterscheidet bei seinen Konzessionen nicht zwischen Mose und dem Volk. Daß der Jehowist in 11,8a betont, daß Mose der Führer des Volkes ist, weist somit eindeutig auf seine Fassung der Berufung des Mose zurück. Ohne sie wird seine Darstellung in Ex 5ff* nicht verständlich. Das dürfte dieser knappe Überblick gezeigt haben.

Arbeitsweise und Intention des Jehowisten in seiner Darstellung der Berufung des Mose in Ex 3,1-4,17* können nun zusammengefaßt werden. Der Jehowist hat hier seine Vorlagen weitestgehend aufgenommen. Für ihn war es kein Widerspruch, daß Mose bei J und bei E einen verschiedenen Auftrag erhielt, sondern er verstand diese Aufträge komplementär: Mose sollte die Israeliten aus Ägypten herausführen und er sollte den Ältesten eine Botschaft

---

dieser dann ein in der Struktur gleiches Wunder zweimal erzählt hätte, da in 4,9 die Verwandlung von Nilwasser in Blut Mose vor den Israeliten legitimieren sollte. Aber 4,9 war im jehowistischen Werk noch nicht enthalten, vgl. oben Anm. 51. Warum es verwunderlich wäre, daß der Jehowist nach der Einführung Aarons die Tat des Mose betont, wie W.H. Schmidt meint, ist nicht einsichtig. Auch in Ex 4 bleibt bei dem Jehowisten die Ausführung der Zeichen Mose vorbehalten. Meine Gründe in L. Schmidt, Plagenerzählung, 4ff.69ff, für eine Zuweisung an den Jehowisten sehe ich durch W.H. Schmidt nicht widerlegt.

Jahwes überbringen. Wie sehr sich der Jehowist darum bemühte, diese Darstellungen miteinander auszugleichen, zeigt 3,15. Aus seinen unterschiedlichen Vorlagen zog der Jehowist den Schluß, daß bei der Berufung des Mose der Exodusgeneration der Gottesname Jahwe offenbart wurde, den die Erzväter bereits kannten. Der Jehowist war anscheinend überzeugt, daß sich J und E auch in diesem Punkt nicht widersprachen. Er bringt aber in Ex 3,1ff* auch sein eigenes Verständnis von Mose zur Geltung. Bei J sollte Mose den Ältesten die Befreiung aus Ägypten ankündigen. Damit erhält hier Mose von Jahwe einen einmaligen Auftrag, er wird aber nicht zum Propheten berufen. Dagegen wird Mose beim Jehowisten zum Führer des Volkes *und* zum Propheten eingesetzt. Das künftige Wirken des Mose ist in dieser Berufung begründet. Deshalb wird er beim Jehowisten schon in 3,10 zu Pharao gesandt. Wie 4,10-17 zeigt, war der Jehowist an Mose als Propheten besonders interessiert. Hier führt er Aaron als Sprecher des Mose zu dem Volk ein. Es gibt keinen Anhaltspunkt, daß Aaron bereits in der Überlieferung diese Funktion hatte. Warum der Jehowist Aaron diese Rolle zuwies, konnte m.E. bisher noch nicht befriedigend erklärt werden[70]. Dabei betont aber der Jehowist in 4,16 nachdrücklich die Autorität des Mose gegenüber Aaron. So ist der Jehowist in Ex 3,1ff* einerseits ein Redaktor, der verschiedene Vorlagen miteinander verbindet. Er ist aber andererseits auch Interpret der Überlieferungen, der auch neue Aussagen macht. Er stellt in Ex 3,1ff* dar, daß Mose zum prophetischen Führer der Israeliten berufen wurde, der mehr war als spätere Propheten. Mit dieser Auffassung von Mose geht der Jehowist erheblich über das hinaus, was in den Vorlagen, die er für Ex 3,1-4,17* benutzte, über Mose gesagt wurde.

Die Untersuchung der jehowistischen Darstellung der Berufung des Mose bestätigt, daß sich aus der diachronen Analyse wichtige Gesichtspunkte für ihr Verständnis ergeben. G. Fischer meint freilich: "Unsere Erzählung Ex 3,1-4,17 ist in bezug auf Form, Aufbau, Vokabular, gedankliche Entwicklung und inhaltliche Zusammengehörigkeit in sich kohärent. Wir sind auf keine Spannungen gestoßen, die nicht innerhalb einer einheitlichen Erzählung zu erklären gewesen wären"[71]. Nun bildet die Darstellung des Jehowisten hier tatsächlich einen guten Zusammenhang. Aber Spannungen und Nähte sind noch deutlich zu erkennen. Die Rekonstruktion der Vorlagen, die der Jehowist hier benutzt hat, macht erst ein volles Verständnis seiner Komposition möglich.

---

70   Vgl. W.H. Schmidt, BK, 205. Daß der Jehowist in 4,10ff Aaron einführt, spricht m.E. dagegen, daß er vor 587 anzusetzen ist.

71   G. Fischer, 201.

III

Während der Jehowist bei seiner Auffassung von Mose als dem prophetischen Führer der Israeliten inhaltlich die beiden verschiedenen Aufträge berücksichtigt hat, die Mose in Ex 3 bei J und E erhielt, spielen für den Verfasser von 4,20b-23 die *sachlichen* Unterschiede in der Darstellung der Plagen vor der Tötung der Erstgeburt in Ex 7-10 keine Rolle. Auch dieser Abschnitt wird freilich in der Forschung unterschiedlich beurteilt. So stammen z.B. nach P. Weimar V. 20b.21 von der Endredaktion (R^P) und V. 22f von dem Jehowisten[72]. Dagegen weist W.H. Schmidt V. 20b E zu. V. 21-23 sei ein spätes Stück, das von der Endredaktion oder noch später gebildet wurde[73]. Tatsächlich lassen sich V. 22f nicht von V. 21 trennen. Nach V. 23a soll Mose im Namen Jahwes zu Pharao sagen: "und ich habe zu dir gesagt: Entlasse meinen Sohn, daß er mir diene und du hast dich geweigert, ihn zu entlassen". Das ist nur nach V. 21bβ verständlich, wo Jahwe Mose ankündigt, daß er das Herz Pharaos verhärten wird, so daß dieser das Volk nicht entläßt. Auch wenn in V. 21 nicht explizit gesagt wird, daß Mose vom Pharao die Entlassung der Israeliten fordern soll, setzt V. 21bβ voraus, daß Jahwe in V. 21 Mose befiehlt, vor Pharao all die Wunderzeichen zu tun, um die Entlassungsforderung zu unterstreichen. Der Abschnitt V. 21-23 ist somit literarisch einheitlich. Sein Verfasser setzt die jahwistische bzw. jehowistische und die priesterschriftliche Darstellung der Plagen, die der Tötung der Erstgeburt vorangingen, voraus. Sie werden in V. 21 "Wunderzeichen" genannt. Dieser Begriff wird aber in Ex 7ff erst von P für diese Plagen gebraucht, während sie der Jehowist "Zeichen" nannte (Ex 8,19; 10,1). Bei P sind sie Wunderzeichen, mit denen sich Mose und Aaron für die Entlassungsforderung vor Pharao legitimierten (7,9; 11,9f)[74]. Dem entspricht es, daß auch nach 4,21 Mose die Wunderzeichen "vor Pharao" tun soll. In V. 22f greift der Verfasser dagegen die jahwistische bzw. jehowistische Darstellung dieser Plagen auf. Hier sollte Mose im Namen Jahwes von Pharao fordern: "Entlasse mein Volk, daß sie mir dienen" (7,16.26; 8,16; 9,1.13; 10,3). In diesem

---

72   P. Weimar, 381.

73   W.H. Schmidt, BK, 209ff. V. 20b wird häufig E zugewiesen, vgl. etwa B. Baentsch, Exodus-Leviticus-Numeri, 1903 (HK I,2), 34; M. Noth, ATD, 33.

74   Gegen W.H. Schmidt, BK, 211, ist 11,9f nicht nachpriesterlich, sondern stammt von P, vgl. L. Schmidt, Plagenerzählung, 55f.

Zusammenhang spielt auch verschiedentlich die Weigerung Pharaos, der Entlassungsforderung nachzukommen, eine Rolle (7,14.27; 9,2; 10,4). Der Abschnitt V.
21-23 ist somit sicher nicht älter als die Endredaktion des Pentateuch.

Das gilt auch für V. 20b. W.H. Schmidt nennt als einziges Argument für die
Zuweisung von V. 20b an E, daß die Bezeichnung "Stab Elohims" an die Formulierung "Gottesberg" in 3,1bβ erinnere[75]. Damit verwendet W.H. Schmidt hier
die Gottesbezeichnung Elohim recht mechanisch als Kriterium für die Herkunft
von E. Diese Zuweisung läßt sich aber nur rechtfertigen, wenn aufgezeigt
werden kann, daß dieser Stab im folgenden in der elohistischen Darstellung eine
Rolle spielt. Das ist jedoch eindeutig nicht der Fall[76]. Zudem setzt V. 20b
voraus, daß der Stab schon zuvor erwähnt wurde. Nur so wird verständlich,
warum hier berichtet wird, daß Mose den Stab Elohims in seine Hand nahm.
Nun erhält Mose in V. 17 die Anweisung, daß er "diesen Stab" in seine Hand
nehmen soll. Darauf wird in V. 20b Bezug genommen, wie die mit V. 17a eng
verwandten Formulierungen zeigen. Da V. 17 erst von dem Jehowisten stammt,
wie in II gezeigt wurde, kann V. 20b frühestens auf ihn zurückgehen. Gegen
eine Zuweisung an den Jehowisten spricht aber, daß er in 4,17 und 7,15b den
Stab nicht "den Stab Elohims" nennt. Dann muß V. 20b jünger sein. Der Jehowist mußte nicht ausdrücklich berichten, daß Mose den Befehl von V. 17 ausführte, weil es ihm hier lediglich darum geht, daß die Zeichen vor dem Volk
auch nach der Einsetzung Aarons von Mose ausgeführt werden sollen. Die
Endredaktion berichtet aber in 9,23* und 10,13*, daß Mose seinen Stab aus-
streckte, um eine Plage zu bewirken[77]. Auf sie geht auch die Anweisung in 14,16

---

75   W.H. Schmidt, BK, 209.

76   B. Baentsch, 32, verweist für die Zuweisung von 4,17.20b an E auf 7,17; 9,23; 10,13.
     Aber diese Stellen, an denen ebenfalls der Stab erwähnt wird, stammen nicht von E,
     vgl. die Analysen bei L. Schmidt, Plagenerzählung, z.St. Auch M. Noth, ATD, 33,
     rechnet 4,17.20b zu E. Nach ihm wurden Mose bei E bei seiner Berufung mehrere
     Zeichen gegeben. Die E-Version sei aber wegen der J-Fassung, zu der nach M. Noth
     4,1ff* gehört, nur noch bruchstückhaft erhalten. In II wurde aber gezeigt, daß 3,12 in
     der jetzigen Fassung in E enthalten war, wonach das Zeichen für Mose darin besteht,
     daß er und das Volk Gott an diesem Berg dienen werden. Außerdem wurde dort
     darauf hingewiesen, daß 4,17 vom Jehowisten stammt. Der Begriff "der Stab Gottes"
     kommt zwar auch in Ex 17,9bβ vor, aber V. 9bβ ist deutlich ein Zusatz, vgl. z.B. M.
     Noth, ATD, 113.

77   Diese Stellen stammen von der Endredaktion, vgl. L. Schmidt, Plagenerzählung,
     25.34ff.

zurück, daß Mose seinen Stab erheben soll[78]. Die Endredaktion hat also ein besonderes Interesse daran, daß Mose mit einem Stab Wunderzeichen tat. Auf ihrem Hintergrund wird somit V. 20b verständlich. Hier nimmt Mose bei seiner Rückkehr nach Ägypten den Stab Elohims in seine Hand, weil er eben mit diesem Stab den Auftrag erfüllen wird, den ihm Jahwe in V. 21 erteilt. Er soll vor Pharao all die Wunderzeichen tun, die Jahwe in seine Hand gelegt hat. V. 20b stammt somit von dem Verfasser von V. 21-23. Der literarisch einheitliche Zusatz V. 20b-23 ist wahrscheinlich sogar jünger als die Endredaktion. Sie bezeichnet in 9,23; 10,13; 14,16 den Stab jeweils mit einem Suffix als den Stab des Mose. Demgegenüber wird mit der Formulierung "der Stab Elohims" in 4,20b die besondere Qualität dieses Stabes betont. Das dürfte dafür sprechen, daß 4,20b-23 erst nach der Endredaktion des Pentateuch entstanden ist.

Der Verfasser dieses Abschnitts nimmt in V. 21 mit den Worten Jahwes "Wenn du gehst, um nach Ägypten zurückzukehren" den Befehl Jahwes an Mose zur Rückkehr nach Ägypten in V. 19 auf. Bevor Mose Midian verließ, erhielt er bereits von Jahwe den Auftrag, vor Pharao alle Wunderzeichen auszuführen, die Jahwe in seine Hand gelegt hatte, und Pharao die Tötung seines erstgeborenen Sohnes anzukündigen. Mit V. 21-23 schlägt der Verfasser eine Brücke zu der Ankündigung der Tötung der Erstgeburt in 11,4ff. Für ihn sind dann die Plagen, die der Tötung der Erstgeburt vorangingen, das zentrale Thema von Ex 5ff. Für diese Darstellung bilden nun 4,21-23 und 11,4-10 den Rahmen. Damit ist aber 4,21-11,10 jetzt ein eigener Abschnitt mit dem Thema: "Die Wunderzeichen vor Pharao". 4,20b ist dagegen für den Verfasser der Ausführungsbericht zu der Anweisung Jahwes in V. 17. Erst die Jahwerede in V. 21-23 markiert einen Einschnitt. Durch V. 21-23 wollte der Verfasser somit die ihm in Ex 5ff vorliegende Darstellung gliedern. Er sah anscheinend die Gefahr, daß die Leser angesichts der Fülle des Stoffs in Ex 5ff die entscheidenden Punkte nicht mehr erkennen, auf die es hier nach seiner Meinung ankam. Deshalb wollte er mit 4,21-23 den Lesern zeigen, worum es in Ex 5ff eigentlich geht.

Der Verfasser will aber mit 4,21-23 nicht nur das Thema von Ex 5-11 angeben, sondern er interpretiert hier auch vorweg die komplexe Plagenerzählung in Ex 7-10[79]. In ihr wird unterschiedlich dargestellt, wer jeweils eine Plage

---

78   Vgl. L. Schmidt, Studien zur Priesterschrift, 1993 (BZAW 214), 19f.

79   Vgl. zum Folgenden L. Schmidt, Plagenerzählung, wo die hier vorausgesetzten Zuweisungen begründet werden.

auslöste. Bei dem Jehowisten[80] ist Mose nur an der Verwandlung der Nilwasser in Blut aktiv beteiligt (7,14ff*). Die anderen Plagen kündigt Mose lediglich Pharao an. Sie werden von Jahwe selbst herbeigeführt (7,26ff; 8,16f;9,1ff.13ff*; 10,1ff*). Dagegen löst bei P Aaron die ersten vier Plagen und Mose die fünfte aus (7,8ff.19ff*; 8,1ff*.12-15*; 9,8ff). Für die Endredaktion bewirkte Mose auch Hagel (9,22f*), Heuschrecken (10,12f*) und die von ihr gebildete Plage der Finsternis (10,21ff*). Diese Unterschiede werden in 4,21 eingeebnet. Hier soll Mose alle Plagen herbeiführen. Sie werden außerdem als "Wunderzeichen" bezeichnet, die Mose vor Pharao tun soll. Wie oben schon erwähnt wurde, greift der Verfasser damit die Auffassung von P auf, daß die Plagen vor der Tötung der Erstgeburt Demonstrationswunder waren, die Mose und Aaron vor dem Pharao für die Entlassungsforderung legitimieren sollten. In 4,21 wird freilich Aaron nicht erwähnt. Das dürfte dadurch bedingt sein, daß in der Fassung der Endredaktion von den Geschwüren an (9,8ff) nur Mose die Plagen auslöst. Der Verfasser von 4,21-23 deutet somit die vorbereitenden Plagen im Sinne von P und der Endredaktion. Er bezieht sich zwar in V. 22f auf die jehowistische Plagenerzählung, aber ihre Deutung der Plagen[81] wird von ihm nicht berücksichtigt. Der Leser soll die Plagen in Ex 7-10 durchgehend als Wunderzeichen verstehen, die Mose vor Pharao ausführte.

Es entspricht auch P und der Endredaktion, daß der Verfasser in 4,21b für die Verstockung des Pharao das Verb חזק gebraucht (7,13.22;8,15;9,12.35; 10,20.27;11,10). In V. 21b kündigt Jahwe an, daß er das Herz Pharaos verhärten wird, so daß dieser das Volk nicht entläßt. Mose erfährt also bereits in Midian, daß die Wunderzeichen nichts bewirken werden, weil Jahwe das Herz Pharaos verhärten wird. Dagegen weiß Mose in der jehowistischen Plagenerzählung nicht von Anfang an, daß die Plagen keinen Erfolg haben werden. Hier teilt Jahwe erst nach dem Hagel Mose mit, daß er das Herz Pharaos und seiner Knechte verstockte (10,1b). Der Verfasser berücksichtigt auch nicht die Unterschiede in den Verhärtungsnotizen bei P. Danach wurde bei den ersten vier Wunderzeichen jeweils das Herz Pharaos hart[82]. Erst bei der Plage der Geschwüre verhärtete Jahwe das Herz Pharaos (9,12). Solche Einzelheiten in der Darstellung der Plagen sind dem Verfasser von 4,21-23 nicht mehr wichtig. Ihm kommt es

---

80 Die Plagenerzählung des Jahwisten wird hier nicht berücksichtigt, da sie von dem Jehowisten aufgenommen wurde.

81 Vgl. zu ihr L. Schmidt, Plagenerzählung, 69ff.

82 7,13.22;8,15 und ursprünglich wohl auch am Ende der Froschplage, vgl. L. Schmidt, Plagenerzählung, 10.

lediglich darauf an, daß das Geschehen genauso abläuft, wie es Jahwe geplant hatte. Deshalb teilt Jahwe schon in Midian Mose mit, daß die Wunderzeichen keinen Erfolg haben werden. Unter diesem Gesichtspunkt soll die Darstellung in Ex 7-11 gelesen werden.

Nicht aus der Überlieferung stammt freilich die Aussage in V. 22f, daß Jahwe den erstgeborenen Sohn Pharaos töten wird, weil dieser Israel als den erstgeborenen Sohn Jahwes nicht entlassen hat. Anscheinend stellt sich der Verfasser die Frage, warum Jahwe als letzte Plage die Erstgeburten tötete. Das war für die Überlieferung darin begründet, daß die Ägypter durch diese Plage erheblich geschädigt wurden. Der Verfasser wollte sie aber enger mit dem Verhalten Pharaos verbinden. Deshalb stellte er eine Entsprechung zwischen dessen Verweigerung der Entlassung und der Tötung der Erstgeburt her. Auch auf einer sehr späten Stufe konnte also die Überlieferung noch durch einen neuen Aspekt ergänzt werden.

Wie schon an der jehowistischen Redaktion von Ex 3,1-4,17 wird somit auch an dem späten Abschnitt Ex 4,20b-23 deutlich, daß die diachrone Analyse der Texte für die Interpretation der Redaktionen und der Endgestalt des Pentateuch von erheblicher Bedeutung ist.

Mose, die 70 Ältesten und die Propheten in Numeri 11 und 12

I

In Num 11,4ff wird im Rahmen der Wachtelerzählung berichtet, daß Jahwe etwas von dem Geist, der auf Mose war, auf 70 Älteste legte, die Mose auf den Befehl Jahwes hin aus dem Lager der Israeliten zu dem Zelt der Begegnung gebracht hatte (V. 16.17.24b.25). Die Deutung dieser Geistbegabung ist in der Forschung umstritten. Unterschiedlich wird auch die Frage beantwortet, ob diese Geistbegabung literarisch von Anfang an mit der Wachtelerzählung verbunden war oder ob sie erst später in diese Erzählung eingefügt wurde. Für die Interpretation der Geistbegabung ist aber m.E. die Literarkritik von Num 11,4ff von erheblicher Bedeutung. Deshalb soll hier zunächst dieser Frage nachgegangen werden.

In 11,4ff werden zwei Themen behandelt. Zum einen wird berichtet, daß Jahwe Wachteln gab und die Israeliten bestrafte, weil das Volk in V. 4 Fleisch begehrte. Zum anderen wird von der Geistbegabung der 70 Ältesten erzählt. Es ist allgemein anerkannt, daß die beiden Themen nicht denselben Ursprung haben. Teilweise wird aber die Auffassung vertreten, daß hier ein Verfasser verschiedene Stoffe miteinander verband[1]. Andere Forscher sind dagegen der Meinung, daß die Geistbegabung der Ältesten erst später in die Wachtelerzählung eingefügt wurde[2]. Nun ergibt sich m.E. bereits daraus, daß die beiden

---

[1] So z.B. M. Noth, Überlieferungsgeschichte des Pentateuch, 1948, 34 Anm. 119; M. Rose, Deuteronomist und Jahwist, 1981 (AThANT 67), 239f; Ph. J. Budd, Numbers, 1984 (WBC 5), 124ff; E. Aurelius, Der Fürbitter Israels, 1988 (CB.OT 27), 177f; F. Crüsemann, Die Tora, 1992, 111; J. Van Seters, The Life of Moses, 1984 (Contributions to Biblical Exegesis and Theology 10), 228f.

[2] Vgl. z.B. M. Noth, Das vierte Buch Mose. Numeri, [4]1982 (ATD 7), 75; V. Fritz, Israel in der Wüste, 1970 (MThSt 7), 16ff; L. Perlitt, Mose als Prophet (1971), in: Ders., Deuteronomium-Studien, 1994 (FzAT 8), 1-19, 13ff; A. Schart, Mose und Israel im Konflikt, 1990 (OBO 98), 162f; A.H.J. Gunneweg, Das Gesetz und die Propheten, ZAW 102 (1990) 169-180, 169; E. Blum, Studien zur Komposition des Pentateuch, 1990 (BZAW 189), 83; J. Scharbert, Numeri, 1992 (NEB 27), 47; H.-C.

Themen in Num 11,4ff weitgehend nebeneinander abgehandelt werden, daß hier
"die Ältestenschicht" eine literarische Erweiterung einer älteren Wachtelerzählung ist[3]. Nur in 11,11-15 sind die Themen eng miteinander verbunden. Hier
stellt Mose in V. 13 die Frage: "Woher habe ich Fleisch, um es diesem ganzen
Volk zu geben, denn sie weinen gegen mich, indem sie sagen: Gib uns Fleisch,
daß wir essen." Diese Frage ist in dem Abschnitt V. 11-15 fest verankert, in dem
sich Mose bei Jahwe darüber beklagt, daß er das Volk nicht allein tragen kann.
Allerdings werden mindestens V. 13 und "da sagte Mose zu Jahwe" am Anfang
von V. 11 der Wachtelerzählung zugewiesen[4]. Dabei wird jedoch übersehen, daß
sich V. 13 charakteristisch von der Exposition der Wachtelerzählung in V. 4
unterscheidet. In 11,4 wird nicht berichtet, daß die Israeliten gegen Mose
weinen. Sie fordern hier auch nicht von ihm Fleisch, sondern sie fragen allgemein: "Wer wird uns Fleisch essen lassen?" Das Volk hat somit in der Wachtelerzählung nicht gegen Mose opponiert. Dann zeigt der Unterschied zwischen V.
4 und V. 13, daß die Ältestenschicht eine literarische Erweiterung ist. Ihr
Verfasser bereitet durch V. 11-15 die Entlastung des Mose durch die Geistbega-

---

Schmitt, Die Suche nach der Identität des Jahweglaubens im nachexilischen Israel,
in: J. Mehlhausen, Pluralismus und Identität, 1995, 259-278, 273f.

3   Dagegen hält H. Seebass, Numeri 2, 1993ff (BK IV/2), 34ff, eine "Ältestensage" für
     die Grundschicht, die später durch eine ursprünglich selbständige "Wachtelsage"
     ergänzt worden sei. Zur Ältestensage gehöre V.4a.bα.5.6.aα.10a.bα.33bβ.10bβ.11.14-
     17.24.25a.30.34f, zur Wachtelsage, die nicht mehr vollständig erhalten sei, V. 4bβ.6-
     aβ-9.12a.bα.13.18aα.b.19.20a.21-23.31f (BK, 38). Damit will H. Seebass der Kritik
     Rechnung tragen, die u.a. M. Rose, Deuteronomist, 240 Anm. 69, an seinem Aufsatz
     "Num XI, XII und die Hypothese des Jahwisten", VT 28 (1978) 214-223, geäußert
     hat. Bereits hier vertrat H. Seebass die Priorität der Ältestenerzählung. Aber durch
     die Modifikationen dieser These in BK, 34ff, kann H. Seebass die Einwände m.E.
     nicht entkräften. Gegen seine Analyse spricht bereits, daß es den Israeliten in V. 4b-
     6 durchgehend um ihre Nahrung geht. Das ist das Thema der Wachtelerzählung.
     Problematisch ist z.B. auch die Umstellung, die H. Seebass für V. 33bβ vornimmt.
     Es ist nicht einsichtig, warum Mose nach dem Schlag Jahwes klagen sollte, daß er
     das Volk nicht tragen kann, wie H. Seebass annimmt. Mose bezieht sich in V. 11
     und V. 14 eindeutig nicht auf diesen Schlag, sondern auf das Verhalten des Volkes.
     Die Klage des Mose in V. 11 - und damit auch seine Entlastung durch die Ältesten
     - setzt somit durchgehend die Wachtelerzählung voraus.

4   So z.B. V. Fritz, 16f. Nach M. Noth, ATD, 75, gehören auch V. 11f zu der Wachtel-
     erzählung. Hier beklagt sich aber Mose darüber, daß Jahwe ihm die Last "dieses
     ganzen Volkes" auferlegt hat und daß er das Volk tragen muß. Mose wird aber nicht
     durch die Wachteln, sondern durch die 70 Ältesten entlastet. V. 11 und V. 12 sind
     somit bereits auf die Geistbegabung der Ältesten angelegt.

bung der 70 Ältesten vor[5].

Auch die Jahwerede an Mose in V. 18-20 stammt nicht aus der Wachtelerzählung. Am Anfang von V. 18 heißt es: "Und zu dem Volk sollst du sagen". Wie die Wortstellung zeigt, wird hier der Auftrag Jahwes an Mose in V. 16f vorausgesetzt. Meist wird freilich angenommen, daß V. 18-20 im wesentlichen bereits in der Wachtelerzählung enthalten waren und später überarbeitet wurden. Diese Jahwerede sei ursprünglich mit den ersten Worten in V. 16 "Da sagte Jahwe zu Mose" eingeleitet worden[6]. Dagegen spricht jedoch, daß die Schilderung in V. 31ff in mehreren Punkten nicht der Ankündigung in V. 18-20 entspricht. Nach V. 18 sollte sich das Volk für den folgenden Tag heiligen. Eine Ausführung dieses Befehls fehlt. In V. 31 wird nicht einmal erwähnt, daß die Wachteln am nächsten Tag kamen. Jahwe kündigt in V. 19f an, daß das Volk einen Monat Fleisch essen wird. Das wird in V. 31ff nicht berichtet. Dort wird auch nicht erzählt, daß sich das Volk vor dem Fleisch ekelte, wie es Jahwe in V. 20aβ vorhersagt. Nach V. 33 hat Jahwe das Volk dadurch bestraft, daß er es mit einem großen Schlag schlug, als es noch Fleisch aß. Diese Differenzen belegen, daß V. 18-20 nicht in der Wachtelerzählung enthalten waren[7]. Sie können aber auch nicht dem Verfasser der Ältestenschicht zugewiesen werden, da nach ihnen das Volk mit seinem Weinen nicht gegen Mose, sondern gegen Jahwe opponierte. In V. 18 wird die Frage des Volkes aus V. 4 "Wer wird uns Fleisch essen lassen?" aufgenommen. Nach V. 18 und V. 20 hat das Volk nicht gegen Mose, sondern "in die Ohren Jahwes" bzw. "vor ihm" geweint. Dem entspricht die Feststellung in V. 20bα, wonach das Volk "Jahwe, der in eurer Mitte ist" verwarf. Nur an dieser Stelle wird im Pentateuch von dem Volk gesagt, daß es Jahwe verworfen hat (מאס). So sprechen verschiedene Beobachtungen dafür, daß V. 18-20 erst sehr spät in die Wachtelerzählung eingefügt wurden[8]. Diese Verse werden in dem Dialog zwischen Mose und Jahwe in V. 21-23 vorausgesetzt. V. 18-23 gehören somit weder zu der ursprünglichen Wachtelerzählung noch zu der Ältestenschicht, sondern sind jünger. Dasselbe gilt für "da redete er

---

5   V. 12bβ ist ein Zusatz, da diese Worte des Mose aus der Konstruktion herausfallen. In V. 12bα zitiert Mose, was Jahwe zu ihm sagt, in V. 12bβ weist er dagegen Jahwe auf dessen frühere Zusage des Landes hin, vgl. z.B. M. Noth, ATD, 78.

6   Vgl. z.B. V. Fritz, 16f.

7   So z.B. auch B. Baentsch, Exodus-Leviticus-Numeri, 1903 (HK I/2), 504.

8   M. Noth, ATD, 78f, und H. Seebass, BK, 38, halten V. 20b für einen Zusatz. Dieses Urteil setzt aber ihre Auffassung voraus, daß Jahwe schon in der ursprünglichen Wachtelerzählung Mose ankündigte, daß er dem Volk Fleisch geben wird.

zu dem Volk die Worte Jahwes" in V. 24a, da hier berichtet wird, daß Mose den Redeauftrag für das Volk ausführte, den ihm Jahwe in V. 18 erteilt hatte. Dagegen stammt der Anfang von V. 24 "da ging Mose heraus" von dem Verfasser der Ältestenschicht. V. 24b beginnt mit "da sammelte er". Es ist unwahrscheinlich, daß Mose am Beginn des Ausführungsberichts zu V. 16f nicht mit Namen erwähnt wurde.

Wenn V. 11-15 und V. 18-23 nicht aus der Wachtelerzählung stammen, kann Mose in ihr ursprünglich nicht vorgekommen sein, da er weder redet noch handelt. Freilich wird in V. 10a.bβ berichtet, wie Mose auf den Wunsch des Volkes nach Fleisch reagierte. Doch diese Schilderung wird durch V. 10bα ("da entbrannte der Zorn Jahwes sehr") in auffälliger Weise unterbrochen. Gelegentlich hat man in V. 10bα einen späteren Zusatz gesehen[9]. Es läßt sich aber kaum erklären, warum ein Ergänzer V. 10bα an dieser unpassenden Stelle eingefügt haben sollte. Zudem hat schon W. Rudolph mit Recht darauf hingewiesen, daß aus der Wortstellung in V. 10bβ "und in den Augen des Mose war (es) böse" hervorgeht, daß hier V. 10bα vorausgesetzt wird[10]. Nur so wird verständlich, daß V. 10bβ nicht wie vergleichbare Stellen als Narrativ formuliert ist[11]. Dann muß aber V. 10bα aus der Wachtelerzählung stammen. In ihr wird auch in V. 31ff Mose nicht erwähnt. Erst der Verfasser der Ältestenschicht hat V. 10a.bβ gebildet. Er führte hier Mose ein, weil er im Folgenden das Thema "Entlastung des Mose durch 70 Älteste" behandeln wollte. Die Analyse von Num 11,4ff bestätigt somit, daß die Geistbegabung der Ältesten eine literarische Erweiterung der Wachtelerzählung ist[12]. Von diesem Ergänzer stammen V. 10a.bβ.11.

---

9   So z.B. M. Noth, ATD, 77.

10   W. Rudolph, Der "Elohist" von Exodus bis Josua, 1938 (BZAW 68), 67.

11   Vgl. etwa Gen 48,17; Jes 59,15. Nach W. Rudolph, 67f, folgte in der Wachtelerzählung V. 10b auf V. 13. Damals habe es in V. 10bβ geheißen: "und in seinen (Jahwes) Augen war es böse". Ursprünglich sei in V. 10b berichtet worden, wie Jahwe auf die Klage des Mose in V. 11-13 reagierte. Diese Lösung scheitert aber schon daran, daß V. 13 nicht aus der Wachtelerzählung stammt, wie oben gezeigt wurde.

12   Auf eine genaue Rekonstruktion der Wachtelerzählung kann hier verzichtet werden. In ihr wurde nach V. 10bα sofort von den Wachteln und der Bestrafung des Volkes berichtet (V. 31ff*). Auch nach J. Scharbert, 47, fehlte im Grundbestand Mose. Hier sei aber auch nicht von den Wachteln erzählt worden, sondern V. 33b sei auf V. 10bα gefolgt. Die Gabe der Wachteln sei eine späte Erweiterung im Anschluß an Ex 16,3.8-13. Aber die oben erwähnten Unterschiede zwischen V. 18-20 und V. 31-33a zeigen, daß V. 31-33a älter sein müssen als V. 18-20. Zudem gehört der Grund-

12a.bα.13-17, "da ging Mose heraus" aus V. 24a und V. 24b.25. Auf ihn geht
auch V. 30 zurück, wonach sich Mose und die Ältesten Israels zum Lager sam-
melten.

Bisher wurde offen gelassen, ob V. 26-29 ebenfalls von dem Verfasser der
Ältestenschicht stammen. Danach ruhte der Geist auch auf Eldad und Medad,
obwohl diese beiden Männer im Lager geblieben waren. M. Noth und H. Seebass halten diesen Abschnitt für einen Zusatz[13]. Er wird aber häufig auch von
jenen Forschern, die in der Geistbegabung der Ältesten eine literarische Erweiterung der Wachtelerzählung sehen, dem Verfasser der Ältestenschicht zugewiesen[14]. Dagegen sprechen aber schon die Argumente, die M. Noth für einen
Nachtrag angeführt hat: "Weder wird begründet, warum die Zahl 70 eigentlich
im Sinne von 72 gemeint gewesen sein sollte, noch, warum die Namen dieser 72
vorher aufgeschrieben gewesen waren (V. 26), noch, warum die zwei namentlich
Genannten nicht mit den anderen aus dem Lager zum 'Zelt' hinausgegangen
waren"[15]. E. Blum räumt ein, daß diese Fragen nicht beantwortet werden. Er
meint aber: "Doch hätten entsprechende Erläuterungen breite, komplizierende
Ausführungen erfordert, die vom eigentlichen Anliegen der Tradenten nur
abgelenkt hätten"[16]. Damit wird jedoch das überraschende Auftreten von Eldad
und Medad und ihre Geistbegabung schwerlich zureichend erklärt. In V. 16
hatte Jahwe Mose beauftragt, 70 Älteste am Zelt der Begegnung aufzustellen.
Diesen Befehl führte Mose nach V. 24b aus. Hier kann kein Leser auf den
Gedanken kommen, daß zwei der Ältesten, die Mose auswählen sollte, im Lager
zurückblieben. V. 26-29 können aber auch aus inhaltlichen Gründen nicht der

---

bestand in Ex 16,1-15, in dem Jahwe den Israeliten Wachteln und Manna gibt, zu
den Murrerzählungen der Priesterschrift. In den anderen priesterlichen Murrerzählungen hat P vorpriesterliche Darstellungen neu gestaltet, vgl. L. Schmidt, Studien
zur Priesterschrift, 1993 (BZAW 214), 204f. Dann lag P auch von Num 11,4ff zumindest die Wachtelerzählung bereits vor.

13 M. Noth, ATD, 80f; H. Seebass, BK, 34f. Zu dem Nachtrag gehört nach H. Seebass
schon V. 25b: "Denn eine prophetische (erst recht eine ekstatische) Begabung von
Ältesten kann nicht begründen, wieso Mose im angegebenen Konflikt Entlastung
erfahren sollte" (BK, 35). Wie später zu zeigen sein wird, hat aber H. Seebass die
Funktion von V. 25b nicht erkannt. V. 25b darf nicht von V. 25a abgetrennt werden.

14 So z.B. V. Fritz, 16ff; L. Perlitt, Mose, 13ff; A. Schart, 163; E. Blum, 84; J. Scharbert,
50; H.-C. Schmitt, 273 Anm. 73. Dagegen läßt A.H.J. Gunneweg, 177, offen, ob V.
26-29 ein Zusatz ist.

15 M. Noth, ATD, 80.

16 E. Blum, 84.

Ältestenschicht zugewiesen werden. Nach V. 16f will Jahwe etwas von dem Geist, der auf Mose ist, am Zelt der Begegnung auf 70 Älteste übertragen. Dadurch sollen sie zur Entlastung des Mose eingesetzt werden. Dann müssen Mose und die Ältesten beisammen sein, wenn Jahwe etwas von dem Geist, der auf Mose ist, auf die Ältesten überträgt. Wenn auch Älteste, die nicht bei Mose sind, diesen Geist erhalten können, ist nicht einzusehen, warum Jahwe Mose befiehlt, daß er zusammen mit den 70 Ältesten zu dem Zelt der Begegnung kommen soll. In V. 16f und in V. 24b.25 wird die Geistbegabung der 70 Ältesten als Ritus beschrieben, den Jahwe am Zelt der Begegnung vollzieht. Es bleibt zwar offen, wie man sich die Übertragung eines Anteils am Geist, der auf Mose ist, konkret vorzustellen hat. Aber der Ritus ist nur möglich, wenn Mose und die Ältesten am Zelt der Begegnung anwesend sind. Der Abschnitt V. 26-29 ist somit ein Zusatz. Er darf nicht für die Interpretation der Geistbegabung der 70 Ältesten bei dem Verfasser der Ältestenschicht herangezogen werden. Dieser Nachtrag zeigt nur, wie ein Späterer die Geistbegabung verstanden hat.

Es wurde schon erwähnt, daß diese Geistbegabung unterschiedlich gedeutet wird. M. Noth geht von V. 25b aus. Danach "prophezeiten" die Ältesten, als der Geist auf ihnen ruhte. Damit sei gemeint, daß die Ältesten in prophetische Ekstase gerieten (נבא hitp.). Dann solle durch die Geistbegabung der Ältesten die ekstatische Prophetie von dem Geist des Mose hergeleitet werden[17]. Nach M. Noth will also der Verfasser die ekstatische Prophetie dadurch legitimieren, daß er sie mit Mose in Verbindung bringt. Diese Eingrenzung auf die ekstatische Prophetie hat A.H.J. Gunneweg bestritten. Es gehe vielmehr um eine Zuordnung von Mose und dem Prophetismus überhaupt. Für seine Deutung geht A.H.J. Gunneweg von Ex 33,7-11 aus. Dort steht das Zelt der Begegnung wie in der Ältestenschicht von Num 11,4ff, in Num 12 und in Dtn 31,14.15.23 ebenfalls außerhalb des Lagers der Israeliten. Das ist ein markanter Unterschied zu der Auffassung der Priesterschrift, nach der dieses Zelt in der Mitte des Lagers war. Diese Texte sind nach A.H.J. Gunneweg jünger als die Priesterschrift[18]. Nach Ex 33,7-11 redete Jahwe zu Mose, "wie ein Mann zu seinem Freund redet". Der Inhalt dieses Redens kann nach A.H.J. Gunneweg nur in der Tora bestehen. "In dieser Exklusivität der Mosegestalt spiegeln sich die sich

---

17   M. Noth, ATD, 79f; ähnlich L. Perlitt, Mose, 14f.

18   A.H.J. Gunneweg, 172ff. Ex 33,7ff stimmt auch darin mit der Ältestenschicht überein, daß Jahwe in der Wolkensäule (Ex 33,8) bzw. in der Wolke (Num 11,25) zum Zelt der Begegnung kommt und mit Mose redet. Auf diese Übereinstimmungen wurde schon oft hingewiesen, vgl. z.B. nur B. Baentsch, 507f; M. Noth, ATD, 79.

anbahnende Exklusivität und Priorität des Gesetzes"[19]. In Num 11 solle dann mit der Geistbegabung der Ältesten die Tora der Prophetie vor- bzw. zugeordnet werden. In V. 25b sei das hitp. von נבא in dem allgemeinen Sinn zu verstehen, daß die Ältesten durch ihre Geistbegabung zu Propheten wurden[20]. Die Prophetie "hat Geist von Moses Geist, aber bleibt Mose untergeordnet". Damit biete die Ältestenschicht eine Ätiologie der Prophetie in ihrem Verhältnis zu Mose und der Tora[21]. Ähnlich wird die Geistbegabung von E. Blum gedeutet. Er weist freilich die Texte, in denen das Zelt der Begegnung außerhalb des Lagers steht, der von ihm angenommenen deuteronomistischen Komposition des Pentateuch (KD) zu[22], die älter sei als die priesterliche Kompositionsschicht KP. Dagegen stammen diese Texte nach H.-C. Schmitt, der für die Geistbegabung den Interpretationen von A.H.J. Gunneweg und E. Blum folgt, von der Endredaktion des Pentateuch[23].

In anderen Deutungen der Geistbegabung wird demgegenüber betont, daß der Geist hier auf 70 *Älteste* übertragen wird. Das zeige, daß die Autorität der Ältesten legitimiert werden solle. So geht es z.B. für F. Crüsemann in dem Text, der exilisch oder nachexilisch sei, darum, "daß Älteste, die typischen Vertreter einer traditionalen Ordnung, zu Propheten und damit Charismatikern werden ... Älteste müssen zu geistbegabten Propheten werden, um den Tod des Volkes und den des Mose zu verhindern". Mose gebe hier seine Autorität "zwar nicht auf der Erzählebene, wohl aber auf der Sachebene" an die Ältesten ab. "Sie repräsentieren ihn so, wie er sie legitimiert"[24]. Gegen die Deutung, daß die Ältesten in ihrer politischen Funktion legitimiert werden sollen, ist V. 29 angeführt worden[25]. Tatsächlich zeigt der Wunsch des Mose, daß das ganze Volk Jahwes zu Propheten werden möge, weil Jahwe seinen Geist auf sie gibt, daß für den Ergänzer von V. 26-29 die Ältesten durch die Übertragung des Geistes zu

---

19 A.H.J. Gunneweg, 175.

20 A.H.J. Gunneweg, 176.

21 A.H.J. Gunneweg, 177.

22 E. Blum, 76ff.194ff.

23 H.-C. Schmitt, 273ff.

24 F. Crüsemann, 112f; ähnlich J. Buchholz, Die Ältesten Israels im Deuteronomium, 1988 (GAT 36), 52. Z. Weisman, The Personal Spirit as Imparting Authority, ZAW 93 (1981), 225-234, 229ff, sieht in der Einsetzung der Ältesten die Ätiologie für eine politische Institution. Die Ältesten hätten die Aufgabe, den Führer des Volkes zu unterstützen.

25 E. Blum, 79 Anm. 151; H.-C. Schmitt, 275.

Propheten wurden. Es wurde aber bereits oben darauf hingewiesen, daß die
Geistbegabung nicht aufgrund von V. 26-29 interpretiert werden darf, weil es
sich bei diesem Abschnitt um einen Nachtrag handelt.

Gegen eine Deutung der Geistbegabung auf das Verhältnis der Propheten
zu Mose spricht eben schon, daß auf 70 *Älteste* etwas von dem Geist, der auf
Mose war, übertragen wird. Der Verfasser greift hier zwar auf die 70 Ältesten
zurück, die nach Ex 24,9-11 auf dem Gottesberg Gott schauen durften[26], aber
das erklärt nicht, warum er sie zu Propheten gemacht haben sollte. Dem widerspricht auch ihre Funktion. Sie sollen Mose bei der Führung des Volkes unterstützen, weil ihm diese Aufgabe allein zu schwer geworden ist, wie Mose in
seiner Klage von V. 11-15 ausführt. Die Ältesten erhalten also Anteil an der
Führung Israels. Sie waren nach V. 16 bereits vor ihrer Geistbegabung Älteste
des Volkes und seine Aufseher. Sie hatten somit bereits eine politische Funktion, die nun durch ihre Geistbegabung erweitert wird. Wenn es bei dieser Begabung tatsächlich um das Verhältnis zwischen Mose und den Propheten ginge,
dann bleibt m.E. dunkel, warum gerade 70 Älteste, die zudem nach V. 16 von
Mose ausgewählt wurden, Anteil an dem Geist bekommen, der auf Mose ist.
Das wird aber verständlich, wenn die Ältesten zur Entlastung des Mose bei der
Führung des Volkes eingesetzt werden. Eine "prophetische" Deutung der Ältesten läßt sich zudem auch kaum damit vereinbaren, daß Jahwe am Zelt der
Begegnung zunächst mit Mose redet, ehe er etwas von dem Geist auf die
Ältesten überträgt (V. 17.25). Mit diesem Reden, dessen Inhalt nicht mitgeteilt
wird, soll die Sonderstellung des Mose unterstrichen werden. Die Ältesten
erhalten zwar einen Anteil an dem Geist, der auf Mose ist, aber Jahwe redet
ausschließlich mit Mose. Das ist schwer vorstellbar, wenn die Ältesten zu Propheten würden. In Num 12,6-8 wird zwar betont, daß Jahwe in einer einzigartigen Weise mit Mose redet, die ihn von einem Propheten abhebt, aber dieser
Abschnitt ist jünger als die Ältestenschicht, wie in II gezeigt werden wird.
Zudem räumt Jahwe hier immerhin ein, daß er sich einem Propheten in einer
Vision bekanntmacht und im Traum mit ihm redet. Dagegen wird in der Ältestenschicht zwischen dem Reden Jahwes und der Geistbegabung bewußt unterschieden. Wenn die Ältesten erfahren wollen, was Jahwe sagt, sind sie offenbar
auch nach der Übertragung des Geistes völlig auf Mose angewiesen.

Dann kann mit dem "Prophezeien" der Ältesten in V. 25b nur eine prophetische Ekstase gemeint sein. Das legt auch die Fortsetzung in V. 25b nahe: "und
sie fuhren nicht fort". Freilich wird hier die Punktation häufig geändert, so daß

---

26   A.H.J. Gunneweg, 176; H.-C. Schmitt, 276.

es ursprünglich geheißen hätte "und sie hörten nicht auf" (Narrativ qal von
סוף)[27]. Nach A.H.J. Gunneweg steht das Verb יסף an den Stellen, wo es "fort-
fahren" bedeutet, stets mit Inf. "Die elliptische Verwendung in Num 11,25 wäre
also einmalig"[28]. Das ist aber nicht richtig. In Dtn 5,22 kann ולא יסף nur den
Sinn haben, daß Jahwe nicht fortfuhr zu reden[29]. Es besteht somit kein Anlaß,
in V. 25b den Text zu ändern[30]. Hier wird berichtet, daß die 70 Ältesten in
prophetische Ekstase gerieten, nachdem der Geist auf ihnen ruhte. Ihre Ekstase
hörte aber auf, ehe sie mit Mose zu dem Lager zurückkehrten (V. 30). Sie ist
also für die Ältesten ein einmaliges Widerfahrnis. Dagegen ruht der auf sie
übertragene Geist auch weiterhin auf ihnen.

In der Forschung wurde freilich weithin übersehen, welche Funktion die
Ekstase der Ältesten hat. So stellt z.B. M. Noth zur Entlastung des Mose fest:
"Wie dieses Ziel durch das Versetzen von 70 Ältesten in Ekstase erreicht
werden konnte, ist schwer vorstellbar; es wird auch gar nichts darüber gesagt"[31].
Aber die Ältesten können nicht durch ihre Ekstase Mose entlasten, sondern
durch den Geist, der auf sie übertragen wird. Die Ekstase ist lediglich das
Zeichen, daß auf den 70 Ältesten tatsächlich der Geist ruhte. Sie soll den
unanschaulichen Vorgang veranschaulichen, daß Jahwe auf die Ältesten etwas
von dem Geist, der auf Mose war, übertragen hat. Deshalb wird auch von einer
Ekstase des Mose nichts berichtet. Diese Interpretation wird dadurch gestützt,
daß im jetzigen Zusammenhang von I Sam 10 die Schilderung der prophetischen Ekstase Sauls eine ähnliche Funktion hat. Darauf hat bereits Z. Weisman
hingewiesen[32]. Mit I Sam 10,10-12 sollte ursprünglich das Sprichwort "Ist auch
Saul unter den Propheten?" begründet werden. Diese Ätiologie wurde später in
die Erzählung von der Salbung Sauls durch Samuel eingefügt. Deshalb kündigt
nun Samuel Saul an, daß er Propheten, die in Ekstase sind, begegnen wird. Bei
dieser Begegnung wird der Geist Jahwes auf Saul eindringen, er wird mit diesen
Propheten in Ekstase sein und zu einem anderen Mann verwandelt werden (I

---

27 So z.B. M. Noth, ATD, 74 Anm. 1; H. Seebass, BK, 31.
28 A.H.J. Gunneweg, 176.
29 Das wird von A.H.J. Gunneweg, 176, ohne Begründung bestritten.
30 So z.B. auch B. Baentsch, 509; Ph. J. Budd, 124.
31 M. Noth, ATD, 79.
32 Z. Weisman, 230f.

Sam 10,5.6)[33]. Für den Verfasser dieser Ankündigung Samuels ist die prophetische Ekstase Sauls ein Zeichen dafür, daß seit seiner Begegnung mit den Propheten der Geist Jahwes auf Saul ist. Die Ekstase Sauls hörte auf, wie in I Sam 10,13 berichtet wird, aber der Geist Jahwes bleibt auf Saul. Er ist das Charisma, das Jahwe Saul zur Ausübung seines königlichen Amtes verliehen hat[34]. In der jetzigen Fassung von I Sam 10 ist also die Vorstellung von dem Geist Jahwes als dem Charisma des Königs mit einer Geistvorstellung verbunden, die aus der ekstatischen Prophetie stammt. Eine ähnliche Verbindung liegt bei der Geistbegabung der Ältesten in Num 11 vor[35]. Hier ist der Geist, der auf Mose ist, der Geist, der Mose zur Führung des Volkes befähigt. Weil die 70 Ältesten Mose bei dieser Aufgabe unterstützen sollen, erhalten sie an diesem Geist Anteil. Als Zeichen für ihre Geistbegabung geraten sie vorübergehend in prophetische Ekstase. Durch die Ekstase werden aber die Ältesten ebensowenig zu Propheten wie Saul. Da die jetzige Fassung von I Sam 10 die nächste Parallele zu der Geistbegabung der Ältesten ist, wird man auch den Geist, der auf Mose ist, nicht auf eine prophetische Geistvorstellung zurückführen dürfen. Im Hintergrund steht vielmehr die auch in I Sam 16,13f und Jes 11,2 belegte Vorstellung, daß der Geist Jahwes den König bzw. den messianischen Herrscher zur Führung des Volkes befähigt. Der Begriff "der Geist Jahwes" kommt zwar in der Ältestenschicht nicht vor, aber die Formulierung "der Geist, der auf dir ist" in V. 17 bzw. "der Geist, der auf ihm war" in V. 25 spricht dafür, daß hier der Geist Jahwes gemeint ist[36].

Auch wenn die Ältesten an dem Geist, der auf Mose ist, teilhaben, bleiben sie für den Verfasser Mose untergeordnet. Das wird dadurch unterstrichen, daß Jahwe am Zelt der Begegnung nur mit Mose redet. Der unmittelbare Kontakt zu Jahwe bleibt somit Mose vorbehalten. Dadurch ist seine Autorität größer als die der Ältesten. Sie werden lediglich an der Führung des Volkes beteiligt. Für

---

33   Daß die Schilderung in I Sam 10,10-12 älter ist als I Sam 10,5.6 ergibt sich schon daraus, daß in I Sam 10,10 vom Geist Gottes, in I Sam 10,6 aber vom Geist Jahwes die Rede ist.

34   Zu der Analyse von I Sam 10,5.6.10ff vgl. L. Schmidt, Menschlicher Erfolg und Jahwes Initiative, 1970 (WMANT 38), 64ff.

35   Dagegen sieht H.-C. Schmitt, 274, in der Geistbegabung der Ältesten einen Rückbezug auf die Übertragung des Geistes Elias auf Elisa in II Reg 2,9-15. Aber hier wird nicht berichtet, daß Elisa in prophetische Ekstase geriet.

36   Das hat zwar Z. Weisman, 225ff, bestritten. Aber als "personal spirit" des Mose, wie Z. Weisman meint, kann der Geist hier nicht gemeint sein, da er *auf* Mose ist.

die Beziehung zu Jahwe sind sie aber von Mose abhängig.

Die Ältestenschicht in Num 11 ist schwer genauer zu datieren. Ihr Verfasser hat die Wachtelerzählung erweitert, die m.E. in dem Werk des Jahwisten enthalten war. Bei den 70 Ältesten setzt er Ex 24,9-11 aus dem Elohisten voraus. Ihm lag auch der Grundbestand von Ex 18,13ff vor, der in der Regel ebenfalls E zugewiesen wird[37]. Dort setzt Mose auf den Rat seines Schwiegervaters hin Männer ein, die ihn bei der Rechtsprechung unterstützen sollen. In Ex 18,18 sagt der Schwiegervater des Mose, daß die Sache der Rechtsprechung für Mose zu schwer sei, "du kannst sie nicht allein tun". Männer, die die leichteren Rechtsfälle entscheiden, sollen nach V. 22 "mit dir tragen". Dagegen klagt Mose in Num 11,14, daß er dieses ganze Volk nicht allein tragen kann, weil es für ihn zu schwer ist. Nach den Worten Jahwes in V. 17 sollen die 70 Ältesten mit Mose an der Last des Volkes tragen. Die Entlastung des Mose für die konkrete Aufgabe der Rechtsprechung in Ex 18 wird somit in der Ältestenschicht von Num 11 zu einer umfassenden Entlastung bei der Führung des Volkes ausgeweitet. Da in dieser Schicht J und E vorausgesetzt werden, kann sie nicht vor der jehowistischen Redaktion entstanden sein, die m.E. nach 587 anzusetzen ist[38].

Nun gibt es zu der Einsetzung der Ältesten in Dtn 1,9-18 eine weitere Parallele. In der älteren Forschung wurde meist die Auffassung vertreten, daß dieser Abschnitt von Ex 18,13ff und der Ältestenschicht in Num 11 abhängig ist[39]. Es mehren sich aber die Stimmen, die diese Schicht für jünger halten als Dtn 1,9ff[40]. Das wurde von M. Rose eingehend begründet. Nach ihm läßt sich überlieferungsgeschichtlich eine Entwicklung von Ex 18,13ff über Dtn 1,9ff zu Num 11 nachweisen. Die Einsetzung erfolge in Ex 18 am "Berg", in Dtn 1 werde sie in den Aufbruch der Israeliten vom Berg eingeschoben, dagegen werde sie in Num 11 nach dem Aufbruch vom Berg vorgenommen. Der Initiator sei zunächst der Schwiegervater des Mose, dann Mose (Dtn 1) und schließlich Jahwe (Num 11). Aus der konkreten Überlastung des Mose beim Richten (Ex 18) werde eine allgemeine. Dabei sei die Begründung mit der Menge des Volkes

---

37　Vgl. z.B. M. Noth, ÜPent, 39.

38　Vgl. L. Schmidt, Beobachtungen zu der Plagenerzählung in Ex 7,14-11,10, 1990 (StB 4), 75ff.

39　So z.B. J. Wellhausen, Die Composition des Hexateuchs und der historischen Bücher des Alten Testaments, [3]1899, 197 Anm. 1; S. Mittmann, Deuteronomium 1,1-6,3, 1975 (BZAW 139), 24ff.

40　M. Rose, Deuteronomist, 224ff; E. Aurelius, 180f; E. Blum, 157; F. Crüsemann, 111ff; H.-C. Schmitt, 273; J. Van Seters, 217.

in Dtn 1,10 älter als die mit dem Murren des Volkes in Num 11. In Ex 18 vollstrecke Mose den Rat seines Schwiegervaters, in Dtn 1 wähle er die Männer aus und in Num 11 versammle er nur eine schon vorher feststehende Gruppe[41]. Auch der Inhalt von Dtn 1,9ff setze Num 11 nicht voraus[42]. L. Perlitt, der auf die zeitliche Abfolge von Ältestenschicht und Dtn 1,9ff nicht näher eingeht, kommt ebenfalls zu dem Ergebnis: "Dtn 1 ist, trotz erheblicher Unterschiede, ohne Ex 18 kaum denkbar, durchaus aber ohne Num 11"[43].

Es läßt sich aber m.E. zeigen, daß in Dtn 1,9ff Ex 18,13ff und die Ältestenschicht in Num 11 miteinander kombiniert wurden. In Dtn 1,15a heißt es: "Da nahm ich die Häupter eurer Stämme... und setzte sie als Häupter über euch". Die seltsame Aussage, daß Mose die Stammeshäupter der Israeliten zu Häuptern über sie einsetzte[44], läßt sich nicht aus Ex 18 ableiten. Hier wird deutlich auf Num 11 Bezug genommen. Mit den 70 Ältesten werden dort von Jahwe Männer zur Unterstützung des Mose eingesetzt, die bereits eine führende Stellung im Volk innehatten. Allerdings könnte in V. 15a "die Häupter eurer Stämme" später nachgetragen worden sein, da diese Formulierung in der Anweisung des Mose an die Israeliten in V. 13 nicht vorkommt[45]. Dann wäre "die Häupter eurer Stämme" eine sekundäre Bezugnahme auf die Ältestenschicht in Num 11. Sie wird aber auch schon in V. 9.10 und 12 vorausgesetzt[46]. Die Worte des Mose in V. 9b "Nicht kann ich allein euch tragen" stimmen weitgehend mit seiner Klage in Num 11,14a überein, wo Mose sagt: "Nicht kann ich allein dieses ganze Volk tragen". Zu dem Tragen des Volkes in Dtn 1,9 stellt L. Perlitt mit Recht fest: "Dieser Topos ist nun aber im Gesamtrahmen alttestamentlicher Theologie fast als eine singuläre Entgleisung zu betrachten, denn es ist eben normalerweise Jahwe, der sein Volk trägt oder nicht (er)trägt"[47]. Dann besteht zwischen Dtn 1,9 und Num 11,14 sicher eine literarische Abhängigkeit. Dabei kommt Num 11,14 die Priorität zu. Hier sind diese Worte des Mose durch den Kontext gut begründet. Da "dieses ganze Volk" gegen Mose weinte und von

---

41   M. Rose, Deuteronomist, 228.

42   M. Rose, Deuteronomist, 235ff.

43   L. Perlitt, Deuteronomium, 1990ff (BK V), 59.

44   Der Text darf nicht nach LXX in "und ich nahm von euch" geändert werden, vgl. L. Perlitt, BK, 55f.

45   Vgl. L. Perlitt, BK, 69f.

46   V. 11 ist ein Zusatz, vgl. L. Perlitt, BK, 64.

47   L. Perlitt, BK, 62.

ihm forderte, daß er den Israeliten Fleisch gibt (V. 13), kann Mose "dieses ganze Volk" nicht allein tragen. Es ist zu schwer für ihn. Die Rebellion der Israeliten gegen Mose zeigt also, daß er allein mit der Führung des Volkes überfordert ist. Dagegen ist in Dtn 1 die Begründung, die Mose in V. 10.12 für seine Feststellung in V. 9 gibt, nur locker an V. 9 angeschlossen. Daß Jahwe die Israeliten überaus vermehrte (V. 10), macht es Mose unmöglich, "eure Bürde und eure Last und euren Streit" allein zu tragen (V. 12.). Der Begriff טרח (Bürde), der im Alten Testament nur noch in Jes 1,14 belegt ist, hat einen deutlich negativen Akzent[48]. Wegen ihrer großen Zahl sind also die Israeliten für Mose zu einer Belästigung geworden, die er nicht mehr allein tragen kann. Diese Aussage ist schwer verständlich, wenn der Verfasser hier nicht Überlieferungen im Blick hat, in denen es zwischen Mose und dem Volk zu erheblichen Spannungen kam. Auf solche Konflikte wird wahrscheinlich auch mit "euren Streit" angespielt. Meist wird zwar angenommen, daß es dabei um die Rechtsstreitigkeiten der Israeliten untereinander geht. Dann wäre hier die Situation von Ex 18,13ff der Bezugspunkt[49]. Nun haben aber die Männer, die in V. 13-15 zur Entlastung des Mose eingesetzt werden, nicht die Aufgabe der Rechtsprechung. Sie ist den Richtern vorbehalten (V. 16f). Diese Richter wurden jedoch anscheinend schon früher bestellt. Dafür spricht, daß V. 16 mit den Worten "Da gebot ich euren Richtern zu jener Zeit" neu einsetzt[50]. Deshalb dürfte mit "euren Streit" gemeint sein, daß die Israeliten mit Mose gestritten haben[51]. Selbst wenn hier aber doch die Rechtsstreitigkeiten der Israeliten im Blick sein sollten, muß aus den anderen Gründen, die oben genannt wurden, Dtn 1,9.10.12 jünger sein als Num 11,11-15. Das wird dadurch bestätigt, daß in Dtn 1,12 auch der Begriff "Last" gebraucht wird. Er fehlt in Ex 18,13ff, kommt aber in Num 11,11.17 vor. Die Aufzählung "eure Bürde und eure Last und euren Streit" in Dtn 1,12 wird somit nur verständlich, wenn der Verfasser den Begriff "Last" aus Num 11 aufnahm und ihn durch "eure Bürde" und "euren Streit" rahmte. Er wollte damit betonen, daß die Israeliten durch ihre große Zahl für Mose zu einer außerordentlich schweren Belastung geworden sind. Daß Mose bei ihm mit der Größe des Volkes argumentiert, hat einen Anhaltspunkt an Num 11,11-15. Hier erwähnt Mose viermal "dieses ganze Volk". Daraus schloß der Verfasser von Dtn 1,9ff,

---

48 Vgl. z.B. L. Perlitt, BK, 65.

49 So u.a. S. Mittmann, 28; L. Perlitt, BK, 65f.

50 L. Perlitt, BK, 60; M. Rose, 5. Mose, 1994 (ZBK.AT 5), 474.

51 So M. Rose, ZBK, 473.

daß Mose die Israeliten nicht mehr allein tragen konnte, weil sie dafür zu zahlreich geworden waren. Der Verfasser hat somit in V. 9.10.12 die Klage des Mose in Num 11,11-15 modifiziert. V. 13ff hat er dagegen in Anlehnung an Ex 18,13ff gebildet.

Im übrigen spricht eine weitere Überlegung dafür, daß der Verfasser von Dtn 1,9ff außer Ex 18,13ff auch die Ältestenschicht in Num 11 kannte. Der Abschnitt Dtn 1,9-18 war noch nicht im Werk von DtrH enthalten. In 1,19 heißt es: "Da brachen wir vom Horeb auf". Damit knüpft V. 19 direkt an V. 6-8 an, wonach Jahwe den Aufbruch vom Horeb befahl. Dann ist V. 9-18 ein späterer Nachtrag[52]. Für L. Perlitt ist das freilich nicht sicher. Dieser Abschnitt sei durch "gliedernde und verknüpfende Formeln mit Kap. 1-3 relativ fest verbunden"[53]. Der Topos der Entlastung des Mose hätte nur an dieser Stelle untergebracht werden können. Er hätte im deuteronomistischen Geschichtswerk nicht fehlen dürfen, "weil einerseits Israel nicht als ungeformte Masse erscheinen sollte und andererseits die Stützen des Volkes eben noch 'Mose-Kontakt' haben mußten"[54]. Diese Argumente sind m.E. nicht überzeugend. Die Einbindung durch entsprechende Formeln kann auch ein Ergänzer vorgenommen haben. Die hier von Mose noch am Horeb über die Israeliten eingesetzten Häupter werden in Dtn 1-3 sonst nirgends erwähnt. Dann kommt der durch V. 9-18 entstehenden "Verlaufsstörung" zwischen V. 6-8 und V. 19ff doch ein erhebliches Gewicht zu. Es ist somit daran festzuhalten, daß V. 9-18 ein Nachtrag sind.

Daß er vorgenommen wurde, läßt sich m.E. nur aus der Ältestenschicht in Num 11 erklären. Aus ihr entnahm der Ergänzer, daß neben den bereits früher eingesetzten Richtern auch eine neue politische Organisation für das Volk geschaffen worden war. Er mußte ihre Entstehung noch an den Horeb verlegen, da in Dtn 1,19 der Weg der Israeliten vom Horeb bis an die Grenze des verheißenen Landes beschrieben wird. So brechen die Israeliten nun wohl geordnet vom Horeb auf. In Num 11 reagiert Jahwe mit der Einsetzung der Ältesten auf die Klage des Mose. Auch in Dtn 1,9ff liegt die Initiative bei Mose. Er stellt fest, daß er die Israeliten nicht allein tragen kann. Hier konnte sich aber Mose nicht bei Jahwe über die Last des Volkes beklagen. Deshalb werden nun die Männer, die ihn entlasten, nicht von Jahwe, sondern von Mose selbst eingesetzt. Das entspricht Ex 18,13ff. Die überlieferungsgeschichtlichen Argumente, die M.

---

52   So u.a. M. Rose, Deuteronomist, 231, und ZBK, 376.472.

53   L. Perlitt, BK, 58.

54   L. Perlitt, BK, 78.

Rose für die Priorität von Dtn 1,9ff gegenüber Num 11 angeführt hat, lassen sich somit nicht halten. Für den Ergänzer von Dtn 1,19ff ging es in der Ältestenschicht von Num 11 nicht um das Verhältnis des Mose zur Prophetie, sondern um die Bildung einer politischen Organisation zur Unterstützung des Mose. Das ist zwar kein Beweis für die hier vertretene Interpretation der Ältestenschicht, da der Ergänzer sie entgegen ihrem Sinn gedeutet haben könnte. Es stützt aber die Auffassung, daß in Num 11 die Ältesten eine politische Aufgabe haben.

Da Dtn 1,9ff ein Nachtrag ist, der nicht präzise datiert werden kann, trägt dieser Abschnitt für eine genauere zeitliche Einordnung der Ältestenschicht in Num 11 wenig aus. Allzu spät darf diese Schicht freilich nicht angesetzt werden, da sie von Dtn 1,9ff vorausgesetzt wird und da in Num 11 nach der Ältestenschicht noch V. 18ff und V. 26-29 eingefügt wurden. Dann ist Ex 33,7ff kein Argument für ihre sehr späte Entstehung. Die Datierung von Ex 33,7ff ist m.E. ein noch ungelöstes Problem. Nun gibt es einen Anhaltspunkt dafür, daß der Jehowist die Wachtelerzählung durch die Ältestenschicht erweitert hat. Die Klage des Mose in Num 11,11 ist ähnlich wie seine Klage in Ex 5,22 formuliert. An beiden Stellen richtet Mose an Jahwe zwei Fragen, die jeweils mit "wozu" eingeleitet werden. Vor allem wird aber nur in diesen beiden Texten von Jahwe gesagt, daß er böse gehandelt hat. Das ist eine auffällige Übereinstimmung. Sie eröffnet zumindest die Möglichkeit, daß Ex 5,22 und die Ältestenschicht von demselben Verfasser stammen. Da Ex 5,22f auf den Jehowisten zurückgeht[55], könnte er auch der Verfasser der Ältestenschicht sein[56]. Für den Jehowisten ist Mose der prophetische Führer Israels. Zum Propheten wird Mose aber nicht durch den Geist, der auf ihm ist, sondern durch die Worte, die er von Jahwe empfängt und weitergeben soll[57]. Es widerspricht somit nicht dem jehowistischen Verständnis des Mose, daß in der Ältestenschicht die Ältesten durch die Übertragung des Geistes keine Propheten werden. Allerdings erwähnt der Jehowist sonst nie eine Geistbegabung des Mose. Das könnte aber dadurch bedingt sein, daß für ihn dieses Charisma nur bei der Einsetzung der Ältesten zur Entlastung des Mose wichtig war. Die Ältesten können Mose bei der Führung des Volkes unterstützen, weil Jahwe auf sie etwas von dem Geist, der auf Mose war, übertrug. Sie werden aber dadurch nicht zu prophetischen Führern, weil Jahwe weiterhin nur mit Mose redet. Freilich läßt sich nicht zwingend begründen, daß

---

55 Vgl. L. Schmidt, Plagenerzählung, 6f.

56 Bereits J. Wellhausen, 100, wies die Geistbegabung der Ältesten in Num 11 dem Jehowisten zu.

57 Vgl. dazu "Diachrone und synchrone Exegese am Beispiel von Ex 3-4", S. 224ff.

die Ältestenschicht von dem Jehowisten stammt. Sie wird aber m.E. jedenfalls am ehesten aus der Zeit des Exils verständlich. Mit der Einsetzung der Ältesten legitimiert der Verfasser, daß nun Älteste das Volk führen. Er konnte sie freilich mit Mose nur so verbinden, daß sie damals als Helfer des Mose eingesetzt wurden. Da die Ältesten aber an dem Geist teilhaben, der auf Mose war, sind sie jetzt die legitimen Führer des Volkes. Der Verfasser verknüpft die Ältesten aber nicht nur mit Mose, sondern er bindet sie auch an "Mose". Da Jahwe nicht zu den Ältesten redete, sind sie an die Weisungen gebunden, die Mose von Jahwe erhielt und weitergab.

Der Verfasser des Nachtrags in V. 26-29 hat dann die in V. 25b berichtete Ekstase so interpretiert, daß die Ältesten durch die Geistübertragung zu Propheten wurden. Das zeigt der Wunsch des Mose in V. 29, daß das ganze Volk Jahwes zu Propheten werden möge, weil Jahwe seinen Geist auf sie gibt. Bei diesem Verständnis der Ältestenschicht scheinen die Propheten tatsächlich von Mose abhängig zu sein. Eine solche Deutung soll aber gerade durch die Erweiterung in V. 26-29 verhindert werden. Sie wäre für den Verfasser anscheinend ein Mißverständnis der Prophetie. Eldad und Medad waren zwar "unter den Aufgeschriebenen". Sie gehörten also zu jenen Ältesten, die Mose am Zelt der Begegnung aufstellen sollte. Doch diese beiden Männer waren nicht zu dem Zelt hinausgegangen. Trotzdem ruhte auch auf ihnen der Geist, und sie waren im Lager in prophetischer Ekstase (V. 26). Damit setzt der Verfasser ihre Geistbegabung bewußt von der Geistübertragung auf die anderen Ältesten ab. Eldad und Medad wurden fern von Mose und damit unabhängig von Mose zu Propheten. Das Phänomen der Prophetie ist somit für den Verfasser nicht an Mose gebunden. Daß der Verfasser tatsächlich diese Position vertrat, zeigt der Dialog zwischen Josua und Mose in V. 28f. Als Mose mitgeteilt wird, daß Eldad und Medad im Lager in prophetischer Ekstase sind (V. 27), sagt Josua in V. 28 zu Mose: "Mein Herr Mose, halte sie zurück". Josua möchte, daß Mose den beiden Männern die prophetische Ekstase untersagt. Er sieht in ihr offenbar eine Gefahr für die Autorität des Mose. Für Josua ist also Prophetie nur legitim, wenn sie an Mose gebunden ist. Propheten dürfen nicht unabhängig von Mose auftreten. Damit vertritt Josua genau jene Auffassung, die nach A.H.J. Gunneweg u.a. durch die Geistübertragung auf die Ältesten begründet werden soll. Aber Mose weist in V. 29 die Forderung Josuas zurück. Er stellt hier zunächst die Frage: "Eiferst du für mich?". Im Unterschied zu Josua sieht Mose seine Autorität durch die prophetische Ekstase von Eldad und Medad nicht gefährdet. Ihr prophetisches Auftreten ist legitim. Das unterstreicht Mose mit seinem Wunsch in V. 29b, daß das ganze Volk Jahwes zu Propheten werden möge.

Mose bejaht, daß der Geist Jahwes unabhängig von ihm in den Propheten wirkt, und er wünscht dem ganzen Volk jenes unmittelbare Verhältnis zu Jahwe, das Eldad und Medad dadurch zuteil wurde, daß der Geist auf ihnen ruhte. Für den Verfasser von V. 26-29 stehen somit die Propheten neben Mose, weil Jahwe auch zu ihnen in einer direkten, nicht erst durch Mose vermittelten Beziehung steht. In V. 26-29 wird somit eine von Mose unabhängige Prophetie legitimiert. Sie wurde bereits von Mose anerkannt und hoch geschätzt.

M. Noth hat vermutet, daß sich "hinter Eldad und Medad bestimmte 'Propheten' oder 'Propheten'-Gruppen verbergen, die zu irgend einer Zeit einmal um ihre Anerkennung in Israel zu kämpfen hatten ..."[58]. Das ist jedoch unwahrscheinlich, wenn durch V. 26-29 begründet werden soll, daß es eine von Mose unabhängige Prophetie gibt. Es geht hier nicht um bestimmte prophetische Gruppen, sondern um die Prophetie als solche. Der Verfasser hat die beiden Männer Eldad und Medad genannt. Eldad bedeutet "El hat Liebe erwiesen", Medad "Liebling". Mit diesen Namen soll wohl begründet werden, warum auch auf diesen Männern der Geist ruhte, obwohl sie im Lager geblieben waren.

Der Abschnitt V. 26-29 kann erst im Zusammenhang der Endredaktion des Pentateuch entstanden sein[59]. Der Wunsch des Mose in V. 29b hat eine sachliche Parallele in Joel 3,1f. Dort kündigt Jahwe an, daß er seinen Geist auf alles Fleisch ausgießen wird. Dadurch werden die Israeliten zu Propheten werden, wie die Beschreibungen in V. 1 und V. 2 zeigen. Ob Num 11,29b von Joel 3,1f abhängig ist, wie A.H.J. Gunneweg annimmt[60], hängt von der Zuweisung und Datierung von Joel 3,1f ab[61]. Diese Frage kann hier offen gelassen werden. Wesentlich ist, daß in diesen beiden Texten die Prophetie als eine so außerordentlich wertvolle Gabe gilt, die Jahwe durch seinen Geist schenkt, daß sie

---

58 M. Noth, ATD, 80.

59 Auf die Endredaktion gehen m.E. auch V. 18-23.24a* zurück. In Ex 16,12 (P) erhält Mose von Jahwe den Auftrag, den Israeliten Fleisch und Brot anzukündigen. Deshalb befahl bei der Endredaktion Jahwe dem Mose auch in Num 11, dem Volk mitzuteilen, daß er Fleisch geben wird. Da Jahwe aber hier die Israeliten bestraft, sollte Mose dabei auch ihr Verhalten kritisieren. Mit V. 21-23 betont die Endredaktion, daß die Gabe der Wachteln ein außerordentlich großes Wunder war.

60 A.H.J. Gunneweg, 177.

61 H.W. Wolff, Dodekapropheton 2. Joel und Amos, [3]1985 (BK XIV/2), 70ff, weist Joel 3,1f dem Propheten Joel zu, der in der ersten Hälfte des 4. Jh.s gewirkt habe. Dagegen geht nach R. Smend, Die Entstehung des Alten Testaments, [4]1989 (ThW 1), 172f, Joel 3f auf eine Bearbeitung von Joel 1f zurück. Dann stellt sich m.E. die Frage, ob sie noch vor der Endredaktion des Pentateuch angesetzt werden kann.

Mose allen Israeliten wünscht[62] oder Jahwe den Israeliten verheißt. Das ist ein deutlicher Hinweis, daß Num 11,29b und Joel 3,1f aus der Spätzeit des Alten Testaments stammen. Für den Verfasser von Num 11,26-29 begründete Mose mit seiner hohen Einschätzung der Prophetie, daß die Prophetie von ihm unabhängig ist. Es gibt für die Endredaktion somit Mose *und* die Propheten. Welches Verhältnis zwischen diesen beiden Größen besteht, bleibt in Num 11 offen.

II

Diese Frage wird in Num 12 beantwortet. Die zu diesem Kapitel vorgelegten Analysen weichen freilich erheblich voneinander ab. Deshalb müssen auch hier zunächst die literarischen Fragen geklärt werden. Es fällt auf, daß in V. 10ff lediglich Mirjam von Jahwe bestraft wird, obwohl auch Aaron gegen Mose opponiert hatte. Zudem werden verschiedene Vorwürfe gegen Mose erwähnt. Nach V. 1 haben Mirjam und Aaron gegen Mose wegen dessen kuschitischer Frau geredet. In V. 2 opponieren sie aber dagegen, daß Jahwe nur mit Mose redet. Das legt es nahe, daß in Num 12 eine Erzählung enthalten ist, in der Mirjam allein gegen Mose wegen der kuschitischen Frau rebellierte. Dafür spricht auch, daß in V. 1 Aaron nach Mirjam erwähnt wird, während in V. 4f Aaron Mirjam vorangestellt wird. Dann ist "und Aaron" in V. 1 eine spätere Erweiterung, durch die Aaron an der Rebellion der Mirjam beteiligt werden sollte. Diese Ergänzung wird verschiedentlich damit erklärt, daß es außer der Mirjam-Erzählung auch eine eigene Aaron-Mirjam-Erzählung gegeben habe, in der die beiden den in V. 2 berichteten Vorwurf gegen Mose erhoben. Diese zwei Erzählungen seien später miteinander verbunden worden[63]. Gegen die

---

62   Häufig wird Num 11,29b so interpretiert, daß Mose hier eine Erwartung für die Zukunft ausspricht, vgl. etwa A.H.J. Gunneweg, 177; H. Seebass, BK, 53; H.-C. Schmitt, 275f. Aber Mose äußert hier nur einen Wunsch. Mit ihm möchte der Verfasser lediglich zeigen, daß Prophetie eine große Gabe Jahwes ist, so auch M. Noth, ATD, 80. Im Hintergrund steht, daß nach V. 20b die Israeliten "Jahwe, der in eurer Mitte ist", verworfen haben. Dazu hätte es nicht kommen können, wenn das ganze Volk Jahwes aus Propheten bestehen würde.

63   So z.B. W. Rudolph, 70f; V. Fritz, 18f, die die Mirjam-Erzählung J zuweisen. Nach V. Fritz gehört zu ihr: V. 1*(ohne "und Aaron").9a(mit בה statt בם).10aβ.13-16. Zur Aaron-Mirjam-Erzählung, die auf eine Sondertradition zurückgehe, rechnet er: V. 2-5a.6-8.9b.10aα.11. Ihr Schluß sei nicht mehr erhalten. H. Valentin, Aaron, 1978

Annahme zweier Erzählungen spricht jedoch, daß in V. 2 die Namen der Rebellen nicht genannt werden. Hier wird somit V. 1 vorausgesetzt. Auf V. 1 bezieht sich auch V. 8b, wo Jahwe kritisiert, daß Aaron und Mirjam gegen Mose geredet haben. Damit wird hier aus V. 1 aufgenommen, daß die beiden gegen Mose redeten. Nach H. Valentin stammt V. 8b freilich von dem Redaktor. Er habe durch V. 8b die zwei Erzählungen miteinander verklammert[64]. Aber in V. 8b zieht Jahwe die Folgerung aus seinen grundsätzlichen Aussagen über den Unterschied zwischen einem Propheten und Mose in V. 6-8a. Deshalb darf V. 8b keinesfalls von V. 6-8a abgetrennt werden. Eine eigene Aaron-Mirjam-Erzählung hat es somit nicht gegeben.

Dann sprechen die Spannungen in Num 12 dafür, daß hier eine Mirjam-Erzählung später literarisch erweitert wurde. So ist z.B. nach H. Seebass zwischen einem Grundbestand von J und einer Bearbeitung des Jehowisten zu unterscheiden[65]. Für M. Noth bildet Num 12 allerdings einen "literarisch nicht mehr auflösbaren Komplex". Überlieferungsgeschichtlich sei zwar der Vorwurf wegen der kuschitischen Frau primär. Aber die beiden Vorwürfe in V. 1 und V. 2 seien so eng miteinander verflochten, daß eine literarische Scheidung nicht möglich sei, "und das spätere Hervortreten Aarons (V. 10bff.) bliebe ganz unbegründet, wenn nicht von V. 1 ab ein Zusammenwirken Aaron-Mirjam erzählt worden wäre". In Num 12 habe ein Verfasser zwei verschiedene Stoffe miteinander kombiniert[66].

Nun ist aber "und Aaron" in V. 1 aus den bereits genannten Gründen deutlich eine Erweiterung. Mit ihr soll V. 2 vorbereitet werden, wonach im

(OBO 18), 338ff, sieht den Mirjam-Faden in V. 1a*.(2b?).9*.10aβ.12 (als Rede des Mose zu Mirjam).13.14a* (nur "da sprach Jahwe zu Mose"), den Aaron-Mirjam-Faden in V. 2a.4*.5*.6-8a.9b.10aα.11. Von beiden Erzählungen fehle ihr ursprünglicher Schluß. J. Scharbert, 51ff, weist V. 1*.9*.10b-15 J, V. 2-9* E zu. Auch nach R. Burns, Has the Lord indeed spoken only through Mose?, 1987 (SBL.DS 84), 61ff, gehen V. 2-9 auf eine eigene Aaron-Mirjam-Erzählung zurück.

64 H. Valentin, 329.

65 H. Seebass, BK, 60ff. Von J stamme V. 1*.4.5a.9* (ohne "gegen sie").12-16a, der Jehowist habe V. 2f.5b.6-8.11 und "und zu Aaron" in V. 1 eingefügt. Dann wäre im Grundbestand von einer Theophanie am Zelt berichtet worden, bei der Jahwe nicht redet. In Ex 33,7ff, der Ältestenschicht in Num 11 und in Dtn 31,14.15.23, wo das Zelt ebenfalls außerhalb des Lagers steht, redet aber Jahwe immer. Schon aus diesem Grund ist die Aufteilung von H. Seebass sehr unwahrscheinlich.

66 M. Noth, ATD, 83; ähnlich E. Blum, 84f. Auch Ph. J. Budd, 133ff, und J. Van Seters, 234ff, halten Num 12 für literarisch einheitlich.

Unterschied zu V. 1 Aaron und Mirjam gegen Mose wegen der von ihm bean-
spruchten Sonderstellung zu Jahwe opponierten. Schon daraus geht m.E. hervor,
daß die Beteiligung Aarons an der Rebellion der Mirjam, ihr Vorwurf in V. 2
und die Widerlegung dieses Vorwurfs durch Jahwe im Rahmen einer Theophanie (V. 4ff) von einem Bearbeiter eingefügt wurden. Da V. 10b-12 voraussetzen, daß Aaron bereits zuvor erwähnt wurde, stammt auch dieser Abschnitt von
dem Bearbeiter. Das wird auch an Einzelheiten deutlich. Nach V. 10b wandte
sich Aaron zu Mirjam. Hier wird auf V. 5b Bezug genommen, wonach Jahwe bei
der Theophanie am Zelt vor Mose, Aaron und Mirjam zunächst Aaron und
Mirjam rief und die beiden "vortraten"[67]. In V. 12 führt Aaron mit dem Wunsch,
daß Mirjam nicht wie eine Totgeburt sein möge, seine Bitte an Mose in V. 11
weiter, daß Mose nicht auf Aaron und Mirjam ihre Verfehlung legen möge, mit
der sie sich verfehlt haben. Hier wird V. 2 vorausgesetzt. Alle Stellen, an denen
Aaron erwähnt wird, gehören somit sicher nicht zum Grundbestand. Aus der
Mirjam-Erzählung stammen: V. 1* (ohne "und Aaron"). 2b.9* ("da entbrannte
der Zorn Jahwes"). 10aβ.13-15a. Ob ihr auch V. 15b zuzuweisen ist, hängt von
der Beurteilung der Itinerarnotiz in V. 16 ab. V. 15b ("und das Volk brach nicht
auf ...") läßt sich kaum von V. 16a ("und danach brach das Volk auf ...") trennen.
Wenn V. 16a vorpriesterlich ist[68], stammt auch V. 15b aus der Mirjam-Erzählung. Wurde dagegen V. 16 im Ganzen erst von der Endredaktion gebildet[69],
dann geht auch V. 15b auf sie zurück. Diese Frage muß hier nicht entschieden
werden.

Für diese Rekonstruktion[70] der Mirjam-Erzählung spricht, daß sich ein
lückenloser Faden ergibt. Mirjam hatte gegen Mose wegen seiner kuschitischen
Frau geredet (V. 1*). Das hörte Jahwe (V. 2b), und es entbrannte der Zorn
Jahwes (V. 9*)[71]. Das hatte zur Folge, daß Mirjam aussätzig wie Schnee war (V.

---

67 Diesen Sinn muß hier "da gingen sie heraus" haben, vgl. z.B. H. Seebass, BK, 70.

68 So H. Seebass, BK, 61.

69 So M. Noth, ATD, 86.

70 Sie entspricht weitgehend der Rekonstruktion von V. Fritz (vgl. oben Anm. 63).

71 Die Abfolge, daß Jahwe hörte und dann sein Zorn entbrannte, ist auch in Num 11,1b
    belegt. Dort wird nicht ausdrücklich erwähnt, gegen wen der Zorn entbrannte, weil
    es sich aus dem Zusammenhang ergibt. Dann muß in der Mirjam-Erzählung in V.
    9 nicht statt "בם" "בה" gestanden haben (gegen V. Fritz, 18; u.a.). Erst der Bear-
    beiter verdeutlichte mit בם, daß sich der Zorn Jahwes gegen Aaron und Mirjam
    richtete. Möglicherweise hieß es in V. 9 ursprünglich wie in Num 11,1b "da entbrann-
    te sein Zorn", da der Gottesname im Grundbestand bereits unmittelbar zuvor in V.

10aβ). Darauf schrie Mose zu Jahwe und bat um die Heilung der Mirjam (V. 13). In seiner Antwort stellte Jahwe zunächst die Frage, ob sich Mirjam nicht sieben Tage schämen müßte, wenn ihr ihr Vater ins Gesicht gespuckt hätte[72]. Danach ordnete Jahwe an, daß Mirjam sieben Tage lang vom Lager abgesperrt sein soll. Danach darf sie zurückkehren. In V. 15a wird berichtet, daß Mirjam sieben Tage vom Lager abgesperrt wurde. Weil Mirjam gegen Mose wegen seiner kuschitischen Frau geredet hatte, wurde sie also von Jahwe mit Aussatz bestraft. Auf die Fürbitte des Mose hin begrenzte aber Jahwe ihre Strafe auf einen siebentägigen Ausschluß vom Lager.

Die Mirjam-Erzählung ist m.E. erheblich jünger als das Werk des Jahwisten. Mit ihr soll gezeigt werden, daß Jahwe keinen Widerspruch gegen Mose duldet. Dazu ließ der Verfasser Mirjam gegen Mose protestieren. Anscheinend war ihm aus der Tradition bekannt, daß Mirjam zur Zeit des Mose eine prominente Israelitin war. Mirjam opponiert hier gegen Mose wegen dessen kuschitischer Frau. Eine kuschitische Ehefrau des Mose wird sonst nirgends erwähnt. Es kann sich bei ihr nicht um Zippora handeln, denn es ist schwer vorstellbar, daß für den Erzähler Mirjam gegen Mose wegen einer Frau rebelliert haben sollte, die Mose schon vor langer Zeit geheiratet hatte. Tatsächlich wird V. 1b ("denn er hatte eine kuschitische Frau genommen") nur verständlich, wenn der Verfasser hier klarstellen wollte, daß Mose diese Frau erst kürzlich heiratete[73]. Dann ist die kuschitische Frau des Mose eine Konstruktion des Erzählers. Er ließ Mose eine Kuschitin heiraten, damit Mirjam einen Grund für ihre Opposition gegen

---

2b genannt wurde. Dann hätte der Bearbeiter das Suffix durch Jahwe ersetzt, weil er nach seiner Erweiterung in V. 3-8 verdeutlichen wollte, daß es sich um den Zorn Jahwes handelte.

72   Da die Rede Jahwes in V. 14 mit ו beginnt, hat man oft angenommen, daß ihr Anfang ausgefallen ist, so z.B. B. Baentsch, 514; M. Noth, ATD, 86. Bei W. Gesenius/E. Kautzsch, Hebräische Grammatik [28]1909, §154b, werden aber mehrere Beispiele für den Beginn einer Rede mit ו genannt. Die Worte Jahwes bilden in V. 14 einen sinnvollen Zusammenhang. Deshalb besteht m.E. kein Grund für die Annahme, daß in V. 14 etwas ausgefallen ist.

73   In V. 1b sieht man zwar häufig einen Zusatz, da schon aus V. 1a hervorgehe, daß Mose eine Kuschitin heiratete, so z.B. M. Noth, ATD, 84; H. Valentin, 314. Da aber V. 1b klarstellt, daß Mose erst vor kurzem die Kuschitin heiratete und da das die Auffassung des Erzählers gewesen sein muß, ist V. 1b nicht sekundär, so auch H. Seebass, BK, 67f.

Mose hatte[74]. Das spricht gegen ein hohes Alter der Mirjam-Erzählung. Daß sie nicht sehr alt ist, geht auch daraus hervor, daß Mirjam nicht wegen einer tatsächlichen oder vermeintlichen Not gegen Mose rebelliert[75]. Eine genauere Datierung der Mirjam-Erzählung ist m.E. gegenwärtig noch nicht möglich.

Die Mirjam-Erzählung wurde von einem Bearbeiter zu der Aaron-Mirjam-Erzählung erweitert. Für ihn war die kuschitische Frau nur noch der äußere Anlaß dafür, daß Aaron und Mirjam nun in V. 2a die besondere Beziehung zwischen Jahwe und Mose in Frage stellen. Da in V. 1 nicht mitgeteilt wird, was Mirjam (und Aaron) gegen Mose redete, konnte der Bearbeiter in V. 2a berichten, welcher konkrete Vorwurf gegen Mose erhoben wurde. Dabei mußte der Bearbeiter die Spannung in Kauf nehmen, daß V. 2a schlecht dazu paßt, daß nach V. 1 Mose wegen seiner kuschitischen Frau kritisiert wurde. Dem Bearbeiter kam es eben darauf an, daß Aaron und Mirjam die Sonderstellung des Mose bei Jahwe bestritten hatten. Ihre Position widerlegt Jahwe in einer Theophanie am Zelt der Begegnung (V. 5-9), das hier wie in der Ältestenschicht von Num 11 außerhalb des Lagers steht (V. 4). Der Bearbeiter fügte u.a. V. 10b-12 in seine Vorlage ein, weil er zeigen wollte, daß nun auch Aaron, den Jahwe nicht bestraft hatte, die Sonderstellung des Mose akzeptiert.

Die Bearbeitung der Mirjam-Erzählung stammt von der Endredaktion des Pentateuch, da hier Num 11,26-29 vorausgesetzt wird. Dort war offen geblieben, welches Verhältnis zwischen Mose und den Propheten besteht. Diese Frage wird nun in Num 12 beantwortet. L. Perlitt ist freilich der Auffassung, daß durch 12,6-8 Num 11 korrigiert werden sollte: "Num. 11 wollte bestimmte Propheten mit Mose zusammenbringen, Num. 12 will die Trennung von allen"[76]. Bei dieser Interpretation läßt aber L. Perlitt außer acht, daß in 11,26-29 die Unabhängigkeit der Propheten von Mose legitimiert wird. An ihrer Eigenständigkeit wird

---

74 In der Erzählung wird nicht berichtet, warum Mirjam an der kuschitischen Ehefrau Anstoß nahm. Sie spielt im folgenden keine Rolle mehr. Die Erzählung will nicht rechtfertigen, daß Mose eine Kuschitin heiratete, sondern zeigen, daß Jahwe eine Rebellion gegen Mose nicht hinnimmt. Vielleicht hat der Verfasser bei der Kritik der Mirjam an Num 11,4 gedacht. Danach hatten "die zusammengelesenen Leute" ein Gelüste und darauf sehnten sich auch die Israeliten nach Fleisch. Die Kuschitin stammt für den Verfasser doch wohl aus dem Kreis der zusammengelesenen Leute.

75 Auch in der Datan-Abiram-Erzählung von Num 16* bestraft Jahwe einen Aufstand gegen Mose. Hier wird nicht einmal der Grund genannt, warum Datan und Abiram vor Mose aufstanden (16,2aα). Diese Erzählung ist ebenfalls nicht alt, vgl. L. Schmidt, Priesterschrift, 131f.

76 L. Perlitt, Mose, 6.

auch in 12,6-8 festgehalten. Hier sind die Propheten ebenfalls nicht von Mose abhängig, sondern Jahwe hat zu ihnen in Visionen und Träumen eine eigene Beziehung (V. 6). Daß der Verfasser in 12,6-8 gerade den Unterschied zwischen einem Propheten und Mose herausarbeitet, zeigt, daß er durchaus die Prophetie schätzt. Für einen Vergleich des Redens Jahwes mit Mose kommt nur ein Prophet in Frage. Freilich zeigt sich dann bei diesem Vergleich, daß Jahwe in einzigartiger Weise mit Mose redet. Das widerspricht aber 11,26-29 nicht, weil es dort nur darum geht, daß eine eigenständige Prophetie die Autorität des Mose nicht gefährdet. Für eine enge Beziehung zwischen der Bearbeitungsschicht in Num 12 und 11,26-29 spricht auch, daß der Wunsch des Mose in 11,29 und die Beschreibung des Propheten in 12,6 in Joel 3,1 ihre nächsten Parallelen haben. Dort heißt es in V. 1b: "Eure Alten werden Träume träumen, eure jungen Männer werden Visionen sehen". Nun offenbart sich Jahwe zwar auch an anderen Stellen Propheten durch Visionen oder Träume[77]. Aber nur in Num 12,6 und Joel 3,1 stehen dabei Traum und Vision in parallelen Aussagen.

Der Vergleich zwischen einem Propheten und Mose in Num 12,6-8 stammt somit von der Endredaktion. Daß es ihr dabei um eine grundsätzliche Aussage über die Prophetie geht, zeigt die Formulierung in V. 6 "Wenn 'ein Prophet unter euch' ist"[78]. Was Jahwe im Folgenden sagt, gilt also für jeden Propheten. Daraus zog L. Perlitt den Schluß, daß in V. 6-8a ein Spruch vorliege, der älter ist als sein Kontext in Num 12. "In seiner Grundsätzlichkeit geht er ohnehin weit über die Mirjam und Aaron in den Mund gelegte Frage (V. 2) sowie über die ausleitende Anspielung auf diese Frage (V. 8b) hinaus"[79]. Nun setzt aber "euch" in V. 6 voraus, daß der Spruch an bestimmte Personen erging, die zuvor genannt wurden. Er war somit nie selbständig[80]. Dann hat die Endredaktion den Spruch geschaffen, weil sie in ihrer Aaron-Mirjam-Erzählung den grundsätzlichen

---

77 Vgl. z.B. die Kritik an den falschen Propheten in Jer 23,9ff, die sich auf Visionen (V. 16) und Träume (V. 25ff) berufen.

78 Nach MT wäre zu übersetzen: "Wenn euer Prophet Jahwe ist". Das ist sinnlos. "Jahwe" stand ursprünglich hinter יואמר und statt "נביאכם" ist "נביא בכם" zu lesen, vgl. z.B. B. Baentsch, 512f; M. Noth, ATD, 83; L. Perlitt, Mose, 6. Dagegen ist nach H. Seebass, BK, 59f, lediglich כ vor "Jahwe" einzufügen = "wenn euer Prophet von Jahwe her sein wird". Das ergibt aber nur einen Sinn, wenn in V. 6 beschrieben werden sollte, unter welchen Bedingungen ein Prophet "von Jahwe" ist. Der Vergleich mit Mose in V. 7.8a zeigt aber, daß es in V. 6 darum geht, wie sich Jahwe einem Propheten kundtut.

79 L. Perlitt, Mose, 6; so auch R. Burns, 51ff.

80 So mit Recht E. Blum, 85 Anm. 179.

Unterschied zwischen einem Propheten und Mose herausarbeiten wollte.

Dazu beschreibt die Endredaktion in V. 6 zunächst, wie sich Jahwe einem Propheten bekanntmacht und mit ihm redet. Jahwe begegnet aber Mose auf völlig andere Weise. Das wird zunächst in V. 7 allgemein festgestellt und dann in V. 8a konkretisiert. Bereits mit den Worten "Nicht so mein Knecht Mose" wird in V. 7a der fundamentale Unterschied zwischen Mose und einem Propheten betont. Deshalb nennt Jahwe auch in V. 8b, wo er das Verhalten von Aaron und Mirjam in V. 2 kritisiert, Mose "meinen Knecht". Der Ehrentitel "der Knecht Jahwes" kommt also für den Verfasser keinem Propheten zu, sondern er ist Mose vorbehalten[81]. Nicht eindeutig ist, wie man V. 7b zu verstehen hat. Mit "mein Haus" dürfte hier doch wohl Israel gemeint sein. Die meisten Ausleger übersetzen V. 7b: "Mit meinem ganzen Haus ist er betraut" oder ähnlich[82]. Die Bedeutung "betraut, bestellt sein", hat aber אמן ni. sonst nur in I Sam 3,20. Deshalb liegt es m.E. näher, auch für Num 12,7b von der üblichen Bedeutung "fest, zuverlässig sein" auszugehen. Dann ist V. 7b zu übersetzen: "in meinem ganzen Haus ist er zuverlässig"[83]. Mose ist also in ganz Israel zuverlässig. Da er durch V. 7 von einem Propheten abgehoben werden soll, unterscheidet sich Mose darin von den Propheten. Für diese Deutung von V. 7b spricht m.E. auch, daß Jahwe in V. 8a seine Aussagen über Mose in V. 7 entfaltet. Hier wird dann deutlich, warum Mose zuverlässiger ist als Propheten.

V. 6β.γ und V. 8a sind ein Chiasmus[84]. V. 8α "Mund zu Mund rede ich mit ihm '[85] und nicht in Rätseln" bezieht sich auf V. 6bγ, wonach Jahwe mit einem Propheten im Traum redet. Daß Jahwe mit Mose von Mund zu Mund

---

81 Für die Deuteronomistik sind dagegen auch die Propheten die Knechte Jahwes, vgl. z.B. II Reg 9,7; 17,13.23; 21,10;24,2; Jer 7,25;25,4;26,5;29,19; Am 3,7. Bereits daraus geht hervor, daß gegen E. Blum, 84f, Num 12,6-8 nicht aus deuteronomistischen Kreisen stammt. Nach E. Blum wurde dieser Abschnitt von der Kompositionsschicht KD gestaltet.

82 So z.B. W. Rudolph, 71f; M. Noth, ATD, 82; L. Perlitt, Mose, 6; H. Seebass, BK, 58; ähnlich Ph. J. Budd, 132.

83 Ähnlich B. Baentsch, 513; J. Van Seters, 237f.

84 M. Noth, ATD, 85, hält V. 8bβ für einen Zusatz, da hier in einer Gottesrede "Jahwe" steht. Aber V. 8bβ ist in dem Spruch fest verankert, weil hier auf V. 6bβ "in der Vision mache ich mich ihm bekannt" Bezug genommen wird. In späten Texten kann Jahwe von sich in 3. pers. sprechen, vgl. z.B. Num 11,23.

85 "ומראה" hat hier m.E. den Sinn "und zwar als Erscheinung". Diese Aussage greift aber V. 8aβ vor. Es handelt sich somit um eine Glosse, mit der erläutert werden soll, wie Jahwe mit Mose von Mund zu Mund redet.

redet, ist sonst nicht belegt. Der Verfasser wählte diese Formulierung, weil er den Unterschied zu dem Reden Jahwes mit einem Propheten deutlich machen wollte. Mit Mose redet Jahwe in einer einzigartigen Unmittelbarkeit. Deshalb sind seine Worte an Mose klar und eindeutig, wie die Fortsetzung "und nicht in Rätseln" zeigt. Auch hier soll nochmals ein Unterschied zwischen Mose und einem Propheten aufgezeigt werden. Für den Verfasser redet Jahwe also mit einem Propheten in Rätseln. Das dürfte so zu verstehen sein, daß Jahwe mit einem Propheten im Traum in Bildern und Symbolen spricht. Dagegen redet er mit Mose direkt und in klaren Worten. Damit wird aus V. 8aα deutlich, warum Jahwe in V. 7b sagen kann, daß Mose zuverlässig ist. Man kann sich auf die von Mose weitergegebenen Jahweworte verlassen, weil Jahwe eindeutig mit Mose redet. Dagegen ist die Verkündigung eines Propheten nicht in dieser Weise zuverlässig, weil Jahwe mit ihm nicht so klar redet wie mit Mose. Aber auch wenn V. 7b anders zu verstehen sein sollte, als es hier vorgeschlagen wurde, ergibt sich schon aus V. 8aα, daß für den Verfasser der Verkündigung eines Propheten nicht jene Eindeutigkeit zukommt, die die von Mose übermittelten Jahweworte haben. Darauf wird später noch einzugehen sein. Nach V. 8aβ schaut Mose sogar "die Gestalt Jahwes"[86]. Auch das wird im Alten Testament nur an dieser Stelle von Mose gesagt. Hier wird nochmals der Unterschied zwischen einem Propheten und Mose betont. Einem Propheten macht sich Jahwe lediglich in der Vision bekannt (V. 6bβ). Nach V. 6-8a hat Mose somit eine einzigartige Stellung, durch die er weit über jedem Propheten steht. Nur mit Mose redet Jahwe von Mund zu Mund in klaren Worten und allein Mose schaut die Gestalt Jahwes.

Die Endredaktion läßt Mirjam in V. 2 eine besondere Beziehung zwischen Jahwe und Mose bestreiten, weil Mirjam nach Ex 15,20 eine Prophetin war. Dadurch konnte Jahwe in V. 6-8a zeigen, daß zwischen einem Propheten und Mose ein fundamentaler Unterschied besteht. In V. 2 wendet sich allerdings auch Aaron gegen einen Vorrang des Mose. Aaron ist in der alttestamentlichen Überlieferung kein Prophet. Er wird zwar in Ex 7,1 als Prophet bezeichnet, aber er ist hier der Prophet des Mose ("dein Prophet"). Es ist schwer vorstellbar, daß die Endredaktion Aaron lediglich wegen seiner Verwandtschaft mit Mirjam an

---

86 M. Noth, ATD, 85, sieht darin einen Widerspruch zu Ex 33,18-23, wonach Mose nicht das Angesicht Jahwes schauen durfte. Aber nach Ex 33,23 hat es Jahwe Mose erlaubt, seine Rückseite zu sehen. Deshalb widerspricht m.E. V. 8aβ nicht Ex 33,18ff. Es ist schwerlich ein Zufall, daß es in V. 8aβ nicht heißt, daß Mose das *Angesicht* Jahwes schaut.

ihrem Protest beteiligte. Mit der Einbeziehung Aarons in die Rebellion der
Mirjam muß die Endredaktion eine bestimmte Absicht verfolgt haben. Zu ihrer
Zeit war Aaron längst zum Ahnherrn der Priester geworden. E. Blum hat erwo-
gen, ob in Num 12 Aaron nicht nur wegen seiner Verwandtschaft mit Mirjam
und Mose, sondern auch wegen der priesterlichen Abstammung mancher Propheten erwähnt wird[87]. Dann wäre seine Rebellion ebenfalls ein prophetischer
Protest. Dagegen hat H.-C. Schmitt mit Recht eingewandt, daß "es im AT sonst
nirgendwo einen Anhaltspunkt für eine charismatische prophetische Funktion
Aarons gibt"[88]. Aaron ist somit auch in Num 12 Priester. Tatsächlich kann ein
Priester ebenfalls den Anspruch erheben, daß Jahwe mit ihm redet. So ordnet
z.B. Jahwe in Num 27,21 an, daß der Priester Eleasar für Josua das Orakel
befragen soll. Nach der Weisung des Priesters sollen Josua und die Gemeinde
aus- und einziehen[89]. Hier ermittelt also der Priester den Willen Jahwes und
teilt ihn Josua und der Gemeinde mit. Wenn auch auf andere Weise als mit
einem Propheten redet somit Jahwe ebenfalls mit dem Priester[90]. Freilich wird
in Num 12,6-8a Mose nur mit einem Propheten verglichen. Das wird verständlich, wenn für die Endredaktion die Propheten in ihren Visionen und Träumen
eine direktere Beziehung zu Jahwe haben als die Priester. Das legt auch Num
11,29 nahe. Mit seinem Wunsch, daß das ganze Volk Jahwes Propheten werden
mögen, wünscht Mose den Israeliten ein prophetisches und nicht ein priesterli-
ches Verhältnis zu Jahwe. Mose wird auch in Dtn 34,10-12, wo die Endredaktion ebenfalls seine Sonderstellung betont[91], mit einem Propheten verglichen.
Nach dem Tod des Mose trat in Israel nicht mehr ein Prophet auf wie Mose
(Dtn 34,10). Da Jahwe mit den Propheten einen engeren Kontakt hat als mit
den Priestern, verdeutlicht die Endredaktion die Sonderstellung des Mose durch

---

87   E. Blum, 195 Anm. 412, unter Verweis auf Jeremia, Ezechiel und Sacharja.

88   H.-C. Schmitt, 276 Anm. 94.

89   Num 27,21 ist ein Zusatz in der priesterschriftlichen Erzählung von der Einsetzung
     Josuas in Num 27,15ff*, vgl. L. Schmidt, Priesterschrift, 222.

90   Vgl. z.B. auch I Sam 28,6 und Sach 7,3. Nach I Sam 28,6 antwortete Jahwe Saul
     nicht, "weder durch Träume, noch durch Urim, noch durch Propheten". Jahwe hätte
     also durch das priesterliche Losorakel und durch Propheten Saul antworten können.
     In Sach 7,3 ergeht an Priester und Propheten die Anfrage, ob man weiterhin im
     fünften Monat fasten muß. Beide Gruppen können somit den Willen Jahwes ermit-
     teln.

91   Dtn 34,10-12 stammt von der Endredaktion des Pentateuch, vgl. L. Schmidt, Priester-
     schrift, 268ff.

den Vergleich mit einem Propheten. Damit ist für sie auch der Anspruch Aarons widerlegt. Wenn sich schon ein Prophet nicht mit Mose messen kann, so gilt das erst recht für einen Priester. So ist es folgerichtig, daß Jahwe nach seinen grundsätzlichen Ausführungen in Num 12,6-8a in V. 8b an Aaron und Mirjam die Frage richtet: "Warum habt ihr euch nicht gefürchtet, zu reden gegen meinen Knecht Mose?" Die Endredaktion beteiligte Aaron an dem Protest der Mirjam, weil sie darstellen wollte, daß Mose gegenüber Propheten und Priestern eine Sonderstellung zukommt. Sie hebt in Num 12 Mose bewußt von diesen beiden Größen ab[92].

Dabei geht es der Endredaktion aber nicht nur um die Person des Mose. Wie bereits erwähnt wurde, kann sich nach Num 12,6-8a die Verkündigung eines Propheten nicht mit den Jahweworten, die Mose weitergibt, messen, weil Jahwe zu Mose eine einzigartige Beziehung hat. Das gilt dann auch für die prophetische Überlieferung. Die Endredaktion stellte somit die "Tora" über die prophetische Überlieferung. Dieser Vorrang kommt aber bei ihr nicht nur dem Gesetz im engeren Sinn zu, wie Dtn 34,10-12 zeigt. Danach unterschied sich Mose dadurch von jedem späteren Propheten, daß ihn Jahwe von Angesicht zu Angesicht "(er)kannte in Bezug auf all die Zeichen und Wunderzeichen, mit denen ihn Jahwe gesandt hatte, (sie) zu tun im Land Ägypten an dem Pharao und an allen seinen Knechten und an seinem ganzen Land und in Bezug auf die ganze starke Machttat und in Bezug auf die ganze große Schreckenstat, die Mose tat vor den Augen ganz Israels". Mit den Zeichen und Wunderzeichen sind hier die ägyptischen Plagen gemeint. Die Macht- und Schreckenstat bezieht sich auf das Meerwunder[93]. Weil Jahwe zu Mose in einer einzigartigen Beziehung stand, war für die Endredaktion Mose auch in seinem Handeln jedem Propheten weit überlegen. Für sie hat damit die gesamte Moseüberlieferung den Vorrang gegenüber der prophetischen Überlieferung[94]. Beide werden von der Endredaktion nicht einander zugeordnet, sondern voneinander getrennt. Das zeigen Num 11,26-29 und Num 12. Diese Texte hat die Endredaktion bewußt komplementär gestaltet. In 11,26-29 legitimiert Mose, daß die Propheten von ihm unabhängig sind. Sie haben durch den Geist Jahwes eine eigene Beziehung zu Jahwe, die nicht erst von Mose vermittelt werden muß. Prophetie ist eine große Gabe Jahwes, so daß Mose wünscht, daß das ganze Volk Jahwes Propheten werden

---

92 So auch A.H.J. Gunneweg, 178; H.-C. Schmitt, 276f.

93 Vgl. L. Schmidt, Priesterschrift, 269.

94 Die priesterlichen Überlieferungen waren für die Endredaktion kein Thema, da sie in die Moseüberlieferung integriert wurden.

mögen. Aber Mose hat trotzdem eine einzigartige Stellung, die ihn von den Propheten fundamental unterscheidet. Das macht die Endredaktion in 12,6-8a deutlich. Für die Endredaktion stehen somit der überragende Mose und die Propheten *neben*einander. Der Moseüberlieferung kommt wie Mose selbst eine hervorragende Bedeutung zu. Diese Überlieferung enthält der Pentateuch. Zu ihr sind die Ur- und die Vätergeschichte der Genesis ein Prolog. Damit begründet die Endredaktion mit Num 12,6-8 und Dtn 34,10-12 die Sonderstellung des Pentateuch, der erst durch sie zu einem eigenen Werk wurde, gegenüber der prophetischen Überlieferung[95]. Es liegt somit auf der Linie der Endredaktion, daß zunächst lediglich der Pentateuch kanonische Geltung erhielt.

III

Das Ergebnis der Analyse von Num 11 und 12 ist somit: In die Wachtelerzählung von Num 11,4ff* wurden in der Exilszeit, möglicherweise von dem Jehowisten, V. 10a.bβ.11.12a.bα.13-17.24a*.b.25 eingefügt. In dieser "Ältestenschicht" setzte Jahwe dadurch 70 Älteste zur Entlastung des Mose bei der Führung des Volkes ein, daß er auf diese Älteste etwas von dem Geist, der auf Mose war, legte. Damit sollte legitimiert werden, daß nach dem Ende des Staates Juda Älteste die Führer des Volkes waren. Die Ältesten werden hier nicht zur Prophetie in Beziehung gesetzt. Das geschieht erst durch die Endredaktion die u.a. V. 26-29 in Num 11 einfügte. Sie betont in diesem Abschnitt die Eigenständigkeit der Prophetie. Bereits Mose hat legitimiert, daß Propheten eine unmittelbare Beziehung zu Jahwe haben. Die Endredaktion hat in Num 12 die ihr vorliegende Mirjam-Erzählung zu einer Aaron-Mirjam-Erzählung erweitert. Sie fügte V. 1*("und Aaron").2a(3?).4-9*.10aα.b-12 ein. Dadurch hob sie Mose von Propheten und Priestern ab und betonte seine Einzigartigkeit. In Weiterführung von 11,26-29 wollte sie aber vor allem zeigen, daß die Verkündigung des Mose der Botschaft der Propheten weit überlegen ist, weil Jahwe mit seinem Knecht Mose im Unterschied zu den Propheten von Mund zu Mund und in klaren Worten geredet hat. In Dtn 34,10-12 stellt die Endredaktion die Einzigartigkeit des Mose im Blick auf sein Handeln dar. Mit Num 11,26-29, Num 12 und Dtn 34,10-12 begründet sie, daß dem Pentateuch eine Sonderstellung gegenüber der prophetischen Überlieferung zukommt. Auch wenn die

---

95 Das spricht m.E. gegen die Auffassung von H.-C. Schmitt, 277, der die Kanonisierung von "Tora" und "Nebiim" auf dieselben Kreise zurückführt.

Endredaktion in der Prophetie eine große Gabe Jahwes sieht, stehen bei ihr Mose und die Propheten unverbunden nebeneinander. Normative Geltung kommt für sie nur dem Pentateuch zu.

Stellenregister

(In Auswahl und unter Berücksichtigung des Inhaltsverzeichnisses)

Andreas Wagner

Sprechakte und Sprechaktanalyse
im Alten Testament

Untersuchungen im biblischen Hebräisch an der Nahtstelle zwischen Handlungsebene und Grammatik

1997. 23 x 15,5 cm. Ca. 336 Seiten.
Leinen. DM 188,–/öS 1372,–/sFr 167,–/approx. US$ 118.00
• ISBN 3-11-015549-4
(Beihefte zur Zeitschrift für die alttestamentliche Wissenschaft 253)

In der Studie werden Beziehungen zwischen Sprache (Grammatik) und Handlung (Sprechakte) – erstmalig bei einer historischen Sprache wie dem biblischen Hebräisch – auf sprachsystematischer Ebene aufgedeckt. Im Vordergrund stehen dabei die lexikalisch und syntaktisch greifbaren Nahtstellen von Sprach- und Handlungsebene (explizit performative Äußerungen, Indikatoren für Sprechakte und Sprechaktklassen, das Feld der performativen Verben des Hebräisch etc.) sowie die Methode historischer Sprechaktanalyse (bes. Analyse direkter Rede). In einem zweiten Schritt werden die Untersuchungsergebnisse hinsichtlich hebraistischer (Interjektionen, Nominalsätze als Sprechhandlungen) und exegetischer Fragestellungen ausgewertet (Geschichte der Segensformeln, prophetische Wehe–Rufe, Fürchte–dich–nicht–Formeln, Sprechhandlungen und Botschaft Deuterojesajas etc.).

Das Buch Kohelet

Studien zur Struktur, Geschichte, Rezeption und Theologie

Herausgegeben von Ludger Schwienhorst-Schönberger

1997. 23 x 15,5 cm. VI, 389 Seiten.
Leinen. DM 188,–/öS 1372,–/sFr 167,–/approx. US$ 118.00
• ISBN 3-11-015757-8
(Beihefte zur Zeitschrift für die alttestamentliche Wissenschaft 254)

Vorträge der Tagung zum Buch Kohelet in Graz, 1996, der Arbeitsgemeinschaft der deutschsprachigen Kath. Alttestamentler.
Mit Beiträgen von: F.J.Backhaus, R.Bohlen, E.Bons, F.-L.Hossfeld, Th.Krüger, F.Kutschera, N.Lohfink, J.Marböck, L.Schwienhorst-Schönberger, Chr.Uelinger.

Preisänderungen vorbehalten

WALTER DE GRUYTER & CO
Genthiner Straße 13 · D–10785 Berlin
Tel. +49 (0)30 2 60 05–0
Fax +49 (0)30 2 60 05–251
Internet: www.deGruyter.de

W
DE
G
de Gruyter
Berlin · New York

The Book of Ben Sira in Modern Research

Proceedings of the First International Ben Sira Conference (28 - 31 July 1996)

Edited by Pancratius C. Beentjes

1997. 23 x 15,5 cm. X, 234 pages.
Cloth. DM 152,–/öS 1110,–/sFr 135,–/approx. US$ 95.00
• ISBN 3-11-015673-3
(Beihefte zur Zeitschrift für die alttestamentliche Wissenschaft 255)

International recognized experts throw light on the history of the discovery of the Hebrew Sira manuscripts in Cairo (1896), Qumran (as of 1947) and Massada (1964), as well as on the relationship of the Hebrew text to the oldest Greek and Syrian translations. Other contributions deal with the complicated structure, as well as the most important theological themes of the book (the fear of God / piety, visitation / affliction, priests, the poor). The final study consists of a feminist-orientated reading of the document.

BURKARD M. ZAPFF

Redaktionsgeschichtliche Studien zum Michabuch im Kontext des Dodekapropheton

1998. 23 x 15,5 cm. XII, 331 Seiten.
Leinen. DM 184,–/öS 1343,–/sFr 164,–/approx. US$ 115.00
• ISBN 3-11-015764-0
(Beihefte zur Zeitschrift für die alttestamentliche Wissenschaft 256)

Redaktionsgeschichtliche Untersuchung der sekundären Heilsprophetien des Michabuches vor dem Hintergrund seiner heutigen Stellung im Dodekapropheton der Hebräischen Bibel unter Berücksichtigung neuerer Modelle zur Entstehungsgeschichte des Zwölfprophetenbuches.

Preisänderungen vorbehalten

WALTER DE GRUYTER & CO
Genthiner Straße 13 · D–10785 Berlin
Tel. +49 (0)30 2 60 05–0
Fax +49 (0)30 2 60 05–251
Internet: www.deGruyter.de

W
DE
G

de Gruyter
Berlin · New York